Salon Kobiet

ROZMOWY O KOBIETACH, MĘŻCZYZNACH,
SEKSIE, MIŁOŚCI, ZWIĄZKACH, STAWANIU SIĘ
PRAGMATYKIEM FEMINIZMU ORAZ WIELU, WIELU
INNYCH SPRAWACH

Gary M. Douglas

W OPARCIU O SERIĘ TELEKLAS PROWADZONYCH PRZEZ
GAREGO DOUGLASA Z KRĘGIEM OSIEMNASTU POTĘŻNYCH I
NIESAMOWITYCH KOBIET

Salon des Femmes
Copyright © 2014 Gary M. Douglas
ISBN: 978-1-63493-134-2

Wszelkie prawa zastrzeżone. Żadna część tej publikacji nie może być kopiowana, przechowywana w bazie danych ani przekazywana w żadnej formie, elektronicznej, mechanicznej, skanowanej, ani nagrywanej, ani jakiejkolwiek innej bez uprzedniej pisemnej zgody wydawcy.

Autor oraz wydawca poniższej książki nie rości sobie prawa ani nie gwarantuje osiągnięcia jakiegokolwiek fizycznego, mentalnego, emocjonalnego, duchowego ani finansowego rezultatu. Wszystkie produkty, usługi oraz informacje przekazane przez autora służą wyłącznie celom edukacyjnym oraz rozrywkowym.

Informacje poniżej zawarte nie są w żadnej mierze substytutem profesjonalnej porady medycznej. W przypadku używania informacji zawartych w niniejszej książce dla celów własnych ani autor, ani wydawca nie ponoszą odpowiedzialności za podjęte przez ciebie działania.

Opublikowano przez Access Consciousness Publishing, LLC
www.accessconsciousnesspublishing.com

Wydrukowano w Stanach Zjednoczonych Ameryki.

Łatwość, Radość, Gloria

Oświadczenie

Proszę nie traktuj tego poważnie ani nie nadawaj temu znaczenia. Pragnieniem mojego serca jest stworzenie większej łatwości i między kobietami i mężczyznami.
Nie ma to służyć separacji ani osądzaniu.

Jak żyłoby się w świecie, w którym wszyscy byliby dla siebie życzliwi? A co jeśli ty jesteś tym który może to współtworzyć?

Spis Treści

Przedmowa 7
1 Pragmatyczny feminizm 9
2 Wybór zmiany rzeczywistości 55
3 Uświadamianie sobie kim tak naprawdę jesteś 95
4 Kreowanie związku, który ci odpowiada 131
5 Pragmatyczny wybór 171
6 Ty jesteś kreatorką przyszłości 203
7 Dawanie innym królestwa możliwości 229
8 Tworzenie pokoju zamiast wojny 269
9 Kreowanie zrównoważonej przyszłości 307
10 Świadomy związek 335
11 Pozostawanie w mocy wyboru i świadomości 377
12 Stawanie się wolnymi rodnikami świadomości ... 421
13 Poznawanie daru jakim jesteś dla świata 451
14 Posiadanie wspaniałości siebie 491
Oświadczenie Odkreowujące Access Consciousness® ... 535
Słowniczek 539
Czym jest Access Consciousness? 551
Inne książki Access Consciousness® 553
O autorze 559

Przedmowa

W XVII i XVIII wieku we Francji salony były miejscami, w których mądre i postępowo myślące kobiety spotykały się, aby porozmawiać i wymienić się pomysłami, dokładnie tak, jak robili to mądrzy, postępowo myślący mężczyźni.

W duchu takich salonów stałem się gospodarzem serii czternastu teleklas z grupą niesamowitych kobiet, podczas których rozmawialiśmy o kobietach, mężczyznach, seksie, związkach, rolach damskich i męskich, tworzeniu przyszłości i o wielu, wielu innych tematach. Książka ta powstała w oparciu o te właśnie rozmowy.

W przytoczonych w tej książce dyskusjach pojawią się słowa i koncepcje, z którymi nigdy dotąd się nie spotkałaś. Postaraliśmy się wytłumaczyć je w słowniku na końcu książki.

Znajdziesz również oświadczenie odkreowujące, którego używamy w Access Consciousness®. Jest to krótka formuła, która odnosi się do tych energii, które tworzą ograniczenia i zacieśnienia w twoim życiu. Kiedy czytasz to po raz pierwszy, to może ci to trochę zamieszać w głowie. Taka jest nasza intencja. Zamiarem oświadczenia odkreowującego jest wyłączenie twojego umysłu, abyś poczuła energię danej sytuacji.

Ogólnie rzecz biorąc, stosując oświadczenie odkreowujące docieramy do energii ograniczeń i barier, które powstrzymują nas przed pójściem naprzód i poszerzaniem się w kierunku tych wszystkich przestrzeni i miejsc, do których chcielibyśmy dotrzeć.

Oświadczenie Odkreowujące Access Consciousness brzmi: „Zgoda, Niezgoda, Dobrze, Źle, POD i POC, Wszystkie 9, w Skrócie, Ponad, Nuklearne Sfery®." Na końcu książki znajdziesz zwięzłe wytłumaczenie znaczenia użytych w nim słów.

Możesz wybrać, czy chcesz używać oświadczenia odkreowującego, czy nie. Nie mam na ten temat żadnego punktu widzenia, jednak chcę zaprosić cię do tego, byś spróbowała i zobaczyła, co się wtedy dzieje.

1
Pragmatyczny feminizm

Mam tylko jeden zamiar, a jest nim doprowadzić cię do całkowitej świadomości, więc jeśli bardzo nie chcesz jej mieć, to lepiej pozapinaj pasy, bo zabieram cię na szaloną przejażdżkę.

Gary:

Witajcie, panie. Przez lata prowadziliśmy z dr Dainem Heer warsztaty w grupach kobiet i mężczyzn na temat seksu i związków. W czwartkowy wieczór wszyscy mężczyźni zbierali się i pozbywali swoich osądów na temat kobiet. W piątkowy wieczór wszystkie kobiety zbierały się i pozbywały swoich osądów na temat mężczyzn, a potem wychodziły na imprezę i budowały nowy zestaw ocen. Znów osądzały mężczyzn, a mężczyźni byli przerażeni, ponieważ wiedzieli, że te rozzłoszczone kobiety mogłyby im poodcinać jądra.

OPERACYJNY STAN ŻYCIA

Dlaczego te kobiety były takie złe na mężczyzn? Dlatego, że stworzyły sobie operacyjny stan życia i funkcjonowania jako kobiety.

Operacyjny stan życia jest ciągłym powtarzaniem tego samego. W efekcie tego dziwicie się, że ciągle macie tak samo. Jeśli nieustannie masz konflikty z mężczyznami albo ciągle bywasz znudzona, albo myślisz, że coś powinno być inaczej niż jest, to znaczy, że funkcjonujesz z operacyjnego stanu życia, który sprawia, że wszystko pojawia się w ten sam sposób.

Jeśli naprawdę chcesz zmienić relacje z płcią przeciwną, albo ze swoim partnerem seksualnym, to musisz zmienić sposób patrzenia na różne sprawy.

Uczestniczka Salonu:
Ja ciągle walczę przeciwko kobiecości albo męskości.

Gary:
Nie powinno być walki pomiędzy kobiecością a męskością. To właśnie próbuję tu stworzyć. Kiedy po raz pierwszy poprowadziłem Klub Gentlemenów, to mężczyźni nie czuli, że muszą walczyć o prawo do męskości i nie czuli, że muszą walczyć przeciwko kobietom, żeby mieć samych siebie. Mogli po prostu być sobą, a kobiety mogły ich wybrać lub nie, zgodnie ze swoim życzeniem.

Uczestniczka Salonu:
Czuję, że rywalizuję z mężczyznami.

Gary:

To stan operacyjny. Jest to stan, z którego funkcjonujesz. To wybór, którego dokonujesz. Nie chcesz mieć niczego innego. Zdecydowałaś, że tak powinno być. Doszłaś do wniosku – „Tak właśnie jest, tak zawsze będę robić i tak właśnie się stanie."

Mogłabyś zapytać siebie:
- Co tak naprawdę chciałabym wybrać?
- Kim mogłabym być i co mogłabym zrobić inaczej, co zmieniłoby to wszystko?

Ile osądów musisz utrzymywać, żeby mieć taki stan operacyjny? Kilka, niewiele, megatony, czy więcej niż sam bóg wie ile? Więcej niż sam bóg wie!

Wszystko to, razy sam bóg wie ile razy, czy teraz zniszczysz i odkreujesz? Zgoda, Niezgoda, Dobrze, Źle, POD i POC, Wszystkie 9, w Skrócie, Ponad, Nuklearne Sfery.

Jakiej głupoty używasz, żeby wykreować operacyjny stan życia i istnienia, jako kobieta, który wybierasz? Wszystko czym to jest, razy bóg wie ile razy, czy teraz zniszczysz i odkreujesz? Zgoda, Niezgoda, Dobrze, Źle, POD i POC, Wszystkie 9, w Skrócie, Ponad, Nuklearne Sfery.

Jakiej głupoty używasz, żeby wykreować poczucie ciągłego konfliktu pomiędzy męskością a kobiecością, który wybierasz? Wszystko to, razy bóg wie ile razy, czy teraz zniszczysz i odkreujesz? Zgoda, Niezgoda,

Dobrze, Źle, POD i POC, Wszystkie 9, w Skrócie, Ponad, Nuklearne Sfery.

Uczestniczka Salonu:

Pod koniec tych procesów mówisz – "który wybierasz?". Ja zwykłam mówić "dla którego to wybierasz". Zdałam sobie sprawę, że ty tak nie mówisz. Czy możesz mi powiedzieć jaka jest różnica?

Gary:

"Dla którego wybierasz" usprawiedliwia twój powód, dla którego wybierasz. To stały punkt widzenia. To mówienie "Wybieram to, ponieważ____". Wolałabyś wierzyć, że wybierasz coś z jakiegoś powodu, zamiast, że po prostu wybierasz. Próbuję doprowadzić cię do tego, byś zobaczyła, że nie ma powodu, dla którego coś wybierasz – po prostu wybierasz. Dlatego mówię "który wybierasz".

Uczestniczka Salonu:

Uwielbiam cię Gary! To eliminuje tyle marnej energii, tyle bzdur.

Uczestniczka Salonu:

Mam pytanie. Czy mężczyźni są naprawdę źli i podli?

Gary:

Nie, mężczyźni tak naprawdę nie są źli i podli.

Uczestniczka Salonu:

To dlaczego wydaje się, że są?

Gary:

Dlatego, że kupili kłamstwo, że bycie złym i podłym jest męskie. Ile kłamstw na temat mężczyzn kupiłyście, które teraz chrzanią wasze życia? Dużo, mało czy megatony?

Ile kłamstw na temat mężczyzn wy kupiłyście, które blokują wasze życie i istnienie? Wszystko czym to jest, razy bóg wie ile razy, czy teraz to zniszczycie i odkreujecie? Zgoda, Niezgoda, Dobrze, Źle, POD i POC, Wszystkie 9, w Skrócie, Ponad, Nuklearne Sfery.

Uczestniczka Salonu:

Mój tato bardzo mnie wspierał kiedy chodziłam do dobrej szkoły i dostawałam dobre staże. Jednak on ośmieszał kobiety. Wyśmiewał się z kobiet, które płakały, a kiedy moja siostra umierała wybrał to, żeby do niej nie jechać i jej nie widzieć. Mam naprawdę wypaczone pojęcie na temat tego czym są mężczyźni.

Gary:

Cóż, prawie każdy je ma, nawet mężczyźni.

Jakiej głupoty używasz, żeby kreować konflikt między męskością a kobiecością, który wybierasz? Wszystko czym to jest, razy bóg wie ile razy, czy teraz zniszczysz i odkreujesz? Zgoda, Niezgoda, Dobrze, Źle, POD i POC, Wszystkie 9, w Skrócie, Ponad, Nuklearne Sfery.

Uczestniczka Salonu:

Jeśli jedna ze stron podtrzymuje konflikt, a druga jest w interesującym punkcie widzenia na ten temat, to czy jest w tym potencjał do zażegnania konfliktu?

Gary:

To do pewnego stopnia rozbraja konflikt, jednak nie sprawia, że związek na dłuższą metę przetrwa. Robiłem tak z moją byłą żoną. Ja wchodziłem w interesujący punkt widzenia. Nie wchodziłem w konflikt, więc nie było konfliktu, ale to niczego nie zmieniło w jej świecie. Problem polega na tym, że większość kobiet, zamiast widzieć mężczyznę takim jaki jest, ma punkt widzenia, że dopiero jak go zmienią, to wtedy zrobi się z niego porządny człowiek.

Ile razy miałyście mężczyznę i widziałyście go poprzez idealny obraz? Wszystko czym to jest, razy bóg wie ile razy, czy teraz to zniszczysz i odkreujesz? Zgoda, Niezgoda, Dobrze, Źle, POD i POC, Wszystkie 9, w Skrócie, Ponad, Nuklearne Sfery.

WYBIERANIE MĘŻCZYZNY, KTÓREGO CHCESZ „NAPRAWIĆ"

Uczestniczka Salonu:

Mam odnośnie tego pytanie. Co tworzy dynamikę wybierania mężczyzny, którego chcesz naprawić lub zmienić?

Gary:

Jako dziecko byłaś nauczona, że musisz znaleźć „dobrego" skurczybyka. Wszystkie romantyczne historie są o takim właśnie mężczyźnie, który był uważany za „kawał skurczybyka", który zakochuje się w tobie, co pozwala ci poskromić w nim bestię i staje się on twoim kochankiem.

Wszędzie tam, gdzie chcesz poskromić dziką bestię, czy teraz to zniszczysz i odkreujesz? Zgoda, Niezgoda, Dobrze, Źle, POD i POC, Wszystkie 9, w Skrócie, Ponad, Nuklearne Sfery.

Uczestniczka Salonu:

Czy to również dotyczy ratowania go? „Mogę mu pomóc, mogę go naprawić, mogę sprawić, że będzie lepszy". Czy to jest kwestia matkowania, matczynego instynktu ratowania?

Gary:

To nie jest kwestia bycia matką. To kwestia bycia kobietą. Zostałaś nauczona, że twoje zadanie to bycie wsparciem, siedzenie z tyłu za tronem – nie ponad tronem. Tu chodzi o bycie odpowiedzialną bez brania na siebie odpowiedzialności. Masz udawać, że jesteś tylko słodką panienką, która niewiele wie. Te role nadane kobietom nie są prawdziwe. Nie mają nic wspólnego z tym, czym jest prawdziwa kobieta.

Wszystko czym to jest, razy bóg wie ile razy, czy teraz zniszczysz i odkreujesz? Zgoda, Niezgoda, Dobrze, Źle, POD i POC, Wszystkie 9, w Skrócie, Ponad, Nuklearne Sfery.

PEWNEGO DNIA ZJAWI SIĘ MÓJ KSIĄŻĘ

Czy czasem przyglądasz się tym sprawom i mówisz: „To szalone! Dlaczego miałabym to wybrać?". Niektóre z was owszem tak mówią. Mówicie: „Nic nie szkodzi, nie będę sobie zawracać głowy związkiem". Inne z was mówią: „Cóż, pewnego dnia ten jeden jedyny pojawi się, pewnego dnia mój książę uratuje mnie od bycia Kopciuszkiem".

Wszystko czym to jest, razy bóg wie ile razy, czy teraz zniszczysz i odkreujesz? Zgoda, Niezgoda, Dobrze, Źle, POD i POC, Wszystkie 9, w Skrócie, Ponad, Nuklearne Sfery.

Uczestniczka Salonu:
A co jeśli masz obie te wersje na raz?

Gary:
Większość z was ma oba te nastawienia jednocześnie. Niefortunne jest to, że jesteście uczone, że tak właśnie będzie. W końcu właściwy mężczyzna przybędzie i wszystko się ułoży. Nie, nic z tego nie jest rzeczywiste! Czy ty, jako nieograniczone istnienie, miałabyś tylko jedną jedyną prawdziwą miłość?

Uczestniczka Salonu:
Nie!

Gary:
To nie ma sensu. Dlatego, że jako nieograniczone istnienie pożądasz jedności, a nie tego jednego jedynego.

Wszystko czym to jest, razy bóg wie ile razy, czy teraz zniszczysz i odkreujesz? Zgoda, Niezgoda, Dobrze, Źle, POD i POC, Wszystkie 9, w Skrócie, Ponad, Nuklearne Sfery.

Jako dziecko zostałaś nauczona, że jest tylko jedna prawdziwa miłość dla ciebie. Jesteś nauczona, że pewnego dnia znajdziesz swojego księcia. Pewnego dnia ten właściwy mężczyzna pojawi się i będzie cię kochał tak, jak powinnaś być kochana. I pewnego dnia wszystko będzie idealne. I ten pewien dzień nigdy nie następuje, dlatego, że pewien dzień to nigdy nie jest dzisiaj. Pewien dzień to coś, co nigdy nie istniało, nie będzie istnieć i nie może nigdy zaistnieć.

Jak wiele takich „pewnych dni" wciąż próbujesz doprowadzić do skutku? Wszystko czym to jest, razy bóg wie ile razy, czy teraz zniszczysz i odkreujesz? Zgoda, Niezgoda, Dobrze, Źle, POD i POC, Wszystkie 9, w Skrócie, Ponad, Nuklearne Sfery.

Czy któreś z was zaczynają zauważać ogromną ilość naładowania wokół tego tematu?

Uczestniczka Salonu:
O tak!

Gary:
To właśnie podtrzymuje obłęd tej rzeczywistości. Ten cały konflikt między męskością i kobiecością, ta cała koncepcja związku i małżeństwa, ta koncepcja, że seks powinien być piękny i cudowny, bla, bla, bla. A tak naprawdę, czy to w ogóle istnieje?

Jakiej głupoty używasz, by kreować nieistniejące życie seksualne, romanse, małżeństwo i związek, które nigdy nie istniały w żadnej rzeczywistości, które wybierasz? Wszystko to, razy bóg wie ile razy, czy teraz zniszczysz i odkreujesz? Zgoda, Niezgoda, Dobrze, Źle, POD i POC, Wszystkie 9, w Skrócie, Ponad, Nuklearne Sfery.

To jest tak, jakbyś nigdy nie zadała pytania. Podążasz w kierunku: „On jest taki przystojny, cudowny i miły", jednak nigdy nie pytasz: „Czy naprawdę o to mi chodzi?". Dochodzisz do wniosku na temat tego, co powinnaś mieć, zamiast wybierać to, co naprawdę działa. Do tego chcę cię doprowadzić.

Chciałbym żebyś była pragmatykiem feminizmu, a nie walczącą Irlandką, walczącą Skandynawką, walczącym wikingiem, walczącą Latynoską, ani żadną inną narodowością kobiet, którą myślisz, że musisz być.

Wszystko to, razy bóg wie ile razy, czy teraz zniszczysz i odkreujesz? Zgoda, Niezgoda, Dobrze, Źle, POD i POC, Wszystkie 9, w Skrócie, Ponad, Nuklearne Sfery.

Uczestniczka Salonu:
Ja również czuję ciągły konflikt, ciągłą walkę pomiędzy mężczyznami i kobietami. To sprawia, że jestem w ciągłym konflikcie z sobą.

Gary:
No tak, ponieważ byłaś mężczyzną i byłaś też kobietą. Wszystko powinno być dla ciebie dostępne. Nie ma niczego i nikogo, kim byś nie była ani nie zrobiła, w tym albo innym

wcieleniu. Wszystko to, czym byłaś i co zrobiłaś, powinno być dla ciebie dostępne, jednak w wyniku definiowania siebie jako kobieta lub jako mężczyzna odcinasz połowę tego, co jest dla ciebie dostępne. Jeśli definiujesz siebie jako mężczyznę, musisz odciąć swoją kobiecą stronę. Jeśli definiujesz siebie jako kobietę, musisz odciąć swoją męską stronę. Kupujesz punkty widzenia na temat mężczyzn i kupujesz punkty widzenia na temat kobiet, żeby móc zdefiniować to, kim jesteś, jednak te definicje nie mają nic wspólnego z tobą, z tobą jako istnieniem.

Uczestniczka Salonu:
No właśnie, to jest tak, że walczę przeciwko mężczyznom i osądzam się za to, że to robię.

Gary:
Jakiej głupoty używasz, by kreować konflikt między męskością i kobiecością, który wybierasz? Wszystko to, razy bóg wie ile razy, czy teraz zniszczysz i odkreujesz? Zgoda, Niezgoda, Dobrze, Źle, POD i POC, Wszystkie 9, w Skrócie, Ponad, Nuklearne Sfery.

Jeśli w ostatnim swoim wcieleniu byłaś mężczyzną i myślałaś, że bycie kobietą jest łatwiejsze i lepsze, i wcieliłaś się w to życie jako kobieta, to powiesz: „Chwileczkę, bycie kobietą wcale nie jest łatwiejsze. Lepiej jest być mężczyzną", jesteś wtedy w konflikcie pomiędzy swoimi decyzjami i wyborami, i jak wiele pozostawia ci to wyborów?

Uczestniczka Salonu:
Zero.

Gary:

A ile osądów ci to daje? Megatony.

Wszystko to, razy bóg wie ile razy, czy teraz zniszczysz i odkreujesz? Zgoda, Niezgoda, Dobrze, Źle, POD i POC, Wszystkie 9, w Skrócie, Ponad, Nuklearne Sfery.

HOŁD SKŁADANY ZWIĄZKOWI VERSUS HOŁD SKŁADANY WAGINIE

Jedną z rzeczy, którą chciałbym żebyście wyniosły z tego Salonu Kobiet, jest zdolność do posiadania swojej kobiecej strony bez konieczności robienia z tego problemu przy mężczyznach. Nic nie powinno być problemem z mężczyznami. Wszystko powinno być wyborem.

Jakiej głupoty używasz, by kreować wieczny hołd składany związkowi, który wybierasz? Wszystko to, razy bóg wie ile razy, czy teraz zniszczysz i odkreujesz? Zgoda, Niezgoda, Dobrze, Źle, POD i POC, Wszystkie 9, w Skrócie, Ponad, Nuklearne Sfery.

Wersja dla mężczyzn brzmi:

Jakiej głupoty używasz, by kreować wieczny hołd składany waginie, który wybierasz? Wszystko to, razy bóg wie ile razy, czy teraz zniszczysz i odkreujesz? Zgoda, Niezgoda, Dobrze, Źle, POD i POC, Wszystkie 9, w Skrócie, Ponad, Nuklearne Sfery.

Obie tego strony działają na wszystkich i to kreuje wiele oporu. Chcesz żeby on wielbił twoją waginę, a ty chcesz oddawać hołd swoim związkom. Kobiety są wytrenowane w myśleniu, że wszystko dotyczy związku – twojego związku z dziećmi, twojego związku z partnerem. Kobiety i mężczyźni wielbią różnych bożków i zastanawiają się dlaczego nie mogą być razem!

Jakiej głupoty używasz, by kreować wieczny hołd składany związkowi, który wybierasz? Wszystko to, razy bóg wie ile razy, czy teraz zniszczysz i odkreujesz? Zgoda, Niezgoda, Dobrze, Źle, POD i POC, Wszystkie 9, w Skrócie, Ponad, Nuklearne Sfery.

Jakiej głupoty używasz, by kreować wieczny hołd składany waginie, który wybierasz? Wszystko to, razy bóg wie ile razy, czy teraz zniszczysz i odkreujesz? Zgoda, Niezgoda, Dobrze, Źle, POD i POC, Wszystkie 9, w Skrócie, Ponad, Nuklearne Sfery.

Uczestniczka Salonu:
Czy jest również wieczny hołd składany brakowi związku? Czy to druga strona tego samego medalu?

Gary:
Tak, to druga strona tego samego medalu.
Jeśli składasz hołd czemukolwiek, to nie jesteś obecny z wyborem, możliwością ani pytaniem. Musimy pozbyć się hołdu składanego związkowi, zarówno za, jak i przeciw, i musimy pozbyć się hołdu składanego waginie, zarówno za, jak i przeciw. Oba z nich tworzą problem, a ty kończysz z przeciwstawnymi punktami widzenia.

Uczestniczka Salonu:
No tak, zgadza się.

Gary:

Jakiej głupoty używasz, by kreować wieczny hołd składany związkowi, który wybierasz? Po którejkolwiek stronie jesteś. Wszystko to, razy bóg wie ile razy, czy teraz zniszczysz i odkreujesz? Zgoda, Niezgoda, Dobrze, Źle, POD i POC, Wszystkie 9, w Skrócie, Ponad, Nuklearne Sfery.

Jakiej głupoty używasz, by kreować wieczny hołd składany waginie, który wybierasz? Wszystko to, razy bóg wie ile razy, czy teraz zniszczysz i odkreujesz? Zgoda, Niezgoda, Dobrze, Źle, POD i POC, Wszystkie 9, w Skrócie, Ponad, Nuklearne Sfery.

Uczestniczka Salonu:
Gary, to drugie pytanie: „Jakiej głupoty używasz, by kreować wieczny hołd składany waginie, który wybierasz?" jest dla mnie mocne. Czy możesz to wyjaśnić?

Gary:
W pewnym momencie któregoś życia, prawdopodobnie zdecydowałaś, że bardzo chciałabyś mieć waginę.

Uczestniczka Salonu:
Będąc w tamtym życiu mężczyzną?

A TAK POZA TYM, TO CO ŚWIADCZY O MĘSKOŚCI I KOBIECOŚCI?

Gary:

No tak, cała koncepcja bycia „za" albo „przeciw" czemuś jest dla mnie przezabawna. Nie ma niczego, czego byś nie zrobiła w tym, czy w innym życiu. A tak poza tym, to co stanowi o męskości lub kobiecości?

Uczestniczka Salonu:

To było moje następne pytanie!

Gary:

Cóż, na to też mam proces.

Jakiej głupoty używacie, by kreować siebie jako konkubiny rzeczywistości MEST, rzeczywistości fizjologicznej i psychologicznego obłędu, które wybieracie? Wszystko czym to jest, razy bóg wie ile razy, czy teraz to zniszczycie i odkreujecie? Zgoda, Niezgoda, Dobrze, Źle, POD i POC, Wszystkie 9, w Skrócie, Ponad, Nuklearne Sfery.

Kiedy robicie z siebie konkubinę, to jakbyście były kochankami rzeczywistości MEST (rzeczywistości materii, energii, przestrzeni oraz czasu), fizjologicznej rzeczywistości i psychologicznego obłędu. Czyż nie jest tak w tym świecie, że stajecie się służącymi i niewolnicami tego wszystkiego? To tak, jak z kreacją seksu dla większości ludzi. Dla przykładu, jak wiele razy miałyście związek w tej rzeczywistości, materii, energii, przestrzeni i czasu, który był dla was radosny?

Uczestniczka Salonu:
　Ha, ha, ha.

Gary:
　Prawie nigdy! A ile z tych związków dotyczyło waszej psychologicznej rzeczywistości? Ilu ludzi, z którymi uprawiałyście seks, tak naprawdę cieszyło się seksem? Ilu z nich myśli, że jesteście piękne, cudowne i boskie – tylko dlatego, że jesteście?

Uczestniczka Salonu:
　Niewielu.

Gary:
　I do tego jest jeszcze psychologiczny obłęd, z którego większość ludzi funkcjonuje w różnego rodzaju związkach. Większość ludzi używa osądów, żeby wykreować seksualne podniecenie. Osąd nie jest sposobem, by wykreować poszerzony świat. Może on zaledwie wykreować ograniczony świat. Czy to pomaga?

Uczestniczka Salonu:
　Zmagam się teraz z moim ciałem. Cała ta energia jest pokręcona.

Gary:
　Dlatego właśnie robimy ten proces. Musimy naprostować wasze ciała, żebyście miały z nimi większą łatwość i ze wszystkim, co w życiu wybieracie. Ta teleklasa ma doprowadzić cię do miejsca, w którym masz łatwość w byciu kobietą, łatwość w wyborze zachowywania się jak mężczyzna, łatwość w kreowaniu na sposób żeński oraz

łatwość w kreowaniu na sposób męski. Teraz większość z was zmaga się z opowiedzeniem się za jedną albo drugą stroną, co nie pozostawia wam pełnego wyboru. Czy rozumiecie o co chodzi?

Nic w tej rzeczywistości nie dotyczy wybierania i kreowania twojej rzeczywistości, i twojej seksualnej tożsamości. Całość tego dotyczy kupowania wszystkiego, co jest tobie mówione i sprzedawane, wszystkiego co na tym świecie mówi wam: „Tak właśnie powinno być."

Wszystko czym to jest, razy bóg wie ile razy, czy zniszczysz i odkreujesz? Zgoda, Niezgoda, Dobrze, Źle, POD i POC, Wszystkie 9, w Skrócie, Ponad, Nuklearne Sfery.

Uczestniczka Salonu:

Gary, wspomniałeś o wolności kreowania jako mężczyzna lub jako kobieta. Czy możemy o tym porozmawiać?

MANIPULACJA ORAZ WIEDZENIE

Gary:

Z mężczyznami jest tak, że oni na ogół są dość prości. Są bardziej bezpośredni niż większość kobiet. Bum, bum, bum. Poza tym dobrze kłamią. Jeśli jesteś kobietą, to wiesz, że mężczyźni będą kłamać i próbujesz skonfrontować to, kontrolować ich albo manipulować nimi, żeby powiedzieli prawdę. Tak naprawdę nie powinnaś próbować zmuszać do mówienia prawdy. Ty po prostu chcesz wiedzieć co jest prawdą, bo to daje ci kontrolę nad sytuacją.

Częścią bycia kobietą, częścią kobietologii jest posiadanie szóstego zmysłu. Wy macie świadomość, której nie mają mężczyźni, jednak nie jest to w tej rzeczywistości wspierane. Wasza zdolność wewnętrznego wiedzenia nie jest wspierana. Macie porzucić swoje wiedzenie na rzecz manipulacji. To tak, jak by manipulacja, a nie świadomość, była ostatecznym źródłem kontroli. Nie. Mając świadomość, możecie nad wszystkim mieć kontrolę.

Uczestniczka Salonu:

Czy możesz powiedzieć coś więcej o manipulacji i wiedzeniu? Jeśli dobrze zrozumiałam, mówisz, że używamy manipulacji, zamiast wiedzenia, że kłamstwo istnieje i nie używamy tej wiedzy na naszą korzyść.

Gary:

Tak, tego jesteśmy nauczeni w tej rzeczywistości. Jesteśmy nauczeni, by odcinać naszą świadomość przy każdej okazji. Czy byłyście nauczone, by wierzyć we wszystko co tata powiedział? Tak. Czy byłyście nauczone, że możecie ufać swojemu tacie? Tak, więc każdy mężczyzna staje się kimś, komu można ufać, prawda?

Uczestniczka Salonu:

Wprost przeciwnie!

Gary:

To działa w obie strony. Nic jednak nie da takiej wolności jak ta, pochodząca ze świadomości. To, czego szukamy, to – jak dotrzeć do świadomości, a nie do miejsca, w którym ślepo ufamy i wierzymy.

Ile z was próbowało wykreować ślepą wiarę w mężczyzn? Wszystko czym to jest, razy bóg wie ile razy, czy zniszczycie to i odkreujecie? Zgoda, Niezgoda, Dobrze, Źle, POD i POC, Wszystkie 9, w Skrócie, Ponad, Nuklearne Sfery.

Ile z was próbowało wykreować ślepą wiarę w kobiety? „Ta kobieta jest moją siostrą, ona się mną zaopiekuje." Jeśli odcinasz się od swojej świadomości, to kobiety będą tak złośliwe i podłe jak mężczyźni, jeśli tylko nadarzy się ku temu okazja. W jaki sposób dajesz komuś taką okazję? Odcinając się od swojej świadomości.

Wszystko czym to jest, razy bóg wie ile razy, czy zniszczycie to i odkreujecie? Zgoda, Niezgoda, Dobrze, Źle, POD i POC, Wszystkie 9, w Skrócie, Ponad, Nuklearne Sfery.

Uczestniczka Salonu:
W religii jesteśmy jako kobiety nauczone, żeby oddawać swoje wiedzenie mężczyznom. Mężczyzna jest posiadaczem, przewodnikiem, autorytetem.

Gary:
Religia jest częścią rzeczywistości MEST, a wszyscy mężczyźni są połączeni z Bogiem. Jeśli masz penisa, to masz bezpośrednie połączenie z Bogiem. Jeśli masz waginę, to masz dziurkę, w której wszyscy mężczyźni sieją ziarenko tej rzeczywistości.

Ok, wszystko czym to jest, razy bóg wie ile razy, czy zniszczycie to i odkreujecie? Zgoda, Niezgoda, Dobrze,

Źle, POD i POC, Wszystkie 9, w Skrócie, Ponad, Nuklearne Sfery.

Jako kobieta, w fizjologicznej rzeczywistości, masz pewne zdolności i jako mężczyzna również masz pewne zdolności. Tak naprawdę, to wszyscy mamy zdolności, jednak nikt z nas ich nie używa. Ważną rzeczą jest dotarcie do miejsca, gdzie wszystkie wasze zdolności są dla was dostępne, a nie jedynie ich część.

Uczestniczka Salonu:
Co pojawiło się u mnie to: „Męskie słowo stanowi prawo".

Gary:
Jest to przekazywane całej ludzkości, że Bóg jest mężczyzną i to, co Bóg mówi, stanowi prawo.

Jakiej głupoty używacie, by wykreować operacyjny stan życia i istnienia jako kobiety, który wybieracie? Wszystko czym to jest, razy bóg wie ile razy, czy teraz to zniszczycie i odkreujecie? Zgoda, Niezgoda, Dobrze, Źle, POD i POC, Wszystkie 9, w Skrócie, Ponad, Nuklearne Sfery.

BYCIE PRAGMATYKIEM FEMINIZMU

Uczestniczka Salonu:
Jakiś czas temu powiedziałeś: „Chcę żebyście były pragmatykami feminizmu". Czy możesz powiedzieć coś więcej o tym, jak to jest funkcjonować jako pragmatyk feminizmu?

Gary:

Jako pragmatyk feminizmu będziesz skłonna przyjrzeć się temu, w jaki sposób użyć swoich kobiecych sztuczek i wdzięków, żeby dostać to, czego chcesz, bez odbierania czegokolwiek komukolwiek, kiedy do tego doprowadzasz. Stało się to dla mnie oczywiste parę lat temu, że kiedy kobiety stają się źródłem mocy na jakimkolwiek stanowisku w biznesie, to mają tendencję do tego, żeby pracować ciężej i pilniej, i stają się bardziej wredne, aby udowodnić, że są lepsze od mężczyzn. One zawsze próbują udowodnić, że są lepsze od mężczyzn. Nie używają tego, co jest dla nich dostępne, by przerosnąć mężczyzn.

To tak, jakbyście wybierały faceta i próbowały udowodnić, że jesteście od niego lepsze, nigdy nie wybierając bycia lepszą od niego. Wszystko co się tu podniosło i opadło, czy teraz to zniszczycie i odkreujecie? Zgoda, Niezgoda, Dobrze, Źle, POD i POC, Wszystkie 9, w Skrócie, Ponad, Nuklearne Sfery.

Uczestniczka Salonu:

Bycie pragmatykiem oznacza bycie zdolnym do tego, by patrzeć na to, co jest. Co najbardziej powstrzymuje nas przed tym, żeby widzieć to, co jest? Co zamydla nam oczy?

Gary:

Przede wszystkim fantazjowanie, bycie podnieconą oraz bycie wszystkim innym tylko nie świadomością.

Czucie jest tym zamydlaniem. Zamieniłyście świadomość na czucie. Zatem wszędzie tam, gdzie wybierałyście czucie ponad świadomość, czy teraz to zniszczycie i odkreujecie? Zgoda, Niezgoda, Dobrze, Źle, POD i POC, Wszystkie 9, w Skrócie, Ponad, Nuklearne Sfery.

Bycie pragmatykiem kobiecości, to dostrzeganie tego, jak możesz używać dostępnych ci atrybutów na swoją korzyść. Weźmy za przykład dekolt. Czy możecie go wykorzystać na swoją korzyść z mężczyzną, który nie jest zbyt bystry?

Uczestniczka Salonu:
O tak!

Gary:
Czy możecie go wykorzystać na swoją korzyść z mężczyzną, który jest bardzo bystry?

Uczestniczka Salonu:
O tak!

Gary:
Czy możecie go wykorzystać na swoją korzyść z mężczyzną, który jest świadomy?

Uczestniczka Salonu:
Tak.

Gary:
Nie, nie możecie. Dlatego, że on wie, że właśnie to robicie. To tworzy inną rzeczywistość.

Jakiej głupoty używacie, by kreować poczucie konfliktu pomiędzy kobiecością a męskością, które wybieracie?

Wszystko czym to jest, razy bóg wie ile razy, czy teraz to zniszczycie i odkreujecie? Zgoda, Niezgoda, Dobrze, Źle, POD i POC, Wszystkie 9, w Skrócie, Ponad, Nuklearne Sfery.

Nie wiem czy zauważyłyście, jak wiele te wszystkie procesy mają w sobie naładowania. Wasze punkty widzenia dotyczące tego wszystkiego, są jednymi z głównych sposobów, by utrzymywać ten świat w konflikcie i podtrzymywać wojnę. Teraz, kiedy zmieniacie swój punkt widzenia na te tematy, ta wojna ustanie.

Być może jesteście nieco silniejsze niż wam się wydaje!

GŁUPOTA A ŚWIADOMOŚĆ

Kiedy mówię o głupocie, to mówię o tych wszystkich sferach, gdzie uczyniłyście się na tyle nieświadomymi, żeby być głupimi w jakimś temacie. Musicie uczynić się nieświadomymi, żeby wybrać głupotę ponad całkowitą świadomość. Jeśli macie całkowitą świadomość, to przechodząc ulicą możecie powiedzieć: „Z tym facetem byłoby dobrze w łóżku. Tamten byłby nudny. Ten byłby świetny w związku, jednak nudny w łóżku". Miałybyście świadomość jakie są wasze wybory i mogłybyście wówczas zgodnie z tym wybierać.

Jako kobiety macie więcej wyborów niż mężczyźni. Wiem, że tak nie myślicie, ale taka jest rzeczywistość. Wam, kobietom, został dany piedestał, żebyście mogły na nim stanąć. Został wam dany wybór i możecie się albo stoczyć z tego piedestału, albo całkowicie kontrolować mężczyzn.

Macie zatem te trzy wybory, jako początkowy kontekst, w którym możecie z mężczyznami cokolwiek wykreować. Większość z was w ogóle tego nie widzi.

Uczestniczka Salonu:

Większość z nas wydaje się być zmuszana, by wybrać tego, który nas nie wybiera.

Gary:

Otóż to. Tak właśnie funkcjonuje większość ludzi. Mężczyźni robią to nieźle, jednak nauczyli się z biegiem czasu, że to oni są wybierani przez kobiety. Kobiety wypatrują mężczyzn, którzy je wybiorą, jednak, tak naprawdę, to one mają wybór, ponieważ jeśli powiedzą „chodź tutaj", mężczyzna powie „tak!". Jeśli jednak to mężczyzna powie do kobiety „chodź tutaj", to kobieta na to „odp.... się!"

Wszystko czym to jest, razy bóg wie ile razy, czy teraz to zniszczycie i odkreujecie? Zgoda, Niezgoda, Dobrze, Źle, POD i POC, Wszystkie 9, w Skrócie, Ponad, Nuklearne Sfery.

„OPUŚCIŁAM BARIERY"

Uczestniczka Salonu:

W moim pierwszym małżeństwie postępowałam zgodnie z zasadą „Zmienię cię". To się nie sprawdziło i od razu przeszłam do następnego związku. On mnie nie chciał, to ja chciałam jego, zatem to również się nie sprawdziło.

Weszłam w trzeci związek mówiąc: „Cokolwiek mnie spotka, pozostanę w otwartym umyśle i za tym podążę." Wreszcie znalazłam związek, w którym jestem szczęśliwa i w którym czuję się komfortowo. To dlatego, że opuściłam bariery i nie narzucam swoich osądów na to, jaki związek ma być.

Gary:

Najważniejszą rzeczą jaką powiedziałaś było: „Opuściłam bariery". Większość kobiet nawet nie zdaje sobie sprawy, że przez większość czasu chronią się przed mężczyznami.

Uczestniczka Salonu:

Dzięki narzędziom Access Consciousness nauczyłam się jak odpuszczać i odkryłam, że jeśli odpuszczam, to wszystko do mnie z łatwością przypływa. Jest więcej poczucia wolności i czuję się bardziej bezpiecznie z tym, kim jestem.

Gary:

Celem tej klasy jest dotarcie do punktu, gdzie zawsze jest to wybór, który masz. Nigdy już nie musisz się chronić, dlatego, że jeśli przed kimś się chronisz, to zawsze osłaniasz się tarczą przed świadomością.

Wszędzie tam, gdzie chronicie się przed kimś i wszędzie tam, gdzie odcięłyście swoją świadomość, co czyni was wystarczająco głupimi, by dokonywać złych wyborów, czy teraz to zniszczycie i odkreujecie? Zgoda, Niezgoda, Dobrze, Źle, POD i POC, Wszystkie 9, w Skrócie, Ponad, Nuklearne Sfery.

Uczestniczka Salonu:

Czuję, że jestem na ciebie wściekła.

Gary:

Czy to z powodu czegoś, co powiedziałem?

Uczestniczka Salonu:

Ty, mężczyzna, mówiący mi, kobiecie, że mam więcej wyborów.

Gary:

Kochanie, ja nie jestem mężczyzną. Ja jestem nieograniczonym istnieniem.

Uczestniczka Salonu:

Ha, ha, ha! Dziękuję ci!

Gary:

Jak śmiesz nazywać mnie mężczyzną? Jestem nieograniczonym istnieniem.

Uczestniczka Salonu:

Gary, to niesamowite. Widzę, że chroniłam się przed tobą, dlatego, że grałam z tobą w damsko-męską grę.

Gary:

No właśnie, postępujemy tak ze wszystkimi ludźmi, z którymi mamy kontakt. Zawsze mamy czujność, ochronę, zawsze stawiamy mury i bariery czemuś, zamiast zdać sobie sprawę, że zawsze mamy całkowitą świadomość.

Ile murów wybieracie, żeby stronić od całkowitej świadomości i wszystkiego czego pożądacie? Wszystko czym to jest, razy bóg wie ile razy, czy teraz to zniszczycie i odkreujecie? Zgoda, Niezgoda, Dobrze, Źle, POD i POC, Wszystkie 9, w Skrócie, Ponad, Nuklearne Sfery.

Na waszym miejscu ochroniłbym się przede mną, dlatego, że jestem naprawdę złym człowiekiem. Chodzi mi tu tylko o jedno i jest to doprowadzenie was do całkowitej świadomości. Jeśli zatem nie bardzo tego chcecie, to lepiej postawcie ochronę przeciwko mnie, bo w przeciwnym wypadku zabiorę was na szaloną przejażdżkę!

Jakiej głupoty używacie, by kreować poczucie konfliktu pomiędzy mężczyzną a kobietą, który wybieracie? Wszystko czym to jest, razy bóg wie ile razy, czy teraz to zniszczycie i odkreujecie? Zgoda, Niezgoda, Dobrze, Źle, POD i POC, Wszystkie 9, w Skrócie, Ponad, Nuklearne Sfery.

BAJECZKI

Uczestniczka Salonu:
W mojej rzeczywistości musisz wielbić mężczyznę, a on jest tym, który cię wybiera. Tak jak we wszystkich bajeczkach, on jest tym, który zakochuje się w kobiecie. Jest zawsze tym najbystrzejszym i najmądrzejszym, a ja nie jestem warta takiego mężczyzny, więc jak on w ogóle mógłby mnie wybrać?

Gary:

Wow, jaką czekoladą polewasz tą kupę gówna? Zapewne jest to znakomita czekolada, skoro przez cały czas kupujesz te wszystkie bzdury!

Uczestniczka Salonu:

No właśnie, dlatego chcę się tego teraz pozbyć.

Gary:

Oto proces:

Jakieś głupoty używam, by kreować bajkowe życie i istnienie, które nigdy nie działa, które wybieram? Wszystko czym to jest, razy bóg wie ile razy, czy teraz to zniszczysz i odkreujesz? Zgoda, Niezgoda, Dobrze, Źle, POD i POC, Wszystkie 9, w Skrócie, Ponad, Nuklearne Sfery.

To tak jak ruch wyzwolenia kobiet odebrał role mężczyznom, a bajki odebrały role kobietom. Bajki są o tym, że „wszystko na koniec będzie dobrze i będą żyli długo i szczęśliwie." Ile osób znasz, które żyją długo i szczęśliwie? Nie możesz tak po prostu żyć. Musisz kreować i generować, a to jest ta jedna rzecz, której większości z nas nigdy nie uczono.

Właśnie do tego chcemy dojść – do miejsca, z którego możesz kreować i generować to, co tobie odpowiada. Będę o tym mówił więcej w dalszej części. Jednak w pierwszej kolejności muszę z was pościągać trochę naładowania, dlatego, że jesteście zamknięte w klatkach. Mówicie o kobietach będących obciążeniem i pozamykanych w klatkach, a przecież w taki sposób próbujecie funkcjonować, robiąc to z punktu widzenia, który ta rzeczywistość ma na temat mężczyzn i kobiet.

Wszystko czym to jest, razy bóg wie ile razy, czy teraz to zniszczycie i odkreujecie? Zgoda, Niezgoda, Dobrze, Źle, POD i POC, Wszystkie 9, w Skrócie, Ponad, Nuklearne Sfery.

Uczestniczka Salonu:
Jeśli kobieta ma zakorzeniony punkt widzenia, że „pewnego dnia zjawi się jej książę", to czego uczeni są mężczyźni albo jaki mają zakorzeniony punkt widzenia w kontekście wybierania związku lub partnerki?

Gary:
Przede wszystkim mężczyzna nie jest nauczony, by wybierać związek. On jest nauczony, by wybierać seks – dlatego, że jego zadaniem jest dostarczać nasienie dla przyszłego pokolenia.

Uczestniczka Salonu:
A co z hasłem „znajdź dobrą kobietę i ustatkuj się"? Czym to jest?

Gary:
Czy ty jesteś z lat 50-tych?

Uczestniczka Salonu:
Tak!

Gary:

Ok, w porządku! Taki punkt widzenia istniał w latach 50-tych.

Uczestniczka Salonu:

Więc uważasz, że już nie istnieje?

Gary:

Wiem, że nie istnieje. Ja dorastałem w latach 50-tych i widziałem ludzi siejących owies na dziko, pobierających się i posiadających dzieci. A potem się rozwodzili. Dzieci, żony i mężowie, wszyscy byli smutni, nikt nie był szczęśliwy. A gdzie było „i żyli długo i szczęśliwie"? Życie długie i szczęśliwe nie zdarza się, chyba że chcecie stać się pragmatyczne w waszych wyborach.

Zauważyłem, że ludzie w moim wieku wybiorą świetny związek, ale nie spojrzą na osobę, z którą byli, w taki sposób, żeby zobaczyć czy ta osoba pragnie tego samego, co oni. Pragmatyczny feminizm to rozpoznawanie tego, co naprawdę chciałybyście mieć i gotowość do kreowania tego, nawet jeśli nie pasuje to do niczyjej rzeczywistości.

Wszystko czym to jest, razy bóg wie ile razy, czy teraz to zniszczycie i odkreujecie? Zgoda, Niezgoda, Dobrze, Źle, POD i POC, Wszystkie 9, w Skrócie, Ponad, Nuklearne Sfery.

Ta rzeczywistość MEST jest stworzona z myślą, że jest w niej coś właściwego. Masz się jej podporządkować i dla niej żyć.

Jakiej głupoty używacie, by kreować siebie jako konkubiny rzeczywistości MEST, fizycznej rzeczywistości oraz psychologicznego obłędu, które wybieracie? Wszystko to, razy bóg wie ile razy, czy teraz to zniszczycie i odkreujecie? Zgoda, Niezgoda, Dobrze, Źle, POD i POC, Wszystkie 9, w Skrócie, Ponad, Nuklearne Sfery.

Jakiej głupoty używacie, by kreować poczucie konfliktu między męskością a kobiecością, który wybieracie? Wszystko to, razy bóg wie ile razy, czy teraz to zniszczycie i odkreujecie? Zgoda, Niezgoda, Dobrze, Źle, POD i POC, Wszystkie 9, w Skrócie, Ponad, Nuklearne Sfery.

WOJNA MIĘDZY MĘŻCZYZNAMI A KOBIETAMI

Jednym z powodów, dla którego został wykreowany konflikt pomiędzy płciami, albo pomiędzy tym co męskie a tym, co kobiece, jest to, żeby stworzyć ludzi pozbawionych mocy. To jest sposób na utrzymanie was w bezsilności. Jeśli bylibyście skłonni być wszystkim czym jesteście, jako mężczyźni albo kobiety, nikt nie byłby bezsilny. Bycie bezsilnym nie leży w niczyim interesie. Jednak jak wiele z was zauważa, że czujecie się bezsilne względem niektórych mężczyzn lub kobiet?

Jakiej głupoty używacie, żeby kreować bezsilność mężczyzn oraz kobiet, którą wybieracie? Wszystko to, razy bóg wie ile razy, czy teraz to zniszczycie i odkreujecie?

Zgoda, Niezgoda, Dobrze, Źle, POD i POC, Wszystkie 9, w Skrócie, Ponad, Nuklearne Sfery.

Uczestniczka Salonu:
Czy to ten konflikt kreuje wojny na tej planecie?

Gary:
Tak, i z całą pewnością kreuje wojnę pomiędzy mężczyznami a kobietami. Kobiety mówią mężczyznom rzeczy, które sprawiają, że oni czują się pozbawieni mocy i mężczyźni mówią kobietom to, co sprawia, że one czują się bezsilne.

Na początku mojego pierwszego małżeństwa, kiedy w domu miałem sześciomiesięczne niemowlę oraz żonę, przyszedł do mnie facet, którego nie widziałem od lat. Przyznał, że chce zatrudnić meksykańską mafię, żeby zabili jego brata po to, aby on mógł odziedziczyć cały majątek rodziny. Po czym zaprosił mnie na kolację.

Natychmiast wiedziałem, że muszę się go pozbyć. Powiedziałem: „Naprawdę nie chcę wychodzić na kolację, ale proszę użyj mojego samochodu." Wiedziałem, że jeśli dam mu samochód wart 2 tysiące dolarów, to nim odjedzie. Z mojego punktu widzenia było to znacznie lepsze, niż utknąć w jednym domu z żoną, dzieckiem oraz facetem, który jest skłonny zabijać.

Moja żona dostała szału. Powiedziała: „Jesteś tchórzem. Jesteś bezużyteczny. Nienawidzę cię". Nie mogła zrozumieć mojego punktu widzenia, jak pozbyć się zabójcy z naszego domu, bez bycia zabitym. Jestem bardziej pragmatyczny niż konfrontacyjny.

Wszystko czym to jest, razy bóg wie ile razy, czy teraz to zniszczycie i odkreujecie? Zgoda, Niezgoda, Dobrze, Źle, POD i POC, Wszystkie 9, w Skrócie, Ponad, Nuklearne Sfery.

KREOWANIE I GENEROWANIE TWOJEGO ŻYCIA

Uczestniczka Salonu:
Gdybyśmy przestali odnosić się do siebie jako do kobiet i mężczyzn, i zaczęlibyśmy widzieć mężczyzn i kobiety jako nieograniczone istnienia, nawet jeśli nie zachowywaliby się w ten sposób, to jak zmieniłoby to dynamikę?

Gary:
Cóż, nadal możesz odnosić się do siebie, jako do kobiety lub mężczyzny. Nie ma w tym nic złego; tu nie chodzi o to, by wyeliminować punkt odniesienia. Tu chodzi o rozpoznanie, że druga osoba jest nieograniczonym istnieniem i o dostrzeżenie czy sposób, w jaki to nieograniczone istnienie funkcjonuje, poszerza zarówno jego/jej życie, jak i twoje. Większość z was wybiera ludzi, którzy mogą kontrolować lub ludzi, którzy myślą, że mogą kontrolować was, lub też ludzi, o których myślicie, że sprawią, że z jakiegoś powodu będziecie się czuć lub wyglądać lepiej.

Wybieracie operacyjny stan życia tak, jak by to miało wykreować i wygenerować to, czego pragniecie. Tak się nie stanie. Operacyjny stan życia może tylko wdrażać to, co już istnieje. Wszystkie operacyjne stany życia są sposobami, aby wykreować autopiloty, które wydają się działać. Kiedy jest się w stanie operacyjnym, nie operuje się na poziomie świadomym. Operujesz w systemie autopilota.

Uczestniczka Salonu:

Jak pozbyć się tych operacyjnych stanów? Jakie zadać pytania? Czym musimy być?

Gary:

Musicie być pragmatyczne.

Uczestniczka Salonu:

Co to znaczy pragmatyczne? Nigdy w swoim życiu nie byłam pragmatyczna.

Gary:

Owszem, byłaś. To oznacza bycie praktyczną. Jesteś zawsze pragmatyczna kiedy masz pewność, że zarabiasz pieniądze.

Uczestniczka Salonu:

Tak, to jest właśnie miejsce, w którym się nie nudzę. Uwielbiam pieniądze, uwielbiam swoje ciało i uwielbiam naturę. Nudzę się wszystkim innym.

Gary:

Ty nie kreujesz i nie generujesz swojego życia. Żyjesz i wprowadzasz w życie stan operacyjny życia i istnienia, który wybierasz. Z twojego punktu widzenia masz już wszystko zapewnione. To oczywiste, że jesteś znudzona, dlatego, że nie wykraczasz ponad tę rzeczywistość do innej.

Uczestniczka Salonu:
 Ok. Jak, kiedy, gdzie, co, proszę?

Gary:
 Tu nie chodzi o co, gdzie, kiedy, jak. tu chodzi o to: Z jakiego powodu miałabym tego nie wybrać?

Uczestniczka Salonu:
 Zadawałam sobie to pytanie!

Gary:
 Czy zadałaś sobie pytanie: Co mogę wybrać ponad nudę?

Uczestniczka Salonu:
 Wow, tego akurat nie zadawałam!

Gary:
 Jesteś znudzona, więc wybierz poza nudę. Jeśli jesteś w kiepskim związku, zapytaj: Kogo mogę wybrać, żeby nie nudzić się więcej w tym związku? Jeśli jesteś znudzona życiem, zapytaj: Co mogę wybrać ponad nudę?

Uczestniczka Salonu:
 Bardzo mnie to oświeciło, Gary!

Gary:
 Dobrze! Dlatego właśnie ci to dałem.

Uczestniczka Salonu:
 Kocham cię Gary, dziękuję!

Gary:

Zatem, jakiej głupoty używacie, by wykreować operacyjny stan życia i istnienia, który wybieracie? Wszystko czym to jest, razy bóg wie ile razy, czy teraz to zniszczycie i odkreujecie? Zgoda, Niezgoda, Dobrze, Źle, POD i POC, Wszystkie 9, w Skrócie, Ponad, Nuklearne Sfery.

Kiedy coś pojawia się w kółko, musicie zapytać: Według jakiego stanu operacyjnego tutaj żyję?

Kiedy powtarzacie: „To nie działa, z tym nie jestem szczęśliwa, naprawdę chciałabym czegoś innego, jednak nie wydaje się, że coś innego wybieram", to musicie zdać sobie sprawę z tego, że to właśnie jest operacyjny stan życia. Tu nie chodzi o to, że nie możecie wybrać czegoś innego, lecz o to, że tego nie robicie.

Jakiej głupoty używacie, by wykreować operacyjny stan życia, który wybieracie? Wszystko czym to jest, razy bóg wie ile razy, czy teraz to zniszczycie i odkreujecie? Zgoda, Niezgoda, Dobrze, Źle, POD i POC, Wszystkie 9, w Skrócie, Ponad, Nuklearne Sfery.

Operacyjny stan, to dążenie do jak najszybszej śmierci przeżywając po drodze parę romansów. Wszystko czym to jest, razy bóg wie ile razy, czy teraz to zniszczycie i odkreujecie? Zgoda, Niezgoda, Dobrze, Źle, POD i POC, Wszystkie 9, w Skrócie, Ponad, Nuklearne Sfery.

TWOJE CIAŁO JEST W TOBIE

Uczestniczka Salonu:

Mówisz o kreowaniu i generowaniu naszego życia, i o wybieraniu czegoś innego, jednak my wciąż pozostajemy w kobiecym ciele.

Gary:

Dlaczego powiedziałaś to w taki sposób, jak by było to ograniczenie, którego nie możesz pokonać?

Mówisz: „Jestem w ciele kobiety." Czy to ty jesteś w ciele kobiety – czy to kobiece ciało jest wewnątrz ciebie? Ty nie jesteś w ciele. Twoje ciało jest w tobie. Jest tym, co wykreowałaś w tym życiu, aby coś ci to dało. Jednak po co to wybrałaś i jak wykreowałaś taki rezultat, tego nie wiem – tylko ty wiesz.

Uczestniczka Salonu:

Czym to się różni, że ja jestem w tym ciele od tego, że ciało jest we mnie?

Gary:

Ty jesteś nieograniczonym istnieniem. Nie ma końca ciebie, jednak są zewnętrzne końce twojego ciała.

Uczestniczka Salonu:

A więc moje ciało jest we mnie?

Gary:

Czy mogłabyś być większym istnieniem, które nigdy by się nie nudziło ze swoim kobiecym ciałem, bez niego, czy też bez czegokolwiek innego?

Uczestniczka Salonu:
Tak! Dziękuję ci!

Gary:

Zatem jakiej głupoty używacie, by wykreować operacyjny stan życia i istnienia, który wybieracie? Wszystko czym to jest, razy bóg wie ile razy, czy teraz to zniszczycie i odkreujecie? Zgoda, Niezgoda, Dobrze, Źle, POD i POC, Wszystkie 9, w Skrócie, Ponad, Nuklearne Sfery.

Chciałbym żebyście powtarzały ten proces aż do następnej klasy. Musicie mieć jasność w tym, z jakiego miejsca funkcjonujecie. Większość z was nie ma zamiaru kreować czegoś wspanialszego. Żyjecie z poziomu, z którego myślicie, że musicie funkcjonować, zamiast posiadać wybór i możliwość. Próbujecie kreować z jakiegoś miejsca, z kobiecego ciała tak, jak by to był jedyny wybór, zamiast zadać pytanie: Jaka kreacja byłaby dla mnie dostępna, jeśli zechciałabym wcielić moją kobiecość i nie odrzucać męskości? Ani mojego nieograniczonego istnienia?

Wszystko czym to jest, razy bóg wie ile razy, czy teraz to zniszczycie i odkreujecie? Zgoda, Niezgoda, Dobrze, Źle, POD i POC, Wszystkie 9, w Skrócie, Ponad, Nuklearne Sfery.

Ile z was szuka swojej bratniej duszy, swojego jedynego wybranka, swojego bliźniaczego płomienia, swojej drugiej połówki, czy też dopasowanej energii w męskim ciele?

Uczestniczka Salonu:
Kogoś kto mnie dopełni!

Gary:
To! Tego jest ogrom!

Wszystko czym to jest, razy bóg wie ile razy, czy teraz to zniszczycie i odkreujecie? Zgoda, Niezgoda, Dobrze, Źle, POD i POC, Wszystkie 9, w Skrócie, Ponad, Nuklearne Sfery.

Czy nieograniczone istnienie potrzebowałoby dopełnienia? Czy nieograniczone istnienie byłoby skłonne uprawiać seks albo mieć związek z każdym, kogo wybiera?

Uczestniczka Salonu:
Całkowicie, o każdej porze, wszędzie.

Gary:
A wy staracie się kreować wszystkie te stany, z których funkcjonujecie.

Ile ograniczających stanów operacyjnych wybieracie? Wszystko czym to jest, razy bóg wie ile razy, czy teraz to zniszczycie i odkreujecie? Zgoda, Niezgoda, Dobrze, Źle, POD i POC, Wszystkie 9, w Skrócie, Ponad, Nuklearne Sfery.

Uczestniczka Salonu:

Jakie są elementy prawdziwej radości wcielenia jako kobieta?

Gary:

Pozbądźcie się wszystkich ocen na temat bycia kobietą lub mężczyzną.

Uczestniczka Salonu:

Wcześniej mówiłeś o wszystkich decyzjach, osądach, obliczeniach i konkluzjach, które są narzucane naszym ciałom. Czy możesz powiedzieć jak one się do tego mają?

Gary:

Kiedy odcinacie się od świadomości, stajecie się na tyle głupie, że nie jesteście świadome tego, co ludzie projektują na wasze ciało, a to wszystko blokuje się w waszym ciele i rani je. Musicie chcieć być świadome tego, co się dzieje. Musicie mieć świadomość „Ten facet przygląda mi się z pożądaniem. Czy moje ciało to lubi? Oh! Moje ciało lubi być pożądane. Interesujące!" Przynajmniej ciału pożądanie sprawia przyjemność. To jest pragmatyzm bycia kobietą.

Rozpoznajecie różnicę miedzy tym kiedy ktoś patrzy na was z pożądaniem i wasze ciało to lubi, a tym kiedy myślicie, że musicie coś z tym zrobić. Większość ludzi patrzy na kogoś i odwraca wzrok, ponieważ myślą, że jeśli będą spoglądać za długo to będzie to oznaczać, że coś muszą z tym zrobić. Nie! To oznacza tylko tyle, że patrzysz.

Znalazłem sposób, żeby to obejść. Kiedy zbyt długo patrzę na kobietę a ona zaczyna czuć się niekomfortowo, wtedy mówię: „Wow, piękne buty, piękna torebka, skąd pani je ma?". Mężczyznom możesz powiedzieć: „Czy dużo ćwiczysz? Dobrze ci to idzie!" albo „Wow, chyba pijesz dużo piwa!" Musicie być gotowe rozpoznać co się dzieje.

Uczestniczka Salonu:

A o co chodzi kiedy mężczyźni i kobiety, którzy się nie znają przechodzą obok siebie i patrzą w przeciwną stronę? Czy oni próbują unikać dyskomfortu?

Gary:

To jest konflikt.

Jakiej głupoty używacie, żeby kreować poczucie konfliktu pomiędzy męskością a kobiecością, które wybieracie? Wszystko czym to jest, razy bóg wie ile razy, czy teraz to zniszczycie i odkreujecie? Zgoda, Niezgoda, Dobrze, Źle, POD i POC, Wszystkie 9, w Skrócie, Ponad, Nuklearne Sfery.

Proszę zwróćcie uwagę, że mówię tu o tym, jako o męskości i kobiecości. Są to elementy, które definiują co się dzieje, kiedy przybierasz męskie lub kobiece ciało. Powinnyście chcieć rozpoznać – „Noszę takie ciało, jednak to nie równa się temu, kim jestem."

„WOW, NIGDY O TYM NIE POMYŚLAŁAM"

Uczestniczka Salonu:

Obecnie pracuję w środowisku korporacyjnym zdominowanym przez mężczyzn i wciąż jestem w tym biznesie nowa. Mam dwóch managerów płci męskiej, których zadaniem jest pokazywać mi, gdzie nie wypełniam swojej roli. Czuję jakbym kreowała związek, który miałam ze swoim tatą, kiedy byłam nastolatką, co nawiasem mówiąc bardzo dynamicznie uległo zmianie odkąd zajmuję się tym czymś dziwnym o nazwie Access Consciousness. Czuję się jak w pułapce. Kim mogę być lub co zrobić inaczej, co sprawiłoby, że ci panowie staną się gliną w moich rękach?

Gary:
Musisz zrozumieć, że oni próbują być dla ciebie nauczycielami. Jeśli chcesz, by ktoś cię poważał, zawsze zadawaj pytania, na które już znasz odpowiedzi, a potem powiedz: "Wow, nigdy o tym nie pomyślałam. To znakomite. Jestem taka wdzięczna."

Zaczną ci wtedy odpuszczać i zaczną dostarczać ci informacje, zamiast próbować cię poprawiać. Ich punkt widzenia jest taki, że muszą ustawić nowicjusza, aby lepiej pracował. Nie ma to nic wspólnego z tobą jako kobietą. Tam tkwi problem. W porządku? Nie zadałaś im żadnego pytania, a to udowadnia, że ty już wiesz o czym mówisz.

KAŻDY WYBÓR KREUJE

Uczestniczka Salonu:
Dorastałam z mnóstwem zasad dotyczących tego, co powinnam robić w związku jako kobieta: Musisz być zawsze gotowa dla swojego mężczyzny. Musisz być ładna, dobrze gotować, utrzymywać dom w czystości, garderobę uporządkowaną i mieć pewność, że mężczyźnie jest dobrze. Musisz używać właściwych słów, mieć właściwe nastawienie

i właściwe odpowiedzi, które podniosą go na duchu, po to, żeby go zatrzymać.

Gary:

Wychodzi na to, że i ty dorastałaś w latach 50-tych!

Uczestniczka Salonu:

Wszystko to czyni nas, kobiety, bardzo uzależnione, dlatego że gdzieś po drodze nauczono nas, że nie możemy zarobić pieniędzy, że mężczyzna jest tym jedynym i że utrzymanie związku wymaga dużo wysiłku. Tu właśnie odcinam się od siebie i rozwodzę z sobą. Więc zdecydowałam, że już nigdy więcej nie będę się angażować w żaden związek.

Gary:

Zatem przyjrzyjmy się temu. Czy jest to decyzja, osąd, kalkulacja czy konkluzja? Tak, właśnie to robisz. To nie jest bycie pragmatykiem kobiecej rzeczywistości.

Wszystko czym to jest, razy bóg wie ile razy, czy teraz to zniszczysz i odkreujesz? Zgoda, Niezgoda, Dobrze, Źle, POD i POC, Wszystkie 9, w Skrócie, Ponad, Nuklearne Sfery.

Uczestniczka Salonu:

Właśnie dlatego jestem na tej klasie. Wciąż nie chcę mieć związku. Chcę być sobą i cieszyć się sobą. Nie chcę zajmować się kimś innym, w tym również moimi dziećmi. Jednak chcę oczyścić tę sferę. Jestem pewna, że to otworzy drogę, którą teraz zamykam, ponieważ wciąż robię rzeczy najpierw dla innych, zamiast stawiać siebie na pierwszym miejscu. Wciąż nie wiem jak myśleć najpierw o sobie i robić rzeczy najpierw dla siebie.

Gary:

Przede wszystkim tu nie chodzi o myślenie najpierw o sobie, ani robienie rzeczy najpierw dla siebie. Tu nie chodzi o wybieranie dla siebie przede wszystkim. Czy możesz być pierwsza w jedności? Odpowiedź brzmi nie. Tu chodzi o bycie świadomą, że każdy wybór kreuje. Kiedy wybierasz, zapytaj: Czy to będzie dobre dla mnie oraz dla wszystkich innych?

Jeśli chcesz być pierwsza w jedności, to rywalizujesz. Jednak z kim rywalizujesz? Ile z was jest w rywalizacji z mężczyznami zamiast być z nimi w spójnej unii?

Wszystko czym to jest, razy bóg wie ile razy, czy teraz to zniszczycie i odkreujecie? Zgoda, Niezgoda, Dobrze, Źle, POD i POC, Wszystkie 9, w Skrócie, Ponad, Nuklearne Sfery.

Uczestniczka Salonu:

Jak mogę pozbyć się punktu widzenia, że jestem otyła i brzydka? Niszczyłam to i odkreowywałam, jednak to nadal się za mną ciągnie. I czym jest reakcja oporu przed usłyszeniem „kocham cię"?

Gary:

Jeśli rzeczywiście usłyszałaś „kocham cię", to tak naprawdę musiałabyś to przyjąć – a ty raczej wolisz nie przyjmować. Ty wolisz raczej trzymać się z daleka.

Jakiej głupoty używacie, by kreować fizjologiczną rzeczywistość, którą wybieracie? Wszystko czym to jest, razy bóg wie ile razy, czy teraz to zniszczycie i odkreujecie? Zgoda, Niezgoda, Dobrze, Źle, POD i POC, Wszystkie 9, w Skrócie, Ponad, Nuklearne Sfery.

Jest to dobry proces dla każdego, kto ma pytanie dotyczące jego lub jej ciała – dlatego, że wybraliście fizjologiczną rzeczywistość. Wykreowałyście to, więc myślicie, że musicie to utrzymać. Nie, macie wybór.

Jaką fizyczną aktualizację psychologicznej rzeczywistości ponad tę fizyczną rzeczywistość jestem teraz zdolna generować, kreować i wprowadzać w życie? Wszystko co na to nie pozwala, czy teraz to zniszczę i odkreuję, razy sam bóg wie ile razy? Zgoda, Niezgoda, Dobrze, Źle, POD i POC, Wszystkie 9, w Skrócie, Ponad, Nuklearne Sfery.

Jak się teraz macie?

Uczestniczka Salonu:

Świetnie. Wszystko to jest naprawdę świetne.

Gary:

Cieszę się! Jestem wam wdzięczny, drogie panie, za to, że wszystkie tu jesteście. Chciałbym doprowadzić was do miejsca, gdzie możecie mieć życzliwość same dla siebie, właśnie tym możecie być, a wy macie ten idiotyzm, że musicie być życzliwe dla innych – nie dla samych siebie. Macie być życzliwe dla innych i dla siebie jednocześnie. Nie z jakiegoś powodu, a tylko dlatego, że to ułatwia życie, to jest pragmatyczny feminizm.

Chciałbym żebyście stały się kobieco pragmatycznymi ludźmi, nie feministkami, ani szowinistkami. Jeśli nienawidzicie mężczyzn, stosujecie szowinizm wobec mężczyzn. Nic z tego nie jest konieczne.

Chcę powstrzymać walkę mężczyzn i kobiet przeciwko sobie. Wtedy kobiety nie będą musiały sprawiać, by mężczyźni udowodnili, że są odważni, a mężczyźni nie będą musieli udowadniać swoim kobietom, że nie mają racji, wszyscy będą mieli poczucie, że tak naprawdę, to mają wybór. Miło byłoby zakończyć tę wojnę. Możemy to tutaj pomiędzy sobą zrobić. Bardzo wam wszystkim dziękuję.

2
Wybór zmiany rzeczywistości

*A jeśli jesteście zdolne zmieniać rzeczywistość
– i nie wybieracie tego?*

Gary:
Witajcie, panie.

BRATNIE DUSZE I BLIŹNIACZE PŁOMIENIE

Dain i ja prowadziliśmy dziś audycję radiową w Puja Radio Network o bratnich duszach i bliźniaczych płomieniach. Było to bardzo zabawne dlatego, że wspólnota duchowa uważa bratnie dusze i bliźniacze płomienie za coś słusznego w tej rzeczywistości. Ukazała się więc niewiarygodna ilość naładowania w tym temacie. Użyję dzisiejszego procesu również dla was, ponieważ myślę, że to bardzo pomoże wam wszystkim.

Jakiej głupoty używasz, by wykreować bliźniaczy płomień, bratnią duszę, tego jedynego, wymarzonego, postać mityczną, księcia lub księżniczkę, osobę idealną dla ciebie oraz perfekcyjne dopełnienie, które wybierasz? Wszystko czym to jest, razy bóg wie ile razy, czy teraz to zniszczysz i odkreujesz? Zgoda, Niezgoda, Dobrze, Źle, POD i POC, Wszystkie 9, w Skrócie, Ponad, Nuklearne Sfery.

Wychodzi na to, że jak byłyście małe, to naczytałyście się za dużo opowieści o Kopciuszku, księżniczce w wieży i wszystkich innych, którymi miałyście się stać, ale nie mogłyście się stać, ponieważ nie byłyście tak szkaradne jak te postacie.

Jakiej głupoty używasz, by kreować bliźniaczy płomień, bratnią duszę, tego jedynego, wymarzonego, postać mityczną, księcia lub księżniczkę, osobę idealną dla ciebie oraz perfekcyjne dopełnienie, które wybierasz? Wszystko czym to jest, razy bóg wie ile razy, czy teraz to zniszczysz i odkreujesz? Zgoda, Niezgoda, Dobrze, Źle, POD i POC, Wszystkie 9, w Skrócie, Ponad, Nuklearne Sfery.

To jest koncepcja mówiąca o tym, że celem związku jest znalezienie dla siebie kogoś idealnego. Czy nieograniczone istnienie naprawdę miałoby mieć swoje perfekcyjne dopełnienie – czy raczej nieograniczone istnienie miałoby ich wiele?

Ile z was miało wiele różnych wersji samego siebie, spośród których próbujecie teraz odnaleźć tę jedyną, idealną? Wszystko czym to jest, razy bóg wie ile razy, czy teraz to zniszczycie i odkreujecie? Zgoda, Niezgoda, Dobrze, Źle, POD i POC, Wszystkie 9, w Skrócie, Ponad, Nuklearne Sfery.

W rzeczywistości szukacie kogoś idealnego kto nie istnieje. Czy to wymaga od was abyście osądzały siebie – czy abyście wybrały siebie?

Uczestniczka Salonu:
Osądzały.

Gary:
Wszędzie tam gdzie osądziłyście siebie za to, że nie znajdujecie osoby idealnej dla siebie, czy teraz to zniszczycie i odkreujecie? Zgoda, Niezgoda, Dobrze, Źle, POD i POC, Wszystkie 9, w Skrócie, Ponad, Nuklearne Sfery.

ŻYJ MIŁOWANIEM – NIE MIŁOŚCIĄ

W rozmowie, którą Dain i ja prowadziliśmy dziś w audycji, zdałem sobie sprawę z tego, że przeciwieństwem miłości nie jest nienawiść. Przeciwieństwem miłości jest osąd. Miłość nie wymaga nienawiści jako swojego przeciwieństwa. Wymaga osądu, jako przeciwstawnego punktu widzenia.

Przeciwstawnymi siłami w życiu są: 1) miłość i osąd, 2) troska i nienawiść, oraz 3) głupota i otrzymywanie. Te trzy przeciwstawne siły kreują zamieszanie i nie pozwalają wam wybrać tego, co wam pasuje.

Uczestniczka Salonu:
Kiedy twierdzisz, że miłość i osąd są opozycyjnymi siłami, czy twierdzisz tym samym, że skoro mam w swoim życiu miłość, to mam również osąd? Czy możesz to wyjaśnić?

Gary:

Miłowanie – nie *miłość* – jest tym, czym chcecie żyć. Dopóki jesteście miłowaniem, nie możecie osądzać. Kiedy prawdziwie jesteście miłowaniem, wówczas macie wdzięczność za to, co dana osoba robi. Nie oceniacie drugiej osoby, ani nie oceniacie siebie.

Nie próbujcie żyć z poziomu *miłości*. Żyjcie *miłując*. Kiedy funkcjonujesz z miłowania, troszczenia się, to nie funkcjonujesz z osądu. Żeby przestać miłować, musisz osądzić; w innym przypadku po prostu miłujesz.

Gary:

Jakiej głupoty używacie, by kreować przeciwstawne siły miłości i osądu, troski i nienawiści, głupoty i otrzymywania, które wybieracie? Wszystko czym to jest, razy bóg wie ile razy, czy teraz to zniszczycie i odkreujecie? Zgoda, Niezgoda, Dobrze, Źle, POD i POC, Wszystkie 9, w Skrócie, Ponad, Nuklearne Sfery.

Ten proces jest nieco bardziej intensywny niż myślałem, że będzie. Powtórzmy go.

> Jakiej głupoty używacie, by kreować przeciwstawne siły miłości i osądu, troski i nienawiści, głupoty i otrzymywania, które wybieracie? Wszystko czym to jest, razy bóg wie ile razy, czy teraz to zniszczycie i odkreujecie? Zgoda, Niezgoda, Dobrze, Źle, POD i POC, Wszystkie 9, w Skrócie, Ponad, Nuklearne Sfery.

Uczestniczka Salonu:

Nigdy nie miałam związku bez osądu.

Gary:

Większość z was nie miała, dlatego, że związek bez osądu nie jest czymś „normalnym" w tej rzeczywistości. Dlaczego uznajemy związek z osądem jako bardziej rzeczywisty, niż związek bez osądu? Wiecie dlaczego? Dlatego, że związek z osądem jest bardzo intensywny. Definiujemy tę intensywność jako miłość i tego szukamy, bardziej niż radości i możliwości, którą jest miłowanie. Prawdziwe miłowanie to obejmowanie radości i możliwości – a nie osądu.

Uczestniczka Salonu:

Mam partnera, który nie osądza mnie według tego, czym powinny być związki z tej rzeczywistości, natomiast ja mam skłonność, by kreować osąd związany z nim, w celu dopasowania naszego związku do tego, co jest uznawane przez tę rzeczywistość.

Gary:

Dobra uwaga. Wszyscy to robimy, aby wykreować poczucie miłości rodem z tej rzeczywistości. To dotyczy intensywności osądu, a nie świadomości możliwości.

Wszystko co zrobiłyście, aby wykreować to w sobie i w swoim partnerze, czy teraz to zniszczycie i odkreujecie? Zgoda, Niezgoda, Dobrze, Źle, POD i POC, Wszystkie 9, w Skrócie, Ponad, Nuklearne Sfery.

Miłość jest konkluzją; *miłowanie* jest działaniem. Musicie przestać próbować funkcjonować z miłości, a zamiast tego funkcjonować miłując. Jeśli jesteś z kimś, to spójrz na to –

czym dzisiaj byłoby miłujące działanie. Pytanie: „Jak mogę dziś wyrazić moją miłość?" jest miłującym działaniem.

Zauważcie, że miłowanie jest aktywną cząstką w świecie, a miłość, jako osąd, jest z konieczności skończoną cząstką w tym świecie. Jeśli jesteście w miłującym działaniu, to nie możecie być w działaniu oceniającym.

Jeśli kochacie, to funkcjonujecie z punktu widzenia, że się wszystko spełniło. Myślicie: „To wystarczy. To jest wszystko, co mam do zrobienia". Obserwuję jak często ludzie tak robią. Mówią: „Kocham tę osobę" i przestają tworzyć ten związek ponad to. Przestają być w miłującym działaniu. Pokochali i dlatego, że to jest dokonane, już nic nie muszą robić.

Jeśli stosujesz to, co dokonane – „Kocham go" – to wówczas już po wszystkim, od tego momentu nie zachodzi już dalej żadna kreacja. Wszystko co możecie mieć to miłość/nienawiść. Nie możecie mieć całkowitej radości i możliwości.

Kiedy mówicie: „Kocham tę osobę", co to tak naprawdę znaczy? Jedną z największych trudności jest to, że miłość ma około osiem trylionów definicji.

Wszystkie definicje jakie macie o miłości, które nie mają nic wspólnego z miłowaniem, czy teraz je zniszczycie i odkreujecie? Zgoda, Niezgoda, Dobrze, Źle, POD i POC, Wszystkie 9, w Skrócie, Ponad, Nuklearne Sfery.

Uczestniczka Salonu:

Często, kiedy rozmawiam z ludźmi o związkach, oni opisują całą masę tego, co nie działa. Pytam zatem: „Jaka jest tego wartość? Dlaczego wciąż się tego trzymasz?".

One mówią: „Ale ja go przecież kocham."

Na co ja pytam: „Co to znaczy? Nie rozumiem." Czy ty możesz to wytłumaczyć?

Gary:

Większość ludzi decyduje, że skoro kocha, to wszystko musi wyjść na dobre, jednak koncepcja, że kochasz i dlatego wszystko będzie dobrze jest oceną. To nie jest świadomość.

Jakiej świadomości wam brakuje, że kreujecie osądy, które podkreślacie? Wszystko czym to jest, razy bóg wie ile razy, czy teraz to zniszczycie i odkreujecie? Zgoda, Niezgoda, Dobrze, Źle, POD i POC, Wszystkie 9, w Skrócie, Ponad, Nuklearne Sfery.

Musicie zacząć kreować z pragmatycznego punktu widzenia oraz pytać: Co chciałabym wykreować? Czy kiedykolwiek się temu przyglądacie, będąc w związku? Ja nigdy tego nie robiłem. To, co robiłem, to: „Och, jak bardzo chciałbym ją uszczęśliwić. Chciałbym żeby wiedziała jak bardzo ją kocham", co oznacza: „Brakuje mi tego, że ona nie wie jak bardzo ją kocham. Brakuje mi jej świadomości tego, że ona to wie." Jedyne co robiłem, to karmiłem poczucie braku. Ile z was spędza swoje życie na karmieniu poczucia braku w związku, zamiast na możliwościach związku?

Wszystko czym to jest, razy bóg wie ile razy, czy teraz to zniszczycie i odkreujecie? Zgoda, Niezgoda, Dobrze,

Źle, POD i POC, Wszystkie 9, w Skrócie, Ponad, Nuklearne Sfery.

Uczestniczka Salonu:

Zawsze wydaje mi się, że kiedy ludzie mówią „kocham kogoś, to tak naprawdę, oznacza: "Potrzebuję czegoś i oczekuję, że otrzymam to od osoby, o której zdecydowałem, że jej potrzebuję". Jednak kiedy ty mówisz o miłowaniu, to jest to energia przepełniającej wdzięczności, nie ma w sobie jakości „daj mi".

Uczestniczka Salonu:

To, co właśnie powiedziałeś o miłości i miłowaniu było znakomite. Dzięki.

Gary:

Chciałbym wam wszystkim podziękować za wasze pytania dlatego, że otwieracie nimi drzwi do możliwości, które nigdy nie istniały dla kobiet na tej planecie. Proszę, wiedzcie o tym. Otwieracie drzwi do większych możliwości, dla mężczyzn i kobiet, które na planecie Ziemia jeszcze nie istniały, przez sam fakt, że chcecie się temu przyjrzeć i zmienić głupotę, z której funkcjonujecie. To właśnie chcę wykreować tymi klasami i to już się dzieje. Jestem wdzięczny każdej z was, że tu jesteście.

Uczestniczka Salonu:

Dziękujemy tobie!

Gary:

Jakiej głupoty używasz, by kreować przeciwstawne siły miłości i osądu, troski i nienawiści, głupoty i otrzymywania, które wybierasz? Wszystko czym to jest, razy bóg wie ile razy, czy teraz to zniszczysz i odkreujesz? Zgoda, Niezgoda, Dobrze, Źle, POD i POC, Wszystkie 9, w Skrócie, Ponad, Nuklearne Sfery.

„CO TO JEST?"

Uczestniczka Salonu:

Przyglądałam się wielu związkom między mężczyznami i kobietami. Do tanga trzeba dwojga, prawda? Kiedy istnieją osądy, jakie to ma znaczenie, czy kreują je mężczyźni czy kobiety? Jak to wygląda jeśli mam związek z kimś i pojawiają się osądy? Jaka jest w tym moja rola?

Gary:

Większość ludzi nie rozumie, że musi kreować z tego, co jest, a nie z tego jak oni myślą, że powinno być. Musicie funkcjonować z poziomu „Co to jest?", a nie „Jakie mam na ten temat osądy?".

Tu nie chodzi o osądy, tu chodzi o miłowanie, które poszerza twoje życie. To jest pragmatyczny związek. To zupełnie inny wszechświat. Pragmatyczny związek to:

- Co tutaj będzie działać?
- Jak mogę sprawić, by to działało dla mnie, dla drugiej osoby i dla wszystkich zaangażowanych?

Jeśli nie funkcjonujesz w pragmatycznym związku, to funkcjonujesz w związkach z osądem, w których chodzi o

„kocham go" lub „nie kocham". To jak zrywanie płatków z kwiatka i wyliczanie: „kocha, nie kocha". Zerwałaś wszystkie płatki, żeby dojść do wniosku, czy on cię kocha, czy nie.

Co jeśli możesz mieć związek, który jest kochający, dbający, otrzymujący – a nie nieświadomy, nienawidzący, osądzający? Jednak ta rzeczywistość nie tak działa. Bez tego osądu, nienawiści, czy głupoty w ogóle nie mogłabyś się zakochać. Nie mogłabyś odczuwać dramatu ani traumy, czyli wszystkiego tego, co jest najbardziej cenionym produktem tej rzeczywistości.

Musicie wykreować pragmatyczny związek, który dla was działa. Zamiast to robić, próbujecie kreować związek w oparciu o punkt widzenia kogoś innego.

Wszystko co zrobiłyście, żeby kreować związek w oparciu o punkty widzenia innych ludzi, a nie wasze własne, czy teraz to zniszczycie i odkreujecie? Zgoda, Niezgoda, Dobrze, Źle, POD i POC, Wszystkie 9, w Skrócie, Ponad, Nuklearne Sfery.

Wy wszystkie robiłyście tego wiele!

Uczestniczka Salonu:

Czy w swojej rzeczywistości jesteś już w tym punkcie, że już więcej nie osądzasz – czy jesteś stale świadomy, że osądzasz i wtedy to niszczysz i odkreowujesz?

Gary:

W większości jestem stale świadomy kiedy zaczynam osądzać.

Jakiś czas temu przyjrzałem się na szybko związkowi z kimś, kto był dla mnie idealny i zadałem pytanie: Czy ten związek działałby dla niej? Powiedziałem: "Wow, nie!" ponieważ to, co działałoby dla mnie i to, co działałoby dla niej, to dwie różne rzeczy. To jest pragmatyczne patrzenie na związek: Czy to naprawdę będzie sprawdzać się drugiej osobie? A nie: Czy to zadziała dla mnie?

Większość z nas tak robi. Patrzymy na związek w kategoriach: „Czy mogę sprawić, że to będzie działać dla drugiej osoby?" albo „Jak mogę sprawić, że to będzie działać dla mnie?" jako na dwa punkty widzenia. A co, jeśli jest trzeci punkt widzenia, który możemy mieć?

Wszystko, co nie pozwala wam postrzegać, wiedzieć, być i otrzymywać ekstremalnie pragmatyczne punkty widzenia, które pozwolą, że wszystko będzie działać dla wszystkich, czy teraz to zniszczycie i odkreujecie? Zgoda, Niezgoda, Dobrze, Źle, POD i POC, Wszystkie 9, w Skrócie, Ponad, Nuklearne Sfery.

Uczestniczka Salonu:

W docieraniu do tego trzeciego punktu widzenia, wydaje mi się, że obie strony powinny wyjść z pytaniami, by zobaczyć co dla nich działa?

Gary:

Nie, tylko jedna osoba ma wyjść z pytaniem i ta osoba musi być chętna by przyjrzeć się:
- Co to jest?
- Co mogę z tym zrobić?
- Czy mogę to zmienić?
- Jak mogę to zmienić?

Te cztery pytania odnoszą się do związków.

Powiedzmy, że zdecydowałyście, żeby wejść z kimś w związek. Ta osoba ma rodzinę. Czy rodzina jest włączona w związek?

Uczestniczka Salonu:
Tak.

Gary:
Czy rodzina ma punkt widzenia na temat związków? O tak! Czy oni projektują i oczekują pewnych rzeczy po was dlatego, że jesteście w związkach?

Uczestniczka Salonu:
Oh, tak.

Gary:
Zatem, czy tak naprawdę macie wybór – czy musicie dostosowywać wasze wybory do tego na ile musicie włączyć inne osoby w wasz związek?

Uczestniczka Salonu:
To ostatnie.

TWORZENIE PRZYSZŁOŚCI

Gary:
Musicie chcieć rozpoznać, jak każdy wybór będzie tworzyć przyszłość, którą chcecie tworzyć. Większość z nas nigdy nie przygląda się tworzeniu przyszłości, ponieważ nie jest to dla nas rzeczywistością na tej planecie.

Zacząłem czytać książkę o ryzyku zatytułowaną *Przeciw Bogom*. Mówi ona o tym, że ryzyko jest tworzone przez pewne rzeczy i że istnieją *prawdopodobieństwa*, które wykreują przyszłość – bardziej niż możliwości, które wykreują przyszłość.

Prawdopodobieństwo to zamysł, że możesz matematycznie zdeterminować to, co jest bardziej prawdopodobne, że się zdarzy, zgodnie z punktem widzenia wszystkich. To jest oparte o twój osąd oraz o osąd innych, bardziej niż o ideę, że wybór i możliwość mogą naprawdę zmienić rzeczywistość.

Musicie rozpoznać, że wybór kreuje możliwości w sposób dosłowny. A co, jeśli jesteście zdolne, by zmieniać rzeczywistość – a nie wybieracie tego?

Ile sfer wybrałyście, by uniknąć kreacji opartej na wyborze możliwości, na rzecz prawdopodobieństwa tego, z czym wszyscy inni się zgodzą i do czego się dostosują? Wszystko czym to jest, razy bóg wie ile razy, czy teraz to zniszczycie i odkreujecie? Zgoda, Niezgoda, Dobrze, Źle, POD i POC, Wszystkie 9, w Skrócie, Ponad, Nuklearne Sfery.

Jeśli wybieracie spośród możliwości, wówczas możecie dostrzec, że może zaistnieć inna kreacja, która jeszcze do tej pory nie istniała. Proszę was, panie, abyście miały wolę kreować ponad ograniczenia tej rzeczywistości.

„Jaka jest tutaj możliwość innej przyszłości?" jest punktem widzenia, który nie zdarza się w związkach, w seksie, kopulacji, ani w waszym własnym życiu. Tutaj mam nowy proces, którego jeszcze nikomu nie robiłem. Wy będziecie pierwsze.

Jakiej głupoty używacie, by kreować prawdopodobieństwa urzeczywistniającej się przyszłości, które wybieracie? Wszystko czym to jest, razy bóg wie ile razy, czy teraz to zniszczycie i odkreujecie? Zgoda, Niezgoda, Dobrze, Źle, POD i POC, Wszystkie 9, w Skrócie, Ponad, Nuklearne Sfery.

TWÓJ PUNKT WIDZENIA KREUJE TWOJĄ RZECZYWISTOŚĆ

Podejmujemy wybory bez zdawania sobie sprawy, jak te wybory w każdym szczególe kreują naszą przyszłość. Każdy wybór, którego dokonujemy, kreuje. Od dawna mówię o tym, że wybór jest kreacją. Wybór nie jest słusznością czy niesłusznością, jest kreacją. To twórczy element wszystkiego na planecie Ziemia. Każdy wybór, którego dokonujecie coś kreuje. Twój punkt widzenia kreuje twoją rzeczywistość; twoja rzeczywistość nie kreuje twojego punktu widzenia. Czy kiedykolwiek wybrałyście związek z kimś, kto nie był dla was dobry?

Uczestniczka Salonu:
Kiedy o tym wszystkim mówisz, pojawia się u mnie energia przestrzeni, której nie miałam chęci wybrać. Nie wybieram z przestrzeni, ponieważ nie mam powodu, usprawiedliwienia ani nawet pojęcia co to wykreuje.

Gary:
Tak, dlatego, że próbujesz szukać prawdopodobieństwa.

Uczestniczka Salonu:
Tak, wow! Dziękuję ci.

Gary:
Wy, jako kobiety, nie jesteście w niczym gorsze od mężczyzn. Jesteście od mężczyzn inne. Po prostu inne, ani w złym, ani w dobrym tego słowa znaczeniu. Macie równe wybory. Tak naprawdę, to macie nawet więcej wyborów niż mężczyźni – dlatego, że mężczyzna, aby udowodnić, że jest mężczyzną, musi udowodnić, że nie jest kobietą, ani że nie jest gejem. Wiem, że to nie ma dla was sensu, ale taka jest prawda. Pewnego dnia przyszła do mojego gabinetu kobieta i powiedziała: „Dain jest gejem, prawda?".

Odpowiedziałem: „Nie, tak naprawdę, to nie jest. Skąd taki pomysł, że jest gejem?".

Ona na to: Zraniłam sobie palec, on opatrzył go plastrem i był w tym taki troskliwy i kochający. Nie ma takiej możliwości, żeby był heteroseksualny, dlatego, że taki mężczyzna, po prostu klepnąłby na to plaster i powiedział: „I jak?".

Ponieważ mężczyzna jest troskliwy, to znaczy, że jest gejem? Nie. To totalny osąd i decyzja, i niestety nie jest to prawda. Zaufajcie mi, wielu mężczyzn byłoby zadowolonych gdyby Dain był gejem, ale nie jest. Wy, jako kobiety, gdybyście nie były totalnie życzliwe i troskliwe, nie byłybyście uważane za kobiece. To po prostu obłęd.

SPRAWCIE, ABY KAŻDY WYBÓR BYŁ ŹRÓDŁEM MOŻLIWOŚCI

Uczestniczka Salonu:
Czy chcesz przez to powiedzieć, że uznanie, że jako kobieta mam więcej wyboru jest uznaniem, że każdy wybór jest kreacją, która otworzy dla mnie coś więcej?

Gary:
Tak, każdy wybór otworzy drzwi do możliwości. Każdy wybór kreuje wiele możliwości. Każda możliwość oraz wybór kreują zestaw możliwości. Za każdym razem, gdy wybierasz, kreujesz zestaw możliwości.

Tylko wyobraźcie to sobie: kreujecie wybór i dziesięć możliwości się otwiera. Następnie, wybieracie jeszcze raz i kolejne dziesięć możliwości się otwiera. Za pierwszym razem, jeden wybór kreuje zestaw możliwości, za drugim, kolejny zestaw możliwości wiąże ze sobą oba wybory, które wykreowałyście jako możliwości. Tak właśnie zaczynają kreować się sieci przyszłości do wprowadzenia w życie, do urzeczywistnienia innej możliwości.

Wtedy kiedy zaczynacie postrzegać te miejsca, gdzie za każdym razem, gdy kreujecie wybór, łączą się ze sobą mnogości, to zaczynacie widzieć co jest wkładem do kreowania rzędu różnych możliwości na inną przyszłość, która dla was albo dla tych, których znacie, być może nigdy nie istniała.

Uczestniczka Salonu:

Dziękujemy ci, to było znakomite. Kiedy powiedziałeś, że jak dokonuję wyboru, to dziesięć możliwości się otwiera i wybierasz jedną z nich, a one się z sobą wiążą, to miało to w sobie bardzo mocną energię. Czymkolwiek to jest, nie chcę wiedzieć czym to jest, ani czym jest sieć tego wszystkiego. Lubię udawać, że nie wiem, co naprawdę wiem.

Gary:

Spróbujmy tego:

Jakiej głupoty używasz, by wykreować brak świadomości sieci możliwości tworzących twój wybór, który wybierasz? Wszystko czym to jest, razy bóg wie ile razy, czy teraz to zniszczysz i odkreujesz? Zgoda, Niezgoda, Dobrze, Źle, POD i POC, Wszystkie 9, w Skrócie, Ponad, Nuklearne Sfery.

Każdy wybór kreuje zwielokrotniony zestaw możliwości. Staramy się dojść do wniosku, myśląc, że jeśli utrwalimy wybór, który podejmujemy i postaramy się wykreować „właściwy" punkt widzenia, to osiągniemy rezultat, którego pożądamy.

Wszystkie z was mają doświadczenie wchodzenia z kimś w związek, przyjmowania sztywnego punktu widzenia, a potem rozpadania się go. Jak myślicie, dlaczego to się rozpada? Rozpada się, ponieważ nie miałyście woli, by kreować i generować ponad wyborem „ja go kocham."

Kiedy odnajdujecie swoją tak zwaną drugą połówkę, albo postrzegacie daną osobę jako kogoś znaczącego, to kreujecie z dziwnego punktu widzenia, który nie ma z wami nic wspólnego i nie jesteście w stanie kreować tego, co jest możliwe.

To jest miejsce, w którym sprawiacie, że wasz wybór jest końcem kreacji. Nie sprawiajcie, żeby jakikolwiek wybór był końcem kreacji. Sprawcie, by każdy wybór był źródłem możliwości.

Jakiej głupoty używacie, by wykreować bliźniaczy płomień, bratnią duszę, tego jedynego, postać mityczną, księcia lub księżniczkę, osobę idealną dla was oraz perfekcyjne dopełnienie, które wybieracie? Wszystko czym to jest, razy bóg wie ile razy, czy teraz to zniszczycie i odkreujecie? Zgoda, Niezgoda, Dobrze, Źle, POD i POC, Wszystkie 9, w Skrócie, Ponad, Nuklearne Sfery.

Jakiej głupoty używacie, by kreować krew, pot i łzy związku, które wybieracie? Wszystko czym to jest, razy bóg wie ile razy, czy teraz to zniszczycie i odkreujecie? Zgoda, Niezgoda, Dobrze, Źle, POD i POC, Wszystkie 9, w Skrócie, Ponad, Nuklearne Sfery.

Wiele z was negatywnie oceniło się za to, że wybieracie nie bycie w związku. A co, jeśli nie wybieranie związku jest najmądrzejszym wyborem, którego możecie dla siebie dokonać?

Jakiej głupoty używasz, by kreować niepoprawność siebie za nie wybieranie związku, którą wybierasz? Wszystko czym to jest, razy bóg wie ile razy, czy teraz to zniszczycie i odkreujecie? Zgoda, Niezgoda, Dobrze, Źle, POD i POC, Wszystkie 9, w Skrócie, Ponad, Nuklearne Sfery.

Wy macie taki punkt widzenia, że macie sobie za złe, że nie jesteście w związku, ponieważ wasza mama albo siostra, albo jej przyjaciółki, ciągle namawiają was do szkodliwego związku. One tak naprawdę nie chcą związku, co sprawia, że ciągle wybierają zły związek. Gdyby naprawdę chciały związku, to już by go wykreowały. Jeśli naprawdę nie chcecie związku, to nie ma w tym nic złego. Wszystko jest z wami w porządku, jeśli nie chcecie związku!

Związek to koncept; to nie jest rzeczywistość. Nie potrzebujesz nikogo żeby cię uzupełnił. Jako dusza sama w sobie jesteś całością. By być pełnią nie potrzebujesz związku, rodziny, dzieci, grupy, ani niczego podobnego. Jesteś już całością, jako istnienie samo w sobie. Bądź przed samą sobą prawdziwa.

Wszystko co zrobiłyście, żeby uczynić siebie nieprawdziwymi, czy teraz to zniszczycie i odkreujecie? Zgoda, Niezgoda, Dobrze, Źle, POD i POC, Wszystkie 9, w Skrócie, Ponad, Nuklearne Sfery.

ZATEM CZYM JEST ZWIĄZEK?

Uczestniczka Salonu:
Czy mogę zapytać cię, co dla ciebie znaczy związek?

Gary:
Związek to pragmatyczne istnienie razem, które poszerza wasze obie rzeczywistości oraz wasze plany. Związek to pewne miejsce, w którym możecie żyć razem,

komfortowo bez osądów. To miejsce, gdzie możecie żyć razem w możliwościach, a nie w konieczności: „nie sprzątasz po sobie", „nie robisz tego, co do ciebie należy", „nie dzielisz się". Dzielenie się to koncept, który kreuje przestrzeń, w której kogoś osądzacie, a nie w której z kimś żyjecie.

W momencie, w którym wchodzisz w osądy, ty jako istnienie, przestajesz istnieć. Istnienie i osąd nie mogą koegzystować w tym samym wszechświecie. Bycie to element wdzięczności, osąd to element destrukcji. Nie możesz w tym samym wszechświecie mieć zarówno wdzięczności i destrukcji. Jeden jest kreacją, drugi jest destrukcją.

Uczestniczka Salonu:
To prawie tak, jakbym chciała pozbyć się słowa związek. Chciałabym nazwać to jakoś inaczej. Nie chcę mieć „związku".

Gary:
„Nie chcę mieć związku" oznacza, że nie brakuje ci związku, czyli masz wiele związków, a większość z nich jest nieudana.

Uczestniczka Salonu:
Tak.

Gary:
A więc, dlaczego są złe?

Uczestniczka Salonu:
Nie pokazuję w nich siebie. W żadnym z tym związków nie jestem wszystkim tym, kim jestem.

Gary:

Czemu w żadnym z tych związków nie jesteś wszystkim tym, kim jesteś?

Uczestniczka Salonu:

Inni ludzie mnie nie przyjmują i nie rozumieją mnie.

Gary:

Dlaczego oczekujesz, że cię zrozumieją?

Jak by to było, gdybyś chciała mieć wszystko, co jest dla ciebie możliwe, bez potrzeby, by mieć kogokolwiek innego?

Uczestniczka Salonu:

Byłoby wspaniale.

Gary:

Tak, to wykreowałoby coś innego. Musisz chcieć patrzeć na inne możliwości.

Jakiej głupoty używacie, by kreować brak całkowicie pragmatycznej rzeczywistości związku, który wybieracie? Wszystko czym to jest, razy bóg wie ile razy, czy teraz to zniszczycie i odkreujecie? Zgoda, Niezgoda, Dobrze, Źle, POD i POC, Wszystkie 9, w Skrócie, Ponad, Nuklearne Sfery.

Chciałbym, żebyście wszystkie puszczały nagranie z tym odkreowaniem w kółko i odsłuchiwały to przez co najmniej trzydzieści dni. Jeśli to zrobicie, oczyścicie ten obszar i wymażecie punkty widzenia, w których utknęłyście i z dużo większą łatwością przejdziecie do innych możliwości. Nagrajcie to odkreowanie i puszczajcie je w kółko po cichu w czasie snu. To pewien rodzaj subtelnego programowania – z tym, że jest to subtelne rozprogramowywanie.

Jakiej głupoty używacie, by kreować brak całkowicie pragmatycznej rzeczywistości związku, który wybieracie? Wszystko czym to jest, razy bóg wie ile razy, czy teraz to zniszczycie i odkreujecie? Zgoda, Niezgoda, Dobrze, Źle, POD i POC, Wszystkie 9, w Skrócie, Ponad, Nuklearne Sfery.

Jakiej głupoty używacie, by wykreować bliźniaczy płomień, bratnią duszę, tego jedynego, postać mityczną, księcia lub księżniczkę, osobę idealną dla was oraz perfekcyjne dopełnienie, które wybieracie? Wszystko czym to jest, razy bóg wie ile razy, czy teraz to zniszczycie i odkreujecie? Zgoda, Niezgoda, Dobrze, Źle, POD i POC, Wszystkie 9, w Skrócie, Ponad, Nuklearne Sfery.

KOPULACJA Z WYBORU

Teraz powiem coś, co być może dla większości z was będzie obraźliwe. Większość z was szuka związku – a to, czego pragną części waszych ciał, to spora ilość kopulacji. Wasze ciało wolałoby raczej kopulację niż związek, ale wy już zdecydowały, że bycie kobietami wymaga bycia w związku, a nie kopulacji.

Wszystko czym to jest, razy bóg wie ile razy, czy teraz to zniszczycie i odkreujecie? Zgoda, Niezgoda, Dobrze, Źle, POD i POC, Wszystkie 9, w Skrócie, Ponad, Nuklearne Sfery.

Uczestniczka Salonu:

Dlaczego mam taki opór przed kopulacją?

Gary:

Opierałaś się jej?

Uczestniczka Salonu:

O tak.

Gary:

Dlatego, że gdybyś była chętna do odbywania wielu stosunków, to nie byłabyś uważana za kobietę. W tej rzeczywistości pożądanie kopulacji to cecha męska, a nie kobieca.

Wszystko co w tym temacie zdeterminowałyście i zadecydowałyście, czy teraz to zniszczycie i odkreujecie? Zgoda, Niezgoda, Dobrze, Źle, POD i POC, Wszystkie 9, w Skrócie, Ponad, Nuklearne Sfery.

Uczestniczka Salonu:

Mam pytanie odnośnie kopulacji. Przez całe życie, zanim zetknęłam się z Access Consciousness, miałam pragnienie kopulacji i zdałam sobie sprawę z tego, że nie jest to konieczność, a wybór i wtedy samo pragnienie zniknęło. Straciłam tym zainteresowanie.

Gary:

Kopulacja bardziej z wyboru zamiast z konieczności. Im bardziej zaczniecie zdawać sobie sprawę z tego, że ludzie używają osądu, żeby wykreować kopulację, tym więcej sensu nabiera twierdzenie, że coś was niby omija, jeśli przejdziecie od razu do kopulacji i będziecie kopulować bez osądu.

Uczestniczka Salonu:

Nie rozumiem.

Gary:

Powiedzmy, że jest mężczyzna w twoim życiu, z którym chciałabyś kopulować, a którego nie osądzasz. Jeśli on osądza cię po to, żeby się podniecić i żeby mu stanął, wówczas nie uda mu się to, ponieważ ty nie osądzasz tego, co robisz, żeby go seksualnie podniecić.

Zatem macie wybór: Jak wiele osądów musicie wnieść w jego wszechświat, żeby miał wzwód – albo jak wiele kontroli musicie użyć, aby go podniecić tak, żeby już nie mógł się powstrzymać?

Wszystko co tu stanęło lub opadło, czy teraz to zniszczycie i odkreujecie? Zgoda, Niezgoda, Dobrze, Źle, POD i POC, Wszystkie 9, w Skrócie, Ponad, Nuklearne Sfery.

Ocena to system kontroli. Czy wszystkie to rozumiecie? Macie wybór. Możecie pozwolić, by osoba osądzała, możecie wykreować dla nich osąd albo możecie wykreować wystarczającą kontrolę tak, aby ich ocena nie była zwrócona na to, by opanować wasze domaganie się ich ciała – nie ich samych, a ich ciała.

Uczestniczka Salonu:

O jakiej kontroli tutaj mówisz?

Gary:

Musicie być chętne, by popatrzeć na niego i zadać pytanie: „Co sprawiłoby bym przejęła kontrolę nad tym facetem, aby był tak niesłychanie napalony, że nie pozostanie mu wybór inny niż dostarczenie tego, czego pragnę, wtedy, kiedy tego pragnę?".

Jest pewien szczególny rodzaj energii, którym musicie być. To wymaga od mężczyzny, by dostarczał bez względu na to, czy sam tego pożąda, czy nie. Musicie wyjść ponad jego system pożądania, zamiast wchodzenia w to, co sprawiłoby, że będzie was pożądał. To jest ten poziom kontroli, o którym powiedziano kobietom, że nie mogą i nie powinny go posiadać.

Wszędzie tam gdzie kupiłyście, że nie powinnyście mieć takiej kontroli, nie powinnyście być taką kontrolą, nie macie pojęcia czym jest taka kontrola, a nawet gdybyście miały taką kontrolę, to nie wybrałybyście jej dlatego, że nie byłoby to kobiece, czy teraz to zniszczycie i odkreujecie? Zgoda, Niezgoda, Dobrze, Źle, POD i POC, Wszystkie 9, w Skrócie, Ponad, Nuklearne Sfery.

Uczestniczka Salonu:

Czy to jest właśnie to, co zostało ocenione jako dominacja – i przez to jesteśmy wykluczone?

Gary:

Tak, próbowałyście nie być dominującym gatunkiem, ponieważ zostało wam powiedziane, że to mężczyźni są dominującym gatunkiem. Czy to jest rzeczywiście prawda? I czy naprawdę istnieje w ogóle dominujący gatunek? Czy raczej jest moment, w którym każdy z nas ma potrzebę bycia dominującym, wedle swoich potrzeb, pragnień i wymagań?

Wszystko co nie pozwala wam tego wybrać, czy teraz to zniszczycie i odkreujecie? Zgoda, Niezgoda, Dobrze, Źle, POD i POC, Wszystkie 9, w Skrócie, Ponad, Nuklearne Sfery.

TOTALNA SEKSUALNOŚĆ

Dla przykładu, te kobiety, które myślą, że zabawienie się z drugą kobietą sprawiłoby im przyjemność, proszę was, miejcie chęć, by to zrobić, jeśli to jest tym, co podpowiada wam ciało, że będzie wam pasowało. Nie możecie mieć punktu widzenia „to jest homo, a to heteroseksualne". To jest osąd, a jeśli macie osąd, nie możecie miłować, co oznacza, że nie możecie mieć troski o drugą osobę.

Musicie zrozumieć, że cały świat jest dla was dostępny, jako twór bez osądu. Totalna seksualność to omniseksualna rzeczywistość, która byłaby wyrażona jako „Nie mam prawdziwej seksualności. Nie mam punktu widzenia. Mogę robić wszystko". Możecie również powiedzieć, że jest to panseksualność, co oznacza, że robicie wszystko. Androgenizm nie jest omniseksualnością. Nie jest omniseksualnością, bo to byłoby osądem.

Chodzi tu o bycie energią seksualną, którą ty i twoje ciało jesteście, czyli chodzi o istnienie. To jest wybór. To właśnie wybierasz, by otrzymać.

Wszystko czym to jest, razy bóg wie ile razy, czy teraz to zniszczycie i odkreujecie? Zgoda, Niezgoda, Dobrze,

Źle, POD i POC, Wszystkie 9, w Skrócie, Ponad, Nuklearne Sfery.

Uczestniczka Salonu:

Jak by to było, żeby przestać tak strasznie osądzać te kobiety, które pozwalają, by ich mąż, czy partner, podejmował decyzje i które zawsze podążą za tym, co mężczyzna myśli, że jest słuszne, zamiast za swoją własną świadomością czy pragnieniami? Jakim wkładem mogę być do tego, by to zmienić? Nieograniczone istnienie miałoby to wybrać, z jakiego powodu? Czy myślisz, że to jest ocena?

Gary:

Nie, kochana. To nie jest ocena; to jest świadomość. Kocham cię, a ty jesteś świadoma. Jest szaleństwem rozwodzić się z samą sobą, by uszczęśliwić swojego partnera. Czy to cię uszczęśliwia? Jeśli tak, stań się tym. Jeśli nie, to zrób coś innego.

Wszystko czym to jest, razy bóg wie ile razy, czy teraz to zniszczysz i odkreujesz? Zgoda, Niezgoda, Dobrze, Źle, POD i POC, Wszystkie 9, w Skrócie, Ponad, Nuklearne Sfery.

TWOJE CIAŁO MA PUNKT WIDZENIA

Uczestniczka Salonu:

Dlaczego jako nieograniczone istnienie posiadam dualną osobowość, siebie duchową i fizyczną?

Gary:

To nie jest dualna osobowość, kochana. To jest tak, że twoje ciało ma pewien punkt widzenia, a ty masz inny. Nie masz woli, by dostrzec, że twoje ciało ma inny punkt widzenia niż ty. Twoje ciało jest w tobie; ty nie jesteś w swoim ciele. Zatem, nie jest to dualna osobowość. To jest tak, że twoje ciało doświadcza życia z perspektywy fizjologicznej, a ty doświadczasz je z perspektywy psychologicznej. Teraz podam wam parę procesów, które możecie odsłuchiwać w kółko.

Jakiej głupoty używam, by kreować brak fizjologicznej rzeczywistości, który wybieram? Wszystko czym to jest, razy bóg wie ile razy, czy teraz to zniszczycie i odkreujecie? Zgoda, Niezgoda, Dobrze, Źle, POD i POC, Wszystkie 9, w Skrócie, Ponad, Nuklearne Sfery.

Jaką fizyczną aktualizację zupełnie innej fizjologicznej rzeczywistości jestem teraz zdolna kreować, generować i wprowadzać w życie? Wszystko co nie pozwala, by to się ukazało, razy sam bóg wie ile razy, czy teraz to zniszczycie i odkreujecie? Zgoda, Niezgoda, Dobrze, Źle, POD i POC, Wszystkie 9, w Skrócie, Ponad, Nuklearne Sfery.

Uczestniczka Salonu:

Chciałabym zregenerować mój układ rozrodczy dla zdrowia ciała oraz dla bardziej przyjemnego seksu. Jakie pytanie mogę zadać?

Gary:

Dlaczego wybierasz to dla zdrowia ciała i bardziej przyjemnego seksu? Dlaczego nie sięgnąć po coś, co wykreuje życie, które jest bardziej radosne i które jest dla ciebie większą zabawą? Oto jest pytanie.

Czym mogę być, co zrobić, mieć, kreować i generować dzisiaj, co będzie kreować więcej zabawy, łatwości, seksu oraz przyjemności w moim życiu przez całą wieczność? Wszystko co na to nie pozwala, czy teraz to zniszczycie i odkreujecie, razy sam bóg wie ile razy? Zgoda, Niezgoda, Dobrze, Źle, POD i POC, Wszystkie 9, w Skrócie, Ponad, Nuklearne Sfery.

SEX ORAZ OTRZYMYWANIE

Uczestniczka Salonu:

Czy tracimy zainteresowanie seksem przez to, że rozwodzimy się z częściami siebie?

Gary:

Jest tak dlatego, że tracicie część otrzymywania. Seks może się pojawić tylko wtedy, gdy jesteście totalnym otrzymywaniem.

Jaką część otrzymywania tłamsicie z taką intensywnością, że eliminujecie seks oraz radość z kopulacji, które mogłybyście wybierać. Wszystko czym to jest, razy bóg wie ile razy, czy teraz to zniszczycie i odkreujecie? Zgoda, Niezgoda, Dobrze, Źle, POD i POC, Wszystkie 9, w Skrócie, Ponad, Nuklearne Sfery.

Uczestniczka Salonu:

Czy to jest wybór, który podejmuję, nie chcąc czy też nie pragnąc seksu?

Gary:

Tak, to jest wybór, ale tak naprawdę jest podjęty w oparciu o to, że zdecydowałaś albo doszłaś do wniosku, że jeśli uprawiasz z jakąś osobą seks, to musisz być w związku monogamicznym. Monogamiczny znaczy jeden. Jeśli jesteś w monogamicznym związku, to jest tylko jeden w związku i nie jesteś to ty, tylko ta druga osoba. Ty chcesz poligamicznego związku, w którym ty również jesteś włączona.

PRZEMOC W ZWIĄZKACH

Uczestniczka Salonu:

Proszę omów teraz jak rozpoznać to, kiedy pojawia się przemoc w związku, zwłaszcza wtedy, gdy jest ona tak subtelna, że możemy jej nawet nie zauważyć.

Gary:

Tak właśnie jest z przemocą w związkach. Kiedy dochodzicie do wniosku, że kogoś kochacie, to nigdy nie zadajecie pytań odnośnie tego, co oni robią.

Kiedy ktoś was krytykuje, nie jest to miłowanie. To konkluzja, a nie możliwość. Musicie sięgnąć po świadomość i chcieć zadawać pytania. Byłem w związku, w którym byłem oceniany codziennie. Tak naprawdę doszło do tego, że udałem się do hipnotyzera, żebym przestał cofać się za każdym razem, gdy ta osoba chciała mnie dotknąć. Za każdym razem, gdy wyciągała do mnie rękę, ja się wycofywałem. Nie wiedziałem dlaczego to robię.

Dopiero po tym, jak związek się zakończył, zdałem sobie sprawę, że to nie ja się wycofywałem. To moje ciało cofało się przed przemocą. Musicie mieć jasność na temat tego, gdzie ktoś dopuścił się względem was przemocy w związku. Kiedy myślicie, że już nie życzycie sobie seksu albo używacie osądów tej osoby, żeby wykreować seksualne podniecenie, to jesteście w związku, w którym jest przemoc. Kiedy bardziej cieszy was przebywanie z innymi ludźmi, niż ze swoim mężem lub partnerem, to w takim związku istnieje nadużycie. Wchodzicie w związek z nadużyciem wtedy, kiedy myślicie, że druga osoba jest od was bystrzejsza. Nikt nie jest bystrzejszy, ani bardziej świadomy niż ty. Nigdy, przenigdy. Proszę, zrozumcie to.

Uczestniczka Salonu:
Czasami kiedy dotykam mojego partnera albo on dotyka mnie, mam bolesne, intensywne doznanie w moich dłoniach, ramionach oraz ciele.

Gary:
Czy to jest ból? Czy raczej taki poziom intensywności, którego nie chcesz mieć? Czy jesteś świadoma bólu w jego ciele? Czy chcesz mieć tego świadomość?

Próbujecie unikać świadomości, dlatego nazywacie to bólem. Za każdym razem, gdy coś określacie jako ból albo cierpienie, jako problem albo traumę, czy dramat, to staracie się tego uniknąć. Zamiast unikać zadajcie pytanie:

- Co to jest?
- Co mogę z tym zrobić?
- Czy mogę to zmienić?
- Jak mogę to zmienić?

Do tego właśnie miejsca macie dotrzeć. A co, jeśli wiedziałybyście, że jedynym sposobem, żeby coś zmienić, to uprawiać z nim seks? Czy byłybyście chętne, by to zrobić?

Uczestniczka Salonu:

Czy to byłoby troskliwe dla mnie?

Gary:

Co to ma wspólnego z Królestwem Mnie oraz Królestwem Nas?

Uczestniczka Salonu:

Jaka jest różnica między Królestwem Mnie a Królestwem Nas?

Gary:

Królestwo *Mnie* oraz Królestwo Nas, to dwa całkowicie inne wszechświaty. W Królestwie Mnie próbujesz dochodzić do wniosku. Królestwo Nas, to świadomość siebie nawzajem i każdej rzeczy, która wchodzi w interakcję z następną.

Uczestniczka Salonu:

Czy to właśnie robię, próbując być za wszystko odpowiedzialną?

Gary:

Ty tworzysz Królestwo Mnie. Twierdzisz, że jesteś jedyną osobą, która istnieje we wszechświecie, oraz że Ziemia kręci się wokół ciebie. Jak ci się to sprawdza? Możesz wybrać coś innego.

UZDRAWIANIE SEKSUALNE

Uczestniczka Salonu:

Czy możemy porozmawiać więcej o Królestwie Nas w seksie?

Gary:

Wiele z was nie chce tego wiedzieć, ale jesteście seksualnymi uzdrowicielkami. Jeśli poczułyście się lżej kiedy to usłyszałyście, to jesteście seksualnymi uzdrowicielkami. Jak to przyznacie, zaczniecie czuć się lepiej.

Kiedy nie uznajecie, że jesteście seksualnymi uzdrowicielkami, to zaczynacie wykorzystywać to przeciwko samym sobie, by wykreować ból. Musicie to przyznać. Jeśli nie, to zamiast wybierać związki z kimś, kto będzie lepszy, zawsze wybierzecie mężczyznę, który potrzebuje seksualnego uzdrowienia i same siebie wykluczycie z obliczeń swojej rzeczywistości.

Uczestniczka Salonu:

Czy chcesz przez to powiedzieć, że jeśli przyznasz, że jesteś seksualnym uzdrowicielem, wówczas nie wybierzesz kogoś, by go uzdrowić?

Gary:
Owszem.

Uczestniczka Salonu:
Jak to działa?

Gary:
Wasza ocena polega na tym, że nie powinno się być seksualnym uzdrowicielem. Kiedy nie przyznacie się do bycia seksualnym uzdrowicielem to ludzie, którzy potrzebują seksualnego uzdrowienia, będą dla was podniecający. Będziecie mieć tendencję, by raczej wybierać seks z kimś, niż szukać tego, co jeszcze jest możliwe. Jeśli macie zdolności do bycia seksualnym uzdrowicielem i tego nie uznajecie, to zawsze musicie wybrać kogoś, kto was wykorzystuje i od was bierze, a nie kogoś, kogo możesz wybrać, żeby z nim być.

Kiedy przyznasz, że jesteś seksualnym uzdrowicielem, możesz zapytać:
- Czy ta osoba potrzebuje seksualnego uzdrowienia?
- Czy jest to jedyny wybór jaki mam?

Uczestniczka Salonu:
Powiedzmy że uznajesz, że jesteś seksualnym uzdrowicielem i spotykasz kogoś, kto potencjalnie chciałby uprawiać z tobą seks. Pytasz: „Czy ta osoba potrzebuje seksualnego uzdrowienia?". Jeśli masz tak, pytasz dalej: „Co innego jest możliwe?". Czy jest możliwa kopulacja z tą osobą bez seksualnego uzdrawiania, którego ona potrzebuje?

Gary:

Nie. Sposób w jaki zadałaś pytanie był wykrętem, który próbowałaś tam przemycić. Pytanie, którego nie zadałaś, brzmi: Czy ja tego tak naprawdę chcę?

Oto przykład w jak subtelny sposób działają pytania. Pewna pani zadzwoniła do mnie i powiedziała: „Mogę sprawiać, że spotkasz się z Obamą."

Powiedziałem nie.

Ona na to: „To jest tylko kwestia odpowiedniej kwoty pieniędzy."

Powiedziałem nie.

Ona zapytała: „Dlaczego?".

Powiedziałem: „Nie mam pieniędzy, żeby to zrobić."

Ona na to: „Pożyczę ci pieniądze, jeśli tego chcesz."

Ja wtedy: „To nie w tym rzecz."

Ona zapytała: „Czy gdybyś się z nim spotkał, zmieniłoby to świat?".

Dostałem tak i powiedziałem: „W porządku, zrobię to." Po tym jak wpłaciłem pieniądze udałem się do Austin z zamiarem spotkania prezydenta Obamy. Nasz samolot był opóźniony o 3 godziny i nie mogliśmy zdążyć, by się z nim spotkać.

Powiedziałem – Oh, to jest ta energia, której byłem świadomy w pierwszej chwili, ale nie uznałem jej kiedy zadałem pytania: „Czy spotkanie z nim odmieni świat?"; „Czy wpłacenie przeze mnie pieniędzy będzie w porządku?". Nie zadałem pytania: „Czy tak w ogóle uda mi się tam dotrzeć?". Tak naprawdę było tam „nie" od początku, jednak nie zauważyłem tego, dlatego że nie chciałem zadawać dodatkowych pytań.

To jest powód, dla którego musicie zadawać pytania: „Jeśli będę uprawiać seks z tą osobą, czy ją to rzeczywiście uzdrowi?". On może tego potrzebować, ale nie oznacza to, że będzie umiał otrzymać. Czy większość ludzi, z którymi uprawiacie seks, potrafi was tak naprawdę otrzymać – czy raczej od was biorą? Oni myślą, że wy ich uzdrowicie, więc oni sami nie są wkładem. Musicie zrozumieć, że macie zdolność, by uzdrawiać seksualnie, ale wasza potrzeba by uzdrawiać innych, niekoniecznie spotka się z przyjęciem.

„DOBRY SEKS" VS POSZERZAJĄCY SEKS

Uczestniczka Salonu:
Po seksie, mój mąż bryka a ja chciałabym po prostu wrócić do łóżka.

Gary:
Dla niego seks jest generatywny, dla ciebie jest zakończeniem. Jesteś bardziej jak mężczyzna. Jak wiele adrenaliny używasz, by wykreować seksualny orgazm? Wiele, mało, czy megatony?

Uczestniczka Salonu:
Pojawiają się megatony, ale nie ma to sensu.

Gary:
Wszystko czym to jest, razy bóg wie ile razy, czy teraz to zniszczycie i odkreujecie? Zgoda, Niezgoda, Dobrze, Źle, POD i POC, Wszystkie 9, w Skrócie, Ponad, Nuklearne Sfery.

To nie ma sensu, bo tu nie chodzi o logiczny sens. Większość ludzi tworzy orgazm przez wytwarzanie zastrzyku adrenaliny. Wychodzi na to, że twój mąż nie wytwarza zastrzyku adrenaliny, by mieć orgazm. On się poszerza i staje się bardziej obecny w swoim życiu. Seks i kopulacja są darem, którym możesz być, jeśli tego pragniesz. Jednak jeśli „próbujesz" zaspokoić jego potrzeby albo robić coś szczególnego, to najłatwiejszym sposobem, by osiągnąć „orgazm", jest wytworzenie zastrzyku adrenaliny, które wyczerpuje twoje ciało. To jest to, co ludzie nauczyli się nazywać „dobrym seksem."

Adrenalina jest najwspanialszym źródłem do wykreowania zawężenia. To jest sposób, jakim przechodzicie w tryb samolotowy lub tryb walki. Jeśli się zawężacie, to wycofujecie się w głąb siebie, żeby mieć gotowość do walki ze wszystkimi. A jeśli używacie zawężenia, żeby wykreować orgazm, to nie jesteście ze swoim partnerem. Oddzielacie się od niego i nie poszerzacie ani jego, ani waszego seksu. Zawężacie się przed seksem, aby wykreować jego zakończenie tak, jak by seks był w ogóle zakończeniem. Kiedy to robicie, to po zakończonej kopulacji, zamiast czuć się naenergetyzowane i gotowe do pracy, czujecie się wyczerpane i gotowe do spania. Większość mężczyzn nauczyła się, że oglądanie porno jest tym, co mają robić. Są nauczeni, że jeśli się skurczą, to wykreują orgazm – a potem zasypiają, co doprowadza do szału większość kobiet. Natomiast, jeśli funkcjonujecie z miejsca, z którego się poszerzacie, by osiągnąć orgazm, to efekt końcowy jest taki, że jesteście gotowe do pracy, jesteście gotowe, by wstać i się bawić.

Wszystko czym to jest, razy bóg wie ile razy, czy teraz to zniszczycie i odkreujecie? Zgoda, Niezgoda, Dobrze, Źle, POD i POC, Wszystkie 9, w Skrócie, Ponad, Nuklearne Sfery.

Uczestniczka Salonu:

Czy możesz powiedzieć coś więcej o ekspansywnym elemencie seksu, Gary?

Gary:

Poszerzającym elementem seksu jest rozpoznanie, że jego celem nie jest wytworzenie adrenaliny, by wywołać orgazm. Celem seksu jest kreowanie orgazmicznej jakości życia i istnienia, w której chodzi o radość i wybór możliwości.

Nie tylko same siebie musicie doprowadzić do orgazmu, musicie jeszcze partnera doprowadzić do orgazmu. A gdybyście szukały tego, jak doprowadzić partnera do wspanialszych możliwości poprzez seks? W seksie i kopulacji powinno chodzić o tworzenie wspanialszych możliwości, a nie o dochodzenie do końca. To, co dostajecie przez zastrzyk adrenaliny jest tym, co Francuzi sprzedali, jako niby najlepsze, co możecie dostać.

Uczestniczka Salonu:

Kiedy konfrontuję lub osądzam, wydaje się, jakbym nie uznawała, że jestem uzdrowicielem.

Gary:

Jeśli nie uznajecie totalnej świadomości, to będziecie starać się konfrontować, by tworzyć świadomość u innych. A co, jeśli byłybyście całkowicie świadome i byłybyście w pytaniu, zamiast dochodzić do wniosków albo dokonywać osądów? Kiedy docieracie do miejsca konfrontacji, to próbujecie narzucić otrzymywanie. Wielu ludzi robi to zarówno w seksie i w kopulacji, jak i w związkach. Oni mają skłonności, by narzucać świadomość poprzez konfrontację i próbują narzucić drugiej osobie, by otrzymywała. Musicie zadać pytanie: Co ta osoba jest w stanie otrzymać z tego, co mam do zaoferowania?

Musicie mieć wolę tego, by wasza świadomość przenikała rzeczywistość. W książce pt. „Będąc sobą, zmieniając świat" Dain mówi o tym, jak wtedy, gdy jesteście totalnie sobą, przenikacie przestrzeń i zmieniacie wszystko wokół was. A co, jeśli robicie tak również w seksie, kopulacji, związkach i wszystkim innym w życiu? A jeśli przenikałybyście i byłybyście wszystkim, czym jesteście, aż do innej rzeczywistości?

Uczestniczka Salonu:

Miałam momenty tego przenikania i były naprawdę wyśmienite.

Gary:

Czy mogę cię o coś zapytać? Czemu nie żyjesz wyśmienitym życiem przez cały czas?

Uczestniczka Salonu:

Pojawiły się osądy. To one powstrzymują mnie od życia wyśmienitym życiem.

Gary:

Osądy to tylko osądy. Wybierzcie wyśmienitość, bez względu na to czy ktokolwiek inny to wybiera, czy nie. Wybierzcie wyśmienitość istnienia, zamiast ocen innych ludzi, dlatego że wyśmienitość istnienia i przenikalność świadomości, wychodzą poza oceny i kreują możliwości. To wybór, którego każdy musi dokonać, nie miejsce, w którym każdy musi żyć. Kiedy funkcjonujesz z poziomu osądu, trafiasz w miejsce, gdzie każdy musi żyć – a nie w wybór możliwości.

Wszystko czym to jest, razy bóg wie ile razy, czy teraz to zniszczycie i odkreujecie? Zgoda, Niezgoda, Dobrze, Źle, POD i POC, Wszystkie 9, w Skrócie, Ponad, Nuklearne Sfery.

Dziękuję wam, panie. Jesteście naprawdę wspaniałe. Naprawdę chciałbym, żebyście pojęły jak fenomenalne jesteście, ponieważ będąc tym, możecie zmienić świat. Do usłyszenia za tydzień. Pa!

3
Uświadamianie sobie kim tak naprawdę jesteś

Wybrałaś ciało kobiety.
Czy to znaczy, że jesteś kobietą?
Czy nieograniczonym istnieniem z ciałem kobiety?
Jeśli jesteś nieograniczonym istnieniem z ciałem
kobiety, czy nie powinnaś korzystać z tego, co
ci to daje, tak, jak z broni i narzędzia?

ZMIANA VS ROBIENIE CZEGOŚ INNEGO

Gary:

Witajcie, panie. Chciałbym rozpocząć od omówienia różnicy między zmianą a robieniem czegoś innego, dlatego, że niestety większość kobiet, które są w związku, próbują naprawić lub zmienić to, co nie działa z mężczyzną, zamiast robić coś całkowicie innego.

Pewnego razu Dain mówił o pewnej sytuacji w życiu. Zapytał: „Co mam zrobić, żeby to zmienić?".

Powiedziałem: „Dlaczego miałbyś kłopotać się zmienianiem tego? To nie działa. Zrób coś innego."

Na co Dain odpowiedział: „Tak się nie robi. Naprawia się to, co nie działa".

Powiedziałem: „Co?".

Ta rozmowa zmieniła cały Access Consciousness, dlatego że funkcjonowałem z założeniem, że to, czego ludzie pragnęli, to coś innego, a nie, że pragnęli naprawiać albo zmieniać coś, co nie działało.

Jako kobiety byłyście nauczone, że macie lalki, zmieniacie im ubranka i wtedy one są inne. Cóż, one nie są inne. Mają tylko inne ubranka.

Kobiety nauczyły się szukać zmiany – nie czegoś innego. Kiedy macie do czynienia z jakąś sytuacją z facetem, to będziecie próbowały skłonić go do zmiany. W rzeczywistości nigdy nie zadajecie pytania, które tak naprawdę wykreowałoby to, czego pragniecie, a brzmi ono: Czym mogę być lub co zrobić inaczej, co sprawiłoby, że wszystko to stanie się inną rzeczywistością?

Uczestniczka Salonu:

Jaka jest różnica między definicją zmiany a definicją odmienności?

Gary:

Zmień swoją pozycję siedzenia na krześle.

Uczestniczka Salonu:

Dla mnie oznacza to ruch.

Gary:

Zmiana jest ruchem. *Odmienność* jest o innej możliwości, innej rzeczywistości, innym wyborze oraz o innym pytaniu.

Jeśli chcecie wykreować z kimś inną rzeczywistość, to musicie stać się czymkolwiek, albo zrobić cokolwiek jest tu wymagane, aby wykreować inną rzeczywistość. Szczególnie w związku musicie zadawać pytanie: Czym mogę być albo co zrobić inaczej, by wykreować inną rzeczywistość?

Tu nie chodzi o to, żeby zmusić go do zmiany, aby siebie uszczęśliwić. Jeśli macie taki pomysł, że musicie skłonić kogoś do zmiany, to albo próbujecie go uszczęśliwić, albo próbujecie go zasmucić, albo próbujecie go z czymś skonfrontować. Nie, nie chcecie zmuszać go do zmiany, chcecie wykreować inną rzeczywistość – inną możliwość.

Uczestniczka Salonu:

W ostatniej teleklasie, kiedy mówiłeś o kontrolowaniu mężczyzny, by dostać to, czego się chce, powiedziałeś, że to jest energia, którą się jest. Czy możesz powiedzieć co przez to rozumiesz?

Gary:

Musicie mieć wolę do tego, by robić i być inne, a nie inaczej. Inaczej to wciąż próba zmiany czegoś. Musicie chcieć być albo zrobić cokolwiek, żebyście były na tyle inne, by dostać to, o co prosicie.

Możecie zadać pytanie: Czym mogę dziś być albo zrobić inaczej, co wykreowałoby tutaj inną rzeczywistość z tym mężczyzną, w której miałabym kontrolę, w której miałabym to, o co proszę, w której dostałabym to, czego naprawdę chcę?

KONFRONTACJA NIE DZIAŁA

Uczestniczka Salonu:

Proszę, czy możesz mi asystować w masywnej zmianie tego, cokolwiek mnie umniejsza i powstrzymuje przed konfrontacją? Bardzo chciałabym szczęśliwie być sobą i poszerzać to, kim jestem, zamiast umniejszać i kurczyć się ze strachu. Czasami czuję się jak sparaliżowana.

Gary:

Nie jesteś dobra w konfrontacji dlatego, że nie chcesz być demoniczną suką z piekła rodem i nie chcesz dostrzec jak możesz wybrać coś innego, co nie wymaga konfrontacji.

Konfrontacja nie działa. Ona wymaga od ciebie wejścia w schemat „walcz lub uciekaj". Kurczenie się w efekcie konfrontacji jest właśnie jej celem. Nie masz lęku; i nie jesteś sparaliżowana, jasne?

Użyj pytania: Czym mogę być lub co zrobić inaczej, co uczyniłoby wszystko to inną rzeczywistością?

KOBIETY PRAGNĄ SPOREJ ILOŚCI SEKSU

Uczestniczka Salonu:

W zeszłym tygodniu powiedziałeś, że większość kobiet nie chce tak naprawdę związku; chcą sporej ilości seksu. Ja powiedziałam: „No tak! To brzmi znajomo." Jak można podejść do tego pragmatycznie, skoro nie tego jesteśmy uczone?

Gary:

Dlaczego kupujesz wszystko to, co jest ci mówione?

Uczestniczka Salonu:

To doskonałe pytanie. Teraz kiedy zdaję sobie sprawę, że chciałabym uprawiać dużo seksu, a nie wchodzić w związek, to jak to ma wyglądać na zewnątrz?

Gary:

Najłatwiejszy sposób, to znaleźć mężczyznę, co najmniej 20 lat młodszego od ciebie. Będzie on uprawiał z tobą seks i będzie za to wdzięczny, ponieważ dziewczyny w jego wieku nie uprawiają z nim seksu. One chcą wychodzić za mąż. Po seksie z nim powiedz: „Wow, to było cudowne. Mam nadzieję, że kiedyś znowu się zabawimy."

On na to powie: „Naprawdę?" i będzie dostępny jak tylko zadzwonisz.

Możesz również zapytać: Czym mogę być lub co zrobić inaczej, co wykreowałoby i wygenerowałoby sporą ilość seksu bez zobowiązań?

Uczestniczka Salonu:

Czy sugerujesz żeby powiedzieć wprost, coś w stylu, że szukam przygody a nie związku?

Gary:

Nie. Nigdy nie bądź szczera z mężczyzną. Ludzie, co się z wami dzieje?

Uczestniczka Salonu:

Dlatego właśnie pytam. To jest dla mnie nowość.

Gary:

Tak, rozumiem. Wszystkie byłyście nauczone, że szczerość to najlepsza polityka. Nie. Kłamstwo to najlepszą polityka. Powiedźcie im to, co chcą usłyszeć. Nie mówcie im tego, co wy uważacie, że powinni usłyszeć.

Jeśli powiecie im co myślicie, że powinni usłyszeć, to przekazujecie im wasz punkt widzenia, waszą prawdę, waszą rzeczywistość. Za każdym razem, gdy przekażecie im swoją prawdę i rzeczywistość, oni będą musieli uciekać. Oni nie mają na to przestrzeni. Jeśli powiesz im natomiast to, co chcą usłyszeć, to będą mieli na to przestrzeń oraz rozpoznają, że przy was mogą mieć inną możliwość albo inny wybór.

Musicie być świadome tego, co ludzie będą wybierać. To jest właśnie powód, dla którego zadajecie pytania: Co ci ludzie są w stanie usłyszeć?

Nie pytajcie: „Czego bym chciała od tego faceta?", bo to nie jest to pytanie. Zamiast tego zapytaj:
- Czy to będzie frajdą?
- Czy to będzie łatwe?
- Czy to będzie mi odpowiadać?

To są pytania. Jednak zamiast zadawać prawdziwe pytania, próbujemy szukać kogoś, kto zaspokoi pewne fantazje albo odegra idealne scenariusze, które mamy na ten temat.

Jakiej głupoty używasz, by kreować romantyczny, utopijny ideał romansu, seksu, kopulacji oraz związku, który wybierasz? Wszystko czym to jest, razy bóg wie ile razy, czy teraz to zniszczysz i odkreujesz? Zgoda,

Niezgoda, Dobrze, Źle, POD i POC, Wszystkie 9, w Skrócie, Ponad, Nuklearne Sfery.

Idealny scenariusz jest konceptem, który ma się spełnić. To się urzeczywistnia tylko na podstawie osądu.

Jeśli tworzycie utopijne idee, to osądzacie. Po co miałybyście używać osądu jako źródła kreacji związku? Dlatego, że to jest normalne na planecie Ziemia. To nie działa, ale to jest normalne.

OSĄDY I WNIOSKI

Uczestniczka Salonu:

Co robisz, by przerwać grę konkluzji, która pojawia się w twojej głowie podczas seksu?

Gary:

Jakiej głupoty używasz, by kreować konkluzje, które wybierasz? Wszystko czym to jest, razy bóg wie ile razy, czy teraz to zniszczysz i odkreujesz? Zgoda, Niezgoda, Dobrze, Źle, POD i POC, Wszystkie 9, w Skrócie, Ponad, Nuklearne Sfery.

Dziś rano obudziłem się z oceną na temat seksu. Zapytałem: „Co to u licha jest?". Wtedy przypomniałem sobie, że pewnej kobiecie pokazałem zdjęcie mojego dziewięciomiesięcznego wnuka. Był nagi, czołgał się po podłodze ze swoimi jądrami na wierzchu. To ją poraziło. Ona ciągle siedziała w mojej głowie i to, jaka to jest straszna rzecz pokazać zdjęcie małego dzieciaka z jego jądrami na wierzchu.

Nie obchodzą ją mężczyźni, więc prawdopodobnie to było dla niej trudne do przyjęcia. Faktem jednak jest, że ktoś może mi wejść do głowy ze swoim punktem widzenia i jeśli nie przyznam, że ten punkt widzenia nie jest tak naprawdę mój, to wciąż próbuję myśleć, że jest i wciąż próbuję na ten temat konkludować.

Jakiej głupoty używacie, żeby kreować konkluzję konkluzji, że konkluzja, którą wybieracie, jest kreacją konkluzji, do której powinnyście dojść, którą wybieracie? Wszystko czym to jest, razy bóg wie ile razy, czy teraz to zniszczycie i odkreujecie? Zgoda, Niezgoda, Dobrze, Źle, POD i POC, Wszystkie 9, w Skrócie, Ponad, Nuklearne Sfery.

Jeśli powinnyście dochodzić do takich konkluzji, to czy to jest osąd, czy wybór? To jest osąd.

„CZY JUŻ PRÓBOWAŁEŚ? JA TO WPROST UWIELBIAM!"

Uczestniczka Salonu:
Kiedy ma się partnerów, którzy w łóżku osądzają ciebie albo siebie samych, to jak odnajduje się w sobie przestrzeń, by poprosić ich, aby zrobili to, co ty chciałabyś od nich otrzymać?

Gary:
Przede wszystkim nie proś ich o to, co chciałabyś od nich otrzymać. Powiedz raczej: „Czy próbowałeś już tego? Ja to wprost uwielbiam!" Większość mężczyzn próbuje robić to,

co was zadowoli. Zostali nauczeni, że robienie czegoś dla kobiety jest tym, co ich urzeczywistnia i nadaje wartość. Takie jest ich zadanie. Wszystko co macie zrobić, to zadać pytanie: Czy już tego próbowałeś? Jeśli powiedzą tak, to po prostu powiedz: „Boże, jak ja uwielbiam, gdy ludzie to robią." To jest manipulacja bez żądania.

Jeśli zapytacie mężczyznę: „Czy możesz zająć się mną tam niżej?", a on powie: „Nie lubię tego robić kobiecie", to przez to, że on już ma konkluzję, to was do niczego nie doprowadzi. Oczywiście, jeśli poprosicie mężczyznę, by się wami tam zajął, a on odpowie, że tego nie lubi, to zawsze możecie się go pozbyć.

Uczestniczka Salonu:
Ja nie czuję się komfortowo z tym, żeby robić mężczyźnie dobrze ustami. Parę razy próbowałam i nie sprawiło mi to przyjemności. Czuję się wtedy, jakbym była zła albo brudna.

Gary:
Przez wieki było to uważane za coś niewłaściwego. Robienie mężczyźnie dobrze ustami było uważane za największą niewłaściwość, jaką można było popełnić. Jednak dla wielu kobiet jest to przyjemność, ponieważ jest to jedna z niewielu rzeczy, które niektórzy mężczyźni pozwolą sobie przyjąć.

Niestety, mimo tego, około osiemdziesiąt procent mężczyzn nie pozwoli sobie na otrzymywanie kiedy kobiety robią im dobrze. Wy również nie przyjmujecie kiedy mężczyźni robią wam dobrze.

Jakiej głupoty używacie, by kreować seks oralny dla mężczyzn i kobiet, który wybieracie? Wszystko czym to jest, razy bóg wie ile razy, czy teraz to zniszczycie i odkreujecie? Zgoda, Niezgoda, Dobrze, Źle, POD i POC, Wszystkie 9, w Skrócie, Ponad, Nuklearne Sfery.

Drogie panie, w ilu wcieleniach byłyście mężczyznami i podczas, gdy kobieta robiła wam dobrze ustami, zakrztusiła się albo zwymiotowała, albo wypluła, a wy zadecydowałyście, że była to jedna z najbardziej obrzydliwych rzeczy, do których kogoś nakłoniliście? Wszystko czym to jest, razy bóg wie ile razy, czy teraz to zniszczycie i odkreujecie? Zgoda, Niezgoda, Dobrze, Źle, POD i POC, Wszystkie 9, w Skrócie, Ponad, Nuklearne Sfery.

To jest wasz wybór, żeby być nieświadome tego, co wasz wybór kreuje. Którąkolwiek ścieżką podążacie, coś wokół tego wykreowałyście, co ma w sobie sporo naładowania.

PODNIECANIE MĘŻCZYZNY

Uczestniczka Salonu:
Na ostatniej teleklasie mówiłeś o używaniu kontroli, by podniecić mężczyznę. Powiedziałeś również, że większość ludzi używa osądu, żeby wykreować podniecenie. Czy możesz opowiedzieć o podniecaniu mężczyzny przy użyciu kontroli, a nie osądu?

Gary:

Mężczyźni lubią być kontrolowani. Kobiety mówią: „Skarbie, czy zrobiłbyś to dla mnie?". Do tego właśnie byli przyuczani przez całe swoje życie. Jednak musicie być selektywne w tym o co mężczyznę prosicie. I nie nazywajcie go „skarbem". Nazywajcie go „kochankiem". Kiedy to robicie, oni zaczynają dostarczać, ponieważ podniecasz ich seksualnie swoją kontrolą nad tym, jak mu dostarczasz.

Chcecie zaspokajać mężczyznę tak, jak by był ogierem. Musicie zobaczyć jak ogiery są przygotowywane do płodzenia. Hodowca podprowadza ogiera do klaczy, która go nie chce. Potem podprowadza go do następnej, ona też go nie chce, i do następnej, która go nie chce, i wtedy i klacz i ogier są całkiem podnieceni. Potem prowadzą go do klaczy, która go chce. W momencie, w którym zabierają go do tej, która go chce, on natychmiast ma erekcję. On jest już gotowy i dostarcza.

Musicie widzieć mężczyznę tak, jak by był ogierem. Musicie go nęcić. Wyjdźcie z nim, przejdźcie się przez ulicę i powiedźcie: „Czy chciałbyś uprawiać seks z tą dziewczyną? Ona jest taka słodka. Tamta jest nawet ładna. Tamta zdaje się seksowna." Po przejściu 100 metrów, on jest gotowy pójść do łóżka. Jedyne co masz zrobić, to zabrać go do domu i wykorzystać.

Uczestniczka Salonu:

Czy możesz powiedzieć coś więcej o kontrolowaniu męskiego podniecenia bez osądu?

Gary:

Największym podnieceniem dla większości osób jest to, gdy ktoś patrzy na nich bez żadnego osądu. Jednak są mężczyźni, którzy potrzebują osądu, żeby dojść. Miałem znajomego, któremu, bez osądu kobiety na temat tego co ma robić, nie mógł stanąć. Dla niego osąd był źródłem seksualnej ekscytacji.

Musisz chcieć spojrzeć na mężczyznę, z którym jesteś i zobaczyć „Czy ten facet do podniecenia potrzebuje osądu? Jakiego osądu mogę mu dostarczyć, co sprawi, że będzie mu stał jak skała?". Tutaj musicie rozpoznać, że jesteście operatorkami w związku albo w seksie. Wy jesteście tymi, które kreują to, co się ukazuje. Większość kobiet nie chce wiedzieć, że mają kontrolę, że są u steru, że są agresorkami.

Znam tyle kobiet, które po tym jak wychodzą za mąż, pytają: „Dlaczego mojego męża już do mnie nie ciągnie?".

Ja pytam: „Czy go do ciebie w ogóle ciągnęło?".

One mówią: „Cóż, tak nie do końca."

Pytam: „To czemu zakładasz, że teraz to będzie robił?".

One na to: „Bo powinien."

Jakim pytaniem jest: „on powinien"? To nie jest pytanie! „Co sprawiłoby, żeby ten chłopiec się ogromnie podniecił?" – jest pytaniem. Musicie przyjrzeć się osobie, z którą jesteście i zobaczyć, co sprawiłoby, żeby się podniecił.

KOBIETY SĄ NAJBARDZIEJ RYWALIZUJĄCYMI STWORZENIAMI NA TEJ PLANECIE

Uczestniczka Salonu:

Czy możesz, proszę, wyjaśnić czym jest ten szczególny rodzaj rywalizacji, który pojawia się między kobietami, gdy w pobliżu są mężczyźni?

Gary:

Ty, jako kobieta, jesteś bardziej rywalizująca niż mężczyzna. Kobiety są najbardziej rywalizującymi stworzeniami na planecie. To jest ich pierwotny instynkt, z którym przychodzą na świat. Dlaczego? Po części dlatego, że są genetycznie zmuszone, by rywalizować o najlepszego samca, aby mogły wykreować najlepsze potomstwo i przedłużenie gatunku. Mężczyźni to dawcy spermy. Kobiety zawsze wybierają najlepszego. W królestwie zwierząt partnerzy są wybierani nie przez mężczyzn, a przez kobiety.

Kiedy pojawia się mężczyzna, kobiety jeszcze bardziej rywalizują i są tym bardziej chętne, by wbijać sobie nawzajem nóż w plecy. Nigdy nie widziałem, żeby tak nie było. Widziałem kobiety porozumiewające się ze sobą, przyjacielskie, życzliwe, kochające wobec siebie nawzajem, a kiedy pojawia się mężczyzna, to wszystko znika, pojawia się twarda rywalizacja. Tak to właśnie działa.

Nic nie możecie z tym zrobić, poza przyznaniem, że tak jest i wtedy możecie wybrać: Ok, czy chcę spędzać czas z tymi kobietami kiedy tak robią? Kolejną rzeczą jaką możecie zrobić, kiedy pojawia się mężczyzna, to zacząć zwracać się do kobiet jako do grupy słowami: „panie (damy)". Kiedy to robisz, one będą musiały zmienić swoje zachowanie przed mężczyzną, żeby udowodnić, że są damami. To się nazywa kontrolowanie grupy bez kontroli.

MĘSKIE I ŻEŃSKIE ZAPROGRAMOWANIE

Uczestniczka Salonu:

Jakie pytania mogę zadawać, żeby odblokować całe męskie zaprogramowanie oraz obnażenie, które mam względem bycia kobietą?

Gary:

Wybieramy męską albo kobiecą stronę, w zależności od naszego doświadczenia na temat bycia kobietą albo mężczyzną w świecie. Byłyście mężczyznami w wielu wcieleniach i byłyście kobietami w wielu wcieleniach. Czasem uruchomi się oprogramowanie męskie, kiedy jesteście pośród pewnych ludzi – a czasem kobiece, kiedy jesteście pośród innych ludzi. Różne osoby uruchamiają wasze męskie i kobiece oprogramowanie. Jeśli wyeliminowałybyście całe oprogramowanie, byłybyście w miejscu, w którym możecie kreować w każdej chwili dla zabawy.

Jakiej głupoty używasz, by unikać bycia kobietą, co prawdziwie mogłabyś wybierać? Wszystko czym to jest, razy bóg wie ile razy, czy teraz to zniszczysz i odkreujesz? Zgoda, Niezgoda, Dobrze, Źle, POD i POC, Wszystkie 9, w Skrócie, Ponad, Nuklearne Sfery.

To ty wybrałaś kobiece ciało. Czy to oznacza, że jesteś *kobietą*? Czy raczej *nieograniczonym istnieniem* z ciałem kobiety? Skoro tak, to czy nie powinnaś wykorzystywać tego jako broni i narzędzia? Nie wykorzystujecie tej broni i tych narzędzi, ponieważ zadecydowałyście, doszłyście do wniosku oraz osądziłyście, co oznacza bycie kobietą, kim jako kobieta powinnyście być, a czym jako kobieta nie jesteście.

Jaki masz osąd na temat bycia kobietą? Wszystko czym to jest, razy bóg wie ile razy, czy teraz to zniszczysz i odkreujesz? Zgoda, Niezgoda, Dobrze, Źle, POD i POC, Wszystkie 9, w Skrócie, Ponad, Nuklearne Sfery.

Jaki masz osąd na swój temat jako kobieta? Wszystko czym to jest, razy bóg wie ile razy, czy teraz to zniszczysz i odkreujesz? Zgoda, Niezgoda, Dobrze, Źle, POD i POC, Wszystkie 9, w Skrócie, Ponad, Nuklearne Sfery.

Jaki masz osąd na temat seksu i bycia kobietą? Wszystko czym to jest, razy bóg wie ile razy, czy teraz to zniszczysz i odkreujesz? Zgoda, Niezgoda, Dobrze, Źle, POD i POC, Wszystkie 9, w Skrócie, Ponad, Nuklearne Sfery.

Jaki masz osąd na swój temat w odniesieniu do seksu, jako kobieta? Wszystko czym to jest, razy bóg wie ile razy, czy teraz to zniszczysz i odkreujesz? Zgoda, Niezgoda, Dobrze, Źle, POD i POC, Wszystkie 9, w Skrócie, Ponad, Nuklearne Sfery.

Uczestniczka Salonu:

Dociera do mnie, że jestem nieograniczonym istnieniem w ciele kobiety, jednak dla mnie istnieje oddzielenie pomiędzy jednym i drugim.

Gary:

Czy zdefiniowałaś nieograniczone istnienie jako posiadające płciowość, seksualność, czy ciało? Czy też zdefiniowałaś *nieograniczone istnienie*, jako nieposiadające ciała? Jeśli nie posiadasz ciała, nie możesz mieć związku. Poza tym nie możesz mieć związku z samą sobą, ponieważ to oznacza, że nie możesz mieć siebie. Bez ciała oznacza bez nikogo (gra słów: z ang. no body - bez ciała, nobody - nikt).

CZYJ TO JEST OSĄD?

Uczestniczka Salonu:

Zawsze myślałam, że to ja jestem skurczona podczas seksu, dopóki nie zdałam sobie sprawy, że wybierałam partnerów, którzy sami byli skurczeni, a ja byłam po prostu świadoma ich skurczenia.

Gary:

Jak często zakładasz, że osąd jest twój? Jeśli czujesz osąd, jeśli jesteś świadoma osądu, to automatycznie zakładasz, że jest on twój. Nie wchodzisz w pytania, nie pytasz:

- Czyj to jest osąd?
- Co mam tu zrobić?
- Co chcę tutaj zrobić?
- Jak to będzie wyglądać?

- Jakie mam tutaj wybory?

Dlatego tak ważne jest zadawanie tych pytań. Pytanie kreuje możliwość, a wybór kreuje potencjał. Kiedy potencjał nakłada się na możliwość, to może powstać nowa rzeczywistość.

Jakiego wyboru nie dokonujecie i jakiego pytania nie zadajecie, które wykreowałyby nową rzeczywistość wokół seksu, kopulacji oraz osądu? Wszystko czym to jest, razy bóg wie ile razy, czy teraz to zniszczycie i odkreujecie? Zgoda, Niezgoda, Dobrze, Źle, POD i POC, Wszystkie 9, w Skrócie, Ponad, Nuklearne Sfery.

Zadajesz pytanie, które kreuje jakąś ilość możliwości. Za każdym razem, gdy spotykasz się z możliwością, kreujesz nowe wybory. Kiedy wybierasz coś, co jest tą nową, wykreowaną przez twoje pytanie możliwością, jest to moment, w którym możesz wykreować nową rzeczywistość. Pytanie kreuje wiele możliwości.

Wy zostałyście nauczone, by dochodzić do wniosków. Mężczyzna jest taki i taki, i bla, bla, bla. Czy tym naprawdę jest mężczyzna? Nie.

Jakie osądy macie na temat mężczyzn? Wszystko czym to jest, razy bóg wie ile razy, czy teraz to zniszczycie i odkreujecie? Zgoda, Niezgoda, Dobrze, Źle, POD i POC, Wszystkie 9, w Skrócie, Ponad, Nuklearne Sfery.

Jakie oceny macie o sobie w odniesieniu do mężczyzn? Wszystko czym to jest, razy bóg wie ile razy, czy teraz to zniszczycie i odkreujecie? Zgoda, Niezgoda, Dobrze,

Źle, POD i POC, Wszystkie 9, w Skrócie, Ponad, Nuklearne Sfery.

Jakie osądy macie na temat seksu z mężczyznami? Wszystko czym to jest, razy bóg wie ile razy, czy teraz to zniszczycie i odkreujecie? Zgoda, Niezgoda, Dobrze, Źle, POD i POC, Wszystkie 9, w Skrócie, Ponad, Nuklearne Sfery.

Jakie osądy macie o sobie w odniesieniu do seksu z mężczyznami? Wszystko czym to jest, razy bóg wie ile razy, czy teraz to zniszczycie i odkreujecie? Zgoda, Niezgoda, Dobrze, Źle, POD i POC, Wszystkie 9, w Skrócie, Ponad, Nuklearne Sfery.

Teraz rozumiem czemu seks i kopulacja jest taka trudna dla ludzkości. Wszyscy zachowują się tak, jak by to robili, ale nikt tego nie robi. Większość świata twierdzi, że uprawia seks, ale go nie uprawia. Wszystko to są pozory.

BÓL I INTENSYWNOŚĆ

Uczestniczka Salonu:
Kiedy robiłeś powyższy proces na osądy, to wszystkie odpowiedzi wiązały się dla mnie z bólem. Jak się mam z tego wydostać?

Gary:
Jakiej głupoty używacie, by kreować intensywność jako ból, którą wybieracie? Wszystko czym to jest, razy bóg wie ile razy, czy teraz to zniszczycie i odkreujecie? Zgoda,

Niezgoda, Dobrze, Źle, POD i POC, Wszystkie 9, w Skrócie, Ponad, Nuklearne Sfery.

Mamy często ten dziwny punkt widzenia, że jeśli coś jest intensywne, to jest to ból. To jest koncepcja, że intensywność równa się ból. Próbujemy go jako taki kreować – jednak intensywność nie musi być bólem. Prawdopodobnie nie rozumiecie tego, że jesteście intensywnie świadome. Czy intensywna świadomość jest bolesna? Tak. Dlaczego? Ponieważ zdefiniowałyście to jako ból. Nie dlatego, że to jest ból.

Wszystko co zdefiniowałyście jako ból, co nim w rzeczywistości nie jest, czy teraz to zniszczycie i odkreujecie? Zgoda, Niezgoda, Dobrze, Źle, POD i POC, Wszystkie 9, w Skrócie, Ponad, Nuklearne Sfery.

Ogromna liczba ludzi widzi wszystko, co jest intensywne jako bolesne. Dlaczego miałoby to być wartościowe lub realne?

Czy chciałybyście wiedzieć dlaczego? Sposobem, w jaki podtrzymujecie ból i intensywność problemu jest to, że nie patrzycie na to, co jest, ale próbujecie patrzeć na to, co *zdecydowałyście*, że jest. To jest konkluzja. Próbujecie dojść do wniosku na temat tego, co jest i więcej mówicie o swoim wniosku, zamiast o tym, co mogłoby być inaczej. Chcecie to zmienić, ale nie chcecie zrobić czegoś innego. Próbujecie zmienić ból, żeby był mniej bolesny, zamiast zrobić coś innego, co wykreowałoby inną rzeczywistość, w której ból nie musiałby istnieć. Nie próbujcie tego zmieniać. Zechciejcie *innej* rzeczywistości. Zmienianie tego umniejsza to, czym to jest; w zmienianiu nie chodzi o to, by coś innego pojawiło się w życiu. Nie jesteście w stanie wykreować rzeczywistości, która jest inna od waszego punktu widzenia. Zamiast tego zapytajcie: Czym mogę być lub co zrobić inaczej, co wykreowałoby tu inną rzeczywistość?

To pytanie ułatwi wam życie. Większość ludzi nie zdaje sobie sprawy z tego, że to ułatwi im życie, dlatego tego nie wybierają.

Musicie chcieć mieć świadomość tego, co wybieracie. Zapytajcie:
- Co ja tutaj robię?
- Co mogę wybrać, żebym była inna?

W ten sposób uwalniasz się od myślenia, że robisz coś innego, podczas gdy jedyne co robisz, to zmiana czegoś.

Uczestniczka Salonu:

Jeśli jesteś gotowa, żeby mieć coraz więcej intensywności, to co to wykreuje?

Gary:

To kreuje coraz więcej możliwości. Intensywność to pytanie, a nie konkluzja.

Uczestniczka Salonu:

Czym jest intensywność? Nie uważam, żebym doświadczała intensywności.

Gary:

Jesteś bardzo intensywna. Po prostu zapytaj ludzi, czy jesteś upierdliwa. Kiedy wchodzisz w intensywność tak bardzo, że aż staje się to bolesne, to może to być bolesne dla innych, albo może to być bolesne dla ciebie. Intensywność to jeden ze sposobów, którym upewniasz się, że nie będziesz musiała nic stracić.

Jakiej głupoty używasz, by kreować strukturę przyszłości opartą o prawdopodobieństwa, a nie system przyszłości oparty na możliwościach, którą mogłabyś wybrać? Wszystko czym to jest, razy bóg wie ile razy, czy teraz to zniszczycie i odkreujecie? Zgoda, Niezgoda, Dobrze, Źle, POD i POC, Wszystkie 9, w Skrócie, Ponad, Nuklearne Sfery.

Wiele z tego, co dzieje się na świecie, jest o unikaniu straty. Kiedy wchodzicie w związek, chcecie uniknąć straty. Jeśli miałybyście punkt widzenia, że w sekundę możecie stracić tę drugą osobę, to ona będzie chciała zostać z wami na zawsze. Jeśli macie punkt widzenia, że nie chcecie nigdy stracić ludzi, to mocno się ich trzymacie, a to ich odpycha. Właśnie w ten sposób wpadamy w tarapaty. My żądamy rzeczy, zamiast je wybierać.

Jeśli kreujecie intensywne żądanie wobec mężczyzny, to go odepchniecie. Jeśli mówicie: „Nie uprawiasz ze mną seksu, a ja chcę żebyś uprawiał ze mną seks", to on odejdzie. Będzie wtedy skłonny mieć jeszcze mniej seksu, a nie więcej.

KREOWANIE ŻĄDANIA MĘSKIEGO CIAŁA

Uczestniczka Salonu:
Czy to się różni od tego, co powiedziałeś o kreowaniu żądania męskiego ciała?

Gary:

Tak. Kreowanie żądania męskiego ciała i umieszczanie tego w jego wszechświecie, to mówienie: „Oh, uwielbiam sposób w jaki się poruszasz. Uwielbiam to, jak wyglądasz. Czy mógłbyś rozebrać się i pozwolić mi patrzeć na ciebie?". Albo sprawianie, by zrobił coś, co szczególnie podziwiasz. Zauważyłem, że kobiety podziwiają różne części męskiego ciała. Niektóre kobiety lubią nogi, inne tyłki, inne bicepsy, a jeszcze inne tricepsy. Niektóre kobiety mają jeszcze inne rzeczy, które lubią. Musicie poprosić o pokazanie tej części ciała, którą lubicie. Znałem panią, która lubiła, by jej kochanek obracał się w prawo, a nie w lewo. Tak więc jeśli stał przed nią, kładła coś po prawej stronie i prosiła: „Czy mógłbyś mi to podać, proszę?". On to robił, a ona wtedy mówiła: „Uwielbiam kiedy to robisz. To takie seksowne. Kiedy tak robisz, to jedyne o czym mogę myśleć, to seks z tobą." Tamten mężczyzna był cały czas podniecony. Tak właśnie kreujecie żądanie męskiego ciała, zamiast wymagać od niego, żeby się zmienił tak, jak wy sobie tego życzycie.

Uczestniczka Salonu:

Kiedy mówisz młodemu mężczyźnie: „Hej, dzięki za świetny seks", on to całkowicie przyjmuje. Kiedy mówisz to samo starszemu mężczyźnie, on tego nie przyjmuje. Dlaczego, gdzie go to prowadzi? Czemu nie przyjmuje tego tak, jak ten młody mężczyzna?

Gary:

Młody facet patrzy na to z punktu widzenia: „Wow. Muszę być dobry". Starszy facet myśli: „O mój boże. Zastanawiam się, czy nie zaangażowałem się w coś, w co nawet nie wiem, że się zaangażowałem". Starsi faceci zakładają, że jeśli obdarzyłyście ich komplementem, to znaczy, że muszą coś zrobić albo coś dostarczyć, bez względu na to czy mogą, czy nie.

Uczestniczka Salonu:

Z młodym facetem jest tak, jak by się grało Frisbee. Jaki jest inny sposób na powiedzenie „Dzięki za wspaniały seks", kiedy, tak naprawdę, się żegnasz?

Gary:

Mówicie: „To było takie przyjemne. Jestem wdzięczna za to, że jesteś jeszcze taki młody." Wtedy on pomyśli: „Wow. Wciąż jestem gówniarzem", co dla większości mężczyzn jest trudne.

Uczestniczka Salonu:

Zdaję sobie sprawę, że mam tak wiele osądów na temat mężczyzn.

Gary:

Nie patrzysz na to, co jest przed tobą. Patrzysz na wszystko przez filtr swoich ocen, których jesteś wyuczona. Jak wiele z was, kobiet, zdaje sobie sprawę, że byłyście nauczone żeby nie lubić mężczyzn? Czy wasze matki lubiły mężczyzn? Czy wasze ciotki lubiły mężczyzn? Czy wasze babcie lubiły mężczyzn? Czy wszystkie one miały elementarne poczucie, że jest coś niewłaściwego w lubieniu mężczyzn?

Większość kobiet nie lubi mężczyzn. Można stwierdzić, czy kobieta lubi mężczyznę, czy nie, po tym czy lubi zapach różnych części jego ciała.

Uczestniczka Salonu:

Ja naprawdę lubię zapach różnych części ciała mężczyzny... cóż, większości mężczyzn.

Gary:

Z tymi, których zapach lubisz, chcesz się zadawać. Z innymi nie.

Uczestniczka Salonu:

Czy to oznacza, że tak naprawdę lubię mężczyzn?

Gary:

Niestety tak, lubisz. Wybacz.

Uczestniczka Salonu:

Czy to wtedy nazywana jestem dziwką?

Gary:

Mam nadzieję. Dziwki mają znacznie więcej zabawy niż sztywne dziewice. Nie wydaje mi się zresztą, żeby te ostatnie, w ogóle były na tej teleklasie.

Uczestniczka Salonu:

Prawdopodobnie powinnam uprawiać trochę seksu, żeby to była prawda.

Gary:

Nie, nie musisz uprawiać seksu, by być dziwką. Możesz mieć cały seks, taki jaki tylko zechcesz, jeśli to jest to, co chcesz wybrać.

Uczestniczka Salonu:

Czy zmysł zapachu jest kolejną formą świadomości? Czy może jest osądem? Są pewne zapachy, na które jestem wyczulona. Jeśli mój kochanek nie weźmie prysznica, to nie mogę znieść jego zapachu. Czy ja nienawidzę mężczyzn? Czy to może zostać zmienione?

Gary:

Zapach jest częścią świadomości. Musisz być pragmatyczna. Po prostu zabierz swojego kochanka pod prysznic, zanim zabierzesz go do łóżka.

„ZAMIENIAM SIĘ W CHICHOCZĄCĄ UCZENNICĘ"

Uczestniczka Salonu:

Za każdym razem gdy jestem przy mężczyźnie, z którym chciałabym pójść do łóżka, zamieniam się w chichoczącą uczennicę.

Gary:

Przed uprawianiem seksu z mężczyzną zapytaj: Kto byłby łatwy i od kogo mogłabym się nauczyć?

Jeśli zamieniasz się w chichoczącą uczennicę przy mężczyznach, prawdopodobnie wybierasz to, co wybrałaś kiedy byłaś uczennicą. Ilu z tych mężczyzn okazało się w rzeczywistości być kimś, kogo chciałabyś znać?

Jakiej głupoty używasz, by kreować chichoczącą uczennicę, którą wybierasz? Wszystko czym to jest, razy bóg wie ile razy, czy teraz to zniszczysz i odkreujesz? Zgoda, Niezgoda, Dobrze, Źle, POD i POC, Wszystkie 9, w Skrócie, Ponad, Nuklearne Sfery.

NIE JESTEŚ ODPOWIEDZIALNA ZA WSZYSTKO, CO LUDZIE WYBIERAJĄ

Uczestniczka Salonu:

Czy możesz powiedzieć o tym, w jaki sposób coś wybieramy i kreujemy? Na przykład, jeśli ktoś jest złośliwy i okrutny, pytam: „Jak ja to wybieram i kreuję?" i wchodzę w osądzanie tego, co robię.

Gary:

Próbujesz zmienić tamtą rzeczywistość, więc szukasz co zrobiłaś źle, aby próbować zmienić fakt, że ktoś inny jest zły. Nie. To tamta osoba była zła. I tyle. Próbujesz szukać powodów i usprawiedliwień, bo gdybyś tylko wiedziała dlaczego coś się zdarzyło, nie zdarzyłoby się nigdy więcej.

Zamiast tak robić, zapytaj: Czym mogłabym być albo co zrobić inaczej, co wykreowałoby inną rzeczywistość?

Uczestniczka Salonu:

Kiedy ktoś mnie oczernia albo ocenia reaguję. Wchodzę w: „Ja to wykreowałam".

Gary:

Ty tego nie wykreowałaś. Ty próbujesz wziąć odpowiedzialność za wszystko i wszystkich przez całe swoje życie. Dobra wiadomość jest taka, że jesteś bogiem – ale naprawdę złym, ponieważ zamiast ocenić ich, oceniłaś siebie. Równie dobrze możesz teraz dać temu spokój i stać się nieograniczonym istnieniem, które rozpoznaje, że nie jest odpowiedzialne za wszystko, co ludzie wybierają. Wszystko jest wyborem. Wybór jest ostatecznym źródłem kreacji. Każdy wybór, którego dokonujesz, coś kreuje. Dlaczego miałabyś wybierać założenie, że jesteś odpowiedzialna za wszystko co się zdarza?

Zauważ, że nie masz odpowiedzi. Jednak zaraz wyjdziesz i zaczniesz szukać powodu, dla którego jesteś odpowiedzialna za wszystko, a to jest kreacja.

Jakiej głupoty używam, żeby kreować głupotę siebie, którą wybieram? Wszystko czym to jest, razy bóg wie ile razy, czy teraz to zniszczę i odkreuję? Zgoda, Niezgoda, Dobrze, Źle, POD i POC, Wszystkie 9, w Skrócie, Ponad, Nuklearne Sfery.

Uczestniczka Salonu:

Czy możesz, proszę, rozwinąć koncept życzliwości i tego, jak mogę pozwolić sobie być życzliwą wobec siebie i innych, bez bycia zranioną i bez udawania głupiej?

Gary:

Tutaj jest problem. Sama kreujesz haczyki. Szukasz wszystkich powodów, dla których ludzie cię nie zrozumieją, dlaczego będą myśleć, że jesteś idiotką, dlaczego będą myśleć, że jesteś głupia. Ty myślisz, że oni będą się zastanawiać dlaczego ciebie wybrali i dlaczego ciągle cię wybierają. To właśnie robisz, jeśli nie masz woli być w totalnym przyzwoleniu.

Nie robisz czegoś innego. Zapytaj: Czym mogę być albo co zrobić dziś, co pozwoli mi być życzliwą dla siebie i każdego kogo dotykam z totalną łatwością?

Bardzo polecam, żebyś zaopatrzyła się w zestaw nagrań na płycie *Dziesięć Przykazań*. To jest klucz do twojej wolności.

OPUSZCZANIE BARIER DLA OTRZYMYWANIA

Uczestniczka Salonu:

Czy możesz powiedzieć coś więcej o tym, jak opuszczać bariery przed ludźmi i ich otrzymywaniem oraz jak radzić sobie z możliwym odrzuceniem?

Gary:

Jeśli martwi cię otrzymywanie odrzucenia, to przyciągniesz kogoś, kto cię odrzuci, dlatego, że masz nad swoim czołem wielki napis „odrzuć mnie". To tak jak wtedy, gdy byłaś dzieckiem i przyklejałaś komuś na plecach napis „kopnij mnie". Wszyscy kopali tę osobę, a ty myślałaś, że jest to strasznie śmieszne.

Jeśli zdasz sobie sprawę, że teraz sama wystawiasz sobie napis „odrzuć mnie" na swoich własnych plecach, to zamiast zakładać, że to jest niewłaściwe, może będzie to dla ciebie śmieszne. Musisz być gotowa nieco bardziej się obnażyć.

Bycie obnażonym, to bycie jak otwarta rana, co znaczy, że nie stawiasz nikomu ani niczemu barier.

W zeszłym roku, po tym jak zrobiliśmy duże wydarzenie z Ricky Williams'em, w gazetach pojawiły się straszne artykuły na mój temat. Jeden z nich mówił, że jestem charyzmatycznym, bogatym twórcą kultu z piekła rodem, w którym chodzi o to, żeby dawać mężczyznom i kobietom orgazm całego ciała. Powiedziałem sobie: „Z jakiego powodu nie byłoby to w twoim interesie?". Byłem oczerniany w prasie o zasięgu ogólnokrajowym. Jedyna zła wiadomość jest taka, że za każdym razem gdy oni mnie osądzają, na moim koncie ląduje 5 000 dolarów. Obliczam, że już teraz powinienem mieć około pół miliona dolarów, po tym wszystkim, co pisali o mnie w prasie. To dla mnie działa. Aby odnieść w czymkolwiek sukces, musisz być gotowa, by być oczernianą. Musisz być gotowa być poćwiartowana. Musisz być gotowa na to, żeby otrzymać ocenę.

Cały pomysł stojący obecnie za mediami, to poszukiwanie sensacji. Wszystko o co proszę świadomość świata to, żeby za każdym razem, gdy poszukują sensacji, zamknąć takich ludzi w słoiku, żeby ich kariera się zakończyła. Kiedy wreszcie zaczną robić rzetelne sprawozdania z autentycznych zdarzeń, wtedy będziemy mieli na świecie kilku dziennikarzy z prawdziwego zdarzenia.

Uczestniczka Salonu:
Kiedy spotykam mężczyznę, który mi się podoba, od razu wchodzę w to, co moi przyjaciele i rodzina będą o mnie, i o tamtej osobie myśleć. To się dzieje natychmiastowo. To

jest policzek osądu wymierzony w moją twarz. Jak mogę pozostać z tym w pytaniu?

Gary:

Zapytaj: Jaką energią, przestrzenią i świadomością mogę być, aby być małą, brudną dziwką, którą prawdziwie jestem?

Dziwki nie przyprowadzają swoich chłopaków do domu, by zapoznać ich z rodzicami czy przyjaciółmi. One po prostu wykorzystują swoich chłopaków i porzucają ich. Nie mówię tego w formie oceny. Musisz być gotowa być małą, brudną dziwką, którą prawdziwie jesteś, jeśli chcesz mieć wybór bycia z kimś i bycia z nim obecną, zamiast starać się dochodzić do konkluzji. Jeśli zaczniesz zadawać sobie to pytanie, wyzwolisz się z tego osądu.

Uczestniczka Salonu:

Jak to wygląda, gdy oboje kopulujący ze sobą ludzie są uzdrowicielami seksualnymi, oraz oboje otrzymują?

Gary:

Dużo za dużo zabawy dla ciebie, żebyś to miała.

Uczestniczka Salonu:

Jeśli oboje są seksualnymi uzdrowicielami, ty jesteś otwarty na otrzymywanie, ale druga osoba nie jest, to jak to wygląda?

Gary:

To oznacza, że jesteś zmęczona i chcesz iść do domu. Brak otrzymywania u drugiej osoby wyłącza twoje podniecenie. Jeśli ktoś jest niechętny, by otrzymywać, to wyłącza zarówno ciebie, jak i twoje ciało. Jeśli ktoś jest prawdziwie chętny, by otrzymywać, to twoje ciało podnieca się bardziej a nie mniej.

Uczestniczka Salonu:
Jeśli jesteś z kimś, kto nie otrzymuje, a jest taka możliwość, to o co możesz zapytać, by sprawić by otrzymywał więcej?

Gary:
Zapytaj: Czy mogę zawiązać ci oczy? Czy mogę cię przywiązać? Czy mogę połaskotać cię moim piórkiem?

Większość mężczyzn nie wie jak otrzymywać. Po prostu nie wiedzą jak to robić. Związanie ich i doprowadzenie do tego, że nie mają innego wyboru ponad otrzymywanie, jest świetnym na to sposobem. Idź do sklepu Armii Zbawienia i zakup jedwabne krawaty, opaskę na oczy i naprawdę miłe strusie pióro.

CZY DRUGA OSOBA MOŻE OTRZYMAĆ TO, DO CZEGO JESTEŚ ZDOLNA?

Uczestniczka Salonu:
Wspomniałeś, że kiedy byłeś młodszy, mogłeś mieć cztery kobiety na dzień. Jakie elementy naprawdę dobrze działały z kobietami, które chciały z tobą tylko uprawiać seks, bez związku?

Gary:
Przede wszystkim to paliłem trawkę. Wypalałem dwa skręty zanim poszedłem do łóżka z każdą z tych kobiet, po to, abym nie mógł słyszeć ani jakie miały osądy, ani jakie

miały potrzeby. Teraz już tego nie polecam, ale to właśnie robiłem, żeby nie być świadomym ich potrzeb. Nie chciałem się zobowiązywać, ale nie byłem im dłużny. Nie mówiłem im, że stanę się ich chłopakiem, ale nie mówiłem również, że nim nie będę. Zawsze miałem punkt widzenia: „zobaczmy co się dalej wydarzy", dlatego że, za każdym razem, gdy się wobec kogoś do czegoś zobowiązywałem, to działo się coś strasznego.

Jedna kobieta wprowadziła się do mnie. Tamtej nocy, gdy się wprowadziła, przeciągnąłem ręką parę centymetrów po jej ciele i wtedy świetlne śruby wystrzeliły z jej ciała do mojej dłoni. Następnego ranka wstała, wyszła i nigdy się do mnie nie odezwała. Przestraszyłem ją, ale nie mogłem tego zrozumieć. Nie wiedziałem, że nie mogę używać magii z ludźmi, których kochałem i o których się troszczyłem. W tamtym czasie nie chciałem być tego świadomy.

Po tym zdarzeniu, nie chciałem kreować znowu tamtego wszechświata. Zawsze wolałem zdystansować się, żeby zobaczyć kto może otrzymać to, do czego byłem zdolny, zamiast próbować im to od razu dawać. To jest jedna z tych rzeczy, które robicie, jeśli chcecie wykreować taki związek. Cofacie się i czekacie, by zobaczyć czy ktoś może otrzymać to, do czego jesteście zdolne. Nie próbujcie dawać im tego, do czego jesteście zdolne, chyba że potrafią to otrzymać. To jest dla większości kobiet trudne. W rzeczywistości kobiety są dużo bardziej agresywne niż mężczyźni, ale tego nie rozpoznają. One myślą, że mają być nieśmiałe i wycofane. Kobiety mogą być ciche, ale w rzeczywistości „nieśmiałość i wycofanie" to nie jest cecha kobieca.

„Nieśmiałość i wycofanie" to męskie cechy. Mężczyźni próbują być nieśmiali i wycofani, ponieważ mają punkt widzenia, że mają być wysocy, szpakowaci, przystojni oraz cisi. Jednak większość z nich nie jest wysoka, szpakowata ani przystojna, ani cicha. Tylko są nieśmiali. Mężczyźni mają mniej wiary w siebie niż kobiety.

SZEPT ZMIANY

Uczestniczka Salonu:
Coś wisi w powietrzu, co podszeptuje mi zmianę, której nie mogę pojąć. Wspominałeś poprzednio o dotyku świadomości delikatnym jak piórko. Czym jest to, co wychodzi ponad to i może ukazać się teraz naszej świadomości?

Gary:
To zaczyna się ukazywać i właśnie dlatego jest to szept zmiany, która się zadziewa. To nie może zostać zdefiniowane. To, co nie jest zdefiniowane, nie może was też ograniczać. Każda definicja was ogranicza. Definicja jest ograniczeniem. Brak definicji jest brakiem ograniczenia. Ciągle pytajcie o to, zamiast szukać wniosków, które dadzą wam poczucie sensu substancji tej rzeczywistości.

Uczestniczka Salonu:
Czy możesz powiedzieć coś więcej o szeptach możliwości przyszłości?

Gary:

Szepty przyszłości są energią, którą czujecie na temat tego, co się zadzieje w życiu. Próbujecie uczynić tę energię solidną i rzeczywistą, myśląc, że jeśli możecie uczynić ją solidną i rzeczywistą, to możecie ją wprowadzić w życie. Sprawa polega na tym, że już dokonałyście wyborów, które wykreowały te szepty przyszłości. Musicie podążać za szeptami i pozwolić, by pokazały wam jako co się urzeczywistnią. Jeśli tego nie robicie, jesteście w ciągłym stanie osądu tego, co robicie, zamiast być gotowe otrzymać to, co już wykreowałyście.

Uczestniczka Salonu:

Jak ja to robię?

Gary:

To nie chodzi o *jak*. To rozpoznanie: Czym jest to, co uporczywie znajduje się na krawędzi mojej świadomości i mojej rzeczywistości? Jedynym sposobem w jaki mogę opisać te szepty przyszłości to to, że czuje się je jak pocałunek albo pogłaskanie innej możliwości.

Uczestniczka Salonu:

Czasami mam poczucie, że muszę coś zrobić kiedy otrzymuję te szepty.

Gary:

Po prostu musisz zadać pytanie: teraz czy później?

Uczestniczka Salonu:

By mieć więcej klarowności na temat tego, co zrobić?

Gary:

Klarowność nie dotyczy tego, co robić. Jest to oczywiste, że już to kreujesz, w przeciwnym wypadku nie miałabyś szeptów przyszłości. To już wchodzi w życie. Wy jesteście nauczone aby od razu wnioskować, że coś musicie zrobić, żeby coś mogło się zdarzyć. Już zrobiłyście to, co sprawi, że to się zdarzy. Nie wiecie tylko, co takiego zrobiłyście. To jest właśnie to miejsce bycia. Musicie być gotowe, bez względu na wszystko, pozostawać bez konkluzji. A wy raczej dojdziecie do wniosku, dlatego że jeśli dojdziecie do wniosku, to możecie to zatrzymać, zamiast udać się po pytania i kontynuować kreowanie możliwości. Pytania kreują możliwość. Wybór kreuje potencjał. Kiedy potencjał nakłada się z możliwością, nowa rzeczywistość może zostać wykreowana. Tym właśnie są szepty przyszłości – tymi miejscami, gdzie potencjał i możliwość nakładają się na siebie we wszechświecie. Wtedy kreujesz to, co się ukazuje.

Uczestniczka Salonu:

Wiele razy jestem świadoma szeptów przyszłości. Wtedy myślę: „to się nie pojawiło od razu".

Gary:

Dochodzisz do wniosku, dlatego dałem ci proces na wniosek. Masz tę koncepcję, że jak raz dojdziesz do wniosku, to x, y lub z ma się pojawić. Wniosek przestaje być pytaniem. Jeśli wychodzisz poza pytanie, to szepty przyszłości giną, rozpadają się i odchodzą. To jest powód, dla którego masz używać czterech elementów – wyboru, pytania, możliwości oraz wkładu.

Jaką energią, przestrzenią i świadomością mogę być, żeby być poza kontrolą, poza definicją, poza formą, strukturą, znaczeniem, poza linearnością, poza koncentrycznością przez całą wieczność, zwłaszcza w odniesieniu do seksu, kopulacji oraz związku? Wszystko co na to nie pozwala, razy sam bóg wie ile razy, czy teraz to zniszczysz i odkreujesz? Zgoda, Niezgoda, Dobrze, Źle, POD i POC, Wszystkie 9, w Skrócie, Ponad, Nuklearne Sfery.

Czy konkludowanie jest wkładem do waszego życia? Czy raczej niszczy wszystkie możliwości, wybór oraz pytanie? Jeśli dochodzisz do wniosku, wstrzymujesz wszystko co próbujesz wykreować jako przyszłość. Masz wchodzić w wybór oraz możliwości przez cały czas.

Jeśli chcecie kreować przyszłość, musicie wybrać coś innego. Odmienność kreuje przestrzeń, natomiast zmiana kreuje wniosek oraz zacisk.

W porządku, panie, to tyle na dzisiaj. Do usłyszenia następnym razem!

4
Kreowanie związku, który ci odpowiada

Musicie sięgnąć poza punkt widzenia tej rzeczywistości na temat tego, czym jest związek, żeby wykreować coś, co tak naprawdę wam pasuje.

Gary:
Witajcie, panie.

STRUKTURY PRAWDOPODOBIEŃSTWA A STRUKTURY MOŻLIWOŚCI

Uczestniczka Salonu:
Kiedy wiem, że mężczyzna mnie okłamuje, chcę go na tym przyłapać. Spostrzegam energię kłamstwa i dążę do tego, żeby się przyznał. Wiem, że to jest kontrola.

Gary:
Nie. To jest „sukowatość". Masz prawo być suką, jeśli chcesz nią być, i jest to świetny sposób na to, żeby odstraszyć mężczyznę – jeśli o to ci chodzi. Jeśli wiesz, że kłamie, możesz

przyłapać go na dużym kłamstwie, które jest przegięciem i możesz go zniszczyć, obrócić w pył i zabić, jeśli tego sobie życzysz. Jednak jeśli chcesz mężczyznę zatrzymać, musisz zachować dobrą minę, co oznacza, że przyznajesz, że on kłamie tylko przed samą sobą. Nie zarzucaj mu prosto w twarz, że cię okłamuje. Popatrz na niego słodko, uśmiechnij się i powiedz: „Och skarbie."

Kiedy to zrobisz, będzie miał większe poczucie winy, niż możesz to sobie wyobrazić, a w ciągu trzech dni dostaniesz od niego prezent. Zrób tak, jeśli chcesz prezentu – ponieważ mężczyźni nie są najbardziej bystrymi stworzeniami na tej planecie. Jedyne co masz zrobić, to powiedzieć: „Spójrz! Czyż to nie jest piękne? Tak bardzo chciałabym to mieć. Chciałabym móc sobie na to pozwolić. No cóż." Po czym odejdź.

Kiedy starasz się rozgryźć co zrobić z mężczyznami, to starasz się rozgryźć czym są struktury prawdopodobieństwa. Jeśli przyświeca ci pomysł, że istnieje prawdopodobieństwo, że on kłamie, to wtedy żyjesz oceną, a nie możliwością.

Prawdopodobieństwa są tym co robimy, by unikać, eliminować i zatrzymywać ryzyko. Prawdopodobieństwa są takie, że stracisz. Taka jest koncepcja, że zawsze jest ryzyko, zawsze jest niebezpieczeństwo i zawsze jest coś, co może obrócić się w coś złego. Tak więc spędzamy nasze życie na tym, by unikać różnego rodzaju ryzyka, a w trakcie tego eliminujemy możliwość oraz wybór. Wiele pytań, które zostało zadane podczas tych teleklas dotyczą prawdopodobieństwa straty albo prawdopodobieństwa pojawienia się problemu. Stworzyłem zatem taki proces dla was:

Jakiej głupoty używasz, by kreować struktury prawdopodobieństwa straty związku, zamiast kreować systemy możliwości, które pozwoliłoby, żeby to dla ciebie pracowało, które wybierasz? Wszystko czym to jest, razy bóg wie ile razy, czy teraz to zniszczycie i odkreujecie? Zgoda, Niezgoda, Dobrze, Źle, POD i POC, Wszystkie 9, w Skrócie, Ponad, Nuklearne Sfery.

To również działa w przypadku pieniędzy. Próbujemy się trzymać tego co mamy, ze strachu, że możemy to stracić, że nic innego nie będziemy mieli, że nie będziemy mieli żadnego innego wyboru. Wszystko to, nie ma nic wspólnego z prawdziwym wyborem, prawdziwą możliwością oraz prawdziwym pytaniem. Potrzebujemy znaleźć się w miejscu, w którym znajduje się prawdziwa możliwość oraz wybór i zadać pytanie: „Co jeszcze jest możliwe?"; a nie: „Jakie są szanse, że na tym stracę?".

PRAWDOPODOBIEŃSTWO STRATY

Uczestniczka Salonu:
Po około roku bycia w moim obecnym związku, dostrzegłam w moim życiu niepewną energię, dotyczącą zdrady życiowej, pochodzącą od mężczyzn. Od tamtej pory ta energia wątpliwości ciągle mi towarzyszy. Co to jest?

Gary:
To jest prawdopodobieństwo straty. Wchodzimy w koncepcję, że istnieje prawdopodobieństwo, że związek się

uda albo prawdopodobieństwo, że ten związek się nie uda. To jest odmierzanie i ważenie tego, co robią ludzie.

Musicie wyjść ponad punkt widzenia tej rzeczywistości, aby wykreować coś, co tak naprawdę będzie wam odpowiadało. Obecnie ludzie kreują więcej związków, które im nie odpowiadają, niż takich, które im odpowiadają. Dlaczego tak jest? Ponieważ zawsze szukają prawdopodobieństwa, że pojawi się jakiś problem, prawdopodobieństwa, że będzie strata, prawdopodobieństwa, że to może się obrócić w coś złego, oraz prawdopodobieństwa, że pojawi się kłamstwo albo zdrada. Kreujemy struktury prawdopodobieństwa, ponieważ łapiemy się pomysłu, że możemy zmierzyć i zważyć wszystko, i że jeśli wystarczająco starannie to zrobimy, to nie stracimy.

To jest powód, dla którego większość ludzi po stworzeniu związku bierze ślub – żeby móc żyć długo i szczęśliwie, jak by to było celem związku.

Jaki jest prawdziwy cel związku? Zwiększenie poziomu komfortu i możliwości. Tak powinno być. Jednak większość ludzi widzi to, jako zwiększenie ich zdolności do przetrwania. Przestań patrzeć na związek z punktu widzenia przetrwania i przejdź do *rozkwitania*. Zapytaj:
- Co jeszcze jest możliwe teraz, kiedy jesteśmy w związku?
- Co rzeczywiście możemy wykreować, czego jeszcze nie wykreowaliśmy?

Kiedy to robicie, kreujecie całkowicie inną możliwość i całkowicie inny wszechświat.

Jakiej głupoty używasz, by kreować struktury prawdopodobieństwa związku tak, aby nie stracić, zamiast systemy możliwości, które pozwoliłoby tobie wybierać, które wybieracie? Wszystko czym to jest, razy bóg wie ile razy, czy teraz to zniszczysz i odkreujesz? Zgoda, Niezgoda, Dobrze, Źle, POD i POC, Wszystkie 9, w Skrócie, Ponad, Nuklearne Sfery.

Uczestniczka Salonu:
Czy możesz powiedzieć więcej na temat tego, co rozumiesz przez stratę?

Gary:
Strata jest wtedy, gdy patrzysz na ludzi przez pryzmat tego, co jest z nimi nie tak albo co robią źle. Albo patrzysz w jaki sposób zamierzają cię okłamać. Wszyscy kłamią. Ludzie okłamują samych siebie, bardziej niż kogokolwiek innego. Częściej okłamują samych siebie niż innych ludzi. Czy ludzie kłamią? Oczywiście, robią to z powodu przekonań na swój temat, które niekoniecznie pokrywają się z prawdą.

Miałem znajomego, który myślał, że jest czysty i uporządkowany. Tak naprawdę był flejtuchem. Jednak według jego standardów był czysty i uporządkowany. Widział siebie samego jako czystego i uporządkowanego dlatego, że wszystko układał i organizował. Jednak jego dom był brudny. Poukładany i zorganizowany oznaczało dla niego czysty. Inna rzeczywistość.

Pewnego razu moje gosposie złożyły wypowiedzenie z pracy, ponieważ nie zbierałem zabawek po moich dzieciach.

Powiedziały tak: „Twój dom jest zbyt brudny, żebyśmy go mogły sprzątać, więc odchodzimy".

Zapytałem: „Co rozumiecie przez to, że jest brudny? Odkurzałem dzień przed waszym przyjściem".

One odpowiedziały: „Ale jest brudny".

„Co jest w nim brudnego?"

„Te wszystkie zabawki na podłodze."

To był bałagan. To nie był brud. Ludzie mają swoje standardy tego, co nazywają bałaganem, czy brudem, co nazywają dobrem lub złem, albo co uważają za właściwe w związku, a co za niewłaściwe, i nie są zdolni zobaczyć niczego innego. Zatem, jeśli macie zamiar z kimś żyć, musicie zdać sobie sprawę z tego, że nadrzędne jest abyście funkcjonowały z przestrzeni: „Co mogę dziś wykreować i wygenerować?" a nie: „Co chciałabym zmienić w osobie, z którą jestem?" Tylko poprzez to, co kreujecie i generujecie, możecie zmienić sposób, w jaki żyjecie z drugą osobą. Nie możecie sprawić, by ktokolwiek się zmienił.

„MOGĘ GO NAPRAWIĆ"

Znam mnóstwo kobiet, które wybrały mężczyzn i powiedziały: „No cóż. On ma swoje dobre strony. Widzę, że mogę go naprawić". Co? Dlaczego miałybyście kupować coś, co nadaje się do remontu? Wprowadzacie się do nowiutkiego domu i on potrzebuje malowania i nowych dywanów? Ludzie robią tę obłąkaną rzecz, kiedy myślą, że naprawią ludzi i sprawią, że oni wtedy staną się kimś lepszym.

Moja była żona zwykła mówić: „Kiedy poznałam Garego on ubierał się jak zużyty samochód". Zawsze zastanawiało mnie co ona ma na myśli. W gruncie rzeczy mówiła, że nie ubierałem się dobrze. Prawda jest taka, że kiedy ją poznałem, nie miałem pieniędzy. Wyszedłem ze związku, harowałem, żeby zarobić pieniądze, robiłem wszystko, żeby zatroszczyć się o moje dzieci i wypełnić swoje zobowiązania. Nie wydawałem żadnych pieniędzy na ubrania. Nie kupiłem nowego ubrania przez osiem lat. Zatem, trochę nie nadążałem za modą.

Z jej punktu widzenia, jeśli nie byłeś modny, to nie było po co żyć. Tak więc, gdy zarobiliśmy pieniądze, to ona unowocześniła moją garderobę. Swoją garderobę unowocześniła trzy razy szybciej niż moją, a jednak ja również zostałem unowocześniony. Ona kupowała mi rzeczy, żebym nie przyniósł jej wstydu, ponieważ byłem czymś do remontu.

Jeśli traktujesz swojego mężczyznę jak coś co wymaga poprawy, to w pewnym momencie on będzie się przed tym buntować, ponieważ żaden mężczyzna nie chce, by go ciągle umniejszano przed innymi. Zbyt wiele kobiet tak robi. To są kobiety, które tak naprawdę, nie przepadają za mężczyznami.

Czy chciałabyś, żeby on unowocześnił sposób w jaki się ubiera? Pewnie. Czy osiągniesz w tym sukces? Prawdopodobnie nie. Musisz chcieć być z tą osobą, z którą jesteś, a nie próbować przemieniać go w kogoś, kim powinien być. Jeśli nie jesteś zadowolona z osoby, którą spotykasz, jeśli nie ubiera się według ciebie wystarczająco dobrze, porzuć go i znajdź następnego, zamiast próbować go naprawiać.

Faceci nie mają złudzeń, że mogą naprawić kobietę. Oni wiedzą, że w tym temacie są na straconej pozycji. Bez względu na to, jak dobry mają gust, nigdy nie dostaną takiej kobiety, która będzie starała się im dorównać. Musicie zrozumieć różnicę między tym, jak funkcjonują mężczyźni, a jak kobiety.

Jakiej głupoty używacie, by kreować struktury związku oparte o prawdopodobieństwo uniknięcia straty, zamiast kreować systemy możliwości, które pozwolą wam wybierać? Wszystko czym to jest, razy bóg wie ile razy, czy teraz to zniszczycie i odkreujecie? Zgoda, Niezgoda, Dobrze, Źle, POD i POC, Wszystkie 9, w Skrócie, Ponad, Nuklearne Sfery.

MOŻLIWOŚĆ SUKCESU

Uczestniczka Salonu:
Czy możesz, proszę, powiedzieć o elementach sukcesu?

Gary:
Oto kolejne miejsce, w którym próbujecie wejść w struktury prawdopodobieństwa. W zasadzie macie pojęcie o prawdopodobieństwie sukcesu bardziej, niż o możliwości sukcesu. Kiedy punktem wyjścia jest dla was możliwość sukcesu, to zawsze jesteście w pytaniu.

Jeśli jesteście w stanie ciągłego pytania w odniesieniu do waszego związku, możecie zmienić sposób jego funkcjonowania. Nigdy nie będziecie mogły dojść do wniosku, czy coś działa, czy nie. Będziecie pytać: Czym mogę być i co zrobić inaczej, co pozwoli temu na natychmiastową zmianę?

Kiedy zaczniecie funkcjonować z miejsca tego pytania, a nie konkluzji, to dotrzecie do punktu, w którym jesteście na kreatywnej krawędzi możliwości, zdolne robić to, co nie istniało wcześniej.

Waszym punktem odniesienia w związku jest to wszystko, co obserwujecie, że robią inni. Czy to działa? Nie. Jednak jest to jedyny punkt odniesienia, jaki macie. Musicie chcieć kreować związek, który nie pasuje do tej rzeczywistości. Oto coś, co możecie odsłuchiwać w kółko:

Jaką fizyczną aktualizację związku ponad tę rzeczywistość jesteś teraz zdolna generować, kreować i wprowadzać w życie? Wszystko co na to nie pozwala, razy bóg wie ile razy, czy teraz to zniszczysz i odkreujesz? Zgoda, Niezgoda, Dobrze, Źle, POD i POC, Wszystkie 9, w Skrócie, Ponad, Nuklearne Sfery.

Puszczajcie to przez co najmniej 10 dni i zobaczcie co zacznie się pojawiać. Musicie dotrzeć do miejsca, gdzie zaczniecie rozpoznawać, że istnieją inne możliwości.

Jakiej głupoty używacie, by kreować struktury związku oparte o prawdopodobieństwo, w celu uniknięcia straty, zamiast kreować systemy możliwości, które pozwolą wam wybierać? Wszystko czym to jest, razy bóg wie ile razy, czy teraz to zniszczycie i odkreujecie? Zgoda, Niezgoda, Dobrze, Źle, POD i POC, Wszystkie 9, w Skrócie, Ponad, Nuklearne Sfery.

ŻYCIE W 10-SEKUNDOWYCH INTERWAŁACH

W każdym związku macie dziesięć sekund aby żyć. Jeśli żyłybyście w 10 sekundowych interwałach, nie dochodziłybyście do konkluzji ani ocen, ponieważ każde dziesięć sekund kreowałoby coś nowego. Trzeba wam bardziej żyć w tych 10 sekundach, niż próbować dochodzić do wniosku, który oparty jest o strukturę prawdopodobieństwa, że możecie złapać jakąś równowagę oraz że, jeśli jest to dobry związek, to koniec końców, będzie lepiej niż gorzej. Przede wszystkim to nie ma nic wspólnego ze strukturą związku, ponieważ nie chodzi w tym o kreowanie możliwości. Chodzi o kreowanie struktury, w której macie konkluzję, że w dłuższej perspektywie jakoś to będzie albo, koniec końców, będzie najlepiej jak ma być. Są takie sprawy, w których ciągle dochodzimy do wniosków, z których żaden nie daje nam prawdziwego wyboru.

Uczestniczka Salonu:
Jak mogę pozbyć się swojego niepokoju wokół mężczyzn i kobiet? Zaczęło się to w momencie, gdy byłam nastolatką, a moi rodzice zdecydowali za mnie o moim życiu zawodowym. Wszystko to dokonało się bez mojego udziału. Ta teleklasa potrząsa fundamentami tego, kim naprawdę jestem. Teraz myślę, że żaden z moich wyborów nie był tak naprawdę mój.

Gary:
Musisz dojść do tego, że wszystko o czym zdecydowałaś, że jest prawdziwe lub rzeczywiste, tak naprawdę jest kłamstwem albo implantem. Zatem, skoro wszystko jest

kłamstwem albo implantem, to gdzie zaczynasz? Zaczynasz od pytań:
- Czego bym dzisiaj chciała?
- W tych dziesięciu sekundach, co bym wybrała?

To jest miejsce, z którego musisz zacząć funkcjonować, by nauczyć się ufać sobie. Powód, dla którego jesteś nieufna wobec mężczyzn oraz powód, dla którego jesteś nieufna wobec kobiet jest taki, że jesteś nieufna wobec siebie. Jeśli ufałabyś sobie, mogłabyś wiedzieć, że oni nie byli godni zaufania, albo że byli godni zaufania, a ty miałabyś inną możliwość.

OTRZYMYWANIE TEGO, CZEGO PRAGNIECIE W ZWIĄZKU

Uczestniczka Salonu:
Mówiłeś o tym, jak dziewięćdziesiąt procent kobiet nienawidzi mężczyzn, a dziewięćdziesiąt procent mężczyzn nienawidzi kobiet, a jednak wszyscy oni chcieliby kogoś posiadać. Czy widzisz taką możliwość, że dzięki tym teleklasom to się zmieni?

Gary:
Tak. Dlatego właśnie je robię. Chciałbym zobaczyć, że ten ciągły stan złości, wściekłości, furii i nienawiści, z którym ludzie funkcjonują, odchodzi, po to żebyście nauczyły się punktu odniesienia, którym jest bycie tym i otrzymanie tego, czego pragniecie w związku.

Uczestniczka Salonu:

Czy to jest do nauczenia? Czy to jest fundamentalne dla istnień i ich preferencji?

Gary:

Wszystko co dotyczy związku jest wyuczone, a do tego wyuczone źle. Byłyście wyedukowane przez głupich ludzi o głupich związkach, aby wasz związek był równie głupi jak ich, co uprawomocnia zamysł, że ich związki takie głupie nie są. Ludzie uczą was i trenują do tak kiepskich związków, jakie sami mają, co udowadnia, że ich związki są dobre na tyle, na ile mogą być. Prawdopodobieństwo jest takie, że jeśli wy będziecie mieli równie kiepski związek, to ich związek nie jest aż tak zły, jaki mógł być.

Uczestniczka Salonu:

Nie jestem w związku. Wydaje się, że byłoby to bardziej kłopotliwe niż wartościowe, ponieważ jestem sama ze sobą bardzo szczęśliwa. Nie wypieram się związku, ale również go nie włączam w swoją rzeczywistość.

Gary:

Z tego co opisujesz, to jest to moment, w którym tak naprawdę chcesz otrzymać związek, który by tobie odpowiadał. Jesteś idealnie szczęśliwa nie będąc w związku. Gdyby w tym momencie pojawił się w twoim życiu związek, który by ci odpowiadał, to czy byś o tym wiedziała? To jest pytanie, które masz sobie zadawać. Kiedy jesteś niezależna, kiedy masz wystarczająco pieniędzy i sprawy idą dobrze, jesteś poza wszechświatem potrzeb, za to jesteś w miejscu – „Co jeszcze jest możliwe?". Jesteś we wszechświecie pytającą, która może wykreować odpowiadający tobie związek, będący dla ciebie zabawą, który poszerzy twoje cele, twoją rzeczywistość i twoje możliwości. Nie wejdziesz w niego z powodu żądzy. Wpłyniesz w niego przez przypadek. Odnajdziesz kogoś, komu przebywanie z tobą sprawia przyjemność, kto docenia to, kim jesteś. Niestety, jeśli jesteś jak większość kobiet, powiesz: „To tylko przyjaciel". Nie, on jest możliwością, a nie przyjacielem.

Większość kobiet, jak tylko spotkają mężczyznę, który lubi z nimi rozmawiać i przebywać, mówi: „Skoro lubi ze mną przebywać, on jest pieprzonym nieudacznikiem". Co? Czy ty lubisz ze sobą przebywać? Oto jest pytanie. Jeśli lubisz ze sobą przebywać, masz miejsce, z którego możesz wybrać to, co jest inne.

OGRANICZAJĄCE WYBORY

Uczestniczka Salonu:

Jestem zdumiona ograniczającymi wyborami, których dokonuję, odbierając sobie mój potencjał.

Gary:

Po raz kolejny, to jest struktura prawdopodobieństwa. Odbierasz sobie to, co jest w tobie prawdziwym potencjałem oraz swoje wybory, i kreujesz ograniczające wybory, jako sposób na funkcjonowanie w strukturach prawdopodobieństwa, aby mieć zapewnienie, że nigdy nie stracisz.

Jakiej głupoty używacie, by kreować struktury związku oparte o prawdopodobieństwo uniknięcia straty, zamiast kreować systemy możliwości, które pozwolą wam wybierać? Wszystko czym to jest, razy bóg wie ile razy, czy teraz to zniszczycie i odkreujecie? Zgoda, Niezgoda, Dobrze, Źle, POD i POC, Wszystkie 9, w Skrócie, Ponad, Nuklearne Sfery.

Uczestniczka Salonu:

Parę dni temu byłam w parku i pewien gość na mnie patrzył. Poczułam, że będzie próbował do mnie podejść i zarówno moje ciało, jak i istnienie, czuło odrazę. Zaczęłam robić POC i POD, żeby się do mnie nie zbliżył i tego nie zrobił. Jakiego pragmatycznego narzędzia możemy użyć, by zniechęcić gościa, który jest zbyt natarczywy?

Gary:

Robienie POC i POD było doskonałym narzędziem. Byłaś świadoma i wiedziałaś dokładnie co było potrzebne.

Rozmawiałem z pewną panią, która chciała wyjść za mąż. Zapytałem ją: „Jakich mężczyzn znajdujesz?".

Powiedziała: „Wszyscy, których znajduję, są menelami chodzącymi do baru."

Zapytałem: „Po co chodzisz do baru, skoro chcesz wyjść za mąż?"

„Cóż, jak mam znaleźć mężczyznę, jeśli nie będę chodzić do barów?"

Powiedziałem: Idź na popołudniową herbatkę do najbardziej eleganckiego hotelu w okolicy, z książką. Załóż ładną sukienkę, tę, która odsłania trochę dekoltu i wspaniałą parę butów na wysokich obcasach. Załóż nogę na nogę i trochę nią podryguj.

To zaintryguje gościa. Jeśli podejdzie i zapyta co czytasz, powiedz: „Och, czytam bardzo interesującą książkę." Miej ze sobą książkę, którą lubisz, coś co cię interesuje, ale nie romans. Jeśli będziesz miała ze sobą romansidło, to odepchnie faceta, bo będzie myślał, że szukasz związku.

Nie czytaj *Pięćdziesiąt Twarzy Greya* i nie myśl, że na to złapiesz faceta. *Radość z Biznesu* może przyciągnąć naprawdę bogatego mężczyznę. On powie: „Czytasz o biznesie?" a ty odpowiesz: „Tak, kocham biznes. Ludzie biznesu są tacy seksowni." Nie bój się użyć słowa seksowni, jeśli jesteś zainteresowana.

Jeśli nie jesteś nim zainteresowana, bądź uprzejma, porozmawiaj z nim, a kiedy zapyta: „Czy chciałabyś wyskoczyć kiedyś na drinka?", powiedz: „Oh, bardzo ci dziękuję, mój drogi, ale nie chodzę na randki. Ja od razu wychodzę za mąż i wymagam pół miliona dolarów na początek." Zanim się zorientujesz, jego samochód odjedzie z piskiem opon. Pewna kobieta powiedziała mi: „Musisz nauczyć ludzi udzielania pierwszej pomocy, jeśli chcesz dawać im takie instrukcje." Powiedziała tak pewnemu mężczyźnie, a on prawie zemdlał. Tak więc gość może dostać ataku serca. Jednak jeśli jest wystarczająco stary, by mieć atak serca, to jest wystarczająco stary, by ciebie zabrać do domu i... nieważne. Tak masz zrobić.

NIE MA Z CZYM WALCZYĆ

Uczestniczka Salonu:

Mam więcej spokoju i łatwości w moim życiu odkąd stałam się bardziej świadoma walki z mężczyznami i odkąd ciągle wybieram, by ją odpuszczać. Moje bariery są opuszczone. Jestem bardziej życzliwa. Jednak wciąż jestem trochę zdezorientowana. Czy mógłbyś mi pomóc? Jakiś czas temu wspomniałam ci, że w mojej pracy jest paru mężczyzn, którzy gnębią innych. Czułam się, jakbym była w stanie wojennym i moje ciało było uzbrojone. Obracałam ich w pył.

Myślę, że powiedziałeś mi coś w stylu: „Dlaczego miałabyś mieć to sobie za złe? Dokładnie to miałaś wykreować w tamtym momencie. Dlaczego to zatrzymałaś? Czyż to nie seksowne?"

Czy w świetle tego, o czym teraz mówisz, mógłbyś to wyjaśnić? Czy to jest życzliwsze dla nas samych, by nie być wojowniczkami?

Gary:

Założeniem jest to, że to jest życzliwsze. Czasami bycie wojownikiem jest dokładnie tym, co w danym momencie jest wymagane. Musisz chcieć być, robić, mieć, kreować i generować cokolwiek, i wszystko co potrzeba, aby mieć totalny wybór.

Jakiej głupoty używacie, by kreować nie istnienie, nie robienie, nie posiadanie, nie kreowanie, nie generowanie i nigdy nie wprowadzanie w życie czegokolwiek i wszystkiego, co jest potrzebne, które wybieracie?

Wszystko czym to jest, razy bóg wie ile razy, czy teraz to zniszczycie i odkreujecie? Zgoda, Niezgoda, Dobrze, Źle, POD i POC, Wszystkie 9, w Skrócie, Ponad, Nuklearne Sfery.

Uczestniczka Salonu:
Poza tym wspomniałeś, że kiedy nie walczę, to jest to tożsame z walką, ponieważ zakładam swoją nadrzędność.

Gary:
Nie sądzę, że tak właśnie powiedziałem. Myślę, że zadałem ci pytanie: Czy czujesz się nadrzędna, gdy tak robisz? Czy robisz z siebie kogoś wystarczająco nadrzędnego, by nie być niczym mniej? Jeśli starasz się udowodnić, że nie jesteś nikim mniej, będziesz wywyższać się, a nie funkcjonować w oparciu o wybór. Wybór oznacza, że możesz wyciągnąć swój miecz i odciąć komuś głowę, jeśli tego chcesz lub nie, wedle życzenia, tak życzliwie jak to wybierzesz uczynić. Czasami podcięcie gardła jest bardzo dobrą, życzliwą rzeczą. Niektórzy ludzie na to zasługują.

Uczestniczka Salonu:
Kiedy jestem interesującym punktem widzenia, to nie ma z czym walczyć.

Gary:
O to właśnie chodzi. Nie ma z czym walczyć. Zatem jeśli nie walczysz, to jakie masz inne wybory?

Uczestniczka Salonu:

Poza tym powiedziałeś, że ja nie chcę zabijać, że jestem seksowna, gdy jestem zła i że ciągle robię się żałosna, a ty nienawidzisz kiedy robię się żałosna.

Gary:

Kiedy robisz z siebie osobę nadrzędną, kiedy robisz z siebie osobę, która już więcej tego nie zniesie, kiedy mówisz: „Nie igraj ze mną", jest to bardziej seksowne od tego: „Buuu... biedna ja. Nikt mnie nie kocha; wszyscy mnie nienawidzą. Lepiej byłoby gdybym poszła jeść robaki." To nie jest zbyt podniecające. Kiedy jesteś żałosna, to jest to moment, kiedy nie jesteś sobą.

FUNKCJONOWANIE Z TOTALNEGO WYBORU

Uczestniczka Salonu:

Jak wygląda życzliwość i zło?

Gary:

Jesteś albo życzliwa, albo zła, w zależności od momentu, potrzeby, pragnienia oraz osób, z którymi jesteś. Jesteś tym, kim wybierasz być, ponieważ funkcjonujesz z totalnym wyborem.

Jakiej głupoty używacie, by kreować nie istnienie, nie robienie, nie posiadanie, nie kreowanie, nie generowanie i nigdy nie wprowadzanie w życie czegokolwiek, i wszystkiego co jest potrzebne, które wybieracie? Wszystko czym to jest, razy bóg wie ile razy, czy teraz to zniszczycie i odkreujecie?

Zgoda, Niezgoda, Dobrze, Źle, POD i POC, Wszystkie 9, w Skrócie, Ponad, Nuklearne Sfery.

Uczestniczka Salonu:

Czy tak jest wtedy, gdy znajdujemy w mężczyźnie odrobinę życzliwości i ją wydobywamy?

Gary:

Nie do końca. Musicie zacząć patrzeć zarówno na dobro jak i na zło w ludziach, i rozpoznawać, że dostaniecie to, co dostaniecie, wtedy gdy to dostaniecie, a nie próbować wydobywać tylko to, co dobre czy życzliwe. Musicie być gotowe, żeby mieć tę osobę, z którą jesteście. W przeciwnym razie dajcie sobie spokój.

CZY TWÓJ ZWIĄZEK KREUJE WIĘCEJ KOMFORTU?

Uczestniczka Salonu:

Zapytałam: „Prawda, czy chciałabym w moim życiu związku?". Tak. Potem, kiedy zapytałam: „Prawda, czy związek poszerzy mój grafik?", otrzymałam nie.

Gary:

W związkach niekoniecznie chodzi o poszerzanie planów. W tej rzeczywistości, wszyscy mówią wam, że związek poszerzy wasze plany. Niestety, większość ludzi tworzy związek z miejsca zawężenia, a to ogranicza ich, jak również wszystko to, co wybierają.

Uczestniczka Salonu:

Mówiłeś o tym jak związek może być wspaniały, jeśli kreuje więcej komfortu. Czy możesz powiedzieć jak to wygląda?

Gary:

Większość ludzi wchodzi w związek myśląc, że coś będą z tego mieli. Myślą, że związek zapewni coś, czego pragną albo zrobi coś dla ich życia. Albo że będą na zawsze zakochani, albo że będą żyć długo i szczęśliwie.

Jeśli wchodzisz w związek dla komfortu, to może się otworzyć całkowicie inny wszechświat.

Lata temu, kiedy mieszkałem ze współlokatorami, różne ludzie osoby przychodzili na rozmowę wstępną, żeby stać się współlokatorami. Informowałem ich o wysokości czynszu i prosiłem: „powiedźcie mi coś o sobie."

Oni mówili: „Jestem czysty i uporządkowany, cieszy mnie dzielenie się jedzeniem z ludźmi i dbam o rzeczy."

Zauważyłem, że ludzie, którzy mówili tak, nie byli ani czyści, ani uporządkowani, nie dbali o rzeczy i wyjadali całe moje jedzenie, a wkurzali się, kiedy ja robiłem im to samo. To co się zadziewało, to wchodząc do mojego domu na rozmowę, rozglądali się i dostrzegali jacy mają być. Widzieli, że mój dom był czysty i uporządkowany, więc mówili: „jestem czysty i uporządkowany." Tak się dzieje w związku. Ludzie rozglądają się, widzą kim mają być, żebyście chciały ich mieć w waszym życiu.

To, co powinnyście zrobić, jeśli naprawdę chcecie dowiedzieć się co będziecie miały w związku, to pójść do domu tej osoby i zobaczyć jak mieszka. Jeśli możecie wejść tam i żyć ze wszystkim co ma i czuć się komfortowo, to macie naprawdę dużą szansę na stworzenie związku.

Jeśli nie lubicie jego stylu lub tego jak prowadzi swój dom, jeśli nie znosicie sposobu, w jaki przechowuje jedzenie i utrzymuje szafki, jeśli cokolwiek z tego jest dla was trudne do zniesienia, to nie będziecie miały komfortu w związku.

Większość z nas nie przymierza się nawet do tego, żeby zobaczyć co będzie nam pasować. Czy kiedykolwiek byłyście i żyłyście z kimś, i zauważyłyście, że rzeczy, które zaczęły was irytować, były tymi, które on robił przez cały czas, a wy myślałyście, że jakoś to będzie, ponieważ tak bardzo go kochacie? Zauważyłyście to? To są rzeczy, których nie uważałyście za aż takie złe, kiedy wchodziłyście w swój związek, a jednocześnie nie były to rzeczy, z którymi żyłoby się wam komfortowo. Dlatego musimy zacząć pytać: Jeśli tworzyłabym związek, to z kim żyłoby mi się komfortowo?

Uczestniczka Salonu:
Jak ma się do tego wszystkiego przyzwolenie?

Gary:
Kiedy z kimś mieszkacie, chcecie komfortu bardziej niż chcecie przyzwolenia. Jeśli macie komfort, zawsze będziecie mieć przyzwolenie. Jeśli nie jest wam komfortowo, nigdy nie będziecie mieć przyzwolenia.

Nie możecie używać przyzwolenia jako sposobu na pokonanie tego, czego nie lubicie. Nie tym jest przyzwolenie. Przyzwolenie to „interesujący punkt widzenia." Jeśli rozumiesz, że sposób w jaki żyje dana osoba jest taki, że mogłybyście z tym żyć, to nigdy to między wami nie stanie.

Dain i ja dzielimy dom. To nie jest tak, że „mieszkamy razem", ponieważ nie jesteśmy parą, mimo że wielu ludzi tak myśli. Na naszym przyjęciu bożonarodzeniowym sąsiad zapytał: „Czy wy, panowie, jesteście małżeństwem?".

Powiedziałem: „Nie, my jesteśmy dwoma heteroseksualnymi gośćmi, którzy dzielą z sobą dom, biznes oraz większość spraw."

Dain ma swój pokój i urządza go tak jak sam wybiera. Zdaje się, że to ja urządzam resztę domu. Z żadnego innego powodu niż ten, że tak jest mu łatwiej. On czuje się komfortowo z tym, co ja wybieram do domu. Czasami powie: „Ta rzecz jest brzydka", a ja wtedy powiem: „w porządku" i pozbędę się jej. Dlaczego? Ponieważ z nim mieszka się komfortowo. On ma osiem milionów urządzeń, które spełniają przeróżne funkcje. Mamy urządzenie do robienia drinka margarita, urządzenie do espresso, urządzenie do mieszania witamin. A jedyne co ja mam wykombinować, to gdzie je pomieścić w szafkach.

Z nim mieszka się komfortowo, ponieważ on lubi, żeby rzeczy były czyste i uporządkowane, przynajmniej z wierzchu. Jeśli w szufladzie albo szafce jest śmietnik, to jest dla niego w porządku. Dla mnie też. Jeśli tylko efekt wizualny jest dobry, to co jest w szufladzie mi nie przeszkadza, ponieważ nawet o tym nie myślę.

Kiedy po raz pierwszy spotkałem Daina, miał swoje własne mieszkanie. Wszedłem do jego domu i czułem się tam komfortowo. O czym świadczy to, że czujemy się komfortowo? To jest energia, którą ludzie kreują w życiu, która przekłada się na ich meble i rzeczy. Otaczają się oni rzeczami, żeby wykreować spokój w swoim życiu. Jeśli czujesz się komfortowo z osobą, z którą jesteś, jest to bardziej prawdopodobne, że będziecie mieć wspaniały związek.

JAK MA SIĘ DO TEGO PRZYZWOLENIE?

Chcecie widzieć życzliwość i troskę w drugiej osobie. Chcecie wiedzieć czym się interesuje, a czym nie. Przyzwolenie ma miejsce wtedy, gdy oni lubią rzeczy, których wy nie lubicie. Na przykład, Dain zainteresował się łucznictwem i w garażu urządziliśmy strzelnicę. Porozkładaliśmy wokół podwórka tarcze, by mógł w nie celować. To było dla mnie bardzo zabawne, ponieważ on się znakomicie bawił. Ja nie interesowałem się łucznictwem w ogóle, ale byłem zadowolony, że on się tak dobrze bawi. To właśnie jest miejsce przyzwolenia na różnice. Rozpoznajecie, że rzeczy, które druga osoba lubi robić niekoniecznie są tym, co wy lubicie robić, a jesteście z tego zadowolone. Macie hojność ducha, by być szczęśliwym z tego, że oni mają coś, co jest dla nich czymś wartościowym i interesującym.

Uczestniczka Salonu:

Dzisiaj zdałam sobie sprawę z tego, że prawdziwa życzliwość to całkowite przyzwolenie.

Gary:

Tak. Prawdziwa życzliwość to całkowite przyzwolenie, ale nawet więcej niż to. Prawdziwa życzliwość to chęć, by być więcej, by mieć więcej. To rozpoznanie, że musicie być życzliwe same dla siebie – nie dla innych. Jeśli wstajecie rano, patrzycie w lustro i oceniacie siebie albo swoje ciało, czy jesteście życzliwe? Nie, ale większość ludzi tak właśnie robi. Mówią takie rzeczy jak: „Przybywa mi lat, starość, nie radość". Co to ma wspólnego z kreowaniem? Musicie pytać: „Ach! Co sprawiłoby, żeby to się zmieniło?".

Odkryłem, że jest są takie momenty, że wyglądam jakbym miał czterdzieści lat, a dziesięć minut później jestem siedemdziesięciolatkiem. Jak to się do cholery dzieje? Czy to by oznaczało, że my mamy coś wspólnego z kreacją tego, jak wyglądają nasze ciała? O tak, mamy!

KOBIETY HUMANOID CHCĄ ZDOBYĆ ŚWIAT

Uczestniczka Salonu:
Czy mógłbyś teraz powiedzieć o kobiecym ciele humanoid i jak prawdziwie się nim cieszyć, i posługiwać się nim z korzyścią dla nas?

Gary:
Jako kobieta humanoid chcesz przede wszystkim zdobyć świat. Dlatego twoje ciało będzie stworzone w taki sposób, byś mogła zdobyć każdego – jeśli pozwolisz sobie mieć ciało kobiety humanoid. Pytajcie: kogo mogę zdobyć tym ciałem? Potem rozejrzyjcie się dokoła, żeby zobaczyć kto chce się temu poddać. Zawsze są mężczyźni, którzy poddadzą się wam, jeśli chcesz ich zdobyć.

Uczestniczka Salonu:
Co rozumiesz poprzez *zdobyć*?

Gary:

Być zdobywcą oznacza kontrolować bez kontrolowania, zapraszać do innej możliwości bez stawiania żądań oraz kreować ponad ograniczeniami zdobywanego. To jest powód, dla którego chcecie wiedzieć kogo możecie dziś zdobyć. Zadawanie pytania: „Kogo mogę dziś zdobyć tym ciałem?" – zacznie ukazywać wam typ osoby, która chciałaby być częścią waszego życia. To nie musi oznaczać, że będzie to ta osoba, której wy chcecie. To może oznaczać, że to jest *typ* osoby, którą macie największe szanse zdobyć z sukcesem.

Zdobywanie oznacza, że to wy macie przestrzeń dominacji, ale nie musicie dominować wyborów tej osoby. Zdobywca podejdzie i pozwoli ci być tym, kim jesteś, ale zmieni podbudowę tego jak wszystko działa.

Kobiety humanoid chcą zdobyć świat. One chcą rządzić światem. To jest to, czego wy, jako kobiety humanoid, sobie życzycie. Kobiety humanoid nie są słabym, żałosnym rumowiskiem, który chce wycofać się i nie robić nic. Jeśli chcesz zdobywać, to możesz wykreować coś wspanialszego.

Z kolei kobiety human chcą kontrolować koguta, ale nie chcą go zdobywać. One chcą go wykastrować.

Czy kiedykolwiek miałyście mężczyznę albo kobietę w swoim życiu, których całkowicie zdominowałyście? Czy to wam się podobało? Nie, dlatego, że oni byli poddańczy. Oni ulegli albo się poddali. To nie jest zdobywanie. Zauważcie, że macie zdolność wydawania poleceń – jednak ktoś, kto jest prawdziwym przywódcą, nie rozkazuje. Ludzie, którzy rozkazują, stawiają żądania. Oni wymagają uległości innych. Ulegać oznacza poddać się, wystawić białą flagę. Wy, jako kobiety humanoid, zawsze będziecie wkurzone, gdy ludzie to robią, ponieważ nie podobają się wam tacy, którzy się wam poddają. Nie podobają się wam również tacy, którzy z wami walczą, jednak nie chcecie tych, którzy się poddają, ponieważ jeśli poddają się zbyt łatwo, nie mają wartości. Ich wola, by się nie poddawać, nadaje im wartość.

Uczestniczka Salonu:

Skoro kobieta human chce wykastrować mężczyznę, to co robią mężczyźni human z kobietami?

Gary:

Mężczyźni human obchodzą się z kobietami bez szacunku, znieważając je. Kreują kobiety na zasadzie polaryzacji przeciwieństw; w ten sposób kreują przyciąganie do płci przeciwnej.

Rzeczywistość human polega na ocenianiu odmiennej płci. Mężczyźni human mówią: „Kobiety - z nimi źle, a bez nich jeszcze gorzej."

Uczestniczka Salonu:

Jednym z największych wyzwań jest wypowiadanie tego, co wiem, bez wychodzenia na kogoś, kto wie lepiej i patrzy z góry. Co sprawiłoby, żeby ta zdolność została wzmocniona?

Gary:

Milczenie. Musisz mieć skłonność nie mówienia ludziom ani nie werbalizowania tego, czego jesteś świadoma. Masz świadomość dla samej siebie, nie dla kogokolwiek innego.

Tylko dla mnie, tylko dla zabawy, nigdy nikomu nic nie mów.

JAK PODEJŚĆ DO MĘŻCZYZNY

Uczestniczka Salonu:
Jeśli chcesz coś z mężczyzną przedyskutować, to jak do tego podejść?

Gary:
Jeśli chcesz coś z mężczyzną przedyskutować, powiedz: „Kochanie, tak sobie myślałam o tym...."

Nigdy nie podchodź do mężczyzny mówiąc: „Musimy porozmawiać" albo „Chciałabym sobie z tobą porozmawiać", ponieważ to mężczyznę przeraża na śmierć. „Kochanie, musimy porozmawiać" w jego uszach brzmi jak: „Zaraz utnę ci jaja. Nie masz racji i zaraz mi za to zapłacisz."

Jeśli zaczynacie od: „Myślałam sobie o tym. Co o tym myślisz?" – to możecie stworzyć dyskusję, i właśnie to trzeba zrobić. Macie stworzyć dyskusję.

Nie dawajcie mężczyźnie przedwczesnych sygnałów ostrzegawczych, takich jak: „Musimy porozmawiać." Mężczyźni mają inne sygnały niż kobiety. Dla mężczyzny, to jest sygnał, że zaraz zacznie się walka, więc wystawiają białą flagę. Musisz się poddać, ponieważ jesteś mężczyzną i nie masz racji. Tak to w męskim świecie działa. Musicie o tym wiedzieć, jeśli chcecie wykreować coś co działa dla was i dla mężczyzny, z którym naprawdę chcecie być.

Dain to swój chłop. Oboje mówimy: „Myślałem sobie o tym..." żeby druga osoba nie myślała, że ma szykować białą flagę. Nie podchodź do mężczyzny z komentarzem typu: „Musimy porozmawiać". Zamiast tego wejdź przez tylne drzwi. Zakradnij się poprzez: „Kochanie, myślałam o tym. Jak ty to czujesz?".

Innym dobrym wybiegiem jest: „Myślałam o tym, ale czuję, że czegoś tu brakuje. Czy widzisz coś, czego ja tu nie zauważam?". W ten sposób angażujesz go, żeby się czemuś przyjrzał, zamiast go z tym konfrontować. Większość ludzi próbuje konfrontacji w związku, myśląc, że w ten sposób doprowadzą kogoś do szczerości. Nigdy nie uzyskasz szczerości poprzez konfrontację. Uzyskasz walkę. Dialog wprowadza się poprzez – „Myślę, że... Co ty o tym myślisz?". Jeśli tworzysz konfrontację, biedny chłop musi z tobą walczyć i nie można się bez tego obejść.

SNY, KOSZMARY, WYMAGANIA, POŻĄDANIA ORAZ KONIECZNOŚCI TWOJEGO ŻYCIA

Uczestniczka Salonu:
Z moim kochankiem mamy tylko szybkie numerki. Tak wygląda moje życie seksualne. On twierdzi, że jestem zbyt żądająca i że wymagam za dużo czasu i pieszczot, by mieć orgazm. Teraz prawie unikam seksu. Co mogę zrobić, by to zmienić i znów mieć orgazmiczny seks?

Gary:
Pozbądź się go. To idiota. Weź sobie nowego kochanka. Pragniesz mężczyzny, który chce pielęgnować twoje ciało i twoją duszę.

Uczestniczka Salonu:

Co mogę zrobić, by mieć orgazm poprzez samą penetrację?

Gary:

Nie jest to bardzo prawdopodobne. Kobiece ciała nie są stworzone do tego, by przeżywać orgazm dzięki penetracji. Do większości orgazmów dochodzi się dzięki łechtaczce, a nie we wnętrzu waginy, która nie jest bardzo wrażliwa. Jest parę miejsc, które są bardziej uwrażliwione, ale nie całe wnętrze waginy. Twoje ciało jest stworzone tak, by znieść poród i przecisnąć przez swoją waginę kulę do kręgli.

Znajdź mężczyznę, który wie jak dobrze obchodzić się z kobietą. Nie ma wielu mężczyzn, którzy uczą się kobiecego ciała. Zadawajcie im pytania zanim pójdziecie z nimi do łóżka. Pytajcie: „Co cię najbardziej kręci?". Jeśli on nie odpowie: „Robienie ci dobrze ustami", to szanse są takie, że nigdy nie będzie wspaniałym kochankiem, ponieważ dla niego podstawą seksu jest – „wepchnę go, a ona będzie zadowolona." A to zwykle kobiety nie zadawala.

Uczestniczka Salonu:

On pracuje czternaście godzin na dzień. Ja pracuję dwanaście godzin na dzień i mam dom oraz dzieci, o które muszę zadbać. On chce żebym przestała robić to, co robię i szła z nim do łóżka wtedy, gdy on tego chce, bez względu na to, czy ja to wybieram czy nie. Mojego ciała nie cieszy jego dotyk.

Gary:

Twoje ciało nie cieszy się jego dotykiem, bo on jest osądzający. Osądza, że ty postępujesz niewłaściwie – a on właściwie. Kiedy wchodzicie w związek z ludźmi, którzy są osądzający, to wasze ciała będą miały tendencję, by cofać się przed nimi i nie będą chciały ich dotykać.

Znajdź kogoś innego w swoim życiu. Ten mężczyzna nie będzie dostarczał tego, co chcesz. On nie jest zainteresowany, by pielęgnować twoje ciało i chce żebyś szła do łóżka wtedy, kiedy on idzie do łóżka. Wszystko, co on wtedy robi, to bycie kontrolującą femme fatale.

Jaką fizyczną aktualizację kochanka, przyjaciela, życiowego partnera jesteście teraz zdolne generować, kreować i wprowadzać w życie? Wszystko co wam na to nie pozwala, razy sam bóg wie ile razy, czy teraz to zniszczycie i odkreujecie? Zgoda, Niezgoda, Dobrze, Źle, POD i POC, Wszystkie 9, w Skrócie, Ponad, Nuklearne Sfery.

Jakiej głupoty używacie, by kreować sny, marzenia, wymagania, żądania oraz konieczności waszego życia, które wybieracie? Wszystko czym to jest, razy bóg wie ile razy, czy teraz to zniszczycie i odkreujecie? Zgoda, Niezgoda, Dobrze, Źle, POD i POC, Wszystkie 9, w Skrócie, Ponad, Nuklearne Sfery.

Śnicie na temat tego jak coś powinno wyglądać. Macie swoje koszmary o tym, co może się stać. Macie swoje wymagania i myślicie: „Jeśli tylko to się spełni, wszystko będzie dobrze". Macie rzeczy, których pragniecie od ludzi, którzy rzadko je wykonują. Następnie macie konieczności. To są te rzeczy, o których myślicie, że musicie robić, których tak naprawdę nie chcecie robić, ale twierdzicie, że musicie, ponieważ tak wam powiedziano.

Uczestniczka Salonu:

Czy można po prostu zadać pytanie: „Czym mam tutaj być?".

Gary:

Tu właśnie potrzeba staje się koniecznością. Tu nie dzieje się tak, jak wy byście tego chciały. Tu tworzycie sen, koszmar, wymaganie, żądanie albo konieczność. To są wszystkie te rzeczy, które robimy w naszych życiach tak, jak by miały się sprawdzić.

Moja córka Grace przyszła odwiedzić mnie w domu ze swoim niemowlakiem, a ja myślałem tak: „Tu jest tyle pracy. Ona w ogóle po sobie nie sprząta. Ona nic nie robi."

Potem na pięć godzin zająłem się dzieckiem. Dostrzegłem, że to, że ta dziewczyna w ogóle wstaje z łóżka, to cud. Posiadanie dziecka... fakt, że wy kobiety to robicie, zadziwia mnie. Nie wiem jak ona to robi. Jedynej rzeczy, której jej brakuje, to to, żeby ktoś dbał o nią, ponieważ to ona dba o dziecko. Nagle wszystko, o co byłem wkurzony, odeszło, ponieważ dotarło do mnie o co chodzi. Możecie zadawać takie pytanie: Jaką energią, przestrzenią i świadomością mogę być, co da mi totalną jasność i łatwość z tym na całą wieczność?

Uczestniczka Salonu:

To tak, jak by czyjaś rzeczywistość była narzucona na twoją. Jednak jeśli pytasz, czego ona potrzebuje, czy to wtedy staje się łatwiejsze?

Gary:

Stałem się świadomy tego, czego ona potrzebuje, ponieważ przez jakiś czas wykonywałem jej pracę. Stałem się świadomy tego, co napędza jej potrzebę poczucia, że ktoś dba o nią. Od tego momentu byłem bardziej chętny, by o nią lepiej zadbać. Byłem również chętny, by być dla niej taki, jak tego potrzebowała, nawet jeśli sama nie wiedziała jak.

Jeśli zapytacie: „Jaką energią, przestrzenią i świadomością mogę być, co da mi totalną jasność i łatwość z tym na całą wieczność?", zacznie to rozwijać niektóre miejsca, w których byłyście zdezorientowane. Jest rozbieżność między tym, co otrzymujemy, a tym, co myślimy oraz między tym, co czujemy, a tym co tak naprawdę się dzieje. Mamy różne dziwne miejsca, w których próbujemy wyrównać tę rozbieżność, abyśmy mogli dochodzić do wniosków, zamiast zdać sobie sprawę, że ta rozbieżność, to różnica pomiędzy byciem sobą, a nie byciem sobą.

Jak wiele rozbieżności macie pomiędzy tym kim byście były, a tym co myślicie, że jest od was wymagane i żądane, czego nie rozumiecie? Wszystko czym to jest, razy bóg wie ile razy, czy teraz to zniszczycie i odkreujecie? Zgoda, Niezgoda, Dobrze, Źle, POD i POC, Wszystkie 9, w Skrócie, Ponad, Nuklearne Sfery.

Jakiej głupoty używacie, by kreować sny, marzenia, wymagania, żądania oraz konieczności waszego życia, które wybieracie? Wszystko czym to jest, razy bóg wie ile razy, czy teraz to zniszczycie i odkreujecie? Zgoda, Niezgoda, Dobrze, Źle, POD i POC, Wszystkie 9, w Skrócie, Ponad, Nuklearne Sfery.

CO JEST TU MOŻLIWE, CZEGO NIE WZIĘŁAM POD UWAGĘ?

Uczestniczka Salonu:
Czy mówisz o operacyjnym trybie funkcjonowania?

Gary:
Chcecie być wszystkim czym jesteście oraz funkcjonować w strukturach tej rzeczywistości, bez bycia pod wpływem tych struktur. To ma więcej wspólnego ze strukturami prawdopodobieństwa niż cokolwiek innego.

Jeśli próbujecie uniknąć walki, to przypatrujecie się strukturom prawdopodobieństwa walki i próbujecie ich uniknąć, bardziej niż pytać: Co jest tu możliwe, czego nie wzięłam pod uwagę? Jeśli naprawdę chcecie coś zmienić, zadajcie to pytanie. To dotyczy tego, czemu się jeszcze nie przyglądałyście. To właśnie zrobiłem z Grace.

Kiedy zająłem się dzieckiem, zdałem sobie sprawę, że ona robi to przez 24 godziny na dobę, 7 dni w tygodniu, bez niczyjej pomocy. Nikt jej nie wspiera, a ona również potrzebuje, żeby ktoś się o nią zatroszczył. Będąc w stanie ciągłej gotowości, ma ona potrzebę bycia zaopiekowaną i posiadania wolnego czasu tylko dla siebie. Dlatego robiłem co mogłem, by zająć się jej dzieckiem. Będę to nadal robił, ponieważ dociera do mnie, jak ważne jest to dla niej.

Jakiej głupoty używacie, by kreować sny, marzenia, wymagania, żądania oraz konieczności waszego życia, które wybieracie? Wszystko czym to jest, razy bóg wie ile razy, czy teraz to zniszczycie i odkreujecie? Zgoda, Niezgoda, Dobrze, Źle, POD i POC, Wszystkie 9, w Skrócie, Ponad, Nuklearne Sfery.

Uczestniczka Salonu:
Czy ten proces oczyści również fantazję, że to mężczyzna się tobą zajmie?

Gary:
Taką mam nadzieję. Kobiety myślą: „Pewnego dnia zjawi się mój książę." One zawsze tak funkcjonują. Nie wydaje mi się, żeby ktokolwiek miał się nami kimkolwiek zająć. To my mamy zająć się wszystkim, czymkolwiek potrzebujemy i robić to dla samych siebie.

Dwoje moich znajomych wzięło ślub. On zawsze miał punkt widzenia, że ktoś się nim zajmie. Ona ma punkt widzenia, że ktoś się nią zajmie. Nie wiem jak to będzie się sprawdzać w ich związku, jeśli oboje szukają kogoś, by się nimi zajął. Będzie to interesujące zobaczyć co się zadzieje.

CZYM JEST TO, CZEGO NAPRAWDĘ CHCESZ?

Uczestniczka Salonu:

W moim dorosłym życiu zawsze sama o siebie dbałam. Nigdy nie potrzebowałam, żeby ktoś to dla mnie robił. Teraz jestem na etapie, na którym chciałabym zaprosić to do mojego życia. Byłoby miło, gdyby ktoś pomógł mi w ogrodzie i przy zmywaniu, kiedy mi się nie chce.

Gary:

To się nazywa gosposia i ogrodnik. Możesz ich sobie zatrudnić. Czego ty tak naprawdę chcesz?

Uczestniczka Salonu:

Partnera.

Gary:

Czy ty naprawdę chcesz partnera? Ja to rozumiem tak, że ty myślisz, że tego chcesz.

Uczestniczka Salonu:

Jak dojść do tego czego się chce?

Gary:

Tutaj musisz zapytać:
- Gdybym z kimś była, to jak wyglądałoby moje życie?
- Jakie chciałabym, żeby było moje życie za pięć lat?
- A jakie za dziesięć lat?
- Jakie chciałabym mieć życie?

Tu nie chodzi o obraz tego, jak ma być. Tu chodzi o świadomość energii, którą to życie będzie emanowało.

Rozejrzyj się i znajdź kogoś, kto ma to, co ty chciałabyś mieć z drugą osobą. Czy kiedykolwiek widziałaś związek, który chciałabyś mieć? Nie. Czyli musisz go sama stworzyć dla siebie. Zacznij od tego: Jak chciałabym, żeby wyglądało moje życie z partnerem?

Zarabiasz wystarczająco dużo pieniędzy. Możesz pozwolić sobie na to, by zatrudnić partnera. Czy masz ochotę płacić za chłopca do zabawy? Ty już doszłaś do wniosku, że to nie byłoby aż taką zabawą, zamiast zadać pytanie: Co ja bym chciała tutaj generować i kreować?

To jest prawdopodobnie najbardziej obłąkana sfera na planecie Ziemia. Dlatego właśnie robimy te teleklasy.

Jakiej głupoty używasz, by kreować totalną nieświadomość świadomości tego, co mogłabyś wybierać, co chciałabyś wybierać, a gdybyś to wybrała, to wykreowałoby to związek, który byłby związkiem z twojego wyboru? Wszystko czym to jest, razy bóg wie ile razy, czy teraz to zniszczycie i odkreujecie? Zgoda, Niezgoda, Dobrze, Źle, POD i POC, Wszystkie 9, w Skrócie, Ponad, Nuklearne Sfery.

Przyjrzałem się związkom, które były tym, o czym myślałem, że sam chciałbym mieć. Widziałem ludzi, którzy mieli wspaniałe związki, które im pasowały, ale ich związki nie były związkami, które ja chciałbym mieć. Nie patrzymy na to z punktu widzenia: Co byłoby wspaniałym związkiem dla mnie?

W końcu zrozumiałem, że musiałbym mieć kogoś w moim życiu, kto byłby skłonny pozwalać mi podróżować po całym świecie i nie mieć żadnego punktu widzenia na temat tego, czy wrócę czy nie. Ilu ludzi byłoby do tego skłonnych? Prawdopodobnie nikt. To musiałby być ktoś, kto pozwoliłby mi mieć totalną wolność, bym był i robił cokolwiek bym chciał. Niestety jedyną osobą, która się w to wpisuje jest Dain, ale on nie wpisuje się seksualnie, ponieważ po prostu by tego nie zrobił.

Uczestniczka Salonu:

Kiedy na to patrzysz w taki sposób, to jak unikasz konkluzji, że nigdy nie znajdziesz związku?

Gary:

A co ty się martwisz? Jeśli dojdziecie do wniosku, że nigdy nie będziecie mieć związku, to właśnie tak będzie. Nigdy nie będziesz mieć związku. Czy to ma znaczenie?

Staramy się nadawać znaczenie sprawom, które znaczenia nie mają. Żeby związek był udany, to musi pozwalać obojgu być całkowicie sobą i kreować inne możliwości. Musicie wiedzieć jakiego życia chciałybyście za pięć lat? Zacznijcie od:

- Jakiego życia chciałabym za pięć lat?
- Za dziesięć lat?
- Za dwadzieścia lat?
- Czy naprawdę chciałabym mieć kogoś ze mną w tej podróży?

Odkryłem, że tak naprawdę nie obchodzi mnie to, czy ktokolwiek będzie ze mną w podróży. Zdałem sobie sprawę z tego, że będę podążał dalej bez względu na to, czy ktoś inny dołączy czy też nie. Tak więc teraz mam ludzi, którzy chcą dokonywać ze mną rzeczy, w różnym czasie, w różnych dziedzinach. To wypełnia pewną potrzebę związku, ponieważ mam związek w tych dziesięciu sekundach. To jest sposób, w jaki możesz włączyć związek z innymi, bez poczucia, że potrzebujesz związku. Poza tym, masz okazję, by kreować coś innego.

Zapytajcie: Jeśli miałabym związek, to jaki by on był? Widziałem bardzo niewiele związków, o których pomyślałem, że są naprawdę świetne. Mam znajomych, którzy mają świetny związek pod każdym względem, z wyjątkiem tego, że nigdy nie uprawiają seksu. Mam znajomych, którzy mają świetny seks, ale przez cały czas się kłócą. Mam znajomych, którzy mają wszystko, na co mają ochotę, ale w swoim życiu nie są szczęśliwi. To nie jest ekscytujące. Mają wszystko zaplanowane. Życie jest przewidywalne. Wielu ludzi myśli, że przewidywalność, to związek jaki chcieliby mieć. Zmienność jest bardziej zbliżona do tego, co ja chciałbym jako związek – gdzie możliwy jest stan stałej zmiany.

Moja druga żona była zmienna, ale ona nie chciała mieć finansowej rzeczywistości, która zawierałaby w sobie posiadanie pieniędzy. Ona chciała finansowej rzeczywistości, w której pieniądze się wydaje. To było zabójcze dla związku, ponieważ ja nie mogłem żyć bez pieniędzy i bez wyboru innego, niż chodzenie do pracy. Zawsze konieczne było chodzenie do pracy, ponieważ jak tylko się obróciłem, to już nie mieliśmy pieniędzy. Nie lubiłem życia na takiej krawędzi. Ona się tym nie przejmowała. Dla niej to było w porządku.

Zatem zacznijcie przyglądać się temu:
+ Jakiego chciałabym życia za pięć, dziesięć, dwadzieścia lat?

- Co chciałabym, żeby się w moim życiu działo?
- Czy na świecie jest ktoś, z kim bycie i robienie tego byłoby zabawą?

Nawet nie włączajcie w to koncepcji związku. Zapytajcie, jak chciałabym, żeby moje życie wyglądało. Jeśli to, co chciałybyście wykreować, jako swoją przyszłość, zawiera w sobie związek, to będziecie go miały. Jeśli nie zawiera w sobie związku, to nie będziecie go miały. Związek wykreuje to, co chciałybyście mieć. Druga osoba nie wejdzie i nie zajmie się wami, ani czymkolwiek innym. Tu chodzi o kreowanie tego, co naprawdę chciałybyście mieć. Całkowicie inna rzeczywistość zacznie się przed wami odkrywać.

Potem zapytajcie: Czym musiałabym dziś być albo co musiałabym zrobić, żeby od razu wykreować taką rzeczywistość?

Wiem o tobie, H., że chciałabyś mieć to, co jest wygodne i łatwe, to, co dostarcza wystarczającą ilość pieniędzy, byś mogła robić cokolwiek zechcesz. Mniej więcej właśnie to już teraz masz. Tak więc, jeśli masz zamiar mieć związek, musiałby być to ktoś, kto nadaje na tych samych falach w tym temacie, ktoś, kto nie oczekiwałby, byś ty mu to dała. Jeśli on oczekiwałby, że ty mu to dasz, byłabyś niezadowolona. Nie musisz wszystkiego zapewniać. Musisz mieć jasność wobec samej siebie, co będzie, a co nie będzie ci pasować. Tu nie chodzi o to, co jest złe, a co dobre. To jest po prostu sposób, w jaki chcesz kreować swoje życie i swoje związki. Jeśli będziesz miała tę jasność, to wszystko zacznie ci sprzyjać.

Pamiętajcie, szukacie komfortu, szukacie łatwości, szukacie czegokolwiek co sprawi, że wasze życie będzie działać. Zacznijcie od pytania:

- Jakiego życia chciałabym za pięć lat?
- Jakiego za dziesięć?
- Jakiego za dwadzieścia lat?

Jeśli zaczniecie na to patrzeć i otrzymacie energię tego, jak by to było, to zaczniecie otrzymywać elementy tego, czego sobie życzycie. Jeśli te elementy zawierają w sobie związek, to będziecie zdolne go wykreować.

Dziękuję wam wszystkim, że jesteście na tej teleklasie.

5
Pragmatyczny wybór

*Musicie patrzeć na pragmatyczny wybór,
jaki macie w każdym momencie.
Jeśli zaczniecie patrzeć na pragmatyczny
wybór, to pojawi się inna możliwość.*

Gary:
Witajcie, panie. Zacznijmy od jakichś pytań.

POSZUKIWANIE KOMFORTU I ZABEZPIECZENIA NA ZEWNĄTRZ SIEBIE

Uczestniczka Salonu:
Bycie obejmowaną przez mężczyznę daje mi poczucie dużego komfortu i bezpieczeństwa. Mój obecny chłopak nie obejmuje mnie wystarczająco. Oscyluję pomiędzy wmawianiem sobie, że to moja głupiutka potrzeba, której nie powinnam mu narzucać, a uczuciem, że bycie obejmowaną przez mężczyznę, daje mi dopieszczającą energię. Co tu się dzieje i jakiej energii tak naprawdę poszukuję?

Gary:

To czego naprawdę poszukujesz, wymieniłaś w pierwszym zdaniu: „Daje mi to poczucie komfortu i bezpieczeństwa."

Jakiej głupoty używasz, by kreować komfort i zabezpieczenie, które wybierasz? Wszystko czym to jest, razy bóg wie ile razy, czy teraz to zniszczysz i odkreujesz? Zgoda, Niezgoda, Dobrze, Źle, POD i POC, Wszystkie 9, w Skrócie, Ponad, Nuklearne Sfery.

Jeśli jesteś całkowicie obecna, jako ty i posiadasz siebie w całości, to komfort i zabezpieczenie, które dostajesz, będąc obejmowaną, nie są koniecznością. Niestety oznacza to, że wtedy będziesz miała mężczyznę, który będzie cię chciał obejmować przez cały czas, a to będzie naprawdę irytujące.

Są ludzie, którzy używają jedzenia dla poczucia komfortu. Są ludzie, którzy używają seksu dla poczucia komfortu. Są ludzie, którzy używają alkoholu dla poczucia komfortu. Są ludzie, którzy używają zakupów dla poczucia komfortu. Jest wiele komfortu i zabezpieczenia, które zmierza w różnych kierunkach. To jest powód, dlaczego wybrałem to szczególne zagadnienie.

Uczestniczka Salonu:

Czy wsparcie i troska są podobne do komfortu i zabezpieczenia?

Gary:

Wsparcie i troska są częścią komfortu i zabezpieczenia. Kobiety zapewniają sobie wzajemny komfort i zabezpieczenie, przez zwierzanie się, przez chodzenie razem do toalety, poprzez wspólne robienie zakupów. Jest około pięćdziesiąt pięć rzeczy, które muszą robić razem. To poczucie bycia razem jest tym, czego ludzie szukają jako komfort i zabezpieczenie. Jeśli naprawdę chcesz mieć siebie całkowicie, jako istnienie, to nie potrzebujesz niczego na zewnątrz siebie, aby zapewniło ci komfort, czy poczucie bezpieczeństwa. Masz komfort i bezpieczeństwo po prostu dlatego, że jesteś. To wszystko.

Jak docieramy do punktu, w którym mamy komfort i zabezpieczenie, w oparciu o istnienie, a nie w oparciu o to, co musimy zrobić albo o żadną inną szaloną rzecz, o której ludzie myślą, że jest konieczna?

Uczestniczka Salonu:
Czym jest wsparcie?

Gary:
Wsparcie to tytuł zawodowy i wybór. Możesz być osobą wspierającą, co oznacza, że będziesz albo gumką od majtek męskich, albo damskich. Jaką część ciała chcesz podtrzymywać swoim wsparciem? Czy może chcesz przyjrzeć się temu, jak zamiast wspierać możesz wzmacniać? Wsparcie odnosi się do niewykorzystanych możliwości wzmocnienia kogoś. Zamiast wzmacniać, wspierasz.

Używacie przeszłości dla komfortu i zabezpieczenia. Używacie punktów odniesienia, używacie swojej rodziny, używacie swoich dzieci. Są tysiące rzeczy, których używacie. Ludzie mówią: „Posiadanie rodziny dodaje mi otuchy." Nie do końca. To wymaga znacznie więcej nakładów pracy.

Używacie pracy, jako komfortu. Są ludzie, którym dodaje otuchy to, że mają aż za dużo do zrobienia. Są ludzie, którzy pocieszają się lekami. Są ludzie, którzy są pocieszeni tym, jak się ubierają. To tak, jak szukanie czegoś, co zastąpi to, kim mamusia lub tatuś powinni byli dla ciebie być, a być może nie byli. A jeśli byli ludźmi dodającymi otuchy, to jest to miejsce, gdzie macie komfort i otuchę dzięki temu, jak byliście przez nich traktowani.

Uczestniczka Salonu:

Wydaje mi się, że zawsze szukam czegoś poza sobą, zamiast być sobą.

Gary:

Dokładnie. Jeśli szukasz komfortu i zapewnienia poza sobą, to tak naprawdę nigdy nie udaje ci się być wystarczająco obecną, by zadać pytanie:
- Czy ja tego naprawdę chcę?
- Czy to jest naprawdę konieczne?
- Czy to mnie tak naprawdę obchodzi?
- Czy to jest to, czego naprawdę potrzebuję?

Macie miejsca, w których stworzyłyście komfort i zabezpieczenie tak, jak by to równało się bezpieczeństwu. Ludzie szukają bezpieczeństwa. To jest ten wymysł, że macie mieć solidne miejsce, w którym stoicie, a nie solidność istnienia, co pozwala wam stać gdziekolwiek i wszędzie, bez poczucia, że nie możecie być albo nie możecie utrzymać pozycji.

Każdy próbuje stworzyć pozycję. To jest wypozycjonowany świat. Zawsze próbujemy odnaleźć, gdzie, do czego i do kogo przynależymy. Co wypada mieć? Co wypada robić? Kto jest odpowiednią osobą do rozmowy? Kto jest właściwą osobą, by z nią być? Wszystko to jest hierarchią pozycji, którą tworzymy, by zdeterminować stały punkt widzenia, który daje nam komfort i zabezpieczenie posiadania solidnej i bezpiecznej rzeczywistości. Komfort i zabezpieczenie są częścią wszechświata pewności, tworzonego dla poczucia, że macie miejsce, w którym możecie przebywać, zamiast być przestrzenią, w której zawsze jesteś sobą i nigdy nie masz potrzeby, by się zmieniać.

Rozmawiałem kiedyś z pewną osobą, która powiedziała: „Ta kobieta jest taka niesamowita. To tak, jak by była jedną osobą ze swoimi dziećmi, inną ze swoimi rodzicami, a jeszcze inną, gdy jest na klasie. Jest inną osobą kiedy jest ze mną, a inną kiedy robi odkreowania."

Powiedziałem: „No tak. Witaj w tym świecie."

On zapytał: „Co masz na myśli?"

Powiedziałem: „Ona cały czas musi się dostosowywać, ponieważ z jej punktu widzenia, bycie tym kim jest, jest niewystarczające."

Uczestniczka Salonu:

Mówiłeś o głupocie, kiedy przywołujemy sprawy z przeszłości. Czy to ma coś wspólnego ze strefą komfortu?

Gary:

Tak, ciągle przywołujemy poczucie komfortu, które wcześniej mieliśmy. Ludzie pytają: „Co z moją przeszłością? Co z moją historią?". To są rzeczy, które powracają w ludzkich wszechświatach. Znaczenie opowieści. Właściwa rzecz do zrobienia. Konieczność powracania do ich poczucia siebie. Konieczność powracania do ich poczucia własnego ja.

Jakiej głupoty używacie, by kreować komfort i zabezpieczenie, które wybieracie? Wszystko czym to jest, razy bóg wie ile razy, czy teraz to zniszczycie i odkreujecie? Zgoda, Niezgoda, Dobrze, Źle, POD i POC, Wszystkie 9, w Skrócie, Ponad, Nuklearne Sfery.

Uczestniczka Salonu:
Czy komfort i zabezpieczenie to energie – czy tylko sposób myślenia?

Gary:
W większości to sposób myślenia, ponieważ byliśmy nauczeni, że życie ma być komfortem i błogością. Jeśli zadajesz pytanie: „Czy ta osoba może zapewnić komfort, błogość lub zabezpieczenie, którego pragnę?". Otrzymasz nie. On nie może zapewnić tego, czego ty pragniesz. On może zapewnić tylko to, czego sam pragnie. To jedyne co on widzi.

Wy mówicie: „Ja chcę być przytulana i będzie wspaniale". Jednak jeśli macie mężczyznę, który rozumie, czym z waszego punktu widzenia jest przytulanie, prawdopodobnie będzie ciepłymi kluskami, mężczyzną, który będzie płakał za każdym razem, jak będziecie uprawiać seks. Będziecie wtedy mówić: „To takie nudne. Chcę się z tego wydostać."

„TO BYŁO BARDZO MIŁE, KOCHANIE"

Jesteś jedyną osobą, która może widzieć, co tobie zapewnia komfort i zabezpieczenie. Jedynie ty. Nikt inny tego nie widzi. Musisz dowiedzieć się, czy osoba, którą prosisz, by to zapewniła, może ci to dać w sposób, jaki tego pragniesz. Jeśli nie zapewni ci tego w sposób jaki tego pragniesz, będziesz miała tendencję, by go osądzać. W momencie, gdy wchodzisz w osądy, zabijasz związek.

Jednak, jeśli on przez pięć minut daje ci to, czego ty pragniesz, kiedy mówisz mu: „To było bardzo miłe, kochanie. To sprawiło, że czuje się tak dobrze. Dziękuję. Jestem wdzięczna", to następnym razem, być może będziesz miała tego sześć minut.

Po sześciu minutach powiedz: „To było takie cudowne. Uwielbiam kiedy mnie przytulasz", może nawet dostanie ci się siedem minut następnym razem.

Jednak jeśli wchodzisz w: „Za mało mnie przytulasz!", to odtąd będziesz miała tylko 3 minuty. Musisz się nauczyć, jak stworzyć sytuację, która zachęca faceta, zamiast narzekać, które faceta zabija. Jeśli chcesz w sypialni ogiera, to nie bądź szkapą sterczącą przy kuchni.

Jeśli zaczniesz facetowi gderać, będziesz miała przy sobie wałacha, czyli wykastrowanego konia. Odcinasz mu jaja, za każdym razem, gdy mu gderasz. Gderanie nie pomaga mężczyznom w osiąganiu wzwodu! Jeśli chcesz, by mężczyzna miał erekcję, będziesz musiała umieć ugryźć się w język.

Gary Douglas

MĘŻCZYŹNI TŁUMIĄ SWOJĄ WRAŻLIWOŚĆ

Uczestniczka Salonu:

Czy mężczyźni zawsze byli bardziej wrażliwi od kobiet? Czy w rzeczywistości jest odwrotnością tego, czym się wydaje być?

Gary:

Tak. Mężczyźni byli zawsze bardziej wrażliwi, ponieważ oni musieli tłumić swoją wrażliwość od pierwszego dnia. Kobiety miały przyzwolenie, by wyrażać swoją, poprzez krzyczenie, wydzieranie się, ryczenie, tupanie nogami albo coś innego. Mężczyźni musieli kryć swoją wrażliwość, co nie sprawia, że są mniej wrażliwi. Ich uczucia są tak samo ranione, jak uczucia kobiet. Różnica polega na tym, że kobieta wypowie się: „Zraniłeś moje uczucia." Mężczyzna zamilknie i wycofa się.

Uczestniczka Salonu:

Jak to jest z kobietami, które tłumią pewne rzeczy?

Gary:

Koniec końców stają się one takie, jak mężczyźni. Mają wrażliwość, ale nie mogą jej wyrazić, nie mogą z nią żyć i nic nie mogą z nią zrobić, więc mają tendencję do wycofywania się. Jeśli jesteś z kimś, kto jest wrażliwy, komu na wrażliwość nie pozwolono, wycofasz się przy każdej okazji, ponieważ myślisz, że to jest sposób na to, by siebie i innych chronić.

Musicie mieć przyzwolenie dla samych siebie. Jaki procent przyzwolenia macie dla samych siebie? Mniej niż dziesięć procent? Jaki procent przyzwolenia macie dla innych? Macie więcej niż pięćdziesiąt procent przyzwolenia dla innych, a dla samych siebie mniej niż dziesięć. To nie jest wasz najlepszy wybór, a jednak jest to coś, z czym wszyscy funkcjonujemy. Jeśli my nie mamy przyzwolenia dla nas, jak możemy oczekiwać, że *inni* będę mieli przyzwolenie dla nas? Jak możemy oczekiwać, że cokolwiek w życiu dostaniemy w taki sposób, w jaki naprawdę chcemy?

Jakiej głupoty używacie, by kreować stopnie przyzwolenia, które wybieracie? Wszystko czym to jest, razy bóg wie ile razy, czy teraz to zniszczycie i odkreujecie? Zgoda, Niezgoda, Dobrze, Źle, POD i POC, Wszystkie 9, w Skrócie, Ponad, Nuklearne Sfery.

Zwierzanie się jest czymś, co wy kobiety robicie, ponieważ to, że możecie się wygadać, pociesza was i zabezpiecza. Mężczyzn nie pociesza ani nie zabezpiecza wygadywanie się. To kreuje dla nich traumę. Chciałbym móc wam powiedzieć, że są tacy mężczyźni, którym można się zwierzać. Nie ma takich. Nie tak byli od samego początku uczeni.

Uczestniczka Salonu:
Czy chcesz przez to powiedzieć, że mężczyźni funkcjonują w taki sposób, że nieustannie szukają zachęty, a każdy komentarz, który nie jest wdzięcznością, sprawia, że się wycofują?

Gary:
Tak, wycofują się i odchodzą. To jest coś, co jest tworzone w mężczyznach odkąd byli małymi chłopcami. Kiedy byłem dzieckiem, mówiono mi: „Musisz się trzymać

dzielnie, musisz być cicho i nie możesz płakać." Nie rozklejanie się było uważane jako najważniejsza sprawa w byciu mężczyzną. Chodziło o nieokazywanie uczuć i bycie emocjonalnie niezaangażowanym. Niewiele się od tego czasu zmieniło.

Mężczyźni są znacznie delikatniejsi w swojej przestrzeni, energetyce istnienia niż kobiety, ponieważ one mają się komu zwierzać – drugiej kobiecie. Kobiety dzielą się swoimi „uczuciami". Kobiety dzielą się tym, co się u nich dzieje. Kobiety omawiają pewne rzeczy. Mężczyźni nigdy. Oni nie mówią czegoś takiego jak: „Moja żona zraniła wczoraj moje uczucia." Oni nawet o tym nie wspominają. Oni to zasysają w sobie. Czego się nauczyli w życiu, to w większości przypadków wycofywać się. Już jako mali chłopcy, tego się nauczyli.

Czasami kobiety powiedzą coś w stylu: „Powinnaś po prostu powiedzieć mężczyźnie co ma zrobić." To nie sprawi, że dostaniecie to, czego chcecie. Kiedy ludzie tak mówią, czy są waszymi przyjaciółmi – czy wrogami? To jest dla kobiet trudne. Mężczyźni zakładają, że każdy jest wrogiem dopóki nie udowodni, że jest przyjacielem. Kobiety zakładają, że każdy jest przyjacielem dopóki nie udowodni, że jest wrogiem, a nawet wtedy trudno jest im w to uwierzyć.

Większość mężczyzn jest nauczonych, że nie wolno im posiadać żadnej wrażliwości, a jeśli już ją posiadają, to muszą się z niej wycofać. Jednak są pewni mężczyźni, którzy zostali nauczeni, że potrzebują wrażliwości, to są mężczyźni New Age. Większość z nich płacze na zawołanie, aby manipulacją osiągnąć rezultat, tak jak robią to kobiety. Kobiety nauczyły się, że jak zapłaczą w odpowiednim momencie, to mężczyzna zrobi to, czego chcą, więc one tak właśnie postępują. Nie ma w tym nic złego, ani dobrego. Tak to prostu jest. Chciałbym, żebyście zrozumiały jak pragmatycznie to działa i abyście nie próbowały mieć idealnego związku. Nie ma idealnego związku. Są związki, które działają i takie, które nie działają. Są związki, które się polepszą i takie, które nie. Musicie chcieć spojrzeć na to jak możecie rzeczy użyć, by dostać to, czego chcecie.

Tu nie chodzi o to, żeby być pozytywnym. Tu chodzi o bycie obecnym bez osądu. To jest manipulacja. Co w tym złego? Czy to nie przykre, że nie nauczyli was tego gdy miałyście dwanaście lat? Czy życie nie byłoby wtedy prostsze?

Konfrontacja nie działa. Jedyne do czego doprowadza, to wymaganie, by jedna z osób walczyła albo się poddała. Kiedy ktoś się poddaje, to staje się służącym lub niewolnikiem, wchodzi w rozgoryczenie, a ty tracisz swój związek i swoje połączenie. Jeśli wchodzą w walkę, muszą wywalczyć rację swojego punktu widzenia, bez względu na wszystko. W ten sposób uzyskuje się niewiele lub nic. Co chciałybyście osiągnąć w swoim życiu z szacunkiem dla związku?

Proszę wypróbujcie to. To działa.

KOPULACJA BEZ OSĄDU

Uczestniczka Salonu:
Jak wygląda kopulacja bez osądu? Czy nasze ciała same z siebie wiedzą jak być bez osądów? Czy może świadomość ciała także osądza naszych partnerów?

Gary:
Nie. Twoje ciało nie osądza. Ty, jako istnienie, jesteś tym, kto w oparciu o osąd determinuje, co jest właściwe w zabawie w seks.

Jakiej głupoty używacie, by kreować zabawę w seks, którą wybieracie? Wszystko czym to jest, razy bóg wie ile razy, czy teraz to zniszczycie i odkreujecie? Zgoda, Niezgoda, Dobrze, Źle, POD i POC, Wszystkie 9, w Skrócie, Ponad, Nuklearne Sfery.

Większość z nas nie uprawia seksu dla zabawy. Kobiety na ogół uprawiają seks, aby kreować związek. Mężczyźni na ogół tworzą związki, aby kreować seks. Jednak nikt nie robi tego dla zabawy. Gdybyśmy robili to dla zabawy, którą to jest i posiadali to jako coś radosnego, zabawnego, to ukazałyby się inne możliwości.

Czy któraś z was myśli, że w seksie chodzi o romans, płatki róż i świece? Seks może być po prostu zabawą i radością z czyimś ciałem. Bardzo przyjemne jest odnajdywanie miejsc na ciele drugiej osoby, które są tak wrażliwe, że za każdym razem, gdy je dotykasz, w sposób jaki ono tego wymaga, potrzebuje i pragnie, stają się coraz bardziej i bardziej pre-orgazmiczne. Prawdopodobnie nigdy nie odsłoniłyście się tak bardzo, by rozpoznać zdolności ciała do przemawiania do ciał innych ludzi i nie pytałyście:

- Ciało, czego chciałobyś doświadczyć?
- Co chciałobyś zrobić, co kreowałoby najprzyjemniejszą, najbardziej orgazmiczną seksualną możliwość, jaką kiedykolwiek miałeś?

Kiedy zadaję takie pytanie, nagle myśl uwalnia się z którejś części ciała drugiej osoby i zaczynam je dotykać.

Czy seksualne podniecenie powinno pochodzić z określonego *miejsca*? Czy powinno być *przestrzenią*? Kiedy pochodzi z przestrzeni, zaczynacie robić to, czego ciała ludzi pożądają i nie macie na ten temat osądu. Kiedy nie macie osądu miejsce się rozpada i zaczyna się *przestrzeń*. Niestety, z wieloma ludźmi to nie działa. Tą teleklasą chciałbym wykreować więcej szans i więcej możliwości dla was, i dla każdego z kim będziecie miały kontakt.

Jakiej głupoty używacie, by kreować zabawę w seks, którą wybieracie? Wszystko czym to jest, razy bóg wie ile razy, czy teraz to zniszczycie i odkreujecie? Zgoda, Niezgoda, Dobrze, Źle, POD i POC, Wszystkie 9, w Skrócie, Ponad, Nuklearne Sfery.

„HEJ, CZY CHCESZ SEKSU?"

Uczestniczka Salonu:
Czasem łapię się na tym, że odwracam oczy kiedy mężczyzna napotyka moje spojrzenie. Czy możemy to zmienić?

Gary:
Tak. Możesz stać się gejem. Gej zawsze będzie intensywnie patrzył na mężczyznę, z którym chce uprawiać seks. On nigdy nie spuści wzroku, co oznacza: „Hej, chcesz seksu?".
Mężczyźni, którzy nie chcą uprawiać seksu z gejem patrzą na mężczyznę dopóki nie zdadzą sobie sprawy, że

on chce seksu z nimi, wtedy spuszczają wzrok. Kiedy ty nie spuszczasz wzroku i patrzysz mężczyźnie prosto w oczy, wtedy z jego punktu widzenia mówisz mu, że pragniesz seksu.

Jakiej głupoty używasz, by unikać kreowania przyszłości ponad tę rzeczywistość, którą wybierasz? Wszystko czym to jest, razy bóg wie ile razy, czy teraz to zniszczysz i odkreujesz? Zgoda, Niezgoda, Dobrze, Źle, POD i POC, Wszystkie 9, w Skrócie, Ponad, Nuklearne Sfery.

Jaką energią, przestrzenią i świadomością możesz być ty i twoje ciało, co pozwoliłoby tobie mieć związek wspanialszy niż jakakolwiek rzeczywistość? Wszystko co nie pozwala, by to się pojawiło, czy teraz to zniszczysz i odkreujesz? Zgoda, Niezgoda, Dobrze, Źle, POD i POC, Wszystkie 9, w Skrócie, Ponad, Nuklearne Sfery.

Jakiej głupoty używasz, by kreować mężczyznę, którego wybierasz? Wszystko czym to jest, razy bóg wie ile razy, czy teraz to zniszczysz i odkreujesz? Zgoda, Niezgoda, Dobrze, Źle, POD i POC, Wszystkie 9, w Skrócie, Ponad, Nuklearne Sfery.

MOLESTOWANIE SEKSUALNE

Uczestniczka Salonu:

Czy możesz powiedzieć o molestowaniu seksualnym i gwizdaniu na kobiety?

Molestowanie seksualne i gwizdanie stosują mężczyźni, którzy próbują zastraszać seksualnie. Jako kobieta możesz odstraszyć każdego mężczyznę. Możesz popatrzyć na niego protekcjonalnie i powiedzieć: „Wybacz, ale swoim małym, to ty mnie nie zaspokoisz" i odejdź. Spędziłyście całe swoje życie na próbach unikania bycia dziwką.

Jakiej głupoty używam, by wymyślać niebycie dziwką, którą wybieram? Wszystko czym to jest, razy bóg wie ile razy, czy teraz to zniszczycie i odkreujecie? Zgoda, Niezgoda, Dobrze, Źle, POD i POC, Wszystkie 9, w Skrócie, Ponad, Nuklearne Sfery.

Czy to tylko w Ameryce masz sobie za złe to, że jesteś kobietą? Nie, wszędzie na świecie mężczyźni mierzą was wzrokiem od góry do dołu, traktują jak zdobycz i oceniają. Musicie być seksualnie odstraszające, a to jest jedna z tych rzeczy, którą nie chcecie być.

Jaką fizyczną aktualizację bycia fizycznie odstraszającą suką możliwości jestem teraz zdolna generować, kreować i wprowadzać w życie? Wszystko czym to jest, razy bóg wie ile razy, czy teraz to zniszczycie i odkreujecie? Zgoda, Niezgoda, Dobrze, Źle, POD i POC, Wszystkie 9, w Skrócie, Ponad, Nuklearne Sfery.

Jeśli macie duże cycki, to jesteście bardziej wystawione na bycie obiektem seksualnym. Jednak nie ma to znaczenia, czy macie duże piersi czy małe, mężczyźni to idioci. Oni zawsze próbują udowodnić, że pragną seksu – a dziewięćdziesiąt procent z nich nie pragnie. Boją się tego. Popatrzcie na nich i powiedźcie: „Jeśli tego nie odwołasz, mój punkt widzenia jest taki, że masz małego." Jedyne co macie zrobić, to być bardziej onieśmielające niż oni, a przestaną was molestować.

BYCIE PRAGMATYCZNĄ W WYBORACH, KTÓRE POSIADASZ

Uczestniczka Salonu:

Mam pytanie odnośnie mojego kochanka z przeszłości. Robi on różne rzeczy, żeby stworzyć związek ze mną i moim synem, a pod koniec dnia nie chce seksu. Chce po prostu iść do domu. Jednak ja wiem, że on chce seksu. Chciałabym mieć seks i nie nadawać temu znaczenia.

Gary:

Ten facet próbuje stworzyć związek i rodzinę, a nie seks.

Uczestniczka Salonu:

Dokładnie tak. Nie rozumiem tego.

Gary:

On jest kobietą i chce związku.

Uczestniczka Salonu:

Wiem. To dziwne. On nie chce seksu. Co się dzieje?

Gary:

On próbuje stworzyć sytuację rodzinną. Nie włącza seksu w obraz rodziny i związku. Tak po prostu funkcjonuje. W pragmatycznych wyborach, które macie, o to właśnie chodzi. Każda osoba ma swój punkt widzenia. Jeśli jesteście pragmatyczne w wyborach jakie macie, musicie zapytać: Czy naprawdę chcę tam podążać?

Uczestniczka Salonu:

Czyli nie powinnam próbować wyciągać go ze sposobu w jaki funkcjonuje, ponieważ to jego wybór i tego szuka? Czy powinnam być po prostu w przyzwoleniu na to?

Gary:

Możesz być w przyzwoleniu na to i zdać sobie sprawę z tego, że on nie jest mężczyzną, którego chcesz.

Uczestniczka Salonu:

Mam innego mężczyznę, z którym sypiam, ponieważ z tamtym to nie działa.

Gary:

To świetne usprawiedliwienie: „ponieważ z tamtym to nie działa."

Uczestniczka Salonu:

Dałam jasno do zrozumienia, że chcę seksu. On nie chce.

Gary:

Czy twój syn go potrzebuje?

Uczestniczka Salonu:

Tak, mój syn go potrzebuje. Są bardzo sobie bliscy i nie chcę tego ucinać, ale nie mogę wyłączyć swoich seksualnych pragnień. Spędzamy cały dzień razem, on stawia kolacje, obiady, za wszystko płaci, a potem chce iść do domu. To dziwne.

Gary:

I właśnie wtedy dzwonisz po swojego chłopca od zabaw i mówisz: „Hej, chcesz wpaść? Jestem podniecona."

Uczestniczka Salonu:

Tak właśnie robię.

Gary:

I co w tym złego? Możesz mieć wszystko cokolwiek chcesz. To się nazywa pragmatyczny wybór.

Uczestniczka Salonu:

Ja wiem, że on chce seksu. Jednak jest zbyt przestraszony, by w to wejść.

Gary:

Cóż, możesz go zapytać: „Co musiałabym ci obiecać, żebyś był w stanie uprawiać ze mną seks?".

Uczestniczka Salonu:

To dziwne miejsce, by w nie wejść.

Gary:

Jeśli chcesz uprawiać seks z tym facetem, to będziesz musiała to wybrać. To jest pragmatyczne rozwiązanie.

Dowiedz się czego druga osoba chce. To czego ty chcesz jest w porządku i świetne, i wspaniałe, i nie znaczy nic dla drugiej osoby. Jestem dosadny. Przepraszam.

Druga osoba ma pewien pomysł czego chce. Jeśli jakąś część tego dostarczasz, on mówi: „Dobrze. Dostaję to, czego chcę." On nawet nie widzi czego ty chcesz. Nie może. Nie może ci czytać z myśli. On nie może być świadomy tego kim jesteś, nawet jeśli byłaś uczona przez każdą napotkaną kobietę, że mężczyźni mają być zdolni do czytania twoich myśli. Nie są do tego zdolni. Zostali nauczeni, że jeśli to zrobią, to się mylą, jeśli tego nie zrobią, to też się mylą. Zatem są zdezorientowani.

NAPRAWIANIE SPRAW ZE SWOIM BYŁYM

Uczestniczka Salonu:
Wciąż chciałabym naprawić relację między mną a moim byłym mężem.

Gary:
Nie mogłaś jej naprawić kiedy byliście ze sobą. Dlaczego miałabyś naprawiać ją kiedy już ze sobą nie jesteście? Jest różnica między naprawianiem a byciem świadomą tego, że o kogoś się troszczysz. Troszczę się o moje byłe żony. Wiem, że nie mogę spraw ponaprawiać. Wiem, że nie mogę sprawić, by ich życie się polepszyło. Wiem, że już nigdy więcej nie mógłbym mieć z nimi związku. I nie próbuję. Dlaczego? Bo to nie jest pragmatycznie możliwe do osiągnięcia.

Jakiej głupoty używasz, by kreować naprawianie mężczyzn, które wybierasz? Wszystko czym to jest, razy bóg wie ile razy, czy teraz to zniszczysz i odkreujesz? Zgoda, Niezgoda, Dobrze, Źle, POD i POC, Wszystkie 9, w Skrócie, Ponad, Nuklearne Sfery.

To jest powszechna wada kobiet jako gatunku – pomysł, że mężczyznę można naprawić i wtedy on będzie się nadawał. Nie wybieracie mężczyzny dla jego naprawialności. Wybieracie mężczyznę ze względu na to, co on dla was załatwi.

To jest zadanie, jakie było mu dawane przez całe życie. „Mamusia będzie cię kochać, jeśli to dla niej zrobisz." Tak właśnie był przyuczany do tej rzeczywistości.

Nie patrzcie na to, jak wziąć mężczyznę i go naprawić. Znajdźcie mężczyznę, który może naprawić *rzeczy* dla was – a nie *naprawić* was. Nie ma w tobie nic popsutego. Niestety, widzę jak większość kobiet na ogół nie wybiera mężczyzny "napraw-to". One zawsze wybierają mężczyznę, który naprawi je, a potem wkurzają się na niego. Jeśli wybierasz mężczyznę humanoid i decydujesz, że wymaga naprawy, to on zrobi wszystko co potrzebne, by udowodnić ci, że nie wymaga naprawy. A ty zrobisz wszystko co potrzebne, by udowodnić sobie, że on jednak naprawy wymaga.

Jakiej głupoty używacie, by kreować naprawialnego mężczyznę, którego wybieracie? Wszystko czym to jest, razy bóg wie ile razy, czy teraz to zniszczycie i odkreujecie? Zgoda, Niezgoda, Dobrze, Źle, POD i POC, Wszystkie 9, w Skrócie, Ponad, Nuklearne Sfery.

STAN PRZYZWOLENIA

Uczestniczka Salonu:

W moim obecnym związku nie słyszę: „dziękuję" ani nie czuję ze strony mojego partnera, że docenia drobne rzeczy, które dla niego robię, takie jak kupowanie mu małych prezentów, albo wypełnianie codziennych obowiązków, by pomóc, aby nasz dom sprawnie działał. Zaczyna mnie to irytować. Czy ja po prostu nie jestem w stanie przyzwolenia?

Gary:

Stan przyzwolenia. Myślę, że on leży gdzieś obok Arkansas, zgadza się?

Uczestniczka Salonu:

Jak mogę się tym wszystkim mniej denerwować?

Gary:

Poprzez rozpoznanie czym tak naprawdę jest przyzwolenie.

Jakiej głupoty używacie, by kreować stopnie przyzwolenia, które wybieracie? Wszystko czym to jest, razy bóg wie ile razy, czy teraz to zniszczycie i odkreujecie? Zgoda, Niezgoda, Dobrze, Źle, POD i POC, Wszystkie 9, w Skrócie, Ponad, Nuklearne Sfery.

Uczestniczka Salonu:

Jak mogę, będąc w związku, rozpoznać kiedy rozwodzę się z częścią samej siebie a opieram się temu, co mężczyzna do mnie mówi, albo o co mnie prosi?

Gary:

Za każdym razem kiedy reagujecie lub sprzeciwiacie się czemuś, gdy zgadzacie się lub przystajecie na coś, to już rozwodzicie się ze sobą, ponieważ nie jesteście w pytaniu. Porzucacie świadomość na rzecz konkluzji.

Trzeba zadać pytania:
- Czy naprawdę chcę to robić?
- Czy to jest zabawne?
- Czy to jest tym, co chciałabym mieć?
- Co tak naprawdę wykreowałoby największy efekt i najwięcej zabawy w moim życiu?
- Czego chciałabym więcej niż czegokolwiek innego w życiu?

Podążajcie w tym kierunku.

„MAŁŻEŃSTWO MNIE PRZERAŻA"

Uczestniczka Salonu:

Zauważyłam pewien schemat. Jestem w związku z mężczyzną przez półtora roku, po czym go opuszczam.

Gary:

To związek długoterminowy.

Uczestniczka Salonu:

Jakie pytanie mogę zadać, które powstrzyma ten schemat? Nie lubię zobowiązań, a małżeństwo napawa mnie strachem.

Gary:

Napawa cię strachem? Powinno cię przerażać na śmierć! Nie jesteś jedyna.

Jakiej głupoty używacie, by kreować małżeństwo i święte przysięgi, które wybieracie? Wszystko czym to jest, razy bóg wie ile razy, czy teraz to zniszczycie i odkreujecie? Zgoda, Niezgoda, Dobrze, Źle, POD i POC, Wszystkie 9, w Skrócie, Ponad, Nuklearne Sfery.

Uczestniczka Salonu:

Mam pytanie o zasadę 1-2-3, która mówi, że po trzecim razie, kiedy uprawiasz z kimś seks, jesteście małżeństwem. O jakim rodzaju małżeństwa mówisz?

Gary:

Po pierwszym razie, kiedy uprawiacie z kimś seks, zazwyczaj mówicie: „było fajnie. Do zobaczenia". Po drugim razie mówicie: „zróbmy to znowu". Po trzecim razie wchodzicie w małżeństwo. Małżeństwo to miejsce, w którym składacie zobowiązania. Myślisz, że skoro spaliście ze sobą trykrotnie, to złożyliście zobowiązanie.

Nawet nie wiesz do czego się zobowiązujesz, ponieważ nie pytasz partnera: „A dokładnie, to czego ode mnie oczekujesz? Jak chciałbyś, żeby ten związek wyglądał? Czego chciałbyś potem?".

Uczestniczka Salonu:

Czy to zobowiązanie mogłoby mieć dowolną formę, gdyby się zadawało pytania?

Gary:

Zapytaj go: „Co chciałbyś, żeby nastąpiło potem?". Możesz też zapytać siebie: „Czy on czegoś ode mnie oczekuje?".

Nie oczekujesz od niego niczego, ponieważ nie szukasz normalnego związku. Chodzi ci o luźne związki. Masz już 2,5 dziecka. Nie chcesz tego powtarzać. Jednak to nie oznacza, że mężczyzna nie ma takich oczekiwań. Jest wielu mężczyzn, którzy mają oczekiwania, że znajdą właściwą osobę do przekazania swojego materiału genetycznego w rodzinie, którą założą. To chore.

ZWIĄZEK Z MĘŻCZYZNĄ, KTÓRY JEST DWUBIEGUNOWY

Uczestniczka Salonu:

Jestem w związku z cudownym mężczyzną, który jest dwubiegunowy. Domyślam się, że jest humanoidem, jako że funkcjonuje całkiem intuicyjnie.

Gary:

To nie intuicja charakteryzuje humanoida. Jest wielu human, którzy są intuicyjni. Jest wielu human, którzy mają zdolności do sczytywania myśli i emocji innych ludzi. Jest wielu human, którzy mają zdolność czytania opartego na zdolnościach parapsychicznych. Stawiają tarota, używają astrologii i każdej innej formy metafizyki. Ale robią to, żeby coś udowodnić.

Uczestniczka Salonu:

Zmagam się z tematem poczucia bliskości z nim.

Gary:

Nie możesz odczuwać bliskości z kimś, kto jest dwubiegunowy, ponieważ kiedy takie osoby czują bliskość w stosunku do kogoś, czują się zagrożone i wtedy dochodzi do epizodu na drugim biegunie. To z kolei tworzy oddzielenie pomiędzy nimi a partnerami i uniemożliwia zbliżenie się do osób dwubiegunowych. Właściwie jest to rezultatem tego, jak oni widzą świat i jak chcieliby funkcjonować.

Uczestniczka Salonu:

Mam trudność z dotarciem do niego. W poprzednich związkach potrafiłam dotrzeć do partnerów.

Gary:

Dochodzenie do wniosku, że się do kogoś dotarło, a bycie z nim obecnym dokładnie tam, gdzie się znajduje, to dwa różne wszechświaty.

Uczestniczka Salonu:

Chcę mieć z nim połączenie. Chcę, żeby ten związek funkcjonował. Co powinnam zrobić?

Gary:

To nie jest możliwe z kimś, kto jest dwubiegunowy. Oni tworzą pozytywny świat, oparty wyłącznie na polaryzacji pozytywnej. Następnie tworzą negatywny świat, oparty wyłącznie na polaryzacji negatywnej. Próbują uniknąć jednej i wybrać drugą, i nie mogą. Czy naprawdę musisz być tak blisko? Czy jesteś w stanie cieszyć się tym jego aspektem, który lubisz? Możesz po prostu czerpać radość z mężczyzny, z którym jesteś.

Osobom dwubiegunowym, osobom z zespołem Aspergera czy autyzmem, trudno jest mieć poczucie połączenia z drugą osobą i bliskość. Tworzą oddzielenie, ponieważ tylko w ten sposób mogą utrzymać przestrzeń, w której są, nie martwiąc się, że zostaną zniszczeni przez czyjeś potrzeby, wymagania czy pragnienia. Z tego miejsca właśnie funkcjonują.

BYCIE RODZICEM

Uczestniczka Salonu:

Zdaję sobie sprawę z tego, że bycie rodzicem jest częścią tego poczucia bezpieczeństwa, które chciałabym mieć, a którego poszukuję poza sobą.

Gary:

Kiedy stajesz się rodzicem, jesteś zobowiązana wobec swoich dzieci przez całe ich życie, ale one nie są zobowiązane względem ciebie. Jeśli ci się poszczęści, nigdy nie będą zobowiązane względem ciebie. Chcą, żebyś była wobec nich zobowiązana, bo to jest twoje zadanie. Chodzi też o wygodę i otuchę.

Jakiej głupoty używacie, żeby tworzyć bezpieczeństwo, które wybieracie? Wszystko czym to jest, razy bóg wie ile razy, czy teraz to zniszczycie i odkreujecie? Zgoda, Niezgoda, Dobrze, Źle, POD i POC, Wszystkie 9, w Skrócie, Ponad, Nuklearne Sfery.

Uczestniczka Salonu:

Mam dziecko wymagające szczególnej troski. Powiedziano mi, że określone rzeczy będą dla niego pomocne. Czy powinnam je robić, zamiast po prostu próbować być energią, której potrzebuje?

Gary:

Musisz mieć gotowość robienia wszystkiego dla swojego dziecka. Gdy zostajesz rodzicem podejmujesz decyzję, by tymczasowo oddać swoje życie dla nich. Żeby zabezpieczyć ich życie, oddajesz część swojego. To kwestia pragmatyczna. Jakie masz tutaj wybory? Czy naprawdę możesz wybrać nieopiekowanie się twoim dzieckiem? Nie. Dokonałaś wyboru. Masz dziecko. A teraz:

- Jak zrobić z tego zabawę?
- Jak mogę, opiekując się dzieckiem, kreować swoje życie?

Jak już masz dzieci, podejmujesz zobowiązanie. Musisz chcieć wykonać swoją pracę i wykonać to z radością. Nie dlatego, że musisz, ale dlatego, że tak wybrałaś. Problem polega na tym, że większość kobiet stając się rodzicem traci swoje życie.

Jakiej głupoty używacie, żeby wykreować życie w macierzyństwie, które wybieracie? Wszystko czym to jest, razy bóg wie ile razy, czy teraz to zniszczycie i odkreujecie? Zgoda, Niezgoda, Dobrze, Źle, POD i POC, Wszystkie 9, w Skrócie, Ponad, Nuklearne Sfery.

I kiedy wybierzesz nie być matką, osądzasz się za niewybranie tego. Masz przekichane zarówno jak to wybierzesz i wtedy, gdy tego nie wybierasz.

Uczestniczka Salonu:

Czy praca polegająca na opiece nad dziećmi jest taka sama dla mężczyzn i kobiet?

Gary:

Mężczyzn uczono, że ich praca to zarabianie pieniędzy i płacenie na dzieci. Kobiety uczono, że ich pracą jest dbanie o dzieci, opiekowanie się nimi, zmienianie pieluszek i wykonywanie całej roboty.

Czy to jest to, co ty kiedykolwiek chciałaś robić? Nie. Jako kobieta humanoid chętniej poszłabyś podbijać świat. Skończyłaś na byciu karmicielką i uczeniu dzieci jak o siebie zadbać.

Uczestniczka Salonu:

Ich ojciec odmawia opiekowania się nimi i utrzymywania ich.

Gary:

Nigdy tego nie będzie robił. Wybrałaś go ze względu na to, że zamierzał odejść. I twoje dzieci wybrały ciebie i jego właśnie dlatego, że zamierzał odejść. Dziewczynki chciały wiedzieć, że nie będą musiały mieć mężczyzny, jeśli nie będą tego chciały. Potem nauczyły się jak dbać o siebie, niezależnie od tego, czy ty masz mężczyznę, czy nie. Nauczyłaś je tego.

CO W TYM ZŁEGO, ŻE DAJESZ MAMIE TO, CZEGO ONA POTRZEBUJE?

Uczestniczka Salonu:
   Co się dzieje kiedy masz rodzica wymagającego opieki, który wścieka się jeśli tego od ciebie nie dostaje?

Gary:
   Co w tym złego, że dajesz mamie to, czego ona potrzebuje? Jak by to wyglądało, gdybyś to dała? Czego ona od ciebie wymaga? Powinnaś być w pytaniu: „Mamo, co dla ciebie mogę zrobić, co pozwoli ci poczuć jak bardzo mi na tobie zależy?". Dziewięćdziesiąt procent przypadków, gdy rodzice mówią, że potrzebują opieki lub troski, wynika z tego, że chcą, żebyś im mówiła, że ich kochasz. Rodzice lubią wiedzieć, że są kochani.

Uczestniczka Salonu:
   Zdaje się, że ona chce, żebym z nią walczyła.

Gary:
   Niektórzy ludzie uznają to za pocieszające. Jednak jeśli z nią walczysz, walcz bez żadnego punktu widzenia, wówczas nie odejdziesz wkurzona. Powiesz: „wow, fajnie było!" Moja siostra lubi się kłócić. Tak więc zawsze, kiedy chcę, żeby wiedziała, że zależy mi na niej i że ją kocham, dzwonię do niej i mówię: „ci przeklęci „teabaggers!". Moja siostra ich nienawidzi. Tak więc nakręcam ją przez dwadzieścia lub trzydzieści minut, aż ona mówi: „Ojej! Tak fajnie było z tobą pogadać". Mówię: „Fajnie! Dzięki siostra!" Nie obchodzą mnie, ale bawi mnie nazywanie ich „teabaggers", ponieważ

ona nie wie kim są „teabaggers". Dla was, panie, jeśli także nie wiecie co to oznacza, tea-bagging to wkładanie męskich jąder do ust i delikatne ich ssanie.

Uczestniczka Salonu:
Jakie są podstawowe, wspólne cechy, których my, kobiety humanoid, szukamy w związku?

POSTAWA WDZIĘCZNOŚCI

Uczestniczka Salonu:
Mam niesamowitą wdzięczność dla natury i zwierząt, jednak zmagam się z byciem wdzięczną wobec ludzi, którym najbardziej na mnie zależy, włączając w to moją rodzinę i chłopaka. Jaka jest różnica pomiędzy odczuwaniem wdzięczności wobec natury i zwierząt a w relacjach z ludźmi? Czy to dlatego, że natura i zwierzęta nie oceniają? Co tu jest możliwe w kwestii większej wdzięczności dla mojego własnego gatunku?

Gary:
Nie przejmuj się. To w porządku, żeby nie mieć dla nich wdzięczności. Możesz chcieć związku z wieloma ludźmi. Nie oznacza to, że to zadziała. Nie oznacza to, że będzie łatwo. Nie oznacza to, że będzie to tym, czego naprawdę pragniesz. To po prostu oznacza, że chcesz związku. Jeśli nie osądzasz, nie będziesz miała problemu.

Uczestniczka Salonu:

Dorastałam słysząc wciąż od mojej matki, że powinnam być wdzięczna za wszystko. Powinnam być wdzięczna za groszek na talerzu, mimo że nienawidziłam groszku. Mówiono mi, że muszę mieć postawę wdzięczności. To nie tak, że nie jestem wdzięczna wcale, ale jak mam zwiększyć moją zdolność okazywania wdzięczności?

Gary:

Matka zmusiła cię do postawy wdzięczności zamiast pokazać radość z możliwości, jakie wdzięczność przynosi. Nie edukowała cię. Zmusiła cię: „Będziesz wdzięczna. Jedz ten zakichany groszek i bądź za niego wdzięczna". To powoduje w tobie opór, bo nie masz wyboru. Niestety, mówiła: „Rób co mówię". Wkręcała ci: „powinnaś być wdzięczna", co kryje pod sobą osąd, że nie jesteś wdzięczna zamiast uznania jaka faktycznie byłaś – czyli dzieckiem, które nie lubi groszku.

Twoja matka nauczyła się od swojej matki, jak sprawiać, żeby dzieci czuły, że nie mają racji. Czy to nie fajne? Tak naprawdę nie mówiła o wdzięczności. Mówiła: „powinnaś doceniać fakt, że ci to dałam". To wcale nie chodziło o wdzięczność. Mylnie zastosowałaś i mylnie zidentyfikowałaś wdzięczność jako obowiązek. Rozpoznanie co jest wdzięcznością a co obowiązkiem - ułatwi ci sprawę.

Dobrze moje panie. To tyle, do następnego razu. Chciałbym, żebyście zrozumiały, że z mężczyzną powinno być wam komfortowo. Musicie dokonać pragmatycznego wyboru.

Musicie zadać pytanie: Jaki mam tu pragmatyczny wybór, który wykreuje wspanialszą, poszerzającą i radośniejszą lekkość w moim życiu? W waszym życiu – nie w ich! Wiele kobiet jest nauczonych tego, że powinny robić coś dla mężczyzn; robić coś dla mężczyzn, robić coś dla mężczyzn i być szczęśliwe. Większość mężczyzn, których znam, jest nauczonych tego, że powinni robić coś dla kobiet, robić dla kobiet, robić i być szczęśliwymi. Z tym, że nikt nie jest szczęśliwy. Dlaczego? Ponieważ wszyscy robią, a nikt się nie cieszy. Nikt tak naprawdę nie otrzymuje tego, co druga osoba robi. Musicie przyjrzeć się pragmatycznym wyborom, które macie w danym momencie. Jeśli zaczniecie się im przyglądać, to pojawi się inna możliwość.

Dziękuję wam wszystkim. Proszę, używajcie tych narzędzi. Chciałbym, żebyście miały wolność w tej przestrzeni, z której możecie kreować i generować związki i seks w taki sposób, który wam pasuje. Wszystkie jesteście mocnymi i wspaniałymi kobietami. Nie powinnyście mieć problemów w tej ani żadnej innej dziedzinie, ale wy, żeby tylko mieć problemy, kreujecie umniejszając siebie. Zrobię co w mojej mocy, żeby zabrać was do miejsca, w którym nie macie problemów do załatwiania, a zamiast tego kreujecie możliwości, jako nowy wybór, co kreuje nową możliwość, nowy wybór, nowe pytanie i nowy wkład, którym możecie być, lub który możecie otrzymać. To jest właśnie kierunek, w którym zmierzam.

6
Ty jesteś kreatorką przyszłości

Jeśli nie uznasz, że jesteś kreatorką przyszłości, jeśli nie uznasz, że przewidujesz przyszłość oraz, że potrafisz na nią wpływać i zmieniać, to nigdy nie będziesz wszystkim tym, czym jesteś.

Gary:
Witajcie, panie. Czy są jakieś pytania?

JESTEŚ ŹRÓDŁEM TWORZENIA INNEJ RZECZYWISTOŚCI

Uczestniczka Salonu:
Czy możemy porozmawiać o gwałcie, wojnie, handlu seksem i molestowaniu dzieci? Słyszałam o uprowadzonych kobietach wykorzystywanych seksualnie. Co możemy z tym zrobić? Jak możemy to zmienić?

Gary:
Jako kobieta stworzyłaś możliwość, żeby być źródłem kreowania innej rzeczywistości dla mężczyzny. To dlatego stałaś się kobietą, a nie mężczyzną.

To jest to, czego wy, kobiety, nie łapiecie o samych sobie. Patrzycie jak mężczyźni zmuszają was do różnych rzeczy, jak gwałcą, jakie to straszne i że to w ogóle nie powinno mieć miejsca. Jednak aby to się w ogóle wydarzyło, to trzeba wyłączyć część świadomości. Rzeczywistość jest taka, że wy, jako kobiety, macie potencjał do zmiany całej ludzkości. Po to tu przyszłyście, a nie robicie tego.

Jakiej głupoty używacie, aby unikać świadomości bycia katalizatorem do zmiany całej ludzkości, którą wybieracie? Wszystko czym to jest, razy bóg wie ile razy, czy teraz to zniszczycie i odkreujecie? Zgoda, Niezgoda, Dobrze, Źle, POD i POC, Wszystkie 9, w Skrócie, Ponad, Nuklearne Sfery.

MĘŻCZYŹNI PRZYCHODZĄ TU, BY UTRZYMAĆ STATUS QUO

Uczestniczka Salonu:
Porozmawiamy także o mężczyznach?

Gary:
Mężczyźni przychodzą tu, aby utrzymać status quo. Nie zdają sobie z tego sprawy. Status quo jest takie, że mężczyźni idą na wojnę i umierają, a kobiety tworzą przyszłość. Trudność polega na tym, że kobiety nie kreują przyszłości, a po to tu przyszły.

Jakie fizyczne urzeczywistnienie bycia kreatorką totalnie innej rzeczywistości oraz przyszłości ponad tę rzeczywistość jesteście zdolne wygenerować, stworzyć i wprowadzić w życie? Wszystko, co na to nie pozwala, czy teraz to zniszczycie i odkreujecie? Zgoda, Niezgoda, Dobrze, Źle, POD i POC, Wszystkie 9, w Skrócie, Ponad, Nuklearne Sfery.

Najlepiej mogę to opisać tak: są ludzie, którzy są uzdrowicielami i którzy tego w sobie nie uznają. Nie pozwalają sobie na wejście w swoje możliwości i potencjał. Usiłują funkcjonować tak, jak gdyby wcale nie byli uzdrowicielami. Blokują to w swoim ciele i w ten sposób je ranią. Tak samo jest z wami, jako kreatorkami przyszłości. Jeśli tego nie uznacie, że jesteście kreatorkami przyszłości, jeśli nie potwierdzicie, że przewidujecie przyszłość i możecie na nią wpływać, i ją zmieniać, nigdy nie będziecie w pełni tym, czym jesteście.

Wszystko, co nie pozwala wam postrzegać, wiedzieć, być i otrzymać wszystko to, czym faktycznie jesteście, czy teraz to zniszczycie i odkreujecie? Zgoda, Niezgoda, Dobrze, Źle, POD i POC, Wszystkie 9, w Skrócie, Ponad, Nuklearne Sfery.

Uczestniczka Salonu:
Czy pod tym właśnie kryje się walka płci?

Gary:
To zostało nam zrobione, żeby odseparować nas od nieograniczonego istnienia. Uczyńcie mężczyzn dostarczycielami status quo, a kobiety kreatorkami przyszłości, a potem powiedzcie kobietom, że jedynym sposobem na stworzenie przyszłości jest posiadanie dzieci,

a nie, że mają one zdolności kreowania przyszłości. Tak, żeby ciągle myślały, że posiadanie dzieci jest tworzeniem przyszłości, podczas kiedy tak nie jest.

Uczestniczka Salonu:

Skoro mężczyźni utrzymują status quo, a mamy tylu mężczyzn, którzy są „liderami", czy to nie jest sposób, aby sprawić, żeby nie patrzyli w przyszłość? To wszystko jest na opak.

Gary:

Cała ta rzeczywistość jest na opak. Mężczyźni są liderami. Czy to działa? Nie działa. Z mężczyznami liderami nasz polityczny system jest taki: „Musimy zmienić rzeczy bez zmieniania. Musimy ulepszyć rzeczy bez zmieniania ich, bądź zmieniając je tylko nieznacznie. Musimy ulepszyć rzeczy, ale zrobimy to w sposób, w jaki zawsze to robiliśmy. Nie zrobimy tego zupełnie inaczej."

Jeśli wy, kobiety, nie przyjmujecie faktu, że macie potencjał do kreowania przyszłości, która nigdy jeszcze nie istniała na tej planecie, to nie jesteście siłą, którą jesteście. Kobieta humanoid chce wychodzić, walczyć i podbijać świat. To właśnie chcecie robić - ponieważ wiecie, że jest przyszłość, która nigdy jeszcze nie istniała na tej planecie.

Wszystko co zrobiłyście, aby zaprzeczyć, nie wiedzieć, nie widzieć, nie być, nie postrzegać i nie otrzymywać wszystkiego tego, co macie możliwość zmieniać i jak możecie zmieniać, i wykreować inną rzeczywistość na tej planecie, czy teraz to zniszczycie i odkreujecie? Zgoda,

Niezgoda, Dobrze, Źle, POD i POC, Wszystkie 9, w Skrócie, Ponad, Nuklearne Sfery.

Gdybyście zechciały być 990% tym kim jesteście, byłybyście w stanie zobaczyć jak możecie to zmienić. Byłybyście w stanie zobaczyć jak możecie wykreować inne możliwości. Najwyraźniej jestem kobietą w męskim ciele, bo zawsze jestem chętny, by zobaczyć jak rzeczy mogą być zmienione i jak inna może być przyszłość. Chcę widzieć możliwości, które są inne od czegokolwiek, co kiedykolwiek postrzegaliśmy, znaliśmy, byliśmy, czy otrzymaliśmy. Nadrzędnym celem jest zdanie sobie sprawy z tego, że przyszłyście na tę planetę, by kreować rzeczywistość, która nigdy wcześniej nie istniała.

Sposób, w jaki kreujecie ludzką wersję postrzegania, wiedzenia, bycia i otrzymywania jest małostkowy i podstępny. Gdybyście rywalizowały o kreowanie rzeczywistości, która nigdy nie istniała i chciały konkurować o kreowanie czegoś znakomitszego niż to, co obecnie istnieje, czy to by zmieniło to, co obecnie dzieje się w waszym życiu? Czy to zmieniłoby sposób w jaki funkcjonujecie między sobą? Czy to zmieniłoby to, co staracie się wykreować i wygenerować?

PRZYSZŁOŚĆ, W KTÓRĄ JESZCZE NIE WESZLIŚMY

Uczestniczka Salonu:
Czy mówisz o przyszłości, w której ludzie są świadomi, ze mogą się sami uleczyć?

Gary:

Nie wiem jaka jest przyszłość, o której mówię. Po prostu wiem, że dostępna jest przyszłość, w którą jeszcze nie weszliśmy.

Jaką generatywną zdolność do natychmiastowego utrwalania w rzeczywistości pierwiastków, poprzez zaproszenie połączeń kwantowych wypełnionych postrzeganiem, wiedzeniem, byciem i otrzymywaniem przyszłości, która wykreuje przyszłość ponad tę kreowaną obecnie, jesteście teraz w stanie generować, kreować i wprowadzić w życie? Wszystko co nie pozwala, żeby to się ukazało, razy bóg wie ile razy, czy teraz to zniszczycie i odkreujecie? Zgoda, Niezgoda, Dobrze, Źle, POD i POC, Wszystkie 9, w Skrócie, Ponad, Nuklearne Sfery.

Nie chcecie kreować przyszłości. Nie chcecie być odpowiedzialne za to, co przyszłość kreuje. Gdybyście były odpowiedzialne za to, co zostało wykreowane w przyszłości, musiałybyście być odpowiedzialne za to, że połowa ludzi na planecie musiałaby umrzeć przez to, co wykreowałyście. Czy to byłoby dla was łatwe, czy trudne? Czego nie chcecie zrobić lub czym być? Większość z tego pojawiło się, ponieważ nie chcecie czegoś zrobić i czymś być.

Czym nie chcecie być i czego zrobić, a gdybyście zechciały zrobić i tym być, wykreowałoby przyszłość, której ludzkość nigdy by nie odrzuciła? Wszystko czym to jest, razy bóg wie ile razy, czy teraz to zniszczycie i odkreujecie? Zgoda, Niezgoda, Dobrze, Źle, POD i POC, Wszystkie 9, w Skrócie, Ponad, Nuklearne Sfery.

Przyszłość, której nigdy nie było, jest niedefiniowalna. Kreowanie w tej rzeczywistości dotyczy kreowania tego, co wszyscy rozumieją – tego, co już mają lub powinni mieć, lub muszą mieć. Nie mówię o tym. Pytam: Co chcecie wykreować?

Uczestniczka Salonu:
A co, jeśli nie mam definicji dla przyszłości? Wiem, że jest lekkość i przestrzeń. Jest tam, ale nie mam tego zdefiniowanego. To nie jest „chcę wykreować sto milionów dolarów."

Gary:
Wykreowanie stu milionów dolarów jest definicją przyszłości opartą na tej rzeczywistości. A co, jeśli przyszłość, jaką możesz wykreować, dałaby ci dziesięć bilionów dolarów? Mogłabyś to zdefiniować? Próbujesz zdefiniować czym jest kreowanie przyszłości, zamiast mieć świadomość, że kreowanie przyszłości jest kreowaniem niezdefiniowanej rzeczywistości, opartej na możliwościach – nie na konkluzji. Niezdefiniowana rzeczywistość jest uświadamianiem sobie, że „To, czego chcę, jest czymś innym. To, co mogę wykreować jest czymś innym. Nie mam pojęcia co to jest. Nie mam pojęcia co mogę wykreować."

Uczestniczka Salonu:
Czy ma to znaczenie jaka jest przyszłość? Czy to nie jest bardziej tak, że skoro każdy jest świadomy tego, co wybiera, to może to wybrać albo nie. Nie ma potrzeby robić z tego problemu.

Gary:

Tak, tylko wy bardziej chciałybyście mieć do czynienia z problemami, ponieważ wolałybyście je rozwiązywać, lub mieć coś konkretnego do robienia, niż żyć przyszłością, która nie jest jeszcze solidna.

TAK SIĘ NUDZĘ

Uczestniczka Salonu:

Tak się nudzę, robiąc MTVSS. Czy możesz mi w tym pomóc?

Gary:

Nie uznajesz, że możesz wykreować przyszłość, która nie istnieje. Jeśli tego nie uznajesz, to nudzisz się tym, czego nie chcesz robić i czym nie chcesz być.

Jakiej głupoty używasz, żeby stworzyć nudę i umniejszenie siebie, które wybierasz? Wszystko czym to jest, razy bóg wie ile razy, czy teraz to zniszczysz i odkreujesz? Zgoda, Niezgoda, Dobrze, Źle, POD i POC, Wszystkie 9, w Skrócie, Ponad, Nuklearne Sfery.

To, co robimy w Access Consciousness nie jest dawaniem odpowiedzi. To bardziej otwieranie drzwi do tego, co jesteś w stanie zrobić, a czego jeszcze nie uznałaś, nie spostrzegłaś, nie wiedziałaś lub czym nie byłaś. Access ma za zadanie dawanie możliwości kreacji i wybieranie tego.

Musisz mieć jasność w tym, do czego jesteś zdolna. Starasz się udawać, że jest ci to jakoś utrudniane przez tę rzeczywistość, że ta rzeczywistość cię powstrzymuje i kontroluje i że jesteś ograniczona tym, czego nie wybierają inni ludzie. Jako kobieta możesz wybrać to, czego inni ludzie nie mogą wybierać. Ile z was spędziło życie na kreowaniu tak, jak gdyby nie było przyszłości? Jednak jesteście źródłem przyszłości i dajecie mężczyznom źródło przyszłości. I właśnie dlatego tak dużo kobiet dla mnie pracuje.

Jakiej głupoty używacie, żeby kreować brak przyszłość, który wybieracie? Wszystko czym to jest, razy bóg wie ile razy, czy teraz to zniszczycie i odkreujecie? Zgoda, Niezgoda, Dobrze, Źle, POD i POC, Wszystkie 9, w Skrócie, Ponad, Nuklearne Sfery.

Jeśli miałybyście uznać fakt, że jesteście kreatorkami przyszłości, to czy zechciałybyście to uznać, czy wolicie znaleźć powód, dla którego nie było przyszłości, tak, żebyście nie musiały kreować?

Nie proszę was o kreowanie przyszłości opartej na przeszłości. Proszę o kreowanie przyszłości, która jeszcze nie istniała tutaj. Czy zauważacie, że kiedy o to proszę, robi się lekkość w waszym wszechświecie, której nie potraficie zdefiniować? To dlatego, że cała przestrzeń tego, co jest definiowalne jest niedefiniowalna.

Wy, które staracie się w ogóle nie kreować, aby nie musieć kreować przyszłości i nie być odpowiedzialnymi za przyszłość, która zostanie wykreowana, ponieważ sądzicie, że przeszłość jest do bani, czy teraz to zniszczycie i odkreujecie. Zgoda, Niezgoda, Dobrze, Źle, POD i POC, Wszystkie 9, w Skrócie, Ponad, Nuklearne Sfery.

Uczestniczka Salonu:

Mówiłeś o kreowaniu rzeczywistości, która jeszcze nie istniała, a także przyszłości ponad tę rzeczywistość. Czy jest między nimi jakaś różnica?

Gary:

Nie bardzo. Jeśli tworzysz przyszłość ponad tę rzeczywistość, to musi być coś, co jeszcze tutaj nie istniało. Jedyne przyszłości, jakie były tu wykreowane, to przewidywalne przyszłości oparte na przeszłości – struktury prawdopodobieństwa tej rzeczywistości.

OSTATECZNE KWALIFIKACJE

Uczestniczka Salonu:

Robiłam Barsa ludziom, nie prosząc ich o zapłatę, mając nadzieję, że to zmieni ich świat. A potem ludzie mówili mi, że nie mam żadnych kwalifikacji jako coach.

Gary:

Miałaś nadzieję i modliłaś się, ale nie narzucałaś tego, co jest możliwe. Powiedz ludziom, że masz tytuł CFMW. Po prostu oznajmij to. Nie zapytają co to jest. Założą, że powinni to wiedzieć.

Starasz się szukać usprawiedliwienia, że to, co robisz, jest właściwe, zamiast zechcieć być świadomością tego, jak możesz kreować inną przyszłość.

Ludzie mówią, że nie masz kwalifikacji, ponieważ nie bierzesz od nich pieniędzy za to, co robisz. Wyznacznikiem kwalifikacji na planecie Ziemia jest gotowość pobierania opłaty. Im wyższą opłatę ustalisz, tym ludzie przypiszą ci wyższe kompetencje. Jeśli próbujesz coś rozdawać, to wartość tej rzeczy jest dokładnie taka, ile ludzie za nią płacą. Zerowa. Musisz pobierać opłaty, jeśli chcesz żeby ludzie cenili to, co dajesz. Starasz się wykreować przyszłość. Nie chcesz wziąć zapłaty za to, co wykreuje w nich chęć posiadania takiego rodzaju przyszłości.

Uczestniczka Salonu:

Kiedy myślę o pieniądzach, to wydają mi się one nieosiągalne.

Gary:

Wybierasz nieposiadanie pieniędzy, dlatego starasz się rozdawać Access Consciousness, robiąc Barsy za darmo. Starasz się uczynić z Access doświadczenie religijne zamiast doświadczenie kreatywne. Access Consciousness nie jest religijny. To nie jest coś, co należy czcić. To nie jest coś, co musisz robić. To nie jest coś, co masz uważać za wspanialsze od ciebie. To jest coś, co trzeba widzieć jako możliwości innych możliwości, które nigdy wcześniej nie były możliwe w tej rzeczywistości.

Uczestniczka Salonu:

Access Consciousness adresuje energię, o której zawsze wiedziałam, że jest możliwa.

Gary:

Tak, wiem. Starasz się ją zdefiniować przez tę rzeczywistość i właśnie dlatego starasz się to rozdać, zamiast pobierać opłaty, aby ludzie to cenili. Ludzie nie cenią tego, co dostają za darmo. Przestań dzielić się tym. Kobiety starają się dzielić. Wznieś się ponad bycie kobietą. Możesz wtedy zobaczysz co mogłoby wprowadzić dla ludzi zmianę, ale musisz poczekać i posłuchać czego ludzie od ciebie chcą.

„CZY ONI ZASŁUGUJĄ NA TO, CO MAM DO ZAOFEROWANIA?"

Uczestniczka Salonu:
Chciałabym wnieść więcej świadomości dla ludzi dookoła mnie.

Gary:
Nie zapytałaś, czy oni tego chcą. Nie funkcjonujesz z pytania: „Czy pragną tego, co mam im do zaoferowania?". Jesteś jak matka z Południa, która gotuje grysik i mówi „Jedzcie, bo to jest dobre dla was". To, czy osoba lubi grysik, jest nieważne. Fakt, że jest przygotowany, oznacza, że trzeba go zjeść.

Uczestniczka Salonu:
Nie rozumiem.

Gary:
Jakie jest twoje pochodzenie etniczne?

Uczestniczka Salonu:
Jestem z Kambodży.

Gary:

Jaki jest typowy sos w Kambodży?

Uczestniczka Salonu:

Sfermentowany sos rybny.

Gary:

Przygotowujesz sfermentowany sos rybny i mówisz do kogoś: „Proszę, to sfermentowany sos rybny dla ciebie. Będę go dodawać do wszystkiego, co będziesz jeść. Smacznego". Mówisz tym samym: „Ta świadomość jest świetnie sfermentowanym sosem rybnym. Zjedz to."

Ta osoba mówi ci: „Ale ja nie lubię sfermentowanego sosu rybnego."

A ty mówisz: „Rozumiem. On jest dla ciebie dobry. Zjedz go."

To jest konkluzja, że jest dobry. Starasz się dojść do wniosku na temat tego, co chcesz zaoferować, zamiast zadawać pytanie: „Co ci ludzie mogą usłyszeć?". To właśnie jest świadomość tego, co mogą usłyszeć, a czego nie, i nieposiadanie na ten temat punktu widzenia.

Przyszłość jest niezdefiniowaną rzeczywistością – ale ty starasz się ją zdefiniować. Mówisz: „Dopóki jest na niej sos rybny, będzie dobrze", zamiast: „Mogę mieć rzeczywistość, w której sos rybny istnieje lub nie istnieje. Zamierzam wykreować przyszłość, która będzie działała w inny sposób niż każdy tutaj myśli, że to jest prawdziwe, ponieważ to właśnie mi pasuje."

Nie wiesz jaka będzie przyszłość, ale próbujesz wykreować przyszłość opartą na tym, co uznałaś za odpowiednie, zamiast pytać: „Co mogłoby istnieć jako przyszłość, czego nawet nie wzięliśmy pod uwagę?".

WASZ POTENCJAŁ DO ZMIANY RZECZYWISTOŚCI

Uczestniczka Salonu:
Czym kobiety mogą być lub co zrobić, żeby zaprosić więcej mężczyzn do Access?

Gary:
W Access jest więcej kobiet niż mężczyzn, ponieważ mężczyźni starają się utrzymać status quo. Tak ich nauczono. Od pierwszego dnia uczono ich: „Masz to naprawić, nie zmieniać tego".

Kobiety uczono, że jak zmienią ubrania, to wprowadzą zmianę. Oczywiście jest to tylko zmiana wizerunku. A co, gdybyś zamiast zmieniać wizerunek, zmieniała siebie?

Jaką fizyczną aktualizację wiecznego potencjału do zmiany rzeczywistości możesz teraz wygenerować, wykreować i instytuować? Wszystko co na to nie pozwala, czy teraz to zniszczysz i odkreujesz? Zgoda, Niezgoda, Dobrze, Źle, POD i POC, Wszystkie 9, w skrócie, Ponad, Nuklearne Sfery.

Zamierzam mówić o waszym potencjale do zmiany rzeczywistości przez kilka następnych teleklas. Chęć zrobienia tego i bycia tym, wymaga również zaangażowania z waszej strony, żebyście zostawiły wszystko, co zdefiniowałyście jako rzeczywiste i dobre w tej rzeczywistości; bez względu na to czy chodzi o bycie w rodzinie, życie według potrzeb innych ludzi, posiadanie idealnego związku, kreowanie kogoś w waszym życiu. To jest moment, w którym musicie chcieć wykreować przyszłość, której jeszcze tutaj nie było, która sprawi, że wszystko w waszym życiu się pojawi.

Przyjrzyjcie się temu jakiego życia chcecie i z tego miejsca kreujcie. Jeśli posiadanie mężczyzny w waszym życiu wam pasuje, to zróbcie to. Jeśli nie, to nie. Nie chodzi o kreowanie swojego życia, przyjmując perspektywę: „Jak wejść w związek, którego potrzebuję?". Kreujcie swoje życie z perspektywy „Jak kreować życie, którego chcę?"

Teraz poproszę was o pójście o krok dalej. Zapytajcie: Jaką chciałabym przyszłość, której nigdy nie uważałam za możliwą? Brałaś pod uwagę sto milionów dolarów? Tak. To nie jest problem. Z jakiego powodu na to nie pozwolisz? Tak naprawdę nie masz pojęcia dlaczego nie.

Wszystko, co zrobiłyście, żeby wyeliminować sto milionów dolarów, które mogłybyście mieć w swoim życiu, ponieważ _____, czy teraz to wszystko zniszczycie i odkreujecie? Zgoda, Niezgoda, Dobrze, Źle, POD i POC, Wszystkie 9, w Skrócie, Ponad, Nuklearne Sfery.

Zdefiniowałyście taką przyszłość, w której samo posiadanie stu milionów dolarów będzie dla was kreować. Zadecydowałyście: „Posiadanie stu milionów dolarów znaczy, że robię to i to, i to. Mam to i to, i to." A co, jeśli twoja definicja ciebie jest częścią ograniczeń, z których funkcjonujesz? Jedynym powodem, dla którego nie masz stu milionów dolarów jest to, że zdefiniowałaś siebie, jako osobę nieposiadającą takiej kwoty.

Jakiej głupoty używasz, żeby stworzyć definicję siebie, którą wybierasz? Wszystko to, czy teraz to zniszczycie i odkreujecie? Zgoda, Niezgoda, Dobrze, Źle, POD i POC, Wszystkie 9, w Skrócie, Ponad, Nuklearne Sfery.

MUSICIE POPATRZEĆ NA TO, JAK FUNKCJONUJĄ MĘŻCZYŹNI

Uczestniczka Salonu:
Mój mąż i ja jesteśmy ze sobą od 15 i 17 roku życia. Przeszliśmy w związku niesamowite zmiany. Kiedy oboje pozwalamy sobie na obnażenie i połączenie, to nasz związek faktycznie działa. Jest jednak problem. Zdaje się, że kiedy wszystko jest świetnie, mój mąż zaczyna dramatyzować i wchodzi w traumę w reakcji na to, co ja robię. Nie złoszczę się na to, jednak wygląda na to, że im mniej się złoszczę, tym bardziej on się wścieka. Wycofuje się i buduje ściany.

Gary:
To dlatego, że on musi utrzymywać status quo.

Uczestniczka Salonu:
Ostatnim razem, kiedy to się zdarzyło, wycofał swoją energię tak mocno, że faktycznie zniknął mi z oczu. Odłączył się ode mnie na kilka dni czy tygodni. Wreszcie, jak gdyby nigdy nic, chciał się znów połączyć. Czy mógłbyś mi to wyjaśnić?

Gary:

Próbuj zadawać pytanie: Jaką energią, przestrzenią i świadomością mogę być, żeby wykreować całkowicie inną rzeczywistość? To może trochę potrwać. Wszechświat potrzebuje nieco czasu na przeorganizowanie rzeczy.

Uczestniczka Salonu:

Staram się z nim o tym rozmawiać, ale to nie działa.

Gary:

Musisz popatrzeć na to, jak funkcjonują mężczyźni. Mężczyźni funkcjonują z podejściem: „Jeśli musimy o tym porozmawiać, to oznacza, że coś jest nie tak i muszę to naprawić." Jeśli naprawdę chcesz coś przedyskutować, musisz powiedzieć: „Kochanie, rozmyślałam o tym. Co sądzisz?" i zostaw go z tym samego na dwa, trzy dni. Dojdzie do jakichś wniosków, które dadzą ci jasność z czym się musisz zmierzyć i co musisz zmienić, by zrobić to inaczej.

Nigdy nie mów: „Powiedz mi czego chcesz." On nie ma pojęcia. Mężczyzna musi zasiąść przed telewizorem na dwadzieścia siedem godzin i dojść do swojego wniosku. Nie może natychmiastowo dojść do wniosku. Nie wie jak się tym dzielić. Nigdy nie był tego nauczony. Nie ma pojęcia, co oznacza dzielenie się. Wy kobiety wciąż pytacie: „Podzielisz się ze mną tym, jak się czujesz?". Nie może się podzielić swoimi odczuciami, bo był uczony, że jedyną rzecz, jaką ma zrobić, kiedy coś czuje, to wycofać się z tego. Jak próbujecie wydusić z niego dzielenie się, celujecie w jego krocze. A to nie jest sposób, w jaki buduje się związek.

Ciągle wybieracie taki sam typ faceta, zamiast wybrać związek, który działa. Częściowo dzieje się tak dlatego, że macie standardy lub ideały dotyczące tego jaki powinien być mężczyzna. Mężczyźni, którzy nie spełniają tych standardów, daliby wam to, co twierdzicie, że chcecie, a nie to, co otrzymujecie.

Chcę dotrzeć do tego, że nie musicie nienawidzić mężczyzn. Nie musicie ich odpychać. Nie musicie ich wybierać. Po prostu musicie być skłonne pozwolić mężczyznom być dokładnie tym, kim są i nie mieć na ten temat punktu widzenia. Interesujący punkt widzenia wykreuje inną rzeczywistość.

Radość z bycia żeńskim humanoidem jest taka, że macie zdolność tworzenia przyszłości. To jest jedna z tych rzeczy, której większość z was nie ma ochoty uznać.

Jakiej głupoty używacie, żeby kreować całkowite unikanie kreowania przyszłości, o której wiecie, że jest możliwa, którą wybieracie? Wszystko czym to jest, czy teraz to zniszczycie i odkreujecie? Zgoda, Niezgoda, Dobrze, Źle, POD i POC, Wszystkie 9, w Skrócie, Ponad, Nuklearne Sfery.

Chodzi o kreowanie rzeczywistości ponad tę rzeczywistość. Nie chodzi o to, żeby kreować ponad to, co znacie. Wiecie, że inna rzeczywistość jest możliwa i wiecznie próbujecie rozgryźć czym to jest. Nie zauważyłyście tego? Nie chcecie zobaczyć tego, co wy potraficie, a inni nie.

Jakiej głupoty używacie, żeby kreować brak generatywnego potencjału i świadomości przyszłości, którą wybieracie? Wszystko czym to jest, czy teraz to zniszczycie i odkreujecie? Zgoda, Niezgoda, Dobrze, Źle, POD i POC, Wszystkie 9, w Skrócie, Ponad, Nuklearne Sfery.

BYCIE POZA KONTEKSTEM

Uczestniczka Salonu:

Zdaje się, że wybieranie generatywnego potencjału i świadomości przyszłości, wymaga wyjścia poza jakikolwiek kontekst. Czy tak?

Gary:

Jeśli definiujesz siebie jako kobietę, czy to jest kontekst? Tak, jest. To tworzy parametry tego, jak odnosisz się do wszystkiego i wszystkich. Jak wiele z tego, czego nauczyłaś się o byciu kobietą, wskazuje na to, że powinnaś być jedynie głównym wsparciem, kręgosłupem rzeczywistości, a nie kreatorką tej rzeczywistości. Czy to jest prawda? Czy to coś, co kupiłaś jako prawdę i co cię ogranicza?

Wszystko, co kupiłyście jako prawdę o byciu kobietą, feministką i jednostką płci żeńskiej, co prawdą nie jest, czy teraz zwrócicie do nadawcy z dotykiem świadomości? Zgoda, Niezgoda, Dobrze, Źle, POD i POC, Wszystkie 9, w Skrócie, Ponad, Nuklearne Sfery.

POPRZEZ WYBORY, KTÓRYCH DOKONUJESZ, TWORZYSZ INNĄ PRZYSZŁOŚĆ

Uczestniczka Salonu:

Ostatnio oglądałam *Jane Eyre* i przy końcu rozpłakałam się. Zdałam sobie sprawę, że nie chodzi o to, że czekałam na pana Rotschilda. Chodzi o to, że za każdym razem kiedy wchodziłam w związek, moje wymagania były takie, żeby wejść w bliskość z tą osobą, ze wszystkim, ze wszystkimi wokół niej. Zdałam sobie sprawę z tego, jak wiele bliskości szukałam. Czy podążanie za tą energią zmierza do wykreowania innej rzeczywistości?

Gary:

Tak. Ta rzeczywistość nie jest oparta na intymności możliwości. Ta rzeczywistość jest oparta na dystansie, który tworzymy między sobą, żeby się upewnić, że nigdy nie jesteśmy wystarczająco blisko, żeby faktycznie wykreować i wygenerować coś, co dynamicznie zmieni wszystko dookoła nas.

Uczestniczka Salonu:

Czy podążanie za energią miejsc, z którymi chciałam czuć bliskość, zmierza do kreowania innej rzeczywistości?

Gary:

Tak. Poprzez wybory, których dokonujesz, kreujesz inną rzeczywistość. To jest to, co możesz zrobić. To jest sposób, w jaki możesz wykreować przyszłość, która tu jeszcze nie istnieje.

Jakiej głupoty używacie, żeby unikać przyszłości, którą mogłybyście kreować i wybierać, którą wybieracie? Wszystko czym to jest, czy teraz to zniszczycie i odkreujecie? Zgoda, Niezgoda, Dobrze, Źle, POD i POC, Wszystkie 9, w Skrócie, Ponad, Nuklearne Sfery.

Możecie kreować inną przyszłość poprzez wybory, których dokonujecie. To łatwiejsze dla kobiet niż mężczyzn, ponieważ mężczyźni byli uczeni, że mają utrzymywać to, co jest. Mają pracować i naprawiać wszystko; nie mają zmieniać. Wy przynajmniej byłyście uczone, że macie zmieniać swoje sukienki. To zupełnie inne miejsce, z którego się funkcjonuje.

Jeśli coś nie okazuje się takie, jak myślałyście, oceniacie to. Jeśli jednak jesteście gotowe tworzyć przyszłość, to nie możecie przewidywać w jaki sposób ona się ukaże. To nie jest struktura prawdopodobieństwa. To system możliwości. Próbujemy unikać straty poprzez kreowanie prawdopodobieństwa co wygra, a co przegra. Czy to kreuje? Nie, to tylko podtrzymuje. To jest to, czego mężczyźni zostali nauczeni – utrzymywania w oparciu o prawdopodobieństwo. „Jeśli nie będę mówił, kobiety nie będą mnie nienawidziły. Jeśli się nie pomylę, kobiety się na mnie nie zezłoszczą. Jeśli nie zrobię tego źle, kobiety będą ze mną szczęśliwe." Mężczyźni funkcjonują z poziomu struktury prawdopodobieństwa, która jest podłączana i rozłączana w ich rzeczywistości z taką intensywnością, że rzadko kiedy dochodzą do prawdziwego wyboru. Jednak kiedy wybierają, tak jak wy, to mogą wykreować inne możliwości.

NAJPIERW JEDEN WYBÓR, A POTEM NASTĘPNY

Uczestniczka Salonu:
Mówisz, że nie muszę wszystkiego od razu wykreować? Chodzi o jeden wybór, potem następny i następny?

Gary:
Tak, najpierw jeden wybór. To wybór, że usłyszysz, nawet jeśli nie chcesz słyszeć. Wybór tej jednej rzeczy, która nie da ci spokoju, dopóki jej nie wybierzesz. Bycie świadomą tego, czego jesteś świadoma, mimo, że nie chcesz być świadoma tego, jak bardzo jesteś świadoma. Wiesz, że musisz to zrobić. Wiesz, że potrafisz. Wiesz, że coś jest możliwe. Jakie masz inne wybory?

Jaką fizyczną aktualizację całkowicie innej rzeczywistości i całkowicie innej przyszłości jesteś teraz w stanie wygenerować, wykreować i wprowadzić w życie? Wszystko co na to nie pozwala, czy teraz to zniszczysz i odkreujesz? Zgoda, Niezgoda, Dobrze, Źle, POD i POC, Wszystkie 9, w Skrócie, Ponad, Nuklearne Sfery.

MOŻESZ MIEĆ INNĄ RZECZYWISTOŚĆ

Uczestniczka Salonu:
Od jakiegoś czasu budzę się z pytaniem: „A co, gdyby dzisiaj było inne?".

Gary:

Co jeśli dzisiejszy dzień może być inny od tego co sobie kiedykolwiek wyobrażałam? Wybierz kreowanie czegoś, co tak naprawdę jest przyszłością. To wykreuje coś innego od tego, co było tu wcześniej. Teraz wszystko jest zaprojektowane tak, żeby zniszczyć Ziemię.

Uczestniczka Salonu:

Od dziecka, kiedy próbowałam kreować inną rzeczywistość, byłam nazywana głupią.

Gary:

Czy zdajesz sobie sprawę z tego, że jesteś tą, która jeśli by to wybrała, może wykreować inną rzeczywistość? Możesz wykreować inną przyszłość dla ludzi w twoim życiu, poprzez wybory, których dokonujesz kiedy jesteście razem. Każdy twój wybór może wykreować inną przyszłość niż ta, którą myślisz, że kreujesz. Wyjdź z tej rzeczywistości i zacznij zdawać sobie sprawę, że możesz mieć inną rzeczywistość, twoją własną, niezależnie od tego, co inni myślą. Zawsze przecież pojawiają się osądy. Zawsze znajdzie się ktoś, kto pomyśli, że jesteś głupia. Jednak niezależnie od tego, co myślą inni, zawsze jest inna przyszłość.

DEFINICJA JEST NISZCZYCIELEM

Uczestniczka Salonu:

Mówisz o kreowaniu przyszłości, która jest niedefiniowalna i prosisz nas, żebyśmy były niedefiniowalne.

Czy wszędzie tam, gdzie pojawia się definicja pojawia się też miejsce na niszczyciela, który niszczy kreację?

Gary:

Tak. Kiedykolwiek próbujesz zdefiniować, czym jest kreowanie przyszłości, niszczysz przyszłość na rzecz innej wersji teraźniejszości.

Gdybyś nie mogła zdefiniować tego, co osądziłaś jako dobre dla przyszłości, czy musiałabyś kreować to, co wykreowałoby przyszłość wspanialszą od tego, co wiedziałaś, że jest możliwe? A jeśli wybór, który miałaś dostępny w kreacji przyszłości nie był tym, czym myślałaś, że jest, ale był wspanialszy niż to, co mogłoby być? Jeśli zdefiniujesz, że kreowanie wspaniałej, przyszłej rzeczywistości, to wykreowanie miliona dolarów, to właśnie zdefiniowałaś to, jako wspaniałą przyszłość. A jeśli to jest ograniczona przyszłość, nie wspaniała przyszłość? Co, jeśli to jest tym, co cię blokuje, nie tym, co kreuje dla ciebie?

JAKI JEST MÓJ CEL NA PLANECIE ZIEMIA?

Stworzyłem Access Consciousness ponad to, co kiedykolwiek w tej rzeczywistości zostało uznane za możliwe. Od samego początku wszyscy mi mówili, że się mylę. Wszystko, co robiłem, było źle. Sposób, w jaki to tworzyłem, był zły. Struktura tego była zła. System, który wybierałem, był zły. Nie robiłem rzeczy, które kreowałyby to jako idealny kult. Nie kreowałem tego w sposób, który sprawiłby, że kto wejdzie, ten zostaje. To nie było moim celem.

Musicie zacząć patrzeć na to:
- Co tu, na planecie Ziemia, jest moim celem?
- Czy chcę związku i rodziny oraz żyć długo i szczęśliwie, zgodnie z cudzą rzeczywistością tego, co "żyli długo i szczęśliwie" oznacza?
- Czy może chcę kreować coś innego?
- Co rzeczywiście by mi pasowało, co niekoniecznie pasowałoby innym?

Masz dostęp do kreowania przyszłości, której nikt inny nie widzi, w której nikt inny nie może być, nikt inny nie może wybrać i nikt inny nigdy nie uzna za wartościową – ale ona zawsze będzie wartościowa dla ciebie. Tu istnieje inna możliwość. Ale musisz ją wybrać.

Musisz dostrzec swój potencjał jako kobiety, którą jesteś. Jesteś w stanie wykreować przyszłość, która nie istniała. Po to tutaj przyszłaś. Po to tu jesteś. To jest to, co wiesz, że jest możliwe. To jest tym, czego jeszcze nie wybrałaś, żeby tym być lub zrobić. Próbowałaś wybrać zgodnie z wersją tej rzeczywistości, odnośnie tego, co jest właściwe.

A co, jeśli to jest najmniejsza wersja ciebie, a nie najlepsza? Wciąż próbujesz patrzeć na to, co jest w tobie najlepsze tak, jak gdyby najmniejsza wersja ciebie była najlepszą. Nie jest. Masz dostęp do dużo więcej siebie. Przykro mi, nie dam rady dać wam wszystkiego podczas tej teleklasy.

Uczestniczka Salonu:
Możesz podać różnicę pomiędzy *"wartościowy"* a *"znaczący"*?

Gary:

Czynicie rzeczy *wartościowymi* według rzeczywistości innych ludzi, ponieważ to, co inni uznają za *znaczące*, to jest to, co wydaje wam się, że powinniście dostarczyć. Najbardziej wartościowe w was jest to, co jest dla was najmniej znaczące.

Przyszłość oparta na przedłużaniu gatunku nie jest kreowaniem rzeczywistości ponad tę rzeczywistość. Jest kreowaniem w kółko tej samej rzeczywistości tak, jakbyś przez to miała uzyskać inny efekt. Czy twoim dzieciom będzie lepiej niż tobie? Z własnego doświadczenia powiedziałbym nie. Twoje dzieci będą tym, kim są. Nie możesz oczekiwać, że będą lepsze niż ty. Możesz jedynie oczekiwać, że będą kim są. Jeśli okaże się, że są lepsze – wspaniale!

Uczestniczka Salonu:

Ale ja widzę swoje dzieci jako lepsze niż ja.

Gary:

Nie. Osądzasz je jako lepsze niż ty. To co innego. Próbujesz raczej widzieć je jako lepsze niż ty, niż widzieć dar jaki im dałaś – możliwość wybrania czegoś, co mogłoby być możliwe. To nie czyni je lepszymi od ciebie. To czyni je innymi od ciebie, ponieważ ciebie tego nie nauczono. Doszłaś do tego sama.

Jak by to było, gdybyś była darem, który uczynił ich życia lepszymi, zamiast myśleć, że one są darem, który czyni twoje życie lepszym?

Jaki rodzaj przyszłość próbujesz wykreować?

Dziękuję paniom, do usłyszenia za tydzień.

7
Dawanie innym królestwa możliwości

Prawdziwa troska nie jest robieniem wszystkiego dla innych.
To dawanie innym królestwa możliwości.

Gary:
   Witam, panie. Chciałbym zacząć od kilku pytań.

CO POZWOLI, ABY ZE WSZYSTKIM RADZIĆ SOBIE Z ŁATWOŚCIĄ?

Uczestniczka Salonu:
   Mój 12-letni adoptowany syn ma płodowy syndrom alkoholowy, ADHD i wahania emocjonalne. Jako samotna matka zmagam się z nim i doświadczam sporo stresu. Ostatnio wyrzucono go z programu pozaszkolnego. To dało mu powód do zamieszkania z ojcem. Po tym jak kilkakrotnie oświadczył, że chciałby mieszkać ze swoim ojcem sądziłam, że może potrzebował innego rodzaju dyscypliny od tej, którą miał u mnie. Jednak po podjęciu tej decyzji uznał, że go porzuciłam.

Gary:

To się nazywa manipulacja, kochanie, to nie jest rzeczywistość.

Uczestniczka Salonu:

Wydaje się, że dobrze mu się mieszka z ojcem. Mieszka tylko piętnaście minut ode mnie i regularnie się widujemy. Kiedy to wszystko się zadziało, wzięłam udział w kilku klasach Access Consciousness i co spowodowało, że poczułam się winna, że teraz mając więcej narzędzi, którymi mogłabym mu pomóc, mam do mojego syna mniej dostępu. Poczucie winy zmniejszyło się w ciągu ostatnich sześciu miesięcy, jednak pojawiają się rzeczy, które mi o tym przypominają. Na przykład ostatnio usłyszałam od mojej 15-letniej córki, że jej ojciec opowiada wszystkim, że porzuciłam naszego syna.

Gary:

Nie porzuciłaś swojego syna. To sposób ojca na to, żeby wyglądać na lepszego, a ty na gorszą. Próbuje być lepszy od ciebie. Chce z tobą konkurować, żeby udowodnić, że jest dobrym rodzicem, a ty jesteś złym rodzicem. W dłuższym rozrachunku to mu nic nie da, ale tobie da, jeśli tego nie kupisz.

Uczestniczka Salonu:

Wiem, że to, co mówi, nie jest prawdą, ale mnie to dotyka. Wpędzam się w poczucie winy i tego, że nie robię wystarczająco dużo, mimo, że jestem ciągle aktywna w życiu mojego syna i poszukuję rzeczy, z których, jak mniemam, on skorzysta. Mam dużo nowej świadomości dotyczącej jego możliwości. Pytam siebie: „Jaką energetyczną syntezą komunii mogę być, żeby być rodzicem, jakiego potrzebują moje dzieci?".

Gary:

Nie, nie, nie. Potrzebujesz zapytać: Jaką energetyczną syntezą komunii mogę być, co pozwoli, zaistnieć temu z totalną łatwością? Nie przyjmuj punktu widzenia, że próbujesz spełniać potrzeby swoich dzieci. Jeśli tak zrobisz, już doszłaś do konkluzji, decyzji i osądu. Względem kogo? Względem siebie!

Nigdy nie pytaj kim twoje dzieci chciałyby żebyś była, bo dzieci zawsze potrzebują kogoś, kto zrobi wszystko to, czego one chcą, bez ich najmniejszego zaangażowania w świadomość. Nie pytaj, czym możesz być dla swoich dzieci. Pytaj: Co pozwoli, że ze wszystkim poradzę sobie z łatwością?

PRAWDZIWA TROSKA VS OPIEKOWANIE SIĘ

Uczestniczka Salonu:

Dziękuję. Powiedziałabym, że biorąc pod uwagę to, jak to teraz wygląda wykreowałam lepszą rzeczywistość z moją córką. Jest dużo szczęśliwszą i bardziej zaangażowaną nastolatką niż była rok temu.

Gary:

Tak, ponieważ twojego syna nie ma w pobliżu i nie zabiera całej energii.

Uczestniczka Salonu:

Powiedziano mi, że mój syn nie radzi sobie źle i jest w najlepszej szkole w okręgu dla dzieci specjalnej troski. Jego ojciec też tam pracuje. Jaka głupota zatem trzyma mnie w poczuciu winy i podatności na emocjonalne szturchańce jego ojca, że go oddałam?

Gary:

Nie oddałaś go, kochanie. Kocham cię – a ty jesteś głupsza od kurzu. Nie oddałaś go. Nadal jesteś dla niego. Nie oddałaś niczego. Jesteś kimś, komu zależy.

Ile z was, kobiet, nie chce przyznać, jak bardzo wam zależy. Wszystko, co zrobiłyście, żeby zaprzeczyć swojej trosce, czy teraz to zniszczycie i odkreujecie? Zgoda, Niezgoda, Dobrze, Źle, POD i POC, Wszystkie 9, w Skrócie, Ponad, Nuklearne Sfery.

Rozpoznajcie, że *prawdziwa troska* jest częścią was samych; to nie jest *opiekowanie się*. Jeśli rozpoznacie, że jesteście kreatorkami przyszłości i zechcecie to robić z poziomu troski o możliwości przyszłości, wyborów przyszłości, to nie zostaniecie złapane w: „Muszę się zaopiekować.", „Muszę robić-robić-robić.", „Muszę się poddać mężczyznom.", „Muszę zastopować, cofnąć siebie.". Nic z tego się nie pojawi.

Opiekowanie się jest wymysłem, który mówi, że jeśli robisz coś dla innych, to jesteś troskliwa. To wymysł dbania. To mówi o tym, że to co robisz dla innych potwierdza, że ci zależy – tak jak na znakach, pieczęciach, emblematach i na nadawaniu znaczenia.

Troska w tej rzeczywistości to „Ja się o nich troszczę, a to udowadnia, że jestem troskliwa." Robisz dla kogoś wszystko, by udowodnić, że jesteś troskliwa, zamiast rozpoznać, czym tak naprawdę jest troska.

Prawdziwą troską może być: „Zrobisz to jeszcze raz i cię zabiję". Czasem troską jest odcięcie ludzi, nie wspieranie ich bez względu na sytuację. W pewnym momencie mój młodszy syn zaczął dużo pić i kiedy pił robił się naprawdę ohydny. Pokazanie mu, że mi zależy polegało na tym, że powiedziałem: „Nie przychodź do mnie kiedy pijesz, bo cię nie lubię".

W rezultacie pił mniej. Przestał i teraz ma więcej kontroli w swoim życiu. Moja troska polegała na powiedzeniu: „Nie jesteś w porządku kiedy pijesz, bo stajesz się wtedy dupkiem. Nie pij, kiedy jesteś blisko mnie."

Zapytał: „Tato, a gdzie twoje przyzwolenie?"

Odpowiedziałem: „To jest przyzwolenie, jako że: a) nie zgłosiłem cię na policję, b) nie zabiłem cię i c) znosiłem twoje gówno wystarczająco długo. Teraz mam dość i masz się zmienić." Czasem powiedzenie komuś, żeby się zmienił jest troską. Mamy wszystkie znaki, pieczęcie, emblematy i znaczenia czym jest dbanie, a nic z tego nie jest prawdziwą troską.

Jakiej głupoty używacie, żeby kreować znaki, pieczęcie, emblematy, znaczenia tego, że wam zależy, jako niewłaściwość, zwątpienie, głupotę i szaleństwo, które wybieracie? Wszystko to, razy bóg wiele ile razy, czy teraz to zniszczycie i odkreujecie? Zgoda, Niezgoda,

Dobrze, Źle, POD i POC, Wszystkie 9, w Skrócie, Ponad, Nuklearne Sfery.

Prawdziwa troska nie polega na robieniu wszystkiego dla innych. To dawanie innym sfery możliwości. Uczono was, że robienie wszystkiego dla kogoś udowadnia, że wam zależy, że dbacie. Jednak dlaczego musiałybyście udowadniać, że wam zależy? Nie patrzymy na troskę jako dawanie innym królestwa możliwości, ponieważ jesteśmy nauczeni, że aby udowodnić, że nam zależy, musimy zrobić x, y czy z, jednak to nie ma nic wspólnego z prawdziwym wyborem, czy prawdziwymi możliwościami.

MUSISZ ROZPOZNAĆ CO JEST

Uczestniczka Salonu:
Czy to samo można powiedzieć o miłości, Gary? „Jeśli mnie kochasz, zrobisz to"?

Gary:
To tylko manipulacja. Kobieta w Access Consciousness kiedyś powiedziała mi: „Chciałabym być z tobą w związku, ale nie mogłabym być w związku z Dainem, ponieważ skrzywdziłby mnie." Powiedziałem Dainowi o jej punkcie widzenia. Byli potem razem. Zaczęła robić mu złośliwe i brzydkie rzeczy, a on nie mógł jej oddać, ponieważ był związany udowodnianiem, że jej nie skrzywdzi. Niemal go zabiła.

Uczestniczka Salonu:

Zatem przyjmując punkt widzenia – "Nie mogę jej skrzywdzić", zrobił wszystko, co mógł, żeby jej nie skrzywdzić, włączając w to zabijanie siebie?

Gary:

Tak, a to nie kreuje możliwości. Musisz raczej rozpoznać co jest, niż widzieć to, co *myślisz*, że jest.

Sfera możliwości jest miejscem, w którym rozpoznajesz, co faktycznie jest możliwe, co stanowi całą ideę kreowania przyszłości. Mówiłem o tym podczas naszej ostatniej teleklasy. Kobiety sądzą, że kreowanie dzieci, czy bycie matką jest kreowaniem przyszłości. To nie to. Kreowanie przyszłości, to rozpoznawanie, że wybory, których ludzie dokonują, to jedyna rzecz, która kreuje możliwości.

Uczestniczka Salonu:

Uczono mnie, że przyszłość jest czym jest i nie można jej zmienić.

Gary:

Nie chodzi o zmienianie przyszłości. Chodzi o jej kreowanie.

Uczestniczka Salonu:

To blokada dla mnie. Nigdy mi nie powiedziano, że przyszłość jest kreacją. Uczono mnie, że jest tym, czym jest.

KREACJA A WYMYSŁ

Gary:

Częściowo problem tkwi w tym, że uczono nas kreowania widocznej rzeczywistości czegoś i utknęliśmy w wyobrażeniu, że kreacja i wymysł to jest to samo.

Uczestniczka Salonu:

Jaka jest różnica?

Gary:

Najlepiej mogę to opisać tak: Kiedyś byłem w Ameryce Łacińskiej i oglądałem telewizję. Wszystko było po hiszpańsku i nie do końca rozumiałem. Mówili o uwodzeniu i namiętności, i aby przedstawić namiętność, pokazali parę spodni opadającą komuś do kostek. Ta osoba miała duże stopy, tenisówki i niskie skarpety. Mogły należeć do mężczyzny lub do kobiety, jednak do kogokolwiek należały, nie było w tym namiętności. To miała być wizualna rzeczywistość namiętności, a było wymysłem.

Uczestniczka Salonu:

Czy mógłbyś powiedzieć więcej o wizualnych rzeczywistościach, które wymyślamy?

Gary:

Jak często mówisz: „Muszę zobaczyć, co z tego wyjdzie" albo „Muszę zobaczyć, jak to będzie funkcjonowało". To tak, jakbyś myślała, że poprzez posiadanie wizualnego aspektu, jak coś będzie funkcjonowało, możesz to powołać do istnienia, do pojawienia się.

Uczestniczka Salonu:

Wiesz dokąd poszłam, Gary? Poszłam do wizualizacji. Widzę swoją kanapę. Zrobiłam tę kanapę tak rzeczywistą, że wymyśliłam tę kanapę. Gdybym nie użyła wizualizacji, mogłabym zmienić energię tej kanapy, siedząc na niej właśnie teraz.

Gary:

To prawdopodobnie prawda. Jak próbujesz coś zrobić poprzez aspekt wizualny, możesz to zobaczyć wyłącznie tak, jak wygląda, a nie takie, jakie jest.

Uczestniczka Salonu:

W taki sposób widzę całą rzeczywistość. Używam tej wizualizacji. Wychodzę z tego miejsca i chciałabym, żeby coś innego się pokazało.

Gary:

Więc, jak dużo z tej rzeczywistości wymyśliłaś jako prawdziwą, a faktycznie prawdziwą nie jest?

Uczestniczka Salonu:

Całość.

Gary:

Mówiłem o myślach, uczuciach, emocjach i seksie lub braku seksu – jako niższych wibracjach postrzegania, wiedzenia, bycia i otrzymywania. Uczy się nas wymyślania emocji wokół tego, co nie jest rzeczywiste. Jak by to było, gdybyście nie próbowały wymyślać tych rzeczy?

Jakiej głupoty używacie, żeby wymyślać znaki, pieczęcie, emblematy, znaczenia dbania, które wybieracie? Wszystko czym to jest, razy bóg wiele ile razy, czy teraz to zniszczycie i odkreujecie? Zgoda, Niezgoda, Dobrze, Źle, POD i POC, Wszystkie 9, w Skrócie, Ponad, Nuklearne Sfery.

Wymyślacie myśli, odczucia, emocje i seks albo brak seksu, aby pasować do tej rzeczywistości. Wcześniej rozmawiałem z kobietą, która czuje się winna, że nie jest dobrą matką dla swojego syna. Czy to wymysł, że jesteś matką? Czy jesteś nieograniczoną istotą, która wymyśliła, że te dzieciaki są z tobą powiązane? Każdy związek jest wymysłem, nie kreacją. Jak przejdziesz od wymysłu do kreacji zawsze otwierasz drzwi do możliwości. Wymyślanie, z drugiej strony, zawsze kreuje konkluzje.

Jakiej głupoty używasz, żeby wymyślać matkę, ojca i syna, i Ducha Świętego, córkę i każdy związek, które wybierasz. Wszystko czym to jest, razy bóg wiele ile razy, czy teraz to zniszczysz i odkreujesz? Zgoda, Niezgoda, Dobrze, Źle, POD i POC, Wszystkie 9, w Skrócie, Ponad, Nuklearne Sfery.

Uczestniczka Salonu:
To od razu zdejmuje z nas osąd o nas samych.

Gary:
Tak, ponieważ każdy wymysł jest zaprojektowany w taki sposób, żeby coś zdefiniować. A co najczęściej musisz

definiować? Definiujesz to, że się mylisz, to – jak bardzo jesteś osądzająca, to – że popełniłaś błąd.

Uczestniczka Salonu:

Tak, że nie jestem wystarczająco dobra.

Gary:

Jak wiele z tego, co starasz się uczynić niewłaściwym, jest całkowitym wymysłem? Wszystko, część, czy totalnie wszystko?

Uczestniczka Salonu:

Wszystko.

Gary:

Wszystko czym to jest, razy bóg wiele ile razy, czy teraz to zniszczysz i odkreujesz? Zgoda, Niezgoda, Dobrze, Źle, POD i POC, Wszystkie 9, w Skrócie, Ponad, Nuklearne Sfery.

Uczestniczka Salonu:

Czy to z tego wzięło się – „Potrzeba matką wynalazku?".

Gary:

Tak. Ponieważ zawsze próbujemy wymyślić jak się dopasować.

Uczestniczka Salonu:

Czynimy się potrzebnymi.

Gary:

Tak, gdybyś nie była potrzebna, to co byś właściwie robiła, czym byś była, czym do tej pory nie byłaś skłonna być lub robić?

Uczestniczka Salonu:

Zatem sposobem na wyjście z wymysłu macierzyństwa czy rodzicielstwa jest bycie całkowicie obecnym i po prostu bycie z tym, co jest?

Gary:

Gdybyś faktycznie tam była, to czy mogłabyś mieć świadomość możliwości i wyborów, jakie mogą być dostępne, żeby wykreować możliwości? Czy to byłaby wspanialsza rzecz od tego, co teraz wybierasz?

Uczestniczka Salonu:

O wiele wspanialsza.

Gary:

To właśnie dlatego chcesz tam iść.

MUSISZ BYĆ ENERGIĄ, KTÓRA POKAZUJE MOŻLIWOŚCI

Uczestniczka Salonu:

A co z dziećmi i ludźmi wokół, którzy nie widzą tego, co ty widzisz, i którzy zakleszczają samych siebie w osądzie?

Gary:

Mogą się zakleszczać w osądzie, tylko jeśli ty nie chcesz kreować przyszłości.

Uczestniczka Salonu:

Rozumiem. Musimy być energią.

Gary:

Tak, musicie być energią, która pokazuje możliwości, która da im wybory, które mogą wykreować i wygenerować możliwości. Wtedy pokaże się inna rzeczywistość.

Wszystko czym to jest, razy bóg wiele ile razy, czy teraz to zniszczycie i odkreujecie? Zgoda, Niezgoda, Dobrze, Źle, POD i POC, Wszystkie 9, w Skrócie, Ponad, Nuklearne Sfery.

Ile z tego, co widzicie jako związek z waszymi rodzicami, jest oparte na widzialnej rzeczywistości, która jest całkowicie wymyślona?

Uczestniczka Salonu:

Wszystko.

Gary:

Wszystko czym to jest, razy bóg wiele ile razy, czy teraz to zniszczycie i odkreujecie? Zgoda, Niezgoda, Dobrze, Źle, POD i POC, Wszystkie 9, w Skrócie, Ponad, Nuklearne Sfery.

Ile seksu i kopulacji jest oparte na widzialnym wymyśle?

Uczestniczka Salonu:

O mój boże! Wszystko!

Gary:

Wszystko czym to jest, razy bóg wiele ile razy, czy teraz to zniszczycie i odkreujecie? Zgoda, Niezgoda, Dobrze, Źle, POD i POC, Wszystkie 9, w Skrócie, Ponad, Nuklearne Sfery.

ZGODNIE Z CZYM ŻYJECIE – Z RZECZYWISTOŚCIĄ CZY ILUZJĄ?

Oglądałem program w telewizji, w którym kobieta z lampką szampana siedziała na łóżku pełnym płatków róż. Jej kochanek wszedł z bronią w kieszeni. Był na nią wkurzony o coś i był gotowy ją zastrzelić. To jest przykład wymysłu związku, seksu, uczucia i romansu w waszym życiu. Wymyślają iluzję waszego życia, a nie rzeczywistość życia. Według czego żyjecie? Rzeczywistości czy iluzji?

Wszystko czym to jest, razy bóg wiele ile razy, czy teraz to zniszczycie i odkreujecie? Zgoda, Niezgoda, Dobrze, Źle, POD i POC, Wszystkie 9, w Skrócie, Ponad, Nuklearne Sfery.

Jak wiele iluzji twojego życia wymyśliłaś, co w rzeczywistości nie działa? Wszystko czym to jest, razy bóg wiele ile razy, czy teraz to zniszczysz i odkreujesz? Zgoda, Niezgoda, Dobrze, Źle, POD i POC, Wszystkie 9, w Skrócie, Ponad, Nuklearne Sfery.

Uczestniczka Salonu:

Czy mogę używać tej widzialnej rzeczywistości dla swojej korzyści?

Gary:

Wszystko, co powinnaś zrobić, to zapytać:
- Jak wiele z tego jest rzeczywiste?
- Jak wiele z tego jest wymysłem?

Popatrz na związek, w którym teraz jesteś. Popatrz na relację z twoim synem. Jak wiele z tej relacji jest prawdziwe, a jak wiele wymyślone?

Uczestniczka Salonu:

Nic z tego nie jest rzeczywiste. Wszystko jest wymyślone.

Gary:

Wszystko czym to jest, razy bóg wiele ile razy, czy teraz to zniszczysz i odkreujesz? Zgoda, Niezgoda, Dobrze, Źle, POD i POC, Wszystkie 9, w Skrócie, Ponad, Nuklearne Sfery.

Skoro wymyślasz swoje związki, to czy prawdziwa troska w ogóle jest dostępna?

Uczestniczka Salonu:

Nie.

Gary:

Dlaczego?

Uczestniczka Salonu:

Ponieważ nie ma świadomości i nie ma wyboru. Nie ma tu nic prawdziwego.

Gary:

Prawdziwa troska oparta jest na świadomości. Nie jest oparta na widzialnej rzeczywistości.

CO CHCIAŁABYŚ WYKREOWAĆ JAKO PRZYSZŁOŚĆ?

Uczestniczka Salonu:
Wow! Jak tam dojść, Gary?

Gary:
Do tego właśnie chcę was nakłonić. Przede wszystkim, musicie zdać sobie sprawę, że jesteście kreatorkami waszej przyszłości – i tego się nie robi poprzez posiadanie dziecka. Jak by to było, gdybyście chciały postrzegać, wiedzieć, być i otrzymywać to, jak by to było kreować przyszłość?

Proszę słuchajcie tego non stop. To właśnie tam powinniście iść, jeśli naprawdę chcecie kreować inny świat.

Jaką fizyczną aktualizację kreatorki przyszłości jestem teraz zdolna generować, kreować i wprowadzać w życie? Wszystko co na to nie pozwala, razy bóg wiele ile razy, czy teraz to zniszczysz i odkreujesz? Zgoda, Niezgoda, Dobrze, Źle, POD i POC, Wszystkie 9, w Skrócie, Ponad, Nuklearne Sfery.

Uczestniczka Salonu:
Dziękuję Gary. To takie uwalniające. Zdaję sobie sprawę, że patrzyłam na to czym się ludzie zajmują i zadawałam pytanie: „Co ta osoba robi zawodowo? Jak ta osoba przetrwa, co robi w swoim życiu?". Ale muszę tworzyć swoją własną rzeczywistość.

Gary:

Większość ludzi na świecie wymyśla swoje życia. Jak wiele z waszego życia do tej pory było wymyślone, a nie wykreowane?

Wszystko co zrobiłyście, żeby kreować wymysły, czy teraz to zniszczycie i odkreujecie? Zgoda, Niezgoda, Dobrze, Źle, POD i POC, Wszystkie 9, w Skrócie, Ponad, Nuklearne Sfery.

Jak faktycznie kreujecie? Zaczynacie od energii tego, czym chciałybyście, żeby wasze życie było. Tym, czym chciałybyście, żeby było, a nie od tego co chciałybyście robić. Czym chcecie, żeby było. Potem zaczynacie to kreować poprzez fizyczne wprowadzenie w życie energii, którą czujecie, jako możliwą do wyboru. Tu zaczynają wchodzić w rachubę możliwość i wybór.

Uczestniczka Salonu:

Zaczynam widzieć lub być tą energią. Teraz chcę zapytać o fazę drugą. Fizyczne wprowadzanie tego w życie.

Gary:

Chcę powiedzieć trochę więcej o tym, jak wy, jako kobiety, jesteście kreatorkami przyszłości. Mężczyźni są osadnikami, zagnieżdżają się i kreują teraz. Starają się rozwiązać wszystkie problemy, żeby wszystko było łatwe. Chcą kreować sytuacje, w których istnieje poczucie uwicia możliwości. To poczucie spokoju, który chcą wykreować.

Uczestniczka Salonu:

Wcześniej zapytałeś: „Jak by to było mieć radość z wcielenia jako kobieta"? Powiedziałam: „Pomóc kobiecie zdać sobie z tego sprawę? Nie wiem nawet co to oznacza".

Gary:

To właśnie staram się zrobić. Nie możecie mieć radości z wcielenia, jeśli nie zdacie sobie sprawy, że jesteście kreatorkami przyszłości. To jest właśnie zadanie, które wy, kobiety, wzięłyście na siebie, kiedy tutaj przyszłyście: bycie kreatorkami przyszłości, a następnie umniejszyłyście to do niższej wibracji posiadania dziecka.

Musicie pytać:
- Co chciałabym wykreować jako przyszłość?
- Jakie możliwości i wybory pojawią się jako fizyczna aktualizacja, w oparciu o przyszłość jaką chcę wykreować i wygenerować?

Uczestniczka Salonu:

Często mówisz „kreowanie przyszłości", a ja mówię „kreowanie tej przyszłości".

Gary:

Kiedy mówisz „tej przyszłości", starasz się definiować przyszłość, która nie jest możliwa. Przyszłość jest pomnożeniem możliwości i wyborów, które mogą wygenerować i wykreować coś wspanialszego niż to, co znamy.

Uczestniczka Salonu:

Więc jak mówię „ta przyszłość", wiem, że podczepiam to pod coś?

Gary:

Kiedy mówisz „ta przyszłość" to tak, jak gdyby była tylko jedna.

Uczestniczka Salonu:

To definicja, tak, jak gdyby to było zdefiniowane.

Gary:

To część z tego, co zostało narzucone na nas, żebyśmy uwierzyli, że jest jedna przyszłość dla każdego z nas, tak, jakbyśmy mieli jedno przeznaczenie i wszystko było z góry ustalone. Czy to rzeczywistość czy wymysł?

Uczestniczka Salonu:

Wymysł.

Gary:

Ile z waszego przeznaczenia zostało wymyślone – a nie wykreowane? Wszystko czym to jest, razy bóg wiele ile razy, czy teraz to zniszczycie i odkreujecie? Zgoda, Niezgoda, Dobrze, Źle, POD i POC, Wszystkie 9, w Skrócie, Ponad, Nuklearne Sfery.

WYBÓR JEST DOMINUJĄCYM ŹRÓDŁEM KREACJI

Uczestniczka Salonu:
Jeśli wybierzemy kreację ponad iluzję wymysłu oraz ponad tę rzeczywistość, czy to obejmie również wszystkie przysięgi i pakty z przeszłości?

Gary:
Tak. Wybór jest tutaj dominującym źródłem kreacji. Niestety nie uznajemy tego. Wciąż staramy się patrzeć na to, co mamy zrobić dobrze, by mieć poczucie sensu, że wybory, których dokonujemy, są najlepszymi wyborami, właściwymi wyborami oraz wyborami, które powinny być, które będą, które mają być, zamiast patrzeć na to, co kreujemy wyborem, którego dokonujemy dzisiaj.

Kiedy dokonujesz wyboru, zapytaj: Jaką rzeczywistość wykreuję dokonując tego wyboru?

Ja zawsze tak funkcjonuję. Wielokrotnie, gdy nie mam pojęcia czym coś jest, pytam: Czy ja to wybieram? Tak. Czy wiem dlaczego to wybieram? Nie. Czy wiem, że mój wybór coś wykreuje? Tak. Czy wiem co wykreuje? Nie.

Jestem gotowy na to, by być kreatorem przyszłości, podobnie jak kreatorem teraźniejszości, która kreuje łatwość. Jestem gotowy na to, aby być zarówno mężczyzną, jak i kobietą, nie chcę być tylko jednym albo drugim. Mam nadzieję, że niektóre z was będą skłonne do tego, by również przyjąć taką możliwość.

Uczestniczka Salonu:

Kiedy ludzie odbierają ci coś albo cię okradają, czy wciąż poruszasz się w swojej rzeczywistości i kreujesz swoją przyszłość?

Gary:

Czy ludzie mogą cię naprawdę okraść, czy oni po prostu zatrzymują swoją przyszłą możliwość? Kiedy ludzie cię okradają, to to, co robią, jest okradaniem siebie samych z przyszłej możliwości. Kończą tym wszystko, co byłoby wykreowane lub wygenerowane z twojego powodu i z tobą.

Pieniądze są wartościowe w oparciu o co? Czemu nie spojrzeć na to, co ludzie kreują? Patrzę na to, jak ludzie starają się kreować swoje życia i pytam:

+ Jaką to ma wartość?
+ W jaki sposób to będzie działać?
+ Co się tutaj wydarzy?

Uczestniczka Salonu:

Gary, ty mówisz o tym, że to jest sposób, w jaki funkcjonujesz, ale ty istniejesz w innej rzeczywistości.

Gary:

W mojej rzeczywistości chodzi o kreowanie przyszłości, wyborów, możliwości, łatwości oraz komfortu w tej rzeczywistości. Moja rzeczywistość zawiera to wszystko. Jak by to było, gdybyście wy były skłonne do tego, by być kreatorkami przyszłości i pytały: Jaką przyszłość wykreuję poprzez ten wybór?

Przyszłość może nie będzie wyglądać tak, jak myślałyście, że będzie. Wykluczcie z tych obliczeń pieniądze i inne rzeczy. Musicie pytać:
- Co ten wybór wykreuje w kontekście przyszłych możliwości?
- Jakie wybory będą, dostępne dla mnie i dla innych jako następstwo mojego wyboru?

Moich wyborów nigdy nie postrzegam jako ukończenie czegokolwiek. Dokonuję wyboru, a to otwiera drzwi do innych możliwości dla różnych osób.

Czy zaczynacie rozumieć jak troska i przyszłość są ze sobą powiązane?

Uczestniczka Salonu:
Ja jeszcze nie bardzo.

Gary:
Powiedz mi, które fragmenty zrozumiałaś.

Uczestniczka Salonu:
Rozumiem, że moje wybory kreują przyszłość bez względu na to, czy wiem jaka ona będzie, czy nie.

Gary:
Musisz zapytać: Jaką przyszłość wykreuję wyborem, którego dokonuję dzisiaj? Nie możesz tego nie robić.

„CHCĘ TEGO NATYCHMIAST"

Uczestniczka Salonu:
Przez parę ostatnich tygodni byłam sfrustrowana.

Gary:

Czym jest frustracja? Frustracja jest wtedy, gdy podjęłaś decyzję, że potrzebujesz pewnego rezultatu, a twoje wybory tego nie kreują. Kiedy decydujesz, że potrzebujesz pewnego rezultatu, rezultat końcowy, który wymyślasz doda do tego jeszcze porządek czasowy. „Chcę tego natychmiast. Chcę tego już w przyszłym tygodniu." Dodajesz czas do obliczenia tego, co twój wybór wykreuje – a tego nie możesz robić.

Kiedy tak robisz, powstrzymujesz energię, która może wykreować wybór oraz możliwość. Wstrzymujesz przyszłość na korzyść obecnej chwili, która ma się ukazać. *Teraz* to nie tylko dzisiaj. *Teraz* to również przyszły tydzień albo przyszły miesiąc. Przyszłość, którą musisz być gotowa wykreować, jest czymś, co wykracza poza twoje życie. *Taką* przyszłość, którą musicie chcieć kreować.

Uczestniczka Salonu:

Niewiele znajduję w tym znaczenia, więc nie wiem, czym jest przyszłość.

Gary:

Czy kiedykolwiek słyszałaś przykazanie: „Bez formy, bez struktury, bez nadawania znaczenia"?

Uczestniczka Salonu:

Tak, czuję jakbym, dosłownie, chodziła wkoło znikając na wietrze.

Gary:

I to jest niepoprawne w oparciu o co?

Uczestniczka Salonu:
W oparciu o to, że żyję tu łatwym, luksusowym życiem i w żaden sposób nie kreuję swojego życia.

Gary:
To jest konkluzja, kochana, a nie pytanie. Ty już podjęłaś decyzję, że przyszłość wygląda jak x, y, z, co oznacza, że jest to wymysł. Starasz się dostrzec jak to wygląda, a to wszystko jest wymysłem.

Wszystko co uczyniłaś, by wymyślić to wszystko, czy teraz to zniszczysz i odkreujesz? Zgoda, Niezgoda, Dobrze, Źle, POD i POC, Wszystkie 9, w Skrócie, Ponad, Nuklearne Sfery.

Po co miałabyś się zamartwiać o tę rzeczywistość? Czy starasz się wymyślić siebie działającą w tej rzeczywistości, wpasowującą się w tę rzeczywistość i w niej funkcjonującą?

Uczestniczka Salonu:
No tak.

Gary:
Wszystko czym to jest, razy bóg wiele ile razy, czy teraz to zniszczysz i odkreujesz? Zgoda, Niezgoda, Dobrze, Źle, POD i POC, Wszystkie 9, w Skrócie, Ponad, Nuklearne Sfery.

Jak wielkim wymysłem jest twój rzekomy brak funkcjonowania z rodziną i mężem?

Uczestniczka Salonu:
Wszystko, ale do czego to prowadzi?

Gary:

Nie wchodź w rutynę *ale*! Za każdym razem, gdy mówisz *ale*, wsadzasz sobie głowę w tyłek.

Wszystko czym to jest, razy bóg wiele ile razy, czy teraz to zniszczysz i odkreujesz? Zgoda, Niezgoda, Dobrze, Źle, POD i POC, Wszystkie 9, w Skrócie, Ponad, Nuklearne Sfery.

Ty myślisz, że: „do czego to prowadzi?" jest pytaniem. To nie jest pytanie, to konkluzja, że niby sama tego nie wiesz. Doszłaś do wniosku, że nie masz pojęcia, do czego zmierzasz – ale przyszłości nie kreuje się w oparciu o wiedzenie dokąd się zmierza, ani w oparciu o postrzeganie tego, ani w oparciu o konkluzje dokąd zmierzasz. Kreujesz przyszłość w oparciu o otrzymywanie tego, cokolwiek pojawia się w twoim życiu, oraz w oparciu o rozpoznawanie wyborów, których dokonujesz, możliwości, które kreujesz, pytań, które manifestujesz oraz wkładu, który zaistnieje, jeśli nie będziesz dochodziła do wniosków.

PROBLEM Z ŻYCIEM CHWILĄ OBECNĄ

Uczestniczka Salonu:

Czy koncepcja, że życie teraźniejszością jest wszystkim co jest, jest dla mnie pułapką? Jestem skupiona na życiu teraźniejszością i na zadawaniu pytań, które zdają się asystować mi w najbliższej przyszłości, ale nie wykraczam ponad to.

Gary:

Tak. Czy tego właśnie byłaś nauczona i czy to było ci narzucone jako punkt widzenia w tej rzeczywistości?

Uczestniczka Salonu:

Tak.

Gary:

Czy to jest prawdziwe i rzeczywiste – czy to jest wymysł?

Uczestniczka Salonu:

Wymysł.

Gary:

Zatem, wszystkie wymysły, które tym wykreowałaś, czy teraz je zniszczysz i odkreujesz? Zgoda, Niezgoda, Dobrze, Źle, POD i POC, Wszystkie 9, w Skrócie, Ponad, Nuklearne Sfery.

Uczestniczka Salonu:

Czy wiele z nas w to wpada? Ja byłam tego nauczona.

Gary:

Czy to działało?

Uczestniczka Salonu:

Zdaje mi się, że działało to aż do teraz, ale gdy ty o tym mówisz, to się właśnie rozpada.

Gary:

Życie teraźniejszością i bycie skupionym na tu i teraz działało do pewnego stopnia – jednak taki stopień działania nie dotyczy kreowania przyszłej rzeczywistości. Kupiłyście punkt widzenia, że kreowanie tu i teraz jest jedynym, co warto mieć. Życie w teraźniejszości jest miejscem, w którym wszystko jest zaprojektowane tak, by dać wam poczucie, że musicie uzyskać swój rezultat już teraz. Życie w teraźniejszości wygląda następująco: „To da mi rezultat, którego chcę już jutro." To nie jest pytanie: „Co to wykreuje w dłuższej perspektywie?". To pytanie brzmi: „Co to wykreuje i wygeneruje w przyszłości?".

Zawsze przyglądałem się wszystkim moim wyborom w oparciu o kreację i generację przyszłości. Co ciekawe, parę lat temu, zająłem się końmi na Kostaryce. Zacząłem je kupować i hodować, a potem miałem ich zbyt wiele. Pomyślałem: „Muszę je sprzedać. Muszę coś z nimi zrobić." I przy niewielkiej dozie szczęścia zdałem sobie sprawę: "Wow, mam konie z Kostaryki w Stanach Zjednoczonych, a tylu ludzi leci na Kostarykę po przygody na kostarykańskich koniach. Po tym, jak będą mieli doświadczenie jeżdżenia na nich, będą chcieli je mieć w Stanach i wtedy ja je będę mieć. Nie zacząłem od punktu widzenia: „Tak właśnie wykreuję przyszłość", ale dostrzegłem, że posiadam konie z Kostaryki, jako kreację na przyszłość. Nie miałem pojęcia jak kreowałem przyszłość. Dopiero teraz widzę, jak to będzie działać.

Gary Douglas

UFANIE SOBIE JAKO KREATOROWI SWOJEJ PRZYSZŁOŚCI

Uczestniczka Salonu:

To wymaga z twojej strony zaufania, zgadza się? Zaufania do wszechświata czy zaufania energii?

Gary:

Nie, to jest zaufanie sobie, jako kreatorowi swojej przyszłości. Jeśli nie widzisz siebie jako kreatora przyszłości, to stajesz się rozbitkiem w nurcie rzeczywistości innych ludzi.

Uczestniczka Salonu:

Zdaje się, że tu właśnie się rozłączam.

Gary:

Ile z was wymyśliło, że nie może sobie ufać? Wszystko czym to jest, czy teraz to zniszczycie i odkreujecie, razy bóg wie ile razy? Zgoda, Niezgoda, Dobrze, Źle, POD i POC, Wszystkie 9, w Skrócie, Ponad, Nuklearne Sfery.

Są ludzie, którzy mówią: „Wykreuję to, będzie świetne." Czy to kreacja, generacja czy wymysł?

Uczestniczka Salonu:

To bardziej wymysł. Żeby to była kreacja, trzeba do tego zachować świadomość.

Gary:

Spotkałem się z architektem projektującym ośrodek, który próbujemy wybudować na Kostaryce. Powiedziałem:

"Kreowanie go z nowoczesnego punktu widzenia jest świetne, ale za dziesięć lat będzie przestarzałe. Chcę wybudować coś, co będzie na tyle klasyczne i tradycyjne, że za 100 lat ludzie będą widzieli to, jako wartościowe."

Architekt na to: "Co!"

Powiedziałem mu: "Nie tworzę tego po to, by jutro to się rozpadło. Tworzę po to, żeby było tu za 100 lat i by ludzie widzieli tego wartość."

Architekt powiedział: "Oh!". To zupełnie inna rzeczywistość, ponieważ dzisiaj ludzie nie budują dla przyszłości. Budują po to, by od razu przyniosło pieniądze. To nie jest na teraz. Tu chodzi o życie w chwili obecnej, a nie o to, co wykreowałoby trwałą możliwość.

To interesujące jak wszyscy mówią, że mają trwałe projekty i budynki. Mają tak zwane ekologiczne rozwiązania, tyle że dziewięćdziesiąt procent tego nie jest ekologiczna i za 100 lat już nie będzie.

UFANIE ŚWIADOMOŚCI, KTÓRĄ PRAWDZIWIE JESTEŚ

Uczestniczka Salonu:

Wspomniałeś o zaufaniu. Czym jest zaufanie? Dla mnie zaufanie brzmi jak osąd albo ograniczenie.

Gary:

Zaufanie to nie ślepa wiara. Zaufanie to wiedzenie, że ludzie zrobią dokładnie to, co zrobią. Zrobią to, jeśli tak wybierają.

Uczestniczka Salonu:

Czyli zaufanie to wiedzenie? To bycie?

Gary:

W zaufaniu chodzi o wiedzenie i otrzymywanie.

Uczestniczka Salonu:

To lżejsze niż samo ufanie sobie.

Gary:

Dlaczego miałabyś ufać sobie? Wszystko, co kiedykolwiek robiłaś, to spapranie samej siebie, tak często, jak tylko mogłaś. Zamiast tego, jak by to było być gotowym zaufać świadomości, którą prawdziwie jesteś? Jak by to było ufać swojej zdolności do postrzegania, wiedzenia, bycia i otrzymywania?

Wszystko co na to nie pozwala, czy teraz to zniszczycie i odkreujecie? Zgoda, Niezgoda, Dobrze, Źle, POD i POC, Wszystkie 9, w Skrócie, Ponad, Nuklearne Sfery.

Słuchajcie tego w kółko:

Jakie fizyczne wprowadzenie w życie totalnej świadomości postrzegania, wiedzenia, bycia i otrzymywania jako zaufania świadomości, którą prawdziwie jestem, jestem teraz zdolna generować, kreować i ustanawiać? Wszystko co na to nie pozwala, czy teraz to zniszczycie i odkreujecie? Zgoda, Niezgoda, Dobrze, Źle, POD i POC, Wszystkie 9, w Skrócie, Ponad, Nuklearne Sfery.

PRAWDZIWE BOGACTWO

Uczestniczka Salonu:
Gary, co mam sobie odpuścić w kwestii pieniędzy?

Gary:
Musisz zrezygnować z pomysłu, że możesz je kontrolować. Jeśli rozpoznasz, że jesteś zdolna kreować przyszłość, to prawda: czy wykreowałabyś sobie przyszłość, w której nie masz pieniędzy?

Uczestniczka Salonu:
(śmiech)

Gary:
Czyli to znaczy, że *nie*! Nie wykreowałabyś świata bez pieniędzy. To nie jest rzeczywistość dla ciebie.

Wykreujesz świat z wystarczającą ilością pieniędzy, żeby robić to, co potrzebujesz robić, wtedy, kiedy potrzebujesz i tam, gdzie chcesz to zrobić.

Oto przykład z mojego własnego życia. Na wszystkim, co robię, zarabiam rocznie pięć milionów dolarów, a chodziłem w kółko mówiąc: „Nie mam pieniędzy. Czemu ci ludzie mnie wykorzystują i okradają?".

Moja przyjaciółka Claudia powiedziała: „Ale Gary, przecież ty jesteś zamożny."

Ja: „Nie, nie jestem!"

Ona na to: „Owszem, jesteś."

Ja: „Nie, nie jestem. Nie mam żadnej gotówki."

Ona zapytała: „Ile masz przedmiotów, które są wiele warte?".

Ja powiedziałem: „To się nie liczy. Nie mam gotówki!"

Ona powiedziała: „Chłopie, jesteś zamożny."

Ja na to: „To nie może być prawda. Jestem tylko przeciętnym facetem."

Kiedy w końcu się temu przyjrzałem, to powiedziałem: „Tak, jestem zamożny." Dostrzegłem, że miałem punkt widzenia, że gdybym nie był zamożny, to ludzie by mnie nie wykorzystywali, co znaczy, że kupiłem tym samym koncept nieposiadania gotówki, żebym nie mógł być zamożny. Nie myślałem kategoriami, że przedmioty, to także bogactwo, i koniec końców rezultat tego był taki, że nie dostrzegałem faktu, że mógłbym być zamożny lub, że już w zasadzie jestem zamożny. Próbowałem zrobić z siebie kogoś biednego.

Jako istnienie jestem bogatszy niż ktokolwiek kogo znałem, dzięki świadomości, trosce, życzliwości i darom jakie otrzymuję od wszystkich każdego dnia. Również dzięki darowi jakim wszechświat jest dla mnie przez cały czas.

Jakiej głupoty używasz, by wymyślać brak bogactwa, który wybierasz? Wszystko czym to jest, czy teraz to zniszczysz i odkreujesz, razy bóg wie ile razy? Zgoda, Niezgoda, Dobrze, Źle, POD i POC, Wszystkie 9, w Skrócie, Ponad, Nuklearne Sfery.

Prawdziwe bogactwo na tym świecie to zdolność posiadania możliwości i wyboru. Oto prawdziwe bogactwo. Nie to, co możecie wydać. Koncepcja, że bogactwem jest to, co możecie wydać, to jak spuszczenie spodni, by udowodnić, że jest się namiętnym. To wizualny wymysł.

Ile pieniędzy, których nie masz w swoim życiu, jest konsekwencją wizualnego wymysłu bogactwa, którego nie jesteś sobie w stanie wyobrazić, że masz? Wszystko czym to jest, czy teraz to zniszczycie i odkreujecie, razy bóg wie ile razy? Zgoda, Niezgoda, Dobrze, Źle, POD i POC, Wszystkie 9, w Skrócie, Ponad, Nuklearne Sfery.

PEWNOŚĆ SIEBIE

Uczestniczka Salonu:
Chciałabym porozmawiać na nieco inny temat. Pewność siebie lub jej brak. Czy to jest energia? Czy to jest nastawienie umysłu? Zostałam oskarżona o brak pewności siebie i zastanawiam się, czy się z tym zgadzam.

Gary:
Ludzie mogą oskarżyć cię tylko o to, co oni sami robią. Czy już to słyszałaś?

Uczestniczka Salonu:
Tak, słyszałam to i myślę, że się z tym zgadzam.

Gary:
Nie, ty wymyślasz, że musisz się z tym zgodzić. Wymyślasz to, ponieważ jeśli ktoś tak mówi, to musi to być prawda.

Wszystko czym to jest, czy teraz to zniszczysz i odkreujesz, razy bóg wie ile razy? Zgoda, Niezgoda, Dobrze, Źle, POD i POC, Wszystkie 9, w Skrócie, Ponad, Nuklearne Sfery.

Uczestniczka Salonu:

Czym jest zatem pewność siebie? Czy to tylko wiara w samego siebie? Jeśli to tylko wiara, to jest to nonsens. Wiara jest nonsensem.

Gary:

Dlaczego przejmujesz się osobą, która ci to powiedziała?

Uczestniczka Salonu:

To jest osoba, o której zdecydowałam, że jest mi bliska.

Gary:

O boże. Innymi słowy, z tego powodu, że lubisz tę osobę, pozwalasz jej na nadużycia względem siebie.

Uczestniczka Salonu:

Aha, w porządku. Czyli po prostu puszczam to i mówię: „Nie ma to dla mnie znaczenia"?

Gary:

Tak. Przede wszystkim, czy to jest rzeczywiste – czy ty próbujesz sprawić, by to było rzeczywiste, ponieważ lubisz tę osobę?

Uczestniczka Salonu:

Próbowałam dostrzec jej punkt widzenia.

Gary:

Mój punkt widzenie jest taki, że tylko dlatego, że cię lubię, nie oznacza, że nie jesteś dupkiem. Kiedy bywasz dupkiem, to bywasz dupkiem. To wszystko.

Wszystko czym to jest, czy teraz to zniszczysz i odkreujesz, razy bóg wie ile razy? Zgoda, Niezgoda, Dobrze, Źle, POD i POC, Wszystkie 9, w Skrócie, Ponad, Nuklearne Sfery.

Uczestniczka Salonu:

Uwielbiam oglądać show z gwiazdami, ponieważ kocham patrzeć jak wyrażają swój talent. Czy błędnie zastosowałam i zidentyfikowałam to, że skoro mają pewność siebie, to wyrażają swój talent? Jeśli nie jest to pewność siebie, to czego jestem świadoma, kiedy ich oglądam?

Gary:

Marilyn Monroe wyrażała swój talent. Czy była pewna siebie?

Uczestniczka Salonu:

Nie jest lżejsze.

Gary:

Zgadza się. Ona nie miała pewności siebie. Ona myślała, że jeśli będzie pokazywała to, co pokazywała, to w końcu ktoś ją pokocha. To nie jest pewność siebie. Czy sama kreujesz sobie tych ludzi, mówiących ci, że bycie miłością to coś złego?

Uczestniczka Salonu:

Tak jest lżejsze.

Gary:

Wszystko czym to jest, czy teraz to zniszczysz i odkreujesz, razy bóg wie ile razy? Zgoda, Niezgoda, Dobrze, Źle, POD i POC, Wszystkie 9, w Skrócie, Ponad, Nuklearne Sfery.

Uczestniczka Salonu:

W tej rzeczywistości, kiedy zabierasz głos lub jesteś obecna w obnażeniu, ludzie mogą założyć, że nie jesteś pewna siebie.

Gary:

Czy to naprawdę brak pewności siebie – czy to jest miejsce, w którym wymyśliłaś, że nie możesz sobie ufać?

Uczestniczka Salonu:

Czyli kreujemy małe pułapki dla samych siebie, takie jak – „Nie będę sobie ufać, ponieważ nie mam pewności siebie" i wszystkie inne pomysły, które mamy.

Gary:

Oto proces, którego możesz słuchać w kółko:

Jakiej głupoty używam, by kreować brak zaufania do siebie, który wybieram? Wszystko czym to jest, czy teraz to zniszczysz i odkreujesz, razy bóg wie ile razy? Zgoda, Niezgoda, Dobrze, Źle, POD i POC, Wszystkie 9, w Skrócie, Ponad, Nuklearne Sfery.

Jedyną osobą, która wie, co jest dla ciebie właściwe, jesteś ty sama. Wszyscy inni mogą ci mówić dowolną rzecz pod słońcem, ale nie możesz im wierzyć. Ja nie wierzę nikomu. Dlaczego? Oni mogą widzieć tylko poprzez swój ograniczony punkt widzenia.

NIKT NIE MOŻE CIĘ WIDZIEĆ Z WYJĄTKIEM CIEBIE

Uczestniczka Salonu:
Jeśli nic się w międzyczasie nie zmienia, to kiedy przyjdzie do mnie, Gary, ta ogromna zmiana, w której mogę uciec od nadawania znaczenia temu, co inni mówią i temu, co ja o tym myślę?

Gary:
Dlaczego myślenie o ich słowach jest dla ciebie czymś wartościowym?

Uczestniczka Salonu:
Zastanawia mnie, czy mają rację.

Gary:
Chcesz przez to powiedzieć, że raczej w siebie zwątpisz, niż w siebie uwierzysz?

Uczestniczka Salonu:
Wow, tak.

Gary:
To nie jest twoja najbystrzejsza chwila, kochanie.

Wszystko czym to jest, czy teraz to zniszczysz i odkreujesz, razy bóg wie ile razy? Zgoda, Niezgoda,

Dobrze, Źle, POD i POC, Wszystkie 9, w Skrócie, Ponad, Nuklearne Sfery.

Pierwszą rzeczą, którą musisz rozpoznać jest to, że nikt ciebie nie widzi poza tobą. Nikt! Tylko ty masz wszystkie części swojej rzeczywistości. Tylko ty masz wszystkie części swojej świadomości. Tylko ty możesz widzieć każdy aspekt tego czym jesteś. Jeśli ciągle próbujesz wierzyć w to, że inni widzą pewne części ciebie, możesz równie dobrze przystawić sobie pistolet do ust i pociągnąć za spust. To zresztą robisz, za każdym razem, kiedy przyjmujesz czyjś punkt widzenia na twój temat. Przystawiasz sobie pistolet do głowy. Jedną z rzeczy, które wiem, jest to, że ludzie widzą tę część mnie, która pasuje do takiej ich części, w którą chcą wierzyć, że jest rzeczywistością.

Uczestniczka Salonu:
To ma sens.

Gary:
To wszystko co tam dla nich jest. Czyli, czy możesz im ufać?

Uczestniczka Salonu:
Nie.

Gary:
Zatem, dlaczego ciągle próbujesz ufać im, a nie sobie? Tu chodzi o to, abyś ufała sobie.

Uczestniczka Salonu:
W porządku, zrozumiałam.

Gary:

Czy wszystko to, co zrobiłaś, by wymyślać to, że możesz ufać innym bardziej niż sobie, mimo że to ty widzisz całą siebie, czy teraz to zniszczysz i odkreujesz? Zgoda, Niezgoda, Dobrze, Źle, POD i POC, Wszystkie 9, w Skrócie, Ponad, Nuklearne Sfery.

Uczestniczka Salonu:

Dziękuję, Gary!

Gary:

Dziękuję wam wszystkim za bycie takimi wspaniałymi, jakie jesteście. Dbajcie o siebie. Pa!

8
Tworzenie pokoju zamiast wojny

Sprawy nie zmieniają się w tej rzeczywistości dlatego, że przeciwko nim walczymy, tak, jak by to miało kreować pokój. Pragnę abyście zrozumiały, że problem kreuje to, jak obecnie jest na naszej planecie. Tak długo, jak role mężczyzn i kobiet pozostają odwrócone, utrzymujemy konflikt we wszechświecie.

Gary:
    Witajcie, panie.

ODWROTNOŚĆ RÓL MĘŻCZYZN I KOBIET

Będę teraz mówił o fakcie, że na tej planecie kobiety mają czynić pokój, a mężczyźni mają być wojownikami, podczas gdy, tak naprawdę, jest na odwrót. Role są odwrócone. Tak naprawdę, to kobiety są wojowniczkami, a mężczyźni rozjemcami.

Mężczyźni zostali nauczeni być agresorami, mają iść do pracy, mają konać nad przepaścią. Sprawy na tej planecie są popieprzone, ponieważ mamy mężczyzn próbujących bić się o pokój. Przez całą naszą historię toczyliśmy wojnę, by stworzyć pokój.

Jeśli chcielibyśmy stworzyć pokój, zamiast wojny i jeśli mielibyśmy kobiety walczące o przyszłość, znajdowalibyśmy się w znacznie lepszym położeniu. Jeśli wymyślałybyście kobiecą rzeczywistość, to czy niszczyłybyście rzeczy, by stworzyć przyszłość – czy raczej stworzyłybyście coś innego? Stworzyłybyście coś innego! Nie walczyłybyście przeciwko czemuś; walczyłybyście dla przyszłości.

Sprawy nie zmieniają się w tej rzeczywistości dlatego, że przeciwko nim walczymy, tak, jak by to miało wprowadzić pokój. Pragnę abyście zrozumiały, że problem kreuje to, jak w chwili obecnej jest na naszej planecie. Tak długo, jak role mężczyzn i kobiet pozostają odwrócone, utrzymujemy konflikt we wszechświecie. Musicie zacząć patrzeć z innej perspektywy.

Jakiej głupoty używacie, by kreować wymysł kobiecej rzeczywistości, który wybieracie? Wszystko czym to jest, czy teraz to zniszczycie i odkreujecie, razy bóg wie ile razy? Zgoda, Niezgoda, Dobrze, Źle, POD i POC, Wszystkie 9, w Skrócie, Ponad, Nuklearne Sfery.

Jakiej głupoty używacie, by kreować wymysł męskiej rzeczywistości, który wybieracie? Wszystko czym to jest, czy teraz to zniszczycie i odkreujecie, razy bóg wie ile razy? Zgoda, Niezgoda, Dobrze, Źle, POD i POC, Wszystkie 9, w Skrócie, Ponad, Nuklearne Sfery.

Odwrócenie męskich i kobiecych ról doprowadza was do ciągłego stanu konfliktu z tym, co jest dla was prawdą, co oznacza, że musicie szukać potwierdzenia ze strony kogoś innego. Musicie *wymyślać* kim lub czym jesteście, zamiast *być* tym, kim lub czym, jesteście. Musicie zwracać uwagę na to, czy inni ludzie was widzą, ponieważ jeśli *oni* was zobaczą, to może *wy* też możecie zobaczyć siebie. Niestety, to w ogóle nie działa. Widzenie czegokolwiek to wymysł.

Jakiej głupoty używacie, by kreować wymysł kobiecej rzeczywistości, który wybieracie? Wszystko czym to jest, czy teraz to zniszczycie i odkreujecie, razy bóg wie ile razy? Zgoda, Niezgoda, Dobrze, Źle, POD i POC, Wszystkie 9, w Skrócie, Ponad, Nuklearne Sfery.

Jakiej głupoty używacie, by kreować wymysł męskiej rzeczywistości, który wybieracie? Wszystko czym to jest, czy teraz to zniszczycie i odkreujecie, razy bóg wie ile razy? Zgoda, Niezgoda, Dobrze, Źle, POD i POC, Wszystkie 9, w Skrócie, Ponad, Nuklearne Sfery.

Uczestniczka Salonu:
Gdy dorastałam miałam pewne pojęcie o tym, kim są mężczyźni. Oni byli profesorami i mieli zapewnioną przyszłość, w sensie bycia profesorami zadającymi pytania. Kobiety prawie nie miały tożsamości. One były po prostu żonami profesorów i nie miały przyszłości.

TWOJA BITWA TOCZY SIĘ O PRZYSZŁOŚĆ

Gary:

Cóż, te kobiety miały przyszłość, ale ich przyszłość była przewidywalna ze względu na ich mężów. Prawdopodobnie nie zauważyłaś tego wówczas, jednak później w swoim życiu zauważyłem, że kobiety miały zadanie i one raczej poszłyby walczyć przeciwko *innym ludziom*, niż toczyć bitwę o stworzenie *przyszłości*. Niestety, tak ludzie funkcjonują. To nie jest ich najlepszy wybór, ale obecnie to właśnie wybierają.

Jeśli wy, panie, rozpoznałybyście, że wasza bitwa toczy się o tworzenie przyszłości – a nie o bicie się z kimś – może zaprzestałybyście walczyć przeciwko sobie nawzajem. Jedną z najtrudniejszych rzeczy jest sprawić, żeby ludzie przestali się bić pomiędzy sobą. Zatrzymaj się na chwilę, przecież ta kobieta nie jest twoim wrogiem, ale uczyniłaś ją swoim wrogiem. Czy to dlatego, że ona jest suką, a ty nią nie jesteś?

Uczestniczka Salonu:

Dokładnie.

Gary:

Powiedźmy to sobie wprost. Wszyscy jesteśmy sukami, wszyscy jesteśmy łajdakami, wszyscy jesteśmy dupkami. Dlaczego nie spojrzycie na to, co jest, zamiast na to, co ktoś mówi, że musi być. To właśnie musi się zmienić. Jeśli wy, panie, zaczniecie walczyć o tworzenie przyszłości, zamiast walczyć przeciwko temu co jest, to ten świat może się zmienić. Wy jesteście do tego zdolne.

Uczestniczka Salonu:

Czy możesz mi z tym pomóc? Jak wyglądałoby tworzenie przyszłości? W Australii często doświadczam męskiego świata, gdzie panuje szorstkość i niezdolność przyzwolenia na łagodność i życzliwość. Myślę, że kobiety zachowują się jak tarcze i przyjmują sposób bycia, który do tego pasuje. Myślę, że kiedy przyzwalamy na miękkość i życzliwość, i łagodność, to ludzi to odstrasza i przeraża.

Gary:

Czy to ich odstrasza, czy to zagraża ich rzeczywistości?

STAWANIE SIĘ WOJOWNICZKĄ

Jeśli próbujesz być łagodna, to zagraża ich rzeczywistości. Jeśli zaczęłabyś walczyć o tworzenie przyszłości, to chciałabyś się bić o to, czym naprawdę byłaby przyszłość, co oznaczałoby, że zamiast być tarczą, stałabyś się wojowniczką. Mówiłabyś rzeczy typu: „Powiedz to jeszcze raz, dupku, a odetnę ci jaja."

Uczestniczka Salonu:

Czy to właśnie mam robić?

Gary:

Tak, to właśnie robisz, jeśli chcesz walczyć o tworzenie innej rzeczywistości. Dlaczego nie będziesz sobą, zamiast być delikatnym istnieniem, którym próbujesz być? To mówienie co jest, zamiast walczenie przeciwko temu.

Rozmawiałem z kobietą, która powiedziała: „Ja chcę z góry mówić ludziom *co jest.*"

Nie tego potrzebujecie. Nie chcecie z góry mówić ludziom co jest. Wojowniczki czekają na odpowiedni moment, by wsunąć nóż, który stworzyłby otwarcie na inną możliwość, jako przyszłość. Wy myślicie, że macie być bardziej agresywne albo robić coś, co nie jest koniecznością. Toczenie bitwy o coś, różni się, od toczenia bitwy *przeciwko* czemuś.

Teraz większość z was próbuje walczyć przeciwko animozji, jaka istnieje pomiędzy mężczyznami a kobietami – ponieważ jest niewielu mężczyzn, którzy doceniają kobiety i niewiele kobiet, które doceniają mężczyzn. Czy to sprawia, że to jest poprawne lub niepoprawne – czy raczej to kreuje otwarcie dla innej możliwości?

Uczestniczka Salonu:
Gary, wyjaśnij co rozumiesz przez „to kreuje otwarcie dla innej możliwości." Jak to będzie wyglądać? Jak byś to zrobił?

Gary:
Jeśli miałabyś docenić swojego leniwego syna za to, że jest takim leniwym „dupkiem", to usiadłabyś sobie i ucięła błogą drzemkę. Czy to odmieniłoby twój związek z nim?

Uczestniczka Salonu:
Absolutnie. To by wszystko odmieniło.

Gary:
To jest miejsce, na którego otwarcie czekasz, to pozwoli ci wprowadzić coś, co wykreuje inną przyszłość. Nie możesz sprawić, by inni robili coś tak, jak ty chcesz. Zaufaj mi.

Próbowałem i za każdym razem, wielokrotnie, poległem na tym z kretesem, a ja naprawdę wiem jak polec.

Uczestniczka Salonu:

Świetnie! Jakie pytania możemy zadać, by mieć więcej świadomości w momencie, gdy to robimy?

Gary:

A co, jeśli zapytasz: Jaką energią, przestrzenią i świadomością mogę być, żeby być wojowniczką, którą prawdziwie jestem?

Wojowniczka wie jak to się robi. Wojowniczka chce prowadzić bitwę we właściwym czasie. Ona czeka na otwarcie, by zadać cios, który stworzy inną scenę, inny element bitwy. Jeśli próbujesz walczyć cały czas, wrzeszczysz bezskutecznie. Czy to działa?

Uczestniczka Salonu:

Nie działa!

WALKA O COŚ VERSUS WALKA PRZECIWKO CZEMUŚ

Gary:

Jeśli zaczniecie zapraszać pokój, który ukazywałby się w człowieku, zamiast próbować kreować go, jako osobę, z którą musicie walczyć, wówczas mogłaby się pojawić inna możliwość.

Możesz walczyć *przeciwko* czemuś albo o coś. Większość kobiet, które mają dzieci, będą walczyć, by chronić swoje dzieci. Czy to jest walka o coś, czy przeciwko czemuś?

Uczestniczka Salonu:
Walka przeciwko czemuś.

Gary:
Właśnie. Jeśli walczyłybyście o nie, to próbowałybyście dojść do tego, co mogłybyście zrobić albo co powiedzieć, albo kim być, co dałoby im wszystko to, czego wymagają.

Uczestniczka Salonu:
A gdzie tu jest łatwość?

Gary:
Łatwość polega na gotowości na tego rodzaju walkę.

MOŻLIWOŚCI I WYBORY

Uczestniczka Salonu:
Co jest ponad walką?

Gary:
Wybór. Jeśli walczysz o coś, walczysz by tworzyć przyszłość. Chcesz patrzeć na każdy wybór, który jest ci dostępny w każdym momencie. Trudność polega na tym, że jesteśmy wyszkoleni, by wierzyć, że są tylko dwa wybory – a to w rzeczywistości nie jest prawda.

Zostało wam wmówione, że jeśli dokonacie właściwego wyboru, to uzyskacie rezultat, którego sobie życzycie.

Jednak nie o to tu chodzi. Musicie dostrzegać możliwości wyborów i to, jak one mogą kreować i generować coś innego. To bardzo różni się od prób kreowania wyboru dwóch albo trzech opcji.

Pomyślcie o tym teraz: chcecie wykreować przyszłość, w której za trzy lata wasze życie będzie lepsze i poszerzone bardziej niż kiedykolwiek wiedziałyście, że jest to możliwe. Teraz, jak wiele wyborów i możliwości wykreowałyście zaledwie myśląc o tym? Setki, tysiące, miliony?

Uczestniczka Salonu:
Tak, tysiące, wiele.

Gary:
Wiele, wiele, wiele. Właśnie wykreowałyście tutaj 100 000 wyborów i każdy z nich może zostać wybrany, żeby wykreować nieco inną wersję przyszłości, którą stworzycie. Kiedy zaczniecie walczyć o kreowanie przyszłości, to zaczniecie dostrzegać, że każdy wybór, którego dokonujecie kreuje przyszłość. Mówicie: „Oh, dokonuję tego wyboru zamiast tamtego, ponieważ tamten wykreuje mniej w przyszłości niż ten." I zaczniecie widzieć przyszłość, i to, co zostanie wykreowane. Musicie się tego nauczyć, żeby rozpocząć ten proces. To jest coś, czego trzeba się nauczyć. To nie jest coś, co się zdarza automatycznie.

Jeśli funkcjonujemy z poziomu możliwości, zamiast innych rzeczy, to otwiera się dla nas zupełnie nowa era.

Uczestniczka Salonu:
Jak to się robi?

Gary:

Tu nie chodzi o – jak. Zaczynasz od: Moim zadaniem jest być wojowniczką i walczyć o tworzenie przyszłości. Kiedy zaczniecie tak funkcjonować, nie będziecie myślały o tym, czy ktoś was znieważył. Powiecie: „Wybacz, zniewaga nic nie znaczy; po prostu muszę cię zabić. Ok, pa!"

Uczestniczka Salonu:

Czy możesz powiedzieć o tym, jak mają się do siebie walka i wybór, i jak to pragmatycznie wygląda?

Gary:

Powiedzmy, że masz pół miliona dolarów. Masz wybór, by walczyć o tworzenie przyszłości, więc jak byś chciała, żeby ta przyszłość wyglądała? Jeśli próbujesz chronić te pieniądze i ich nie stracić, to czy walczysz o przyszłość czy przeciwko niej?

Uczestniczka Salonu:

Przeciwko.

Gary:

Musisz zapytać: Jakie mam przed sobą wybory, które wykreują i wygenerują przyszłość, którą chciałabym mieć? Potem zaczniesz dostrzegać, jak możesz tę przyszłość wprowadzić w życie.

Uczestniczka Salonu:

Ok, i tutaj dochodzi do tego łatwość.

ZWYCIĘŻANIE

Uczestniczka Salonu:

Czy mógłbyś, proszę, powiedzieć bardziej szczegółowo o tym, jak się zwycięża i podać pragmatyczne przykłady, jak to działa?

Gary:

Początkiem zwyciężania jest rozpoznanie pola, na którym jesteście wojowniczkami udającymi się na wojnę o kreowanie przyszłości. Jeśli udajecie się na wojnę, by kreować przyszłość, będziecie gotowe zdobywać mężczyznę, jeśli on jest kimś, kogo chcecie jako część tej przyszłości, albo kimś, kto tę przyszłość stworzy dla was.

Niedawno rozmawiałem z młodą kobietą. Jest bardzo młoda i bardzo ładna. Została przedstawiona nieco starszemu mężczyźnie, który jest nieco brzuchaty i nie do końca przystojny. Ona powiedziała: „Oh, nie wiem, czy chcę się z nim umówić."

Powiedziałem: „Wiesz co? Czy prosiłaś o kogoś, kto cię będzie ubóstwiał?".

Ona powiedziała: „Owszem, ale on nie jest przystojny".

Ja na to: „Przystojny mężczyzna nigdy nie będzie cię ubóstwiał, on będzie sam chciał być ubóstwiany."

Ona: „Co?"

Powiedziałem: „Każdy przystojny mężczyzna na tym świecie chce być ubóstwiany, ponieważ uważa, że to mu się należy. Wy chcecie być ubóstwiane, nawet jeśli myślicie, że nie jesteście ładne. Chcecie kogoś, kto będzie was ubóstwiał i kochał całkowicie. Ten mężczyzna jest wystarczająco stary i niewystarczająco przystojny, ale nie jest szpetny i on będzie cię totalnie uwielbiał. Rozważ to, jako możliwość."

Powiedziała: „Ok."

Ja na to: „Nie musisz za niego wychodzić na mąż i mieć z nim dzieci. Jedyne co masz zrobić, to rozpoznać, że on jest krokiem w kierunku posiadania kogoś, kto cię uwielbia. On może przedstawić cię komuś innemu, kto będzie cię jeszcze bardziej adorował. Kto wie? Musisz zechcieć spojrzeć na to, jak na kreowanie przyszłości."

Powiedzmy, że masz mężczyznę, który próbuje cię poprawić. Mężczyźni, którzy próbują cię poprawić postanowili, że jak tylko cię poprawią, będziesz dla nich odpowiednią osobą. Jeśli to właśnie wydarza się w twoim życiu, może zechcesz powiedzieć: „Dziękuję ci bardzo za to, co jesteś gotowy dla mnie zrobić. Chodźmy na zakupy." Przytrzymaj go na zakupach przez sześć godzin, a będzie to ostatni raz, kiedy on próbuje coś dla ciebie zrobić. Sześć godzin twojego bólu i cierpienia, żeby się go pozbyć. To jest właśnie zawładnięcie sytuacją – to wiedzenie co masz zrobić.

„CHCIAŁABYM ŻEBY RAZ W ŻYCIU UWIÓDŁ MNIE MĘŻCZYZNA!"

Uczestniczka Salonu:

Sprawy zdecydowanie się odmieniły odkąd wzięłam udział w Poziomie 2 i 3, oraz w paru teleklasach z tobą. Przeszłam od braku libido do bycia podnieconą przez cały czas. Ciągle myślę o uprawianiu seksu, zwłaszcza z

Garym i Dainem i innymi mężczyznami, którzy wiedzą jak zabawić się z kobietą w seksualno-zmysłowy sposób. Mam męża i nie pragnę uprawiać z nim seksu, dlatego że jest taki natarczywy i robi to na szybko, tak jak się to ogląda na porno. Chciałabym, żeby mężczyzna uwiódł mnie choć raz w życiu!

Gary:

Zrób ten proces:

Jaką energią, przestrzenią i świadomością mogę ja i moje ciało być, co pozwoli mi być uwodzoną i całkowicie nasyconą seksem przez całą wieczność? Wszystko co na to nie pozwala, czy teraz to zniszczysz i odkreujesz, razy bóg wie ile razy? Zgoda, Niezgoda, Dobrze, Źle, POD i POC, Wszystkie 9, w Skrócie, Ponad, Nuklearne Sfery.

Uczestniczka Salonu:

Jak mogę nauczyć mojego męża, by był powolny, zmysłowy, pielęgnujący i wszystkich innych dobrych rzeczy? Jest to dla mnie wyzwanie, żeby prosić o to, co lubię.

Gary:

Mogłabyś kupić książkę – „Seks to nie czteroliterowe słówko" i położyć ją w łazience, i udawać, że czytasz. W ten sposób, kiedy on pójdzie do łazienki, weźmie ją do ręki i zacznie czytać. Jeśli zacznie spędzać coraz więcej czasu w łazience, to wkrótce dostaniesz to, czego pragniesz.

ŻYCIE DLA INNYCH LUDZI

Uczestniczka Salonu:

Od momentu dorastania, aż do niedawna, emocjonalnie byłam rodzicem dla moich rodziców. Próbowałam ich chronić i dbać o nich.

Gary:

Do niedawna? Nadal będziesz to robić. To jest powód, dla którego twoi rodzice cię mieli. Oni chcą kogoś, kto się nimi zajmie, aby ich życie było prawdziwe i dobre. Wiele z was nie zdaje sobie sprawy z tego, że wasi rodzice mieli was po to, by wiedzieć, że ktoś się o nich troszczy. Wybrali ciebie, żeby mieć kogoś, kto się będzie o nich troszczył, podczas gdy oni niewystarczająco troszczyli się o samych siebie. Miałaś to wszystko dla nich zrobić. Oni nie mogli troszczyć się o ciebie, bo próbowali sprawić, abyś to ty troszczyła się o nich.

Wszędzie gdzie nie byłyście skłonne postrzegać, wiedzieć, być i otrzymać to, czy teraz to zniszczycie i odkreujcie, razy bóg wie ile razy? Zgoda, Niezgoda, Dobrze, Źle, POD i POC, Wszystkie 9, w Skrócie, Ponad, Nuklearne Sfery.

Oto proces, którego niektóre z was potrzebują. Jest to rezultat nadesłanych przez was pytań. Chciałbym żebyście go robiły:

Jakiej głupoty używacie, by kreować wymysł wymagań i warunków życia z innymi ludźmi, przez nich oraz dla nich, który wybieracie? Wszystko czym to jest, czy teraz to zniszczycie i odkreujcie, razy bóg wie ile razy? Zgoda, Niezgoda, Dobrze, Źle, POD i POC, Wszystkie 9, w Skrócie, Ponad, Nuklearne Sfery.

Uczestniczka Salonu:
Czy to ma coś wspólnego z potrzebą akceptacji?

Gary:
Nie. Ty myślisz, że to ma coś wspólnego z potrzebą akceptacji. Jeśli szukasz akceptacji, nie jesteś gotowa, by rozpoznać samą siebie. To rozpoznanie siebie jako wojowniczki, która walczy o kreowanie przyszłości. Jeśli zaczniesz tak funkcjonować, twoje pojęcie tego, kim jesteś, będzie wspanialsze niż kiedykolwiek wcześniej. Odwrócenie męskich i kobiecych ról doprowadza was do ciągłego stanu konfliktu z tym, co jest dla was prawdą, co znaczy, że poszukujecie aprobaty pośród innych. Musicie wymyślać kim lub czym jesteście, zamiast być tym kim lub czym jesteście. Musicie zwracać uwagę na to, czy inni ludzie was widzą, ponieważ jeśli oni was zobaczą, to może wy też możecie zobaczyć siebie. Z tym, że to nie działa. Widzenie czegokolwiek to wymysł.

Wszystko czym to jest, czy teraz to zniszczycie i odkreujcie, razy bóg wie ile razy? Zgoda, Niezgoda, Dobrze, Źle, POD i POC, Wszystkie 9, w Skrócie, Ponad, Nuklearne Sfery.

WIZUALNA REPREZENTACJA ORAZ WYMYSŁY

Uczestniczka Salonu:

Czy możesz, proszę, wyjaśnić jeszcze, w jaki sposób widzenie jest wymysłem?

Gary:

Na naszej ostatniej teleklasie mówiłem o tym, jak kiedyś oglądałem telewizję. Wizualnym wyobrażeniem namiętności były czyjeś majtki spadające na podłogę. To miało przedstawić namiętność. To nie była namiętność; to były majtki spadające na podłogę. Mamy taki punkt widzenia, że wizualne przedstawienie świata jest prawdą o świecie.

Jakiej głupoty używacie, by kreować wymysł wizualnej rzeczywistości, jako prawdziwej rzeczywistości, który wybieracie? Wszystko czym to jest, czy teraz to zniszczycie i odkreujcie, razy bóg wie ile razy? Zgoda, Niezgoda, Dobrze, Źle, POD i POC, Wszystkie 9, w Skrócie, Ponad, Nuklearne Sfery.

Próbujecie widzieć sprawy w taki sposób, w jaki inni je przedstawiają. Weźmy za przykład kogoś, kto jest intelektualistą z Nowego Jorku. On będzie nieprzerwanie mówił o tym, co jedna linijka z książki oznacza. Zrobi wszelkiego rodzaju założenia na temat tego, jaki był punkt widzenia autora. Jeśli spojrzysz na linijkę, do której on się odnosi, to stanie się dla ciebie jasne, że dziewięćdziesiąt procent tego, co ów intelektualista wysnuł, było tym, co on próbował zobaczyć. To był wymysł, a nie rzeczywistość. My też właśnie tak robimy w naszym świecie. Próbujemy wymyślać coś, czego nie ma.

Uczestniczka Salonu:
Jako dziecko miałam wiele kłopotów, żeby to zobaczyć.

Gary:
To dlatego, że wiedziałaś, że to jest wymysł, ale ludzie wciąż ci mówili, że to była rzeczywistość. Ludzie kreują wymysły, jako rzeczywistości. Czy kiedykolwiek zauważyłyście, że kiedy ludzie się wypowiadają, czasami wydaje mi się, jakby recytowali kwestie z filmu? Oni formułują swoje kwestie w sposób, w którym nie bardzo są sobą. Wiecie, że to jest dla nich wymyślona rzeczywistość. To jest wizualne przedstawienie tego, o czym myślą, że powinni być, a nie świadomość tego kim są.

Jakiej głupoty używacie, by wykreować wymysł wizualnej rzeczywistości, jako prawdę o tej rzeczywistości, jako jedynej rzeczywistości, którą możecie wybrać, którą wybieracie? Wszystko czym to jest, czy teraz to zniszczycie i odkreujcie, razy bóg wie ile razy? Zgoda, Niezgoda, Dobrze, Źle, POD i POC, Wszystkie 9, w Skrócie, Ponad, Nuklearne Sfery.

Polecam żebyście zmądrzały i rozpoznały miejsca, w których zakleszczacie się w punktach widzenia na temat tego, co powinnyście zrobić, a które są wymysłami, a nie kreacjami. Jeśli będziecie wojowniczkami w walce o kreację przyszłości, musicie pozbyć się wymysłów. Jak wiele z tego, co właśnie robicie w swoich związkach jest wymysłem? Wiele, niewiele, czy megatony?

Uczestniczka Salonu:
Megatony.

Gary:
Wszystko to, czy teraz to zniszczycie i odkreujcie, razy bóg wie ile razy? Zgoda, Niezgoda, Dobrze, Źle, POD i POC, Wszystkie 9, w Skrócie, Ponad, Nuklearne Sfery.

Jak wiele z tego, co widzicie jako problemy w waszych pytaniach, jest w rzeczywistości wymysłami?

Wszystko co zrobiłyście, by to wymyślić, razy bóg wiele ile razy, czy teraz to wszystko zniszczycie i odkreujcie? Zgoda, Niezgoda, Dobrze, Źle, POD i POC, Wszystkie 9, w Skrócie, Ponad, Nuklearne Sfery.

Musicie zechcieć zobaczyć, jak wiele w waszych związkach wymyśliłyście, jako problem. Czy jesteście jak ta kobieta, która powiedziała, że wyzwaniem dla niej jest prosić o to, czego pragnie w łóżku? Czy nie jesteście gotowe stracić swojego męża? Jeśli byłybyście gotowe stracić swojego męża, czy to wykreowałoby dla was inną możliwość, taką, w której mogłybyście poprosić go o to, czego pragniecie? Okazuje się, że to dotyczy każdej z was, która bierze udział w tej klasie.

Wszystko czym to jest, czy teraz to zniszczycie i odkreujcie, razy bóg wie ile razy? Zgoda, Niezgoda, Dobrze, Źle, POD i POC, Wszystkie 9, w Skrócie, Ponad, Nuklearne Sfery.

Uczestniczka Salonu:
   Czym jest wymysł?

Gary:
   Wymysł jest tym: Włącz telewizję i popatrz jak dwoje ludzi się całuje. Powinno chodzić o to, jak bardzo się o siebie troszczą, jak siebie pragną. Czy to jest prawda, czy wymysł? Wszystkie myśli, uczucia, emocje, seks i brak seksu, to wymysły.

Uczestniczka Salonu:
   Widzę, że wszystko jest wymysłem.

Gary:
   Ogromna ilość rzeczy jest wymysłem, poza tym, kiedy naprawdę kreujesz przyszłość. Tak wiele z tego, co w swoim życiu zrobiłyście, jest wymysłem. Próbujecie wymyślić kim jesteście. Próbujecie wymyślić swoją sytuację finansową. Próbujecie wymyślić swoje związki i to, jak wszystko ma wyglądać, dla innych. Chodzi o to, na co to wygląda, a nie czym jest. Wszystko jest odwrotnością tego, jak to wygląda i nic nie jest odwrotnością tego, jak to wygląda. Wszystko to wymysł.

   Wszystko czym to jest, czy teraz to zniszczycie i odkreujcie, razy bóg wie ile razy? Zgoda, Niezgoda, Dobrze, Źle, POD i POC, Wszystkie 9, w Skrócie, Ponad, Nuklearne Sfery.

Uczestniczka Salonu:

Dziękuję ci za tę klasę, Gary. Ta część mojej rzeczywistości jest jak przestarzała energia, jednak wiele się teraz dzieje i nowa możliwość się otwiera.

Gary:

To jest powód – dlaczego próbuję sprawić – abyście rozpoznały, że wszystko to wymyślacie zamiast to kreować. Jeśli podejmiecie decyzję, że jesteście w kimś zakochane, czy to jest prawdziwa kreacja czy wymysł?

Uczestniczka Salonu:

Wymysł.

Gary:

Tak, dlatego że to jest myśl, uczucie oraz emocja.

KREUJ Z WYBORU, MOŻLIWOŚCI, PYTANIA ORAZ WKŁADU

Uczestniczka Salonu:

Jak w takim razie kreowanie wygląda? Nie rozumiem tego.

Gary:

Kreowałyście poprzez wymysł. Nie kreowałyście z wyboru, możliwości, pytania oraz wkładu.

Uczestniczka Salonu:

Czy to jest takie jak generatywna energia?

Gary:

Kiedy funkcjonujesz poprzez energię, to jest generatywne i kreatywne. Zacznij generować i kreować będąc wojowniczką, która walczy o kreowanie przyszłości. Dosłownie poczuj solidność energii „Jestem wojowniczką, która walczy o kreowanie przyszłości." W twoim wszechświecie nie ma wątpliwości, kiedy to mówisz. Nagle wątpliwość odchodzi i już wiesz co robić. Staje się to bardzo pragmatyczne i ustanawialne. Tak długo jak w tym kierunku zmierzam, wiem dokąd idę.

Uczestniczka Salonu:

Jak mamy być wojowniczkami, uzdrowicielkami, zdobywczyniami bez przemocy i ponad nią?

Gary:

Wciąż patrzycie na to, co dzieje się na tej planecie przez pryzmat tego, jak mężczyźni kreują. To jest problem, ponieważ muszą występować przeciwko swojemu pragnieniu pokoju, żeby wykreować wojnę. Żeby tak się stało oni kreują złość, wściekłość, furię oraz nienawiść (z czego wszystko jest destruktywnym implantem) jako coś rzeczywistego, aby wypełniać misję bycia zdobywcami oraz niszczycielami tego świata, którymi myślą, że muszą być.

Jeśli kreowałybyście z innej przestrzeni: „Jak mogę to poszerzyć i kreować przyszłość?" nie tworzyłybyście destrukcji, złości, wściekłości, furii oraz nienawiści żeby tam dotrzeć. Tworzyłybyście pytanie, wybór, możliwość oraz wkład.

Uczestniczka Salonu:
Wow, to jest fajne. Dziękuję.

NIE WYKLUCZAJCIE ZŁOŚCI

Uczestniczka Salonu:
Słuchałam nagrania na CD, na którym mówisz o nie wykluczaniu – w tym również o nie wykluczaniu złości. Mówisz teraz, że złość, to destruktywny implant. Czy możesz powiedzieć o tym coś więcej, proszę?

Gary:
Tak, złość to destruktywny implant. Jest od tego wyjątek, złość jest rzeczywista i nie jest *destruktywnym* implantem wtedy, gdy ktoś was okłamuje.

Musicie włączyć złość jako część imprezy. To nie jest tak, że macie włączyć *destruktywny* implant, ale musicie zawrzeć złość w takim stopniu, aby zdawać sobie sprawę, gdy ktoś używa jej jako *destruktywnego* implantu. Jeśli próbujecie wyeliminować albo wykluczyć *destruktywne* implanty, to próbujecie widzieć jak bardzo są one nieobecne, zamiast widzieć to, kiedy są obecne.

Uczestniczka Salonu:
Mam taki punkt widzenia, że nie znoszę się złościć. Wkurzam się kiedy czuję złość i nie bardzo wiem, co z tym zrobić.

Gary:

Jeśli uwzględnisz złość, wtedy może ona być czymś, co na moment pojawi się – a ty wtedy możesz być ponad nią. Albo kiedy pojawi się, możesz zapytać: „Czy ta osoba mnie okłamała?". Jeśli odbierasz tak, złość odchodzi. Kiedy tłumisz złość, wtedy ona eksploduje i to cię rani. To rani twoje ciało i sprawia, że jesteś wzburzona dlatego, że ją masz. Z twojego opisu wynika, że próbujesz tłumić złość i do tego nie dopuszczać. Zatem, kiedy to się już zdarza, jest to gigantyczna eksplozja, co nie jest pomocne. I do tego rani.

Uczestniczka Salonu:

Obawiam się tego, co się wydarzy z moją złością wobec mojego syna, jeśli jej nie będę tłumić.

Gary:

Musisz w to również włączyć swoja złość wobec syna i powiedzieć: „Jeśli zrobisz to jeszcze raz, wsadzę ci głowę do sedesu i spuszczę wodę." Zrobiłem to dziś z moim dzieckiem. On dzwoni do mnie cały czas i mówi: „Chodźmy napić się czegoś, chodźmy na kolację." On ciągle chce spędzać czas razem. Kocha mnie niewiarygodnie, ponieważ jestem z nim szczery. Dzisiaj nie stłumiłem swojej złości, wyraziłem ją, ale nie eksplodowałem cały przy nim, co tak wiele osób czyni.

Uczestniczka Salonu:

Więc jak mam to robić? Jakie pytanie potrzebuję zadać zanim eksploduję?

Gary:

Jaką energią, przestrzenią i świadomością mogę być, co pozwoli mi włączyć moją złość w moją rzeczywistość na całą wieczność?

„JA JESTEM TYLKO NAIWNĄ MAŁĄ DZIEWCZYNKĄ"

Uczestniczka Salonu:

Od dłuższego czasu unikam odkrywania czy przedyskutowania pewnej sprawy. Myślę, że zwykle wybieram bycie przyjazną, radosną, otwartą seksualnie, zachęcającą, odważną i wiele więcej, dzięki Access Consciousness i dzięki tobie, Gary. Zdaje się, że wszystko to doprowadza do tego, że mężczyźni, jak również czasami ich partnerki, przeinaczają moje intencje i postrzegam ich projekcje, oczekiwania, separację, osądy i odmowy. Nie jestem świadoma tego, co się dzieje.

Gary:

Być nieświadomą to być naiwną. Nie otrzymywanie projekcji, oczekiwań, separacji, osądów i odmów, to sposób na utrzymanie „Ja jestem tylko naiwną małą dziewczynką." To doprowadziłoby cię do takich rzeczy, jak śmianie się lub chichot w nieodpowiednich momentach, robienie tego, czego nie chcesz robić, i posiadanie wokoło ludzi, którym nie będziesz wiedziała jak odmówić.

Kiedy nie jesteś świadoma tego co się dzieje, zapytaj: Jakiej głupoty używam, by kreować naiwność, którą wybieram?

Masz być wojowniczką kreującą przyszłość. Inny punkt widzenia będzie ci się ukazywał i nie będziesz chichotała, aby dostać to, czego chcesz.

DO KOGO TO NALEŻY? CZY TO JEST MOJE?

Uczestniczka Salonu:
Kiedy jestem świadoma, że mężczyzna jest mną zainteresowany, robi mi się niekomfortowo. Czasami chichoczę albo podnoszę bariery, lub nawet flirtuję z nim po to, żeby on poczuł się źle lub niekomfortowo.

Gary:
Czy kiedykolwiek zadałaś sobie pytanie: Do kogo to należy?
Mężczyźni są najbardziej niepewnymi siebie ludźmi na tej planecie, panie. Jeśli wy czujecie się niepewne siebie, to jest dziewięćdziesięcio dziewięcio procentowa szansa, że to jest męski punkt widzenia. Bardzo niewielu mężczyzn ma całkowitą pewność siebie. Właśnie oni onieśmielają wszystkich. Jeśli jesteście onieśmielone przez ludzi, to prawdopodobnie dlatego, że oni czują się wygodnie w swojej skórze, a jeśli wy nie czujecie się w swojej skórze wygodnie, to dlatego, że jesteście świadome – a nie dlatego, że macie problem. Kocham was – musicie przez to przejść.

Uczestniczka Salonu:
Gdzieś kupiłam projekcje, oczekiwania, separację, osądy i odmowy wszystkich, jako rzeczywiste. Miałam to sobie za

złe, obwiniłam się za to, sparaliżowało mnie to i podniosłam swoje bariery. Chciałabym mieć z tym większą jasność.

Gary:

Wow, co za piękny wymysł.

Ile z was wymyśla sposoby radzenia sobie z mężczyznami, kobietami oraz związkami? Wszystko czym to jest, czy teraz to zniszczycie i odkreujcie, razy bóg wie ile razy? Zgoda, Niezgoda, Dobrze, Źle, POD i POC, Wszystkie 9, w Skrócie, Ponad, Nuklearne Sfery.

Musicie uporać się z faktem, że 99% tego wszystkiego nie należy do was. Musicie zacząć zadawać sobie pytanie: Czy to jest moje? Kiedy to zrobicie, odkryjecie, że nic z tego nie jest wasze. Niepewność i cała reszta nie należą do was. Niechęć bycia odrzuconym również nie należy do was. Proszę zrozumcie, że to nie jest wasze, moje kochane. Wy nie macie tych punktów widzenia.

ZWIĄZKI NA WYŁĄCZNOŚĆ

Uczestniczka Salonu:

Dziękuję za te teleklasy. Rozumiem, że to jest naprawdę w porządku żeby mieć kochanka. On nie musi zaspokoić wszystkiego – i teraz mam naprawdę niesamowite życie.

Gary:

Właśnie tak, musicie zyskać świadomość tego, że nie musicie mieć jednej osoby, która zaspokoi wszystkie wasze pragnienia. Czy nieograniczone istnienie miałoby w swoim życiu tylko jedną osobę? Cała idea związków na wyłączność polega na wykluczeniu wszystkich poza jedną osobą, a kiedy tak robicie, to w tych „wszystkich" często zawieracie się również wy same. Zaczynacie staczać się wykluczając same siebie, zamiast rozpoznawać „Ok, włączam w to samą siebie." Nie pytacie:

- Co tak naprawdę chciałabym mieć?
- Co sprawiłoby, żeby moje życie było zabawą?

Nie mówicie: Tylko dla mnie, tylko dla zabawy, nikomu o tym nie mów!

BYCIE KONTRA ROBIENIE

Uczestniczka Salonu:

Potrzebuję wyjaśnienia w kwestii bycie kontra robienie. Myślę, że próbuję odnosić sukcesy, robiąc różne rzeczy, jednak czuję się, jakbym była nieprzystosowana, jakbym była nieudacznikiem i jak by zależało mi tylko na wyniku. Co się dzieje? Czy możesz mi pomóc, dając odkreowanie, które mogę robić?

Gary:

Jakiej głupoty używam, by kreować wymysł poprzez działania, które wybieram? Wszystko czym to jest, czy teraz to zniszczę i odkreuję, razy bóg wie ile razy? Zgoda, Niezgoda, Dobrze, Źle, POD i POC, Wszystkie 9, w Skrócie, Ponad, Nuklearne Sfery.

Zrozumiałaś to? Wymyślasz działając, tak jakbyś działając kreowała, podczas gdy tak nie jest.

CZY POWRACAMY, ABY COŚ ZROZUMIEĆ?

Uczestniczka Salonu:

Słyszałam, że często inkarnujemy raz po razie, żeby być z określonymi osobami. Jaką ty masz w tym temacie świadomość? Czy robilibyśmy to z powodu preferencji, jak również po to, aby przy tej okazji pozbyć się ograniczeń jakie mamy wokół jakieś osoby?

Gary:

Nie, zazwyczaj wybierasz osoby, które cię ograniczają, aby móc ich zabić w tym życiu. Jeśli ktoś jest dla ciebie niezwykle atrakcyjny lub jeśli odczuwasz namiętność względem jakieś osoby, zwykle opiera się to na idei, że w tym życiu albo ty zabijesz tę osobę, albo ona ciebie.

Zatem, czy powracamy, aby coś zrozumieć? Okazuje się, że nie! Kiedy byłem na etapie metafizycznym, powiedziano mi, że wybierasz ludzi, aby móc pozbyć się swoich ograniczeń, ale do tej pory nie odkryłem, żeby to była prawda. Kiedy tworzysz z kimś zmieniający się związek, to dlatego, że zabijaliście się nawzajem przez wieki i sprawdzacie czyja teraz kolej.

MIŁOŚĆ OD PIERWSZEGO WEJRZENIA

Uczestniczka Salonu:

Czy miłość od pierwszego wejrzenia naprawdę istnieje?

Gary:

Tak, ponieważ macie tyle paktów, traktatów, ślubów, obietnic, przysiąg i zobowiązań z innych wcieleń, że kiedy wpadacie na kogoś z kim byłyście związane w innym wcieleniu, to nagle to wszystko przywołujesz. To nie ich zewnętrzna aparycja kreuje ten odzew, ale ich forma energetyczna. Nagle rozkochujecie się w tej osobie.

Wszystkie pakty, przysięgi, zobowiązania, traktaty, śluby i obietnice, które macie względem kogokolwiek przez wszystkie wcielenia, z jakiegokolwiek wcielenia, a które wciąż istnieją, czy teraz je zniszczycie i odkreujecie? Zgoda, Niezgoda, Dobrze, Źle, POD i POC, Wszystkie 9, w Skrócie, Ponad, Nuklearne Sfery.

Dobra wiadomość jest taka, że wiele tego narobiłyście. Zła wiadomość jest taka, że wiele tego narobiłyście!

ETYKIETY OGRANICZAJĄ MOŻLIWOŚCI

Uczestniczka Salonu:

Zrobiłam kiedyś eksperyment, w którym zdecydowałam żeby nie odnosić się do mojego chłopaka jako do mojego chłopaka, ale jak do dobrego przyjaciela. Tego dnia zauważyłam, że moje zachowanie wobec niego było inne. Interakcje między nami były mniej kontrolujące, a bardziej zabawne. Podejrzewam, że ma to coś wspólnego ze znaczeniem słowa *chłopak* (ang. boyfriend – chłopak przyjaciel). Czy możesz coś o tym powiedzieć? Czy znaczenia słów i etykietki mają naprawdę aż taką moc?

Gary:

Tak. Za każdym razem, gdy oznaczasz etykietką to, kim ktoś jest dla ciebie, nie możesz otworzyć drzwi do większych możliwość, niż to, czym jest ta etykietka. Ograniczasz możliwości każdą etykietą, którą komuś nadajesz. Dlatego proszę ludzi, by osobę, którą lubią nazywać kimś *nieznaczącym*, a nie kimś *znaczącym*. Jeśli ta osoba jest kimś nieznaczącym, wtedy istnieje więcej możliwości. Jeśli on lub ona, jest dla ciebie kimś znaczącym, wtedy sprawiasz, że to jest ważniejsze, znaczące, kontrolujące – i w ogóle nie jest zabawne.

Wszystko co zrobiłyście, by wymyślić to wszystko jako naprawdę ważne, czy teraz to zniszczycie i odkreujecie? Zgoda, Niezgoda, Dobrze, Źle, POD i POC, Wszystkie 9, w Skrócie, Ponad, Nuklearne Sfery.

CZY TAK NAPRAWDĘ MOŻESZ COKOLWIEK KONTROLOWAĆ?

Uczestniczka Salonu:

Czy możesz powiedzieć więcej o koncepcji kontroli? Czy to jest energia, czy mentalna koncepcja? Rozumiem, że utknęłam pomiędzy dwoma biegunami, kontrolowania i niekontrolowania, i zmagam się z tym, kiedy mam kontrolować, a kiedy odpuścić. Sprawiam, że koncepcja kontroli ma nade mną moc.

Gary:

Kontrola jest w przeważającej mierze wymysłem. Czy świadomy związek miałby w sobie kontrolę? Nie. Czy tak naprawdę możesz cokolwiek kontrolować? Spróbuj skontrolować energię w pokoju. Czy możesz? Nie. Dlaczego? Energia jest nie do skontrolowania. Czy twój partner jest energią? Tak. Jeśli próbujesz sprawić, by był kontrolowalny, to bardzo musisz mu zawęzić jego rzeczywistość? Jak bardzo musisz mu zawęzić jego życie, istnienie i ciało, żeby go kontrolować? Bardzo, nie bardzo, czy za bardzo? Za bardzo!

Wszystko czym to jest, czy teraz to zniszczycie i odkreujcie, razy bóg wie ile razy? Zgoda, Niezgoda, Dobrze, Źle, POD i POC, Wszystkie 9, w Skrócie, Ponad, Nuklearne Sfery.

MIŁOŚĆ SAMA W SOBIE JEST WYMYSŁEM

Uczestniczka Salonu:

Co jest ponad wymysłem bycia zakochanym?

Gary:

Miłość sama w sobie jest wymysłem. To jest prawdopodobnie najtrudniejsza rzecz do zrozumienia przez ludzi. Ludzie mówią: „Ta osoba cię kocha." Czy on lub ona kochają cię? Czy raczej on lub ona czegoś od ciebie *pożądają?* Twój partner cię kocha. Czy twój tata lub mama kochają cię tak samo? Całkowicie inaczej. Czy jedno albo drugie jest miłością – czy wszystko to są wymysły na temat tego, czym jest miłość?

Uczestniczka Salonu:
Wymysły.

Gary:
Tak, miłość to wymysł. Czy masz więcej wdzięczności dla mamy czy taty?

Uczestniczka Salonu:
Dla mojej mamy za to, że mnie urodziła – a dla taty za to, że lepiej się z nim dogaduję.

Gary:
Masz wdzięczność dla swojego taty, a mamę tolerujesz.

Uczestniczka Salonu:
Dokładnie tak jest, dziękuję.

Gary:
Ludzie, musicie nazywać rzeczy po imieniu. Jeśli tolerujesz swoją mamę, to w porządku. Jeśli jesteś w stanie wdzięczności dla kogoś, to jest coś innego. Wdzięczność nie ma osądu, miłość owszem. Oto powód, dla którego mówię, że miłość to wymysł. Jeśli bym naprawdę kochał, nie miałbym osądów. Prawdziwe kochanie to stałe wyrażanie możliwości. Czy rozumiecie jaka jest różnica?

Uczestniczka Salonu:
Czy jeśli mamy świadomy związek ze wszystkimi istnieniami, to sprzyja to kreowaniu innej przyszłości?

Gary:

Jeśli jesteś gotowa, by kreować swoją rzeczywistość, to będziesz miała inny związek z każdą osobą, z którą jesteś w kontakcie. Będziesz bardziej otwarta na większe możliwości niż inni ludzie. Czy to oznacza, że oni otrzymają to, co ty masz do powiedzenia? Nie. Czy oni otrzymają ciebie? Nie. Czy to oznacza, że odmienimy rasę human/humanoid na tej planecie? Z odrobiną szczęścia, owszem. Po prostu podobaj się samej sobie, ponieważ jesteś tą, która kreuje możliwości.

KAŻDY ZWIĄZEK TO WYMYSŁ

Uczestniczka Salonu:

Czy związki nie są kolejnym wymysłem?

Gary:

Tak, każdy związek to wymysł. Związek jest tu kreowany jako wymysł.

Uczestniczka Salonu:

Wszędzie tam, gdzie funkcjonuję, będąc w synchronizacji ze związkiem, to zdaje się być wymysłem. Nie wiem, jak funkcjonować poza tym i koniec końców w ogóle nie chcę wchodzić w związek, ponieważ mam świadomość, że to jest głupie.

Gary:

Czy to jest świadomość czy konkluzja?

Uczestniczka Salonu:

Nie wiem. Nie mam w tym jasności.

Gary:

To raczej jest konkluzja. A co, jeśli zadasz pytania:
- Czy to się uda?
- Czy to będzie dla mnie zabawne i interesujące?
- Czy to wykreuje i wygeneruje więcej w moim życiu?

Jeśli zaczniesz funkcjonować jako wojowniczka, która idzie na bitwę o kreowanie przyszłości, dostrzeżesz: „Oh! Nie wybieram żeby być z tą osobą, ponieważ to nie będzie kreowaniem przyszłości, która byłaby dla mnie jakimkolwiek wkładem, ani ja nie mogłabym być wkładem, którym chcę być." Czy rozumiecie różnicę?

Uczestniczka Salonu:

Rozumiem. Czy konieczne jest tutaj jakieś odkreowanie, by pozbyć się szarpaniny, którą mam wokół związków?

Gary:

Prawda, czy ty tak naprawdę chcesz związku?

Uczestniczka Salonu:

Nie.

Gary:

Zatem nie ma problemu!

Uczestniczka Salonu:

Podczas tych teleklas, wszyscy mówią o związkach. O niczym innym. To jest to, co robią wszyscy.

Gary:

To nie wszystko. Czy nie mówiłem wam o tym, że waszym prawdziwym zadaniem jest kreowanie przyszłości?

Uczestniczka Salonu:

Zgadza się, to jest świetne.

Gary:

Próbuję doprowadzić was do świadomości tego, po co tutaj tak naprawdę przyszłyście i co jest naprawdę dla was możliwe. Jeśli chcecie związku, uczynię co mogę, by również w tym wam pomóc, ale chciałbym również abyście wszystkie wy, które nie pragniecie, nie potrzebujecie albo nie chcecie związku, wiedziały, że nie musicie wchodzić w związek. To jest tylko kwestia wyboru. To jest właśnie to, w jaki sposób wszyscy z nas muszą funkcjonować.

WOJOWNICZKA JEST GOTOWA ZROBIĆ WSZYSTKO TO, CO SPRAWI, ŻE ZWYCIĘŻY BITWĘ

Uczestniczka Salonu:

Mam pytanie dotyczące bycia wojowniczką. Myślę o wojowniczkach jako istnieniach, które robią wszystko samodzielnie. Kiedy przyglądam się kreowaniu i generowaniu przyszłości, która działałaby dla mnie, coraz bardziej zdaje się, że współpracowałabym z innymi ludźmi. To tak, jak gdyby nasze przyszłości się nakładały. O co tu chodzi? Czy możesz powiedzieć o byciu wojowniczką i o współpracy?

Gary:

Wojowniczka jest gotowa zrobić wszystko to, co sprawi, że zwycięży bitwę. Jeśli to oznacza, że będzie stać z kimś ramię w ramię naprzeciw niewyobrażalnym trudnościom, to ty to zrobisz. Jeśli to oznacza, że będzie gnać bez opamiętania do przodu, to ty to zrobisz. Kiedy naprawdę jesteś wojowniczką, to będziesz orać ziemię, jeśli tego wymaga wykreowanie przyszłości jakiej potrzebujesz. Użyjesz swojego miecza, by sadzić rośliny. Użyjesz swojej broni, by stworzyć barykady przeciwko najeźdźcom. Zrobisz cokolwiek będzie wymagane. Wojowniczka nie ciosa, nie nagina się, nie zabija, nie uszkadza tak po prostu. Wojowniczka jest tą, która potrafi zrobić cokolwiek jest wymagane, by dotrzeć tam, dokąd zmierza.

Właśnie dlatego wciąż próbuję abyście pojęły, panie, że wy jesteście wojowniczkami – ponieważ wy zrobicie cokolwiek jest wymagane, by wciąż podążać. Nie zawahacie się by tego dokonać, chyba że wchodzicie w projekcje, oczekiwania, odmowy, separacje, osądy albo w miejsce, w którym czujecie, że jesteście w błędzie. Wychodzicie z tego i zdajecie sobie sprawę z tego, że: „Jestem wojowniczką, która będzie walczyć o kreowanie przyszłości."

INTERESUJĄCY PUNKT WIDZENIA

Kiedy masz samoświadomość, wtedy stoisz jak skała w strumieniu. Biegunowość cię dosięga, ale omija bokiem, a ty jesteś w interesującym punkcie widzenia. Kiedy jesteście skłonne, by uznać gdzie stoicie w nurcie spraw, wtedy jesteście wojowniczkami walczącymi o kreowanie przyszłości.

W tym jest solidność, nie ma w tym stagnacji. Większość solidności staje się stagnacją. Jeśli mówisz: „Jestem wojowniczką", to staje się to pozycją w stanie zastoju i musisz bić się przeciwko wszystkim przez cały czas, by udowodnić, że masz rację. Czy to jest miejsce, w którym chcecie żyć?

Kiedy ty jesteś interesującym punktem widzenia, to biegunowość, szaleństwo oraz wymysły wirują wkoło ciebie, ale nie mają na ciebie wpływu, ponieważ wiesz dokąd zmierzasz. Z tego miejsca, możesz walczyć o kreację przyszłości.

Uczestniczka Salonu:

Bardzo dziękuję ci za tę teleklasę. I dziękuję wam wszystkim, wspaniałe kobiety, uczestniczące w tej teleklasie. Po raz pierwszy mam poczucie pokoju panującego między mężczyznami i kobietami, i ogólnie w moim związku z nimi. Wiele złości, nienawiści, braku zaufania w związkach miało miejsce pomiędzy ludźmi, ale teraz dzięki tej teleklasie, nie ma to znaczenia. Mogę sobie z tym poradzić.

Gary:

Tak, właśnie dlatego robię tę teleklasę. Liczyłem, że to sprawi, że będziecie kreowały swoją rzeczywistość. To da wam poczucie spokoju, które stworzy możliwość oraz wybory.

Dziękuję wam, panie.

9
Kreowanie zrównoważonej przyszłości

Może powinnyście przestać próbować przetrwać, a zacząć przyglądać się temu, co sprawiłoby, że zakwitniecie.

Gary:
Witajcie, panie. Zacznijmy od pytań.

POSIADANIE DZIECI

Uczestniczka Salonu:
Powiedziałeś, że dla większości kobiet kreowanie przyszłości jest równoznaczne z posiadaniem dzieci oraz, że posiadanie dzieci to niższa wibracja kreowania przyszłości. Czy można być wojowniczką kreującą przyszłość – i również wybrać posiadanie siebie i dzieci?

Gary:
Tak, można. Większość ludzi uznało, że w przyszłości chodzi o dzieci, a nie o kreowanie długoterminowego efektu na świecie. Dlatego dzieci są postrzegane jako

długoterminowy efekt na świecie, ale nie są one jedynym. Musicie mieć wszystkie wybory. Wszystkie wybory powinny być wam dostępne.

Uczestniczka Salonu:

Od jakiegoś czasu wybieram zapraszanie ludzi do mojego wszechświata, co nieskończenie poszerzyło moje istnienie. Co jeszcze jest możliwe kiedy to wybieram?

Gary:

Musisz przyjrzeć się temu wyborowi i zapytać: „Jeśli wybiorę, żeby mieć tych ludzi w swoim życiu, czy to wykreuje wspanialszą przyszłość czy umniejszoną przyszłość dla mnie i dla nich?".

Przyszłość nie znaczy tylko ty. To jesteś ty oraz oni. Większość ludzi robi dzieci z punktu widzenia – „Teraz będę mieć kogoś, kto będzie o mnie dbał" albo – „Będę mieć kogoś, kto będzie mnie kochał na zawsze." Musisz chcieć rozpoznać, że jeśli przechodzisz do miejsca kreowania przyszłości dla siebie oraz innych, wtedy może się pojawić inna możliwość. Musicie kreować przyszłość, która nie jest oparta na solidnym punkcie widzenia, musicie kreować przyszłość ze zrównoważoną rzeczywistością, która wykracza ponad tę rzeczywistość.

Uczestniczka Salonu:

Powiedziałeś, że jesteśmy zdobywczyniami i walczymy o przyszłość, a kiedy widzimy otwarcie, to właśnie tam przechodzimy.

Gary:

Dostrzeżecie miejsce, gdzie pojawia się otwarcie dzięki waszej chęci i gotowości, by kreować inną przyszłość, która wykracza ponad tę rzeczywistość. Otwarcie do was przyjdzie, a wtedy powiecie: „Oh! To tam mam iść!" Wiecie o tym, ponieważ jesteście skłonne, żeby funkcjonować z poziomu swojego wiedzenia, bardziej niż z jakiegokolwiek innego poziomu.

TU NIE CHODZI O WYCHODZENIE Z TEJ RZECZYWISTOŚCI

Uczestniczka Salonu:

Jestem tak sfrustrowana byciem macochą dla przybranego syna, który znów wprowadził się do domu. Nie wiem, jak to ująć w słowach. Jak *nie* być dla niego macochą?

Gary:

Ty pytasz: „Jak mam się wydostać z tej rzeczywistości?". Ale tu nie chodzi o wydostawanie się poza tę rzeczywistość. Jeśli to miałoby wykreować wszystko to, czego pragniesz, to wówczas wydostanie się z niej byłoby łatwe. Zadaj raczej pytanie: Jak mam wykreować rzeczywistość ponad tę rzeczywistość, która będzie mi pasować?

Uczestniczka Salonu:

Jak mam to zrobić?

Gary:

Powiedz do niego: „Teraz kiedy wróciłeś, jesteś już zbyt dorosły, bym była twoją matką czy macochą. Zatem, jak mamy wykreować przyjaźń i fajną relację, jako współlokatorzy?".

Uczestniczka Salonu:

Już to zrobiłam. On mi niewerbalnie przekazał, że mam się pie…— i kontynuował robienie tego, co mu się podoba.

Gary:

To dlaczego się z tym godzisz?

Uczestniczka Salonu:

Właśnie, czemu to znoszę? Chcę uciec z domu.

Gary:

Dlaczego mu nie powiesz: „Albo się doprowadzisz do porządku albo wylatujesz"?

Uczestniczka Salonu:

Powiedziałabym, ale jestem jego macochą. Jeśli to powiem, wyjdę na zrzędę, którą nigdy nie chciałam być.

Gary:

Jeśli twój mąż nie wspiera cię w sprawie tego dzieciaka, powiedz mu: „Masz wybór. Albo ja, albo dzieciak. Jedno z nas musi odejść." Czy usiadłaś ze swoim mężem i powiedziałaś mu: „Musimy sobie uciąć pogawędkę"?

Uczestniczka Salonu:

Zrobimy to dziś wieczorem. Kobieta humanoid, którą jestem, wciąż sobie z tym nie może poradzić. Wojowniczka ujrzy światło dzienne.

Gary:

To nie jest prawda. Kobieta humanoid, którą jesteś, może sobie z tym radzić. Ty po prostu nie chcesz już więcej tego znosić.

Uczestniczka Salonu:

Nie, nie chcę.

Gary:

Jedyne co masz powiedzieć to: „Czy zdajesz sobie sprawę z tego, że twój syn mną pomiata? Czy chcesz, żeby mnie w ten sposób traktował?".

Uczestniczka Salonu:

Zrozumiałam.

Gary:

Potem musisz powiedzieć: „Albo on się zmieni, albo ja odchodzę. Czego chcesz ty?".

Uczestniczka Salonu:

Właśnie w tym momencie się teraz znajduję.

Gary:

Jedyne co masz zrobić, to właśnie tak powiedzieć. Nie ze złością czy naładowaniem. Po prostu: „Tak teraz jest. Nie życzę sobie, by mieć z tym więcej do czynienia.

Zepchnęłam swoje uczucia, swoją świadomość, wszystko. To się musi zmienić albo ja muszę odejść. Czego chcesz ty?". Jeśli nie jest świadomy tego, jak jego syn cię traktuje, to czy naprawdę chcesz się tym nadal zajmować?

Uczestniczka Salonu:

On jest świadomy. Tylko że on się tym nie zajmuje. To jest sytuacja, którą on nie chce się zająć. Nawet dołączył do lokalnego klubu, żeby grać w golfa, a ja zostaję w domu.

Gary:

To działa dla niego. Czy działa dla ciebie?

Uczestniczka Salonu:

Nie działa dla mnie. To mi dokłada. To sprawia, że ja jestem odpowiedzialna za to, by wszystko zmieniać.

Gary:

Przestań. „To sprawia, że ja" jest kłamstwem, które sobie wmawiasz, kochana. Nic ani nikt nie może sprawić, że staniesz się czymś, albo że cokolwiek zrobisz. Tylko ty sama.

Uczestniczka Salonu:

Zgadza się, to ja robię z siebie odpowiedzialną, ja to robię.

Gary:

Masz wybór. Możesz albo robić to, co tobie pasuje – albo nie.

Rozmawiałem z kobietą, która powiedziała: „Jestem tak zła na mojego wnuczka, że po sobie nie sprząta. On robi bałagan, a to mnie doprowadza do szału. Mówię mu, żeby sprzątał, a on tego nie robi."

Zapytałem ją: „Dla kogo sprzątasz dom? Dla siebie czy dla niego?".

Ona powiedziała: „Dla mnie. Co to znaczy?".

Powiedziałam: „On nie sprząta w domu, ponieważ nie chce tego dla ciebie zrobić. On je ciastka i nie sprząta po sobie okruszków, ani bałaganu jaki robi. Więc weź ciastka do swojego pokoju, zamknij drzwi i wyjdź, a on nie będzie mógł znaleźć ciastek. Musisz być pragmatyczna w sprawianiu, żeby rzeczy działały".

Uczestniczka Salonu:
Dziękuję bardzo.

DLACZEGO NIE JESTEŚ SOBĄ?

Uczestniczka Salonu:
Na poprzedniej teleklasie zapytałeś: „Dlaczego nie jesteś sobą?". To jest pytanie, które wielokrotnie zadawałeś wcześniej. Domyślam się, że to jest bycie wojowniczką walczącą o przyszłość, taką, która jest skłonna być każdą cząstką życzliwości, łagodności, opiekuńczości oraz uzdrowienia, w każdym momencie, z totalną obecnością i przyzwoleniem. Czy to jest to?

Gary:
Absolutnie tak. Musicie być ze sobą brutalnie szczere w tym, co chcecie wykreować.

Uczestniczka Salonu:

Czasami świadomość tego, czym prawdziwie jestem, jest tak ogromna, że zdaje się być zbyt ogromna, by przetłumaczyć ją na fizyczną rzeczywistość.

Gary:

Taka jest, ale ty nie próbujesz jej *tłumaczyć* na fizyczną rzeczywistość. Próbujesz *przeniknąć* ją do fizycznej rzeczywistości. Jeśli próbujesz ją tłumaczyć, to próbujesz sprawić, by wpasowała się w ten wszechświat zamiast uczynić ją wyborem, który jest ci dostępny.

ZRÓWNOWAŻONA RZECZYWISTOŚĆ PONAD TĄ RZECZYWISTOŚCIĄ

Uczestniczka Salonu:

Jak tak naprawdę wygląda kreowanie przyszłości ze zrównoważoną rzeczywistością ponad tę rzeczywistość?

Gary:

Obecnie to, co wszystkie wybieracie, to lepsza wersja tej rzeczywistości. Jednak ta rzeczywistość nie jest zrównoważona w sposobie, w jaki funkcjonuje. To jest powód, dla którego musimy kreować zrównoważoną rzeczywistością ponad tę rzeczywistość. Wszystko, co obecnie robimy, to zmierzanie ku kresowi wydolności planety Ziemia, takiej jaka jest. Coś musi ulec zmianie. Czym to jest? Nie mam dla was dobrej odpowiedzi i nie wiem co to, z pragmatycznego punktu widzenia, oznacza, poza tym, że musimy żyć inaczej.

Uczestniczka Salonu:

Czy możesz powiedzieć więcej o zrównoważonej rzeczywistości ponad tę rzeczywistość? Powiedziałeś, że obecnie jesteśmy zdolni kreować i generować tylko coś, co jest lepsze albo tylko nieco inne.

Gary:

Desperacko próbuję sprawić, abyście zobaczyły, że macie inne wybory, niż kiedykolwiek myślałyście, a mimo to wy staracie się wybrać lepszą wersję tej samej rzeczywistości. „Polepszę życie dla samej siebie" – nie jest tym samym co – „Wykreuję coś, co jest tak inne, że nic takiego nigdy wcześniej nie istniało." Nie mogę dać wam dobrego na to przykładu, innego niż to, co robię z Access Consciousness. Wiedziałem, że muszę zrobić coś, czego jeszcze nigdy nie było. Musiałem dokonać czegoś, co wykreuje innego rodzaju możliwość oraz inną rzeczywistość.

Uczestniczka Salonu:

Mówiłeś o tym, jak często używasz słowa przyszłość bez określenia „jakaś" lub „ta", ponieważ nie chcesz jej definiować ani ograniczać, jak by to było tym samym. Ja wciąż nadaję temu określenie „ta" przyszłość albo „jakaś" przyszłość, co ją ogranicza i sprawia, że jest solidna. Starałam się kreować tę przyszłość, a to właśnie chcesz naprostować. Czy to się zgadza?

Gary:

Nie, staram się zachęcić was do kreowania zrównoważonej rzeczywistości ponad tę rzeczywistość. Wy staracie się kreować jakąś przyszłość, ale jest ona zawężona, ponieważ patrzycie na przyszłość w oparciu o to, co już macie i o to, jak możecie to polepszyć.

Uczestniczka Salonu:

Tak właśnie jest. Ja już zdecydowałam jaka powinna być przyszłość, czym może być i tak dalej.

Gary:

O ilu rzeczach zdecydowałyście, że zrobiłyście je dobrze w waszym życiu? Wszystko czym to jest, czy teraz to zniszczycie i odkreujecie, razy bóg wie ile razy? Zgoda, Niezgoda, Dobrze, Źle, POD i POC, Wszystkie 9, w Skrócie, Ponad, Nuklearne Sfery.

Powiedzmy, że macie wyobrażenie, że potrzebujecie trzy miliony dolarów, żeby być w życiu bezpieczne. Tak więc, dostajecie trzy miliony dolarów, by kreować przyszłość ponad tę rzeczywistość i nie macie pojęcia czym ona będzie, chyba że byłoby to więcej pieniędzy.

Uczestniczka Salonu:

Zgadza się. Ja wykreowałam cztery miliony dolarów. To mi wystarcza. Nie wiem co jest ponad tym.

Gary:

Nie starasz się kreować rzeczywistości ponad to. Starasz się kreować rzeczywistość, która utrzymuje to, o czym zadecydowałaś, że jest właściwe, żeby się tego trzymać. Musisz być gotowa puścić wszystko, czego się trzymasz z przeszłości. Czy jesteś skłonna by odpuścić posiadanie czterech milionów dolarów?

Uczestniczka Salonu:
   Tak.

Gary:
   Prawda?

Uczestniczka Salonu:
   Tak.

Gary:
   Jesteś gotowa by to odpuścić? Właśnie skłamałaś.

Uczestniczka Salonu:
   Nie widzę tego, że kłamię.

Gary:
   Czy byłabyś skłonna, żeby to wszystko stracić?

Uczestniczka Salonu:
   Jeśli ty mówisz mi, że *nie*, to temu zaufam. Proszę pomóż mi to dostrzec.

Gary:
   Powiesz, że tak, ponieważ twoje założenie jest takie, że za to będziesz miała więcej. A co, jeśli pieniądze są tą jedną rzeczą, która kreuje miejsce niezrównoważonej przyszłości? Czy musiałabyś wybrać coś innego? Jak wyglądałoby to „coś innego"?

Uczestniczka Salonu:
   Wchodzę w to, wchodzę w przyszłość bez pieniędzy. A „bez pieniędzy" rozumiem nie jako energię, ale jako papier.

PRZETRWANIE A ZRÓWNOWAŻONY ROZWÓJ

Gary:

Poczekaj. Musisz kreować przyszłość z miejsca, w którym jesteś. Idziesz w kierunku: „nie mogę przetrwać." Przetrwanie nie kreuje zrównoważonej przyszłości. Musisz być skłonna stracić przetrwanie.

Musicie być skłonne stracić przetrwanie, ponieważ całe swoje życie spędzałyście na przetrwaniu, a tylko okazjonalnie na rozkwitaniu. Bez względu na warunki, zawsze wiecie, że sobie poradzicie w tej rzeczywistości.

Wszystko czym to jest, czy teraz to zniszczycie i odkreujecie, razy bóg wie ile razy? Zgoda, Niezgoda, Dobrze, Źle, POD i POC, Wszystkie 9, w Skrócie, Ponad, Nuklearne Sfery.

Uczestniczka Salonu:

Czym jest przetrwanie?

Gary:

Przetrwaniem jest to, że bez względu na to, co się pojawia, ty będziesz kontynuować.

Uczestniczka Salonu:

Wierzę w to. Czy zwracasz się do mnie, bym tego zaprzestała? Czy to o to chodzi? Dlaczego miałabym tego zaprzestać?

Gary:

A co, jeśli prawdziwe zrównoważenie nie jest przetrwaniem?

Uczestniczka Salonu:

To nie ma sensu.

Gary:

To nie ma mieć sensu. Ty sama możesz wszystko przetrwać. Jednak przetrwanie jest tą jedną rzeczą, którą musisz porzucić, jeśli chcesz kreować zrównoważenie. Przetrwanie i zrównoważenie to nie to samo. Nawet jeśli wegetacja roślin wymiera, ty możesz dostosować się i żyć dalej.

Uczestniczka Salonu:

Co wzięłabym ze sobą, by wnieść wkład dla siebie samej zrównoważonej?

Gary:

„Co wzięłabym ze sobą?" nie jest miejscem, z którego możesz kreować zrównoważoną rzeczywistość ponad tę rzeczywistość. To cię zabija.

Uczestniczka Salonu:

Dla mnie *zrównoważony* oznacza, że jest więcej wkładu. Gdzie nie pozwalam na więcej wkładu?

Gary:

Co rozumiesz przez *wkład?* Co inni mogą dać tobie, co ty możesz dać innym, czy raczej to, co możesz dostać z obu stron?

Uczestniczka Salonu:

Wkład jest tym, czym ludzie byliby dla mnie i to, czym ja byłabym dla nich.

Gary:

Czemu ludzi uważasz za wartościowych?

Uczestniczka Salonu:

Ponieważ myślę, że wszystkie rzeczy w moim życiu są wkładem dla mnie – z wyjątkiem ludzi.

Gary:

Co jeśli nie byłoby ludzi? Czy to byłoby w porządku?

Uczestniczka Salonu:

O tak!

Gary:

Dobrze. Musisz rozpoznać, że istnieje inna możliwość.

Uczestniczka Salonu:

Czy możesz, proszę, wejść w to – czym jest przetrwanie i zrównoważenie?

Gary:

Przetrwanie to koncepcja, że możecie przetrwać bez względu na okoliczności. Jeśli ograniczacie się do przetrwania, to możecie nadal egzystować bez względu na warunki. Jeśli waszym celem jest ciągła egzystencja bez względu na warunki, to czy to jest kreacja?

Uczestniczka Salonu:

Nie.

Gary:

Zatem, musicie być skłonne, by stracić przetrwanie, nawet jako nikłą koncepcję w waszym świecie.

Wszystko co uczyniłyście, by przetrwanie było dla was rzeczywistością, czy teraz to zniszczycie i odkreujecie, razy bóg wie ile razy? Zgoda, Niezgoda, Dobrze, Źle, POD i POC, Wszystkie 9, w Skrócie, Ponad, Nuklearne Sfery.

Zrównoważenie oznacza, że czymkolwiek to jest, to wciąż rośnie i poszerza się. Kiedy robicie coś, co jest zrównoważone, to będzie wciąż rosnąć, poszerzać się i samo o siebie dbać. Kiedy kreujecie zrównoważoną rzeczywistość ponad tę rzeczywistość, rozważcie pytanie: Jak by to wyglądało, gdyby nic nie umierało? Właśnie w tej chwili, kiedy się rozejrzycie, wiele umiera.

Uczestniczka Salonu:

Czy błędnie zidentyfikowałam zrównoważenie jako przetrwanie?

Gary:

Tak, błędnie zidentyfikowałaś i błędnie zastosowałaś zrównoważenie oraz przetrwanie.

Wszystko co uczyniłaś, żeby to wykreować, czy teraz to zniszczysz i odkreujesz? Zgoda, Niezgoda, Dobrze, Źle, POD i POC, Wszystkie 9, w Skrócie, Ponad, Nuklearne Sfery.

Jak by to było wykreować zrównoważony świat? Patrzę na to, co się dzieje na świecie i widzę, że jeśli będziemy ciągle zmierzać w tym kierunku, w którym zmierzamy, ludzie przetrwają następne sto lat, a planeta będzie zużyta.

Uczestniczka Salonu:

Ludzie przetrwają, ale nie będzie zrównoważenia. Jest spora różnica w energii pomiędzy tymi dwoma.

Gary:

Tak, tego właśnie chcę, żebyście zrozumiały. Jeśli zaczniecie szukać przetrwania, jeśli trzymacie się idei przetrwania, jesteście jak ta pani, która mówiła o swoim przyrodnim synu. Ona przetrwała sytuację, ale nie była to dla niej zrównoważona rzeczywistość. Nie chcecie przetrwać tych sytuacji, chcecie tworzyć to, co kreuje zrównoważoną rzeczywistość. Jak by to było, gdyby wasza rzeczywistość była zrównoważona?

Uczestniczka Salonu:

Mam pytanie. Kiedy porzucimy przetrwanie, czy będziemy po prostu kreować?

Gary:

Przetrwanie, to ograniczenie tego, co możesz otrzymywać. To tak, jakbyście kreowały ograniczenie tego, co możecie otrzymać w oparciu o przetrwanie. Na tej podstawie jesteście usatysfakcjonowane. Mówicie: „Potrzebuję tylko tyle, by przetrwać" albo „Potrzebuję tych ludzi, jeśli mam przetrwać." Nie, nie potrzebujesz!

Jeśli macie mieć zrównoważoną rzeczywistość, są ludzie, którzy będą musieli się zmienić oraz wybrać, oraz być innymi, aby zrównoważenie zostało wykreowane.

Zrównoważenie to kreacja, a przetrwanie to ustanawianie utrzymania przy życiu tego co już istnieje.

Jakiej głupoty używasz, by wymyślać przetrwanie jako podstawowy wybór, który wybierasz? Wszystko czym to jest, czy teraz to zniszczysz i odkreujesz, razy bóg wie ile razy? Zgoda, Niezgoda, Dobrze, Źle, POD i POC, Wszystkie 9, w Skrócie, Ponad, Nuklearne Sfery.

Uczestniczka Salonu:

Mój mąż i ja zaczęliśmy rozmawiać o pieniądzach i powiedziałam mu to, co wiedziałam: „To mi nie wystarcza. To mi nie odpowiada." Przetrwanie, które wybrałam i którego jednocześnie nie wybrałam, nie odpowiada mi, jednak ono właśnie ma miejsce.

Gary:

Czy przetrwałaś swoje dzieciństwo?

Uczestniczka Salonu:

Tak, były tam momenty istnienia.

Gary:

Czy zdecydowałaś, że skoro przetrwałaś, to jesteś osobą, która utrzymała się przy życiu?

Uczestniczka Salonu:

Tak.

Gary:

Wszystko co w związku z tym zdecydowałaś, wszystkie decyzje, osądy, konkluzje oraz obliczenia, które to kreują, czy teraz je wszystkie zniszczysz i odkreujesz, razy bóg wie ile razy? Zgoda, Niezgoda, Dobrze, Źle, POD i POC, Wszystkie 9, w Skrócie, Ponad, Nuklearne Sfery.

Jako osoba, która utrzymała się przy życiu, ty tolerujesz sytuację i robisz to, co najlepsze, to co tylko możesz, by żyć bez względu na to, co się pojawia. Jednak nie jest to miejsce, z którego kreujesz zrównoważoną przyszłość.

Uczestniczka Salonu:
Zrównoważona czy nie, nie jest tego warta.

Gary:
To osąd, kochanie. Czemu wchodzić w osąd? Osądy i konkluzje to systemy, które macie, by kreować przetrwanie. Musisz dochodzić do wniosków i kalkulować, oraz decydować, żeby przetrwać.

Wszystkie decyzje, osądy, wnioski oraz kalkulacje, których używacie, by kreować swoje przetrwanie, czy teraz je wszystkie zniszczycie i odkreujecie, razy bóg wie ile razy? Zgoda, Niezgoda, Dobrze, Źle, POD i POC, Wszystkie 9, w Skrócie, Ponad, Nuklearne Sfery.

Nie ma znaczenia, czy macie cztery miliony dolarów, bo żeby przetrwać i tak wchodzicie w konkluzje, decyzje, osądy oraz kalkulacje. Są to symboliczne, systematyczne oraz uproszczone elementy wymagane do przetrwania. Dochodzicie do wniosków takich jak: „Nie mogę przetrwać."; „To nie działa."; „To nie wystarcza." To są osądy.

Świadomość to: „Nie chcę tak żyć. Coś musi się zmienić." Następnie wchodzicie w pytanie.

Jakie fizyczne wprowadzenie w życie kreacji zrównoważonej przyszłości, ponad tę rzeczywistość, jesteście teraz zdolne kreować, generować oraz ustanawiać? Wszystko co na to nie pozwala, czy teraz to wszystko zniszczycie i odkreujecie, razy bóg wie ile razy? Zgoda, Niezgoda, Dobrze, Źle, POD i POC, Wszystkie 9, w Skrócie, Ponad, Nuklearne Sfery.

Uczestniczka Salonu:

Wydaje się, że w świecie uzależnień Program Dwunastu Kroków – to przetrwanie, a program Right Recovery for You – to zrównoważenie. Zgadza się?

(przyp.tłum. „Right Recovery for You" to publikacja autorstwa Marilyn Bradfort o radykalnie innym podejściu do uzależnień.)

Gary:

Tak, Right Recovery for You – to zestaw narzędzi i technik, które pozwalają ludziom kreować przyszłość, która jest zrównoważona.

Uczestniczka Salonu:

Kiedy stosujemy narzędzia Access Consciousness do czegokolwiek, to kreujemy zrównoważenie.

Gary:

Tak, pytanie kreuje przyszłość, która ma pewne zrównoważenie. Jesteś w trybie kreacji tak długo, dopóki nie podejmujesz decyzji, osądów, konkluzji ani kalkulacji.

KREOWANIE ZRÓWNOWAŻONEJ PRZYSZŁOŚCI FINANSOWEJ

Uczestniczka Salonu:

Żeby przetrwać, bardziej potrzebujemy pieniędzy, niż zrównoważonej potęgi istnienia.

Gary:

Ale ty nie wykreowałaś pieniędzy jako zrównoważonej rzeczywistości dla siebie, nieprawdaż? Czy doszłaś do wniosku, że nie potrzebujesz pieniędzy, czy że nie chcesz pieniędzy, czy też, że pieniądze nie rozwiązują problemów albo, że pieniądze czegoś dla ciebie nie kreują? Ludzie mają wiele pomysłów na temat tego, czym pieniądze są, a czym nie są.

Uczestniczka Salonu:

Złoszczę się i wściekam, że pieniądze są centrum uwagi tej rzeczywistości.

Gary:

Tak, jednak to nie musi być głównym punktem twojej rzeczywistości. Pieniądze nigdy nie są centrum uwagi mojej rzeczywistości. Skupiam się na tym: Jak zmieniam rzeczy?

Rozmawiałem dziś z moją córką i powiedziała mi o swojej znajomej, którą, zaraz po tym, jak miała operację wycięcia macicy, mąż poinformował, że ma dziewczynę w Meksyku. Powiedział swojej żonie, że chce ją opuścić, ale nie może, ponieważ nie ma wystarczającej ilości pieniędzy. Jego pomysł był taki, że jego żona miałaby pracować więcej, po to, żeby on mógł ją opuścić!

Powiedziałem mojej córce: "Zastanawia mnie, ile pieniędzy potrzebowałaby do zmiany stanu rzeczy i wykopania tego palanta ze swojego życia. Dałbym je jej. Tamten facet jest wredny i zasługuje na śmierć!" To nie jest coś, co mówi się komuś, kto przechodzi operację.

Uczestniczka Salonu:

Jak wyglądałoby kreowanie pieniędzy w zrównoważonej przyszłości? Czy kreowalibyśmy pieniądze?

Gary:

To, o co proszę, żebyście robiły, to odkładanie dziesięciu procent z wszystkich pieniędzy jakie do was przychodzą. Kiedy to robicie, kreujecie zrównoważoną przyszłość finansową. Mówicie wszechświatowi: "Chciałabym mieć wystarczającą ilość przychodzących pieniędzy, żebym mogła odłożyć z nich dziesięć procent."

Uczestniczka Salonu:

Już to robię, więc chciałabym czegoś jeszcze więcej. Proszę pomóż mi z tym.

Gary:

Tak, ale nie podobała ci się moja odpowiedź.

Uczestniczka Salonu:

Nie podobała mi się, ponieważ ja to już robię.

Gary:

Czy jesteś chętna do tego, by rozpoznać gdzie kreujesz zrównoważoną przyszłość przez to, co wybierasz?

Kiedy to robisz, zaczynasz kreować zrównoważoną przyszłość. Wykreowałem Access Consciousness, jako biznes i jeśli jutro umrę, to będzie trwał. To jest zrównoważona przyszłość. Wdrożyłem jak najwięcej rzeczy, żebym mógł być zastąpiony. Czy uczyniłaś siebie kimś zastępowalnym w przyszłości, czy starałaś się być niezbędną?

Uczestniczka Salonu:

W większości starałam się być niezbędną.

Gary:

To nie jest kreowanie zrównoważonej przyszłości.

Uczestniczka Salonu:

Czym jest pozostawianie spadku?

Gary:

To nie jest kreowanie zrównoważonej przyszłości. To są po prostu pieniądze, które zostawiasz innym ludziom, by mogli być rozrzutni, bo sami ich nie zarobili.

Uczestniczka Salonu:

Co sprawiłoby, żebym wykreowała zrównoważoną przyszłość ze zdolnością jaką mam i którą jestem z pieniędzmi?

Gary:

W ogóle się temu nie przyjrzałaś. Zacznij się temu przyglądać zanim będziesz ustanawiać przyszłość.

Jakie fizyczne wprowadzenie w życie kreacji zrównoważonej przyszłości jestem zdolna kreować, generować i ustanawiać? Wszystko co na to nie pozwala, czy teraz to zniszczysz i odkreujesz, razy bóg wie ile razy? Zgoda, Niezgoda, Dobrze, Źle, POD i POC, Wszystkie 9, w Skrócie, Ponad, Nuklearne Sfery.

Uczestniczka Salonu:
Dziękuję, Gary.

NIKT NIE MOŻE NIKOGO USZCZĘŚLIWIĆ

Uczestniczka Salonu:
Mój związek zatacza dziwne kręgi. Ja i mój mąż często rozmawiamy o małżeństwie i o rozwodzie. On mówi takie rzeczy jak: „Gdybym nie musiał dawać ci pieniędzy, to bym odszedł", „Gdyby nie było dzieci, to bym odszedł." Ja mówię: „Dzieci będą się miały dobrze i nie musisz mi dawać pieniędzy", jednak on nie odchodzi i spędzamy każdy dzień na byciu nieszczęśliwymi. Naprawdę pragnę to zmienić.

Gary:
On tak naprawdę nie chce odejść.

Uczestniczka Salonu:
To rozumiem, jednak jest tyle złości, winy oraz wstydu, że ciągle odkreowuję destruktywne implanty. Nie ma pożądania seksu. Czym jest ten obłęd?

Gary:

Czy jesteś skłonna się zmienić i sprawić, żeby ten związek mu pasował?

Uczestniczka Salonu:

On wymaga ode mnie, abym była panią domu i abym zarabiała pieniądze. Robię obie te rzeczy na raz, a jego nic nie zadowala.

Gary:

Nikt nie może nikogo uszczęśliwić, kochana.

Uczestniczka Salonu:

Od czego mam zacząć wybieranie mojego życia?

Gary:

Ty już wybrałaś swoje życie. A co, jeśli zaczęłabyś zadawać pytanie: Co sprawiłoby bym wykreowała zrównoważoną przyszłość dla mnie, moich dzieci i mojego męża?

Uczestniczka Salonu:

Już o to pytałam.

Gary:

Nie, nie pytałaś. Nigdy wcześniej ci tego nie podałem.

Uczestniczka Salonu:

Powiedziałam mu: „Zmieńmy to. Co jest wymagane? Co byś chciał? Co by ci pasowało?" i przeszliśmy przez scenariusze. To jest chore. Robię to już od pierwszego dnia – wybierałam ten obłęd.

PRZETRWANIE A ROZKWITANIE

Gary:
To interesujące. „Robię to już od pierwszego dnia". Czy to oznacza, że weszłaś w swoje małżeństwo z tymi decyzjami, osądami, konkluzjami i kalkulacjami?

Uczestniczka Salonu:
Tak.

Gary:
Kiedy funkcjonujesz na podstawie decyzji, osądów, konkluzji oraz kalkulacji, to możesz jedynie przetrwać. Nie możesz wykreować zrównoważonej przyszłości.

Dochodzisz do wniosków na temat tego, co *powinnaś* robić, zamiast dochodzić do świadomości tego, co *mogłabyś* robić. Musisz mieć jasność w tym, że obecnie w twoim życiu chodzi o przetrwanie. Może powinnaś przestać starać się przetrwać, a zacząć patrzeć na to, co sprawiłoby, żebyś rozwinęła w swoim życiu skrzydła.

Jakiej głupoty używasz, by kreować wymysł życia jako przetrwanie, które wybierasz? Wszystko czym to jest, czy teraz to zniszczysz i odkreujesz, razy bóg wie ile razy? Zgoda, Niezgoda, Dobrze, Źle, POD i POC, Wszystkie 9, w Skrócie, Ponad, Nuklearne Sfery.

A co by było, gdybyś nie wymyśliła tych decyzji, osądów, konkluzji ani kalkulacji?

Uczestniczka Salonu:

Bardzo podoba mi się koncepcja zrównoważonej przyszłości. W ciągu ostatnich dwunastu miesięcy wydałam ogromną sumę pieniędzy na kreowanie ogrodu. Zauważyłam, że każda osoba, która wchodzi do ogrodu, zmienia się, nawet moi sąsiedzi. Ich konie wygrywają wyścigi. Niesamowite jest widzieć magię, która się tu pojawia. Widzę gdzie kreuję zrównoważoną przyszłość, ale to mi nie wystarcza.

Gary:

Nie kreowałaś zrównoważonej finansowej rzeczywistości. Kiedy pracowałaś ze swoim byłym mężem, kreowaliście to razem. Czy brałaś pod uwagę, że to, co kreowaliście, było zrównoważoną przyszłością?

Uczestniczka Salonu:

Tak.

Gary:

Czy on nadal to robi, czy wchodzi w konkluzje, decyzje, osądy i kalkulacje?

Uczestniczka Salonu:

On niszczy swoją przyszłość. Oh, to stąd pochodzi moja złość i zdezorientowanie! Nie kreuję w sposób w jaki kreowałam z nim.

CO JA MOGĘ WYKREOWAĆ JAKO ZRÓWNOWAŻONĄ PRZYSZŁOŚĆ?

Gary:

Zgadza się. Musisz to robić z czymś innym. Znajdź coś, co kreuje zrównoważoną rzeczywistość, której nawet nie rozważałaś.

Uczestniczka Salonu:

Zawsze doprowadzasz mnie do tego miejsca, a ja nie mogę się przez nie przecisnąć.

Gary:

Możesz.

Uczestniczka Salonu:

Ale tego nie zrobię?

Gary:

Właśnie. Odkreuj to:

Jakie fizyczne wprowadzenie w życie kreacji całkowicie zrównoważonej przyszłości jestem zdolna kreować, generować i wprowadzać w życie? Wszystko co na to nie pozwala, czy teraz to zniszczę i odkreuję, razy bóg wie ile razy? Zgoda, Niezgoda, Dobrze, Źle, POD i POC, Wszystkie 9, w Skrócie, Ponad, Nuklearne Sfery.

Gary:

Staram się doprowadzić do tego, co jest poza tym – do etapu, na którym nie chciałyście być w przeszłości. Chciałbym, żebyście wszystkie zdały sobie sprawę, że:

Jestem wojowniczką, która będzie walczyć o kreowanie przyszłości, która nigdy nie istniała.

Jak to zrobicie, to będziecie walczyć nie przeciwko czemuś, ponieważ jak tylko jesteście w opozycji do jakiejś sytuacji, to przestajecie walczyć o kreowanie czegoś, co nigdy nie istniało. Jeśli sięgacie po kreowanie zrównoważonej przyszłości, to poszerzy wasz plan, z którym przyszłyście i będziecie miały jeszcze wspanialsze wybory.

Gary:

Spróbuj pytać:
- Co sprawia mi radość?
- Robienie czego sprawia mi radość; bycie czym sprawia mi radość?

Musisz przyjrzeć się swojej przyszłości z perspektywy: Co mogę wykreować jako zrównoważoną przyszłość? Musisz to zrobić, bez jakiejkolwiek wskazówki jak to ma wyglądać. Wiele z was próbuje zadecydować o tym jaka będzie wycieczka, zanim się na nią udacie. Ludzie! Udajcie się na wycieczkę, wtedy gdy tam będziecie, to dowiecie się jak tam jest.

W porządku, to wszystko na dziś. Dziękuję wam, panie. To było niesamowite.

10
Świadomy związek

Zamiast w kreowaniu związku być aktywnymi i świadomymi, wy szukacie nieświadomego miejsca, z którego możecie wykreować związek pod tytułem: „Ja kocham jego, a on kocha mnie." Ile z tych związków się sprawdziło?

Gary:

Witajcie, panie. Po tonie waszych pytań sądzę, że zyskujecie świadomość tego, że posiadacie coś wielkiego, co może być wkładem do waszego życia – i to jest bardzo fajne. Bardzo się z tego cieszę.

SZEŚĆ ELEMENTÓW ŚWIADOMEGO ZWIĄZKU

Uczestniczka Salonu:

Czy możesz poruszyć kwestię kreacji świadomego związku i jak to wygląda w praktyce, jako coś co się sprawdza? Jak to wygląda od strony pragmatycznej?

Gary:

Jest sześć elementów świadomego związku:

Po pierwsze: Osoba, którą wybierasz (Kto wybiera? Ty!), powinna być bezwzględnie niezależna, a jednocześnie myśleć, że jest popieprzona. Dlaczego? Bo to oznacza, że jest taka jak ty!

Uczestniczki Salonu:
(śmiech)

Gary:
Po drugie: Chcesz być doceniana, ale nigdy nie chcesz być potrzebna.

Druga osoba powinna chcieć kogoś, kto się o nią zatroszczy, wiedząc jednocześnie, że jeśli skłonią cię, żebyś się o nich zatroszczyła, to odejdą. Dlaczego? Czy nie jest tak, że zawsze odchodzicie, kiedy nie dostajecie tego, czego naprawdę chcecie – a wy nie chcecie, żeby was potrzebowano?

Ta druga osoba powinna wierzyć, że chce z tobą być, chce w swoim życiu kogoś, kto się o nią zatroszczy, a jednocześnie jest zbyt niezależna, by taka myśl jej nawet przeszła przez głowę, zresztą tak ja i ty. Ty się przecież nie bawisz w zależność, nieprawdaż?

Uczestniczka Salonu:
Ani trochę.

Gary:
Jesteś kiepska w byciu zależną. Nawet nie potrafisz czegoś takiego udawać! „Potrzebuję kogoś" nie jest w najmniejszym stopniu częścią twojej rzeczywistości. Większość ludzi próbuje dojść do tego, jak posiąść osobę,

która ich potrzebuje, a tak naprawdę, to nie znieśliby tego, gdyby ktoś ich potrzebował – to by ich udusiło.

Uczestniczka Salonu:

Nie zrozumiałam tego. Jakbyś mówił po chińsku. Nie mam pojęcia, co właśnie powiedziałeś. Byłoby cudownie, gdybyś mógł przejść przez to jeszcze raz.

Gary:

Ty zawsze chcesz, żeby ludzie o ciebie dbali, zgadza się?

Uczestniczka Salonu:

Tak.

Gary:

I za każdym razem, gdy to robią, ty ich porzucasz.

Uczestniczka Salonu:

Zgadza się.

Gary:

O tym właśnie mówię. Jeśli znalazłaś kogoś, kto chce się o ciebie zatroszczyć, ile czasu potrzebujesz, żeby się go pozbyć?

Uczestniczka Salonu:

Przede wszystkim w ogóle bym w to nie weszła.

Gary:

Tak, wiem. Jednak to jest taka osoba, z którą byłoby ci wspaniale być. Sądzisz, że druga osoba chce, by o nią zadbać, a równocześnie rozpoznajesz, że tak naprawdę nie chce, by o nią zadbać. Chce po prostu wzmocnienia.

Uczestniczka Salonu:
O rozumiem. Ktoś taki jak ja.

Gary:
Tak. Zamiast być aktywną i świadomą w tym jak kreujesz związek, szukasz nieświadomej przestrzeni zwanej „Ja kocham jego, a on kocha mnie." Ile z tych związków sprawdziło się w twoim przypadku?

Uczestniczka Salonu:
Żaden.

Gary:
Dlaczego?

Uczestniczka Salonu:
Odeszłam z każdego z nich. To nie było ani przyjemne, ani rozwojowe.

Gary:
O tym właśnie mówię.

Po trzecie: Wszystko co robisz lub mówisz ma ich umacniać w byciu wszystkim, kim oni są – i nigdy nie ma dotyczyć tego, żeby oni wybierali ciebie.

Upewnij się, że oni nigdy nie są zależni od ciebie. Ze względu na to, że jeśli staną się zależni od ciebie, będą musieli cię udupić. Będą musieli. Zatem musisz ich umacniać, bez względu na to, jaka jest sytuacja.

Pewnego dnia rozmawiałem z młodym mężczyzną, który był zły na swoją dziewczynę. Byli na wakacjach z innymi ludźmi i wszystko szło jak z płatka, aż do ostatniej nocy, kiedy nadużyli trunków. Pewien gość zaczął przystawiać się do jego dziewczyny i próbował wykreować problem pomiędzy nim a nią. Wtedy ona, jako ta, która wprowadza pokój, starała się załagodzić sytuację i sprawić, by jej chłopak się uspokoił, a on nic. Był wkurzony i wściekły na nią i powiedział: „Musisz robić to, co ja chcę!".

Jak wiele z was, kiedy ktoś mówi wam, co macie robić, mówi: „Odpie... się"? Żadna z was nie chce dostawać rozkazów. Czy nigdy tego nie zauważyłyście? To dlatego, że jesteście bezwzględnie niezależne. Możecie myśleć, że chciałybyście kogoś, kto jest chętny by o was zadbać, ale tak naprawdę nie chcecie kogoś, kto by o was zadbał, ponieważ wy jesteście zdolne same o siebie zadbać. Osoba, której szukacie, to ktoś, kto umocni was w tym, żebyście wiedziały, że wiecie i będzie wdzięczny za was, takie jakie jesteście.

Po czwarte: Tu nigdy, przenigdy nie chodzi o ciebie.

To jest trudny punkt wyjścia, ponieważ byłyście nauczone, że macie prosić o to, czego naprawdę chcecie. Czy to działa?

Uczestniczka Salonu:
Nie!

Gary:
Dlaczego więc nie spróbować czegoś nowego, co działa? Dain i ja jesteśmy ze sobą w świadomym związku. Nie uprawiamy seksu. Gdybym ja chciał seksu, a on nie, to ograniczałoby nasz związek i niszczyło go, więc ja nie będę prosił o seks, ponieważ wiem, że z jego punktu widzenia, to zniszczyłoby związek.

Jak by to było, gdybyś była skłonna spojrzeć na związek nie ze swojego punktu widzenia, ani z punktu widzenia tej drugiej osoby, ale spojrzeć na to jako na wybór. A co, jeśli spojrzałabyś na to, co chciałabyś kreować z wyboru?

Uczestniczka Salonu:
Czy możesz powiedzieć o tym coś więcej, proszę?

Gary:
Nie zakładaj żadnego punktu widzenia, *wykreuj* swój punkt widzenia. Zapraszam Daina, żeby udawał się ze mną wszędzie, gdzie ja się wybieram, jednak nigdy nie wymagam tego od niego. I nie oczekuję, że on mnie będzie zapraszał, żebym ja udał się z nim. To jest świadomy związek.

Po piąte: Bądź zawsze dostępna, ale nigdy nie udzielaj odpowiedzi. Zadawaj tylko pytania. Kiedy jesteś zawsze dla ludzi, gdy oni mają problem, to niesamowite jak szybko oni sami są skłonni wysłuchać ciebie.

Po szóste: Pozwól tej osobie prowadzić w seksie. Jeśli on mówi: „Chcę uprawiać seks", bądź otwarta. Pozwól mu mówić o tym, czego chce, w przeciwnym razie będziesz miała kłopoty. On musi być seksualnie tak kontrolujący jak ty, albo to nigdy nie będzie działać tak jakbyś tego chciała.

SEKS TO WYKREOWANA RZECZYWISTOŚĆ

Uczestniczka Salonu:
Coś mi się tu pojawia. Kiedy kładziemy się do łóżka, a mój mąż odwraca się i mówi: „Witaj skarbie", ja nie jestem

zainteresowana. Wiem, że mogę zniszczyć i odkreować to tak, żebym była zainteresowana, a jednak....

Gary:

Czy ty naprawdę wierzysz w to, że seks nie jest wykreowaną rzeczywistością?

Uczestniczka Salonu:

Wierzę, że jest spontaniczny. Potrzebuję być w nastroju.

Gary:

„Potrzebuję być w nastroju. Gdzie jest romans? Gdzie jest wino?"

Musisz zrozumieć, że seks to wybór, tak jak cała reszta. Jeśli jesteś gotowa być świadomą w związku, to możesz wykreować fenomenalny związek. Musisz to zrobić z punktu widzenia: „Oj! Chcesz seksu? Fajnie! Chodźmy."

A nie: „Nie jestem w nastroju.", „Nie wiem o co chodzi" albo „Czemu ty zawsze chcesz, wtedy kiedy ja nie chcę?".

Uczestniczka Salonu:

Czy chcesz przez to powiedzieć, że możemy zmienić wszystko?

Gary:

Tak. Możecie zmienić wszystko. Możecie być wszystkim – ale musicie być skłonne do tego, żeby zmienić i wykreować wszystko.

Uczestniczka Salonu:

Skoro seks to wykreowana rzeczywistość, to możemy wykreować wszystko w danym momencie?

Gary:

Tak.

Uczestniczka Salonu:

Czyli, czy mój opór pochodzi stąd, że nie chcę robić tego, co mi się karze?

Gary:

Tak. Nie jesteś dobra w wykonywaniu poleceń, zgadza się? Często chcesz tę osobę zabić.

Uczestniczka Salonu:

Tak, to nie jest dobre miejsce, by z niego kreować seks.

Gary:

Zgadza się. To nie jest dobre miejsce, by z niego kreować seks! Energia zabijania w seksie zabija nastrój.

Uczestniczka Salonu:

Jak mam to zmienić?

Gary:

Przyjrzyj się temu:
- Co ja tak naprawdę chcę tu wykreować?
- Czy chcę wykreować przestrzeń, w której mój mąż, kochanek, ten jeden-jedyny jest tak naprawdę szczęśliwy?

Masz wybór – racja twojego punktu widzenia – albo szczęście.

„Wybacz, nie jestem w nastroju. Nie jestem przygotowana."
Czy naprawdę musisz być przygotowana?

Uczestniczka Salonu:
   Zawsze tak myślałam.

Gary:
   Tak myślałaś, czy to kupiłaś?
   Ile z was kupiło, że musicie być w nastroju zanim będziecie mogły uprawiać seks? Wszystko czym to jest, czy teraz to zniszczycie i odkreujecie, razy bóg wie ile razy? Zgoda, Niezgoda, Dobrze, Źle, POD i POC, Wszystkie 9, w Skrócie, Ponad, Nuklearne Sfery.
   Kupiłyście w tym obszarze całą masę bzdur.

Uczestniczka Salonu:
   Czy bycie przygotowaną nie oznacza noszenia prezerwatywy w portfelu?

Gary:
   To już dużo bliżej do tego, czym jest bycie przygotowaną! Zróbmy mały proces:

   Jakiej głupoty używacie, by kreować wymysł oraz sztuczną intensywność demonów potrzeby, jako źródła związków, które wybieracie? Wszystko czym to jest, czy teraz to zniszczycie i odkreujecie, razy bóg wie ile razy? Zgoda, Niezgoda, Dobrze, Źle, POD i POC, Wszystkie 9, w Skrócie, Ponad, Nuklearne Sfery.

CZY SEKS BĘDZIE TERAZ ZABAWĄ?

Zamysł, zgodnie z którym nie jesteście przygotowane do seksu brzmi: „Muszę być w nastroju."; „Musisz odpowiednio pachnieć, smakować i tak dalej." To nie jest pytanie: „Czy uprawianie seksu będzie teraz zabawą?".

Uczestniczka Salonu:

Nie wydaje mi się, żebym kiedykolwiek zadała to pytanie, Gary.

Gary:

Gwarantuję, że go nie zadałaś. Nigdy nam nie powiedziano, że możemy mieć wybór, czy uprawiamy seks czy nie. Wszystko dotyczy tego, że: „Nie jestem w nastroju" albo „Boli mnie głowa", cokolwiek, tylko nie chęć i gotowość do zauważenia, że to jest wybór, a nie potrzeba.

Uczestniczka Salonu:

Mamy wybór, ale go również tworzymy, a możemy wykreować cokolwiek chcemy.

Gary:

Dokładnie, ponieważ jesteście – czym?

Uczestniczka Salonu:

Nieograniczonymi istnieniami.

Gary:

Jesteście kobietami, które kreują przyszłość!

Jakiej głupoty używacie, by kreować wymysł oraz sztuczną intensywność demonów potrzeby, zamiast wyboru, który wybieracie? Wszystko czym to jest, czy teraz to zniszczycie i odkreujecie, razy bóg wie ile razy?

Zgoda, Niezgoda, Dobrze, Źle, POD i POC, Wszystkie 9, w Skrócie, Ponad, Nuklearne Sfery.

Uczestniczka Salonu:

„Czy uprawianie seksu będzie teraz zabawą?" Przyznaję, to pytanie jest świetne!

Gary:

Tak, „Czy uprawianie seksu będzie teraz zabawą?" zamiast „Nie jestem w nastroju, a ty nie podjąłeś właściwej gry wstępnej i nie zrobiłeś nastroju." Które z powyższych jest pytaniem? Mężczyźni są uroczy. Jeśli tylko łóżko jest wygodne, to są gotowi uprawiać seks. Jeśli łóżko jest twarde jak skała, oni nadal są gotowi. W większości przypadków kobiety kreowały związki jako dodatek do seksu, jako źródło kreacji ich wyboru i potrzeby. One raczej *potrzebowałyby* swojego związku i *uprawiały* seks.

Uczestniczka Salonu:

Zabawa pojawiła się u mnie. Ja raczej posiadałabym *potrzebę* niż *zabawę*.

Gary:

Ta cała otoczka, która została wykreowana wokół kobiecej tajemniczości – idea, że kobieta nie potrzebuje seksu, a mężczyzna owszem. Cóż, mężczyzna nie *potrzebuje* seksu, on to *lubi*.

Jak wiele z was próbowało kreować potrzebę związku, bardziej niż zabawę w związku? Wszystko czym to jest, czy teraz to zniszczycie i odkreujecie, razy bóg wie ile razy? Zgoda, Niezgoda, Dobrze, Źle, POD i POC, Wszystkie 9, w Skrócie, Ponad, Nuklearne Sfery.

Macie takie punkty widzenia. Co sprawia, że myślicie, że w związku jest miłość? Macie związek ze swoimi rodzicami, czy to było kochanie? Nie. Miałyście przyjaciół, czy oni byli kochający?

Uczestniczka Salonu:

Nie.

Gary:

Celem związku jest posiadać kogoś, kto zapewni pieniądze, kogoś kto pozwoli ci robić to, co chcesz i kiedy chcesz, i kogoś, kto jest dobry w łóżku.

Uczestniczka Salonu:

Dla mnie w porządku są ostatnie dwa, ale o pierwszym celu, tym o pieniądzach, pomyślałam: „Aaaj..."

Gary:

Tak, skarbie, ty jesteś tak niezależna, że nie chcesz mieć nikogo, kto by o ciebie dbał poprzez posiadanie większej ilości pieniędzy od ciebie.

Uczestniczka Salonu:

Chciałabym to zmienić, proszę.

Gary:

Wszystko w porządku jeśli jesteś skłonna sprawić sobie chłopca do zabawy za pieniądze. Wszystko co zrobiłaś, by być osobą, która zawsze zapewnia pieniądze, czy teraz to zniszczysz i odkreujesz?

Uczestniczka Salonu:
Mam już tego dosyć. Chcę posiadać mnóstwo pieniędzy.

Gary:
Pozwól, że zadam ci pytanie. Co oznacza: „Mam już tego dosyć"?

Uczestniczka Salonu:
Oznacza, że „Już tam byłam i to zrobiłam."

Gary:
Czy to jest pytanie?

Uczestniczka Salonu:
Nie.

Gary:
Czy to jest konkluzja?

Uczestniczka Salonu:
Absolutnie tak. To nawet coś więcej niż konkluzja. To tak, jakbym odhaczała to z jakiejś listy albo coś podobnego.

Gary:
Tak, zdecydowałaś, że to są rzeczy, które warto mieć. Jak tylko je odhaczysz, nie musisz kreować, ani generować ponad konkluzję, do której doszłaś. To jest sposób na to, jak odciąć się od swojej kreatywności.

Uczestniczka Salonu:

Tak, to stopuje wszystko i nie włącza nikogo. Powstrzymuje też wszystkie możliwości posiadania dwudziestu chłopców do zabawy.

Gary:

Albo do posiadania kogoś, by się z nim pobawić seksem i spędzać razem czas. Kogoś, kto ma tyle pieniędzy co ty i nie potrzebuje ciebie bardziej niż ty jego. Kogoś, kto pozwoli ci mieć wszystko czego chcesz, wtedy kiedy tego chcesz. To byłoby straszne, bo nie miałabyś żadnego usprawiedliwienia ani wymówki, wobec bycia tak żałosną jak zdecydowałaś, że jesteś.

Wszystko czym to jest, czy teraz to zniszczysz i odkreujesz, razy bóg wie ile razy? Zgoda, Niezgoda, Dobrze, Źle, POD i POC, Wszystkie 9, w Skrócie, Ponad, Nuklearne Sfery.

A JAK BY TO BYŁO NIGDY NIE CHCIEĆ, ŻEBY DRUGA OSOBA COKOLWIEK ROBIŁA?

Oto co jest w tym kreatywnego: Pozwalasz mu być sobą i robić cokolwiek pragnie. Zapraszasz go do swojego życia i zapraszasz siebie do jego życia. Nie karzesz mu kontrolować, ani nie czynisz go odpowiedzialnym za swoje życie, a on nie musi nic robić. Ty zapewniasz wszystko co zadziała.

Większość z was denerwuje się, kiedy druga osoba nie zapewnia tego, czego chcecie. A jak by to było nigdy nie chcieć, żeby druga osoba cokolwiek dla ciebie robiła?

Wszystko co wdrożyłyście, aby wchodzić w potrzebę tego, co możecie potrzebować od ludzi, abyście mogły wiedzieć, że jesteście na tyle potrzebujące, by dostać to, czego chcecie, tak cholernie potrzebujące, czy teraz to zniszczycie i odkreujecie, razy bóg wie ile razy? Zgoda, Niezgoda, Dobrze, Źle, POD i POC, Wszystkie 9, w Skrócie, Ponad, Nuklearne Sfery.

Nokautujecie mnie teraz!

A co, jeśli nigdy nie chciałybyście, by druga osoba cokolwiek robiła? To czym teraz żyjecie, to projekcje, oczekiwania, separacje, odmowy – a nie wybór, pragnienie, pytanie, czy zabawa. W oparciu o czyj punkt widzenia staracie się wykreować swój związek? Mamy, taty, znajomego, brata, ukochanego?

Wszystko czym to jest, czy teraz to zniszczycie i odkreujecie, razy bóg wie ile razy? Zgoda, Niezgoda, Dobrze, Źle, POD i POC, Wszystkie 9, w Skrócie, Ponad, Nuklearne Sfery.

Wy, panie, wciąż troszczycie się o swojego mężczyznę, ponieważ tymczasowo chcecie być matkami dla swojego dziecka. Stawiacie mężczyznę w pozycji dziecka i dziwicie się, dlaczego nie jest dobry w łóżku. „Zrobisz to, czego chcę, dlatego, że tego chcę" jest dla większości ludzi definicją troski. Wy, kobiety humanoid, nie chcecie, by się o was troszczono – ale udajecie, że tego chcecie, żebyście mogły skopać mężczyznę, który się o was troszczy.

Z punktu widzenia tej rzeczywistości, *troszczenie* się oznacza kontrolowanie kogoś. Dla mnie *troszczenie się*, to umacnianie kogoś. Zadawajcie tej osobie pytania. Nie próbujcie rozwiązać niczyjego problemu. Kobiety zostały nauczone, by wierzyć, że mają rozwiązywać problemy, tak więc staracie się rozwiązywać problemy przez mówienie o nich bez końca.

UMOWA ORAZ DOSTARCZENIE

Związek to biznesowa umowa, więc musicie przygotować „umowę oraz dostarczenie" tak, jak robicie to w przypadku umowy biznesowej. Gdy wchodzicie w związki, to zadawajcie takie pytania:
- Jaka jest umowa?
- Co masz zamiar dostarczyć?
- Czego oczekujesz, żebym ja dostarczyła?
- Jak to będzie dokładnie wyglądać i jak to będzie działać?
- Czym miałabym być dla ciebie?

A oto reszta „umowy oraz dostarczenia":
- Nigdy nie konfrontuj. Zamiast tego powiedz: „Jestem zdezorientowana. Pomożesz mi, proszę?". To jest sposób na to, by zmienić energię wokół czegokolwiek, ponieważ nie będziesz zajmować pozycji kontroli.
- Nigdy nie uzasadniaj. Nie mów: „Och, wiem przecież, że jesteś taki zajęty. Przepraszam, że o to pytam". Nie jest ci przykro, że pytasz. Masz nadzieję, że on zda sobie sprawę, że powinien i mógłby dostarczyć.
- Nigdy nie wyjaśniaj, ani nie tłumacz. Robisz to, co robisz, to wszystko. Jeśli próbujesz tłumaczyć albo wyjaśniać, to próbujesz nadać temu słuszność. To nie jest dobra przestrzeń do życia. Jeśli próbujesz

tłumaczyć dlaczego dokonałaś jakiegoś wyboru, to czy jesteś obecna? Nie. Czy dokonujesz wyboru? Nie. Starasz się sprawić, żeby to było w porządku, że dokonałaś wyboru. Jaka jest różnica pomiędzy dokonywaniem wyboru a sprawianiem, że jest w porządku, że wybrałeś to, co wybrałeś? Jeśli starasz się to usprawiedliwiać i sprawiać, że to jest w porządku pod pozorem, że możesz to usprawiedliwić, to myślisz, że druga osoba musi to zaakceptować. Jednak nie o to chodzi.

Jeśli starasz się potwierdzać, wyjaśniać albo usprawiedliwiać, musisz żyć stosownie do określonego wizerunku, jaki masz o samej sobie, bardziej niż żyjesz rzeczywistością tego, co możesz wykreować w formie umowy. Jeśli funkcjonujesz z przekonaniem: „Jestem kobietą", czy to jest jakieś wyjaśnienie? Tak. To usprawiedliwienie. To potwierdza wybór, jakiego dokonałaś. Nic z tego nie jest gotowością do tego, by być świadomą tego, co może zostać wykreowane z twoim wyborem.

Uczestniczka Salonu:
Jestem świadoma tego, że w „umowie i dostarczeniu" ostatecznie chodzi tobie o ciebie i że nie jest tak naprawdę możliwe, by zawrzeć umowę i dostarczenie z drugą osobą, jeśli samemu nie ma się jasności tego, czym to jest dla ciebie.

Gary:
Dokładnie. Mam nadzieję, że właśnie to wyniesiecie z tej teleklasy.

CZY WYMAGANE JEST, BY DRUGA OSOBA RÓWNIEŻ BYŁA ŚWIADOMA?

Uczestniczka Salonu:

Czy w świadomym związku wymagane jest to, żeby druga osoba również była świadoma? Czy to jest raczej tak, że ty pozostajesz świadomy po to, aby dostać od nich to, czego chcesz?

Gary:

Jeśli pozostajesz świadoma, to nie masz żadnych projekcji, oczekiwań, separacji, zaprzeczeń ani osądów. Świadomy związek nie ma czegoś takiego.

Uczestniczka Salonu:

Co, jeśli druga osoba z nimi funkcjonuje?

Gary:

To jest w porządku, dopóki ty tego nie robisz.

Uczestniczka Salonu:

Zatem, pozostajesz świadomy i pozwalasz, by druga osoba funkcjonowała z tym, z czym funkcjonuje?

Gary:

Tak. W świadomym związku, zdajesz sobie sprawę z tego, co dzieje się z twoim partnerem. Jesteś gotowa zdać sobie sprawę, że musisz wybrać to, co będzie tobie pasować, nie w odniesieniu do niego, ale z uwagi na ciebie.

Przejdźmy do pytań.

ROZKWITANIE JAKO KOBIETA

Uczestniczka Salonu:
Czy możesz powiedzieć więcej o rozkwitaniu kobiety?

Gary:
Rozkwitanie jako kobieta, to rozpoznawanie jak używać waszych kobiecych sztuczek. Na przykład kobiety mają skłonność, by zmieniać zdanie. Czy mężczyźni mają ten sam wybór? Nie bardzo. Mężczyzna, który zmienia zdanie, jest uważany za kogoś nieznaczącego i pozbawionego silnej woli. Kobieta, która zmienia zdanie jest uważana za kreatywną i tajemniczą. Ona jest kimś, kogo nie da się wstawić w sztywne ramy ani do zamkniętej klatki.

Musicie nauczyć się jak wykorzystywać to, co jako kobiety posiadacie. Pytacie: „Kochanie, czy zrobiłbyś to dla mnie, proszę?". Moja znajoma przez cały czas żyła w bólu. Powiedziałem jej: „Musisz poprosić ludzi, by ci pomagali." Ona to zrozumiała i teraz, gdy będzie na lotnisku, zapyta: „Kochanie, czy zrobiłbyś to dla mnie, proszę?". A on odpowie: „Oczywiście, skarbie, wezmę twoją torbę. Która z nich jest twoja?". Mężczyźni są gotowi, by je służyć.

Jako kobieta, masz prawo prosić mężczyznę, żeby coś dla ciebie zrobił. Czy mężczyzna ma to samo prawo? Nie, chyba że jest tobie oddany. Musiał zdecydować, że się z tobą ożeni i będzie z tobą żył długo i szczęśliwie, by poprosić cię o to, byś ty coś dla niego zrobiła.

By rozkwitać jako kobieta, musicie używać wszystkich waszych ziemskich wdzięków, jak również rozpoznać, że jesteście wojowniczkami, które staną do walki o kreowanie przyszłości, której nikt inny nie dostrzega. Macie zdolności jakich inni ludzie nie dostrzegają, a to jest niesamowite.

Rozkwitać jako kobieta to rozpoznawać wszystkie rzeczy, o które możecie prosić i żadnej, którą musicie dostarczyć. Jeśli użyjecie swoich ziemskich wdzięków i tego, co Bóg dał wam jako broń, możecie pozyskać mężczyznę, by robił dla was rzeczy. Musicie chcieć to zrobić. Ponieważ jednak jesteście takie niezależne, staracie się udowodnić, że nikogo nie potrzebujecie. Macie rację, nikogo nie potrzebujecie – jednak dlaczego nie używać waszych kobiecych sztuczek?

WIDZENIE NEGATYWNYCH RZECZYWISTOŚCI

Uczestniczka Salonu:

Czy mogę zadać ci pytanie o widzeniu tego, czego inni ludzie nie widzą i o tym, jak ma się do tego niechęć do widzenia negatywnych rzeczywistości?

Gary:

Większość ludzi stara się widzieć, że wszystko wyjdzie na dobre, zwłaszcza jeśli chodzi o decyzje, osądy, konkluzje i kalkulacje. Powiedzmy, że zdecydowałaś, że jesteś zakochana w mężczyźnie. Czy to jest osąd?

Uczestniczka Salonu:

Tak.

Gary:

To musisz zadać pytanie: Na jaką negatywną rzeczywistość jestem niechętna tutaj spojrzeć?

Zanim związałem się z moją byłą żoną, zrobiłem listę wszystkiego, co chciałem, aby osoba, z którą jestem w związku, miała w sobie. Ona miała to wszystko. Czego *nie* zrobiłem, to lista wszystkiego, czego nie chciałem w tej osobie. Zatem dostałem wszystko to czego chciałem, a poza tym wszystko to, czego *nie* chciałem. Czy to była świadomość czy wybór? Czy raczej nie chciałem widzieć negatywnych rzeczywistości?

Uczestniczka Salonu:

Nie chciałeś widzieć negatywnych rzeczywistości.

Gary:

Jeśli chcecie mieć całkowitą świadomość, zawsze musicie być gotowe widzieć czyjeś negatywne rzeczywistości. Kiedy to zrobicie, możecie wykreować związek z każdym. Jednak jeśli nie chcecie widzieć negatywnej rzeczywistości, z której funkcjonują, to będziecie rozczarowane, nieszczęśliwe oraz przygnębione. Zdecydujecie, że coś jest nie tak.

Uczestniczka Salonu:

Czy możesz powiedzieć więcej o tym, czym ta negatywna rzeczywistość jest?

Gary:

Są ludzie, którzy żyją w konkluzji. Znam panią, której cała rzeczywistość to: „Mam rację, a ludzie muszą dostrzec rację mojego punktu widzenia." Ona jest jedną z tych osób, które piszą listy do edytora. Ostatnio dostała wypowiedzenie, ponieważ zdecydowała, że sąsiad z piętra wyżej nie okazał jej szacunku i doniosła na niego właścicielce mieszkania. Cóż, sąsiad z piętra wyżej okazał się być wnuczkiem właścicielki. Słuszność punktu widzenia mojej znajomej o tym, że to sąsiad nie miał racji, a ona owszem i on powinien się wyprowadzić, a ona nie, nie posłużył jej. Ona nie chciała widzieć negatywnego aspektu tego, co byłoby wykreowane przez jej wybór. Wy musicie chcieć widzieć negatywną rzeczywistość. Musicie zapytać: Jeśli to wybiorę, jaka rzeczywistość zostanie wykreowana? Musicie zrozumieć, że wasz wybór wykreuje pozytywną lub negatywną rzeczywistość w świecie waszym i innych ludzi.

KREOWANIE PONAD TĘ RZECZYWISTOŚĆ

Uczestniczka Salonu:
Czy mogę zmienić wątek? Ostatnio przeczytałam książkę o czasach wikingów. Mówiła o tym, że podczas wybierania wodza, kandydaci musieli pojawić się przed grupą od siedmiu do dziewięciu kobiet i przedstawić wizję przyszłości dla przyszłych pokoleń. Jeśli kandydat przedstawił wizję, która podobała się kobietom, wówczas był wybierany na wodza. Co myślisz na temat takiej współpracy męskich i kobiecych energii?

Gary:
To jest współpraca, która powinna istnieć, a nie istnieje.

Uczestniczka Salonu:

Tak, spodobało mi się to, kiedy się tego dowiedziałam.

Gary:

Podobało ci się? Czy uznałaś, że to by działało?

Uczestniczka Salonu:

Podobała mi się dynamika pomiędzy mężczyznami a kobietami i to, że pracują razem długoterminowo. Obecnie rząd jest krótkoterminowy, jest tylko na cztery lata, aż do następnych wyborów.

Gary:

Cóż, nawet nie aż tak długo. Oni myślą o tym, czy zostaną wybrani za dziesięć sekund.

Uczestniczka Salonu:

Tak, oczywiście. Ja po prostu pomyślałam żeby o tym wspomnieć, ponieważ tak wiele mówimy tu o dynamice męskich i kobiecych energii. Jestem pewna, że możemy do tego dotrzeć.

Gary:

Czy możemy się nieco cofnąć? To, co opisałaś, to nie jest dynamika. To jest kreacja. Dynamika to nadany punkt widzenia: „Tak właśnie jest i nie możemy tego zmienić."

To, co ty opisałaś, to kreacja. To jest to, co byłoby wykreowane, gdyby ludzie byli skłonni funkcjonować z większą rzeczywistością, z większą globalną perspektywą. Ludzie nie sięgają wzrokiem w przyszłość, by określić co ich kreacja wykreuje. Ja owszem. Ja patrzę na to, co ludzie wykreują wyborami, których dokonują. Nie ma wśród was takiej, która nie miałaby niesamowitej zdolności widzenia większych i wspanialszych możliwości niż dziewięćdziesiąt procent ludzi wokół was, ale zamiast to wybierać, staracie się powrócić do tej rzeczywistości poprzez wybranie mężczyzny, który uczyni wasze życie idealnym, albo czegokolwiek innego co uczyni wasze życie idealnym.

A co, jeśli generowałybyście i kreowałybyście ponad tę rzeczywistość? Wszystko co na to nie pozwala, czy teraz to zniszczycie i odkreujecie, razy bóg wie ile razy? Zgoda, Niezgoda, Dobrze, Źle, POD i POC, Wszystkie 9, w Skrócie, Ponad, Nuklearne Sfery.

Jakie fizyczne wprowadzenie w życie kreacji przyszłości, ponad przyszłość tej rzeczywistości, jesteście teraz zdolne kreować, generować i ustanawiać? Wszystko co na to nie pozwala, czy teraz to zniszczycie i odkreujecie, razy bóg wie ile razy? Zgoda, Niezgoda, Dobrze, Źle, POD i POC, Wszystkie 9, w Skrócie, Ponad, Nuklearne Sfery.

Uczestniczka Salonu:
Robi się o tyle lżej, kiedy robisz ten proces. Bardziej ekscytująco.

Gary:
To nie jest ekscytujące, ponieważ ekscytacja jest tym, co używacie, by wydostać się ze stanu stagnacji. To jest entuzjazm życia.

Uczestniczka Salonu:
Tak, zrozumiałam. Ty lepiej opisujesz energię słowami.

CHĘĆ WIDZENIA PRZYSZŁOŚCI

Uczestniczka Salonu:
Powiedziałeś wcześniej, że chcesz widzieć przyszłość, która wykracza dużo dalej niż to, co inni ludzie są gotowi zobaczyć. Czy możesz powiedzieć więcej o tym, jak to wygląda w twoim wszechświecie, a jak w naszym?

Gary:
Cóż, w moim wszechświecie wygląda to tak, że zdaję sobie sprawę z tego, co ludzie zrobią – i nie mam na ten temat punktu widzenia. Dla przykładu kobieta, która była bardzo aktywna w Access Consciousness odeszła z Access. Wiedziałem, że to się dzieje rok przed jej odejściem. Widziałem co to wykreuje dla niej i co ona z tym zrobi, i miałem tylko nadzieję, że tego nie wybierze. Jednak to wybrała. Spojrzałem na to i zapytałem: „Czy to wywoła niepożądany skutek w mojej rzeczywistości?". Nie.

Musicie patrzeć na wybory, których inni ludzie dokonują i na to, jak te wybory wpłyną na waszą rzeczywistość. Zapytajcie: Czy to zmieni moją rzeczywistość? Zmieni ją? Tak. Wpłynie na nią w negatywny sposób? Nie. Czy to poszerzy moje aktywności? Tak. Czy wiem jak? Nie, ale jestem skłonny do zadawania pytań o to, co może się pojawić, zamiast dochodzenia do wniosków, albo podejmowania decyzji, albo decydowania o tym, co muszę zrobić, żeby się tym zająć. Czy to jest pomocne?

WYGODA TO NIE JEST ŚWIADOMOŚĆ

Uczestniczka Salonu:

Tak. Dziękuję. Jak ma się do tego dyskomfort totalnej świadomości?

Gary:

Komfort to nie jest świadomość. Komfort to decyzje, osądy, konkluzje oraz kalkulacje, które powodują, że masz rację w swoich wyborach. Dyskomfort to życie w wyborze, komfort to życie w konkluzji.

Uczestniczka Salonu:

Czy możesz powiedzieć, jak to odnosi się do nieposiadania żadnego punktu widzenia i do bycia świadomym wszystkiego?

Gary:

Jeśli nie macie punktu widzenia, możecie być świadome wszystkiego. Jeśli macie jakiś punkt widzenia, to eliminujecie ze swojej świadomości wszystko, co do niego nie pasuje. A kiedy to robicie, to tracicie swoją moc na rzecz konkluzji. Czynicie guru ze swojej konkluzji, zamiast z wyboru albo z możliwości.

Mogę spojrzeć na coś takiego jak wybór tej kobiety, która odeszła z Access Consciousness. Czy to jest coś, czego bym chciał? Nie, ale to jest jej wybór i pozwalam na to, żeby to był jej wybór. Czy to wykreuje wszystko o czym ona myśli, że jest? Nie. Jednak muszę ufać, że jeśli ona życzy sobie zniszczyć siebie albo wykreować sobie problemy, to jest to jej wybór i ona musi to zrobić. Jestem skłonny pozwolić ludziom umierać, jeśli tak wybierają. Jeśli ktoś robi coś, co go zabija, to pozwolę mu na to. Nie zatrzymam go. Dlaczego nie? Dlatego, że to jest ich wybór, nie mój.

Uczestniczka Salonu:

Chyba, że zadadzą ci pytanie, Gary?

Gary:

Tak, chyba że zadadzą mi pytanie. Jednak większość ludzi, którzy niszczą siebie, nie zadaje pytań. Oni unikają zadawania pytań, ponieważ pytania rzucają wyzwania decyzjom, osądom, konkluzjom, kalkulacjom, których używali, żeby wykreować wnioski, do których doszli i decyzje, które podjęli.

Uczestniczka Salonu:

Kiedy już wiedziałeś, że ta kobieta odejdzie, zapytałeś: "Czy to na mnie wpłynie?". Nie doszedłeś do wniosku. Nie powiedziałeś: "Teraz muszę to naprawić albo sprawić, by zmieniła zdanie." Robisz coś innego niż ja. Kiedy ja postrzegam coś w przyszłości, przystępuję do działania.

Gary:

Ty raczej działasz niż jesteś świadoma. Jesteś gotowa kreować świat: *"robić- robić"*, a nie *"być-być"*.

Uczestniczka Salonu:

Czasami to nie jest negatywna energia, ani negatywna rzeczywistość, a jednak wiesz, że nie będzie to dla kogoś szczęśliwe zakończenie. Czy nadal pozwalasz tej osobie to robić, tak długo jak to nie wpływa na świadomość?

Gary:

Bez względu na wszystko, świadomość nie może zostać pokonana. Czy odejście tej kobiety będzie miało niekorzystny wpływ na świadomość, nad którą pracuję? Nie. Dlatego ona zawsze zrobi to, co zrobi.

Pewnego dnia rozmawiałem z kimś o tym, by stworzyć system wsparcia dla różnych facylitatorów, abyśmy mogli upowszechniać Access Consciousness. Musiałem wprowadzić system w życie, a nie miałem wszystkich elementów układanki. Zdecydowałem, że wezmę pięciu czy sześciu ludzi i zacznę od nich, aż będę miał system, który działa dla wszystkich.

Ktoś zadzwonił do mnie i powiedział: „Dlaczego mnie wykluczasz?".

Powiedziałem: „Nie wykluczam cię. Potrzebuję kogoś, kto będzie podążał zgodnie ze wskazówkami i szedł w kierunku, w jaki sprawy muszą podążać tak, aby stworzyć system. Jedną rzecz, którą wiem o tobie jest to, że ty nie podążasz za nikim. Ty zawsze będziesz robić to, co chcesz."

Tamta osoba zaśmiała się i powiedziała: „Tak, właśnie tak zawsze bym zrobiła."

MOŻESZ MIEĆ SŁUSZNOŚĆ, ALBO MOŻESZ MIEĆ LEKKOŚĆ

Uczestniczka Salonu:

Wiele razy mam ochotę zadać ci pytanie: „Jaką masz świadomość na mój temat, która prawdziwie wysadziłaby mój wszechświat w powietrze i poszerzyłaby moją świadomość?".

Gary:

Do pewnego stopnia podjęłaś wiele decyzji i konkluzji o swoim życiu, które ciągle działają. Tak, czy nie?

Uczestniczka Salonu:

Tak.

Gary:

A co, jeśli miałabyś je wszystkie odpuścić? Każdą z nich?

Uczestniczka Salonu:

To jest lekkie.

Gary:

Tak, ale ty tego nie wybierzesz.

Uczestniczka Salonu:

Nie wybiorę lekkości?

Gary:

Nie, ponieważ masz wybór. Możesz mieć rację albo mieć lekkość.

Uczestniczka Salonu:

Czuję, że chciałabym powiedzieć: „Tak, odpuszczę to."

Gary:

Nie łudź się. Bądź w tym prawdziwa. Jaka jest prawda? Zapytaj: Czy raczej wolałabym lekkość czy słuszność? Bądź z sobą bezwzględnie szczera. Całkowita szczerość z samą sobą, to jedyny sposób w jaki wykreujesz swoją przyszłość.

Był taki moment, kiedy Access Consciousness nie cieszył się takim powodzeniem, jakim chciałem, by się cieszył. Przyglądając się temu byłem ze sobą bezwzględnie szczery. Zmieniłem sposób, w jaki działają facylitatorzy Bars. Odjąłem wszystkie honoraria, jakie musieli płacić, co jest niezgodne z tym, jak działa się w tej rzeczywistości. Zlikwidowałem wszystkie opłaty na moją rzecz. Jedno, co uczyniłem koniecznością, to więcej świadomości. Za każdym razem, gdy robisz komuś Barsa 300 tysięcy innych ludzi uwalnia się od tego, od czego uwalnia się dana osoba. To było moje pierwotne dążenie z Access Consciousness, żeby wykreować wolność dla każdego na tej planecie. Wciąż nad tym pracuję.

Uczestniczka Salonu:

Zatem ja nie mam swojego dążenia?

Gary:

Zgadza się, ty nie masz dążenia. Doszłaś do wniosku, że osiągnęłaś to, co miałaś do osiągnięcia.

Uczestniczka Salonu:

A jednak zadaję pytania.

Gary:

Jedno pytanie, którego nie chcesz sobie zadać to: Co tak naprawdę chciałabym wykreować jako moje życie? To dotyczy zrównoważonej przyszłości. Powinnaś zapytać: Jakie będzie moje życie za pięć lat, jeśli to wybiorę?

Nie możesz mieć zdefiniowanego punktu widzenia ani konkluzji, a wciąż próbujesz do tego dochodzić. To jest świadomość energii. Będziesz wiedziała, gdy to wybierzesz; stąd możesz generować i kreować więcej.

Uczestniczka Salonu:
Czego tak się trzymamy, co nie pozwala nam z większą łatwością widzieć przyszłość?

Gary:
Kupujecie punkty widzenia tej rzeczywistości. Jeśli kupujecie punkty widzenia tej rzeczywistości, to musicie stawać się kobietką, która jest w ciąży i pichci dla swojego faceta. Jak bardzo wam to pasuje?

Uczestniczka Salonu:
Nie pasuje w ogóle. Ja już próbowałam.

Gary:
Dokładnie tak. Musicie mieć większą chęć bycia zdobywczyniami świata i kreatorkami przyszłości.

Uczestniczka Salonu:
Więc chodzi tylko o to, że kupujemy scenariusze tej rzeczywistości?

Gary:
Tak, ta rzeczywistość zupełnie nie działa. Kochać ją? Nie. Tolerować? Tak. Czy to jest coś, czego ja pragnę? Nie. Czy jest to coś, czego ty pragniesz? Prawdopodobnie nie. Ale jakie miałaś wybory?

Uczestniczka Salonu:

Jakie mam wybory? Coś innego?

Gary:

To jest to, co musicie być gotowe mieć. Coś innego.

Jakie fizyczne wprowadzenie w życie kreacji przyszłości wykraczającej ponad rzeczywistość tej przyszłości, jesteście teraz zdolne by generować, kreować i ustanawiać? Wszystko co na to nie pozwala, czy teraz to zniszczycie i odkreujecie, razy bóg wie ile razy? Zgoda, Niezgoda, Dobrze, Źle, POD i POC, Wszystkie 9, w Skrócie, Ponad, Nuklearne Sfery.

ZDOBYWANIE A WYKLUCZANIE

Uczestniczka Salonu:

Jestem zdezorientowana pomiędzy zdobywaniem a wykluczaniem. Czy możesz mi to wyjaśnić?

Gary:

W dawnych czasach, gdy ktoś podbijał państwo, to miał wybór. Mogli albo pozabijać wszystkich i mieć to państwo, albo mogli włączyć tych ludzi do swojej rzeczywistości i użyć ich do kreowania więcej.

Uczestniczka Salonu:

Ja postępowałam w ten pierwszy sposób.

Gary:

Wszystkich zabijałaś?

Uczestniczka Salonu:
Tak, tak właśnie myślę.

Gary:
Dobra wiadomość jest taka, że posiadasz całe państwo. Masz je tylko dla siebie, tylko nie masz z kim się zabawiać.

Uczestniczka Salonu:
Tak, właśnie w tym się znajduję.

Gary:
Czy to naprawdę jest w twoim interesie?

Uczestniczka Salonu:
Nie jest wcale. Czy możesz pomóc mi to zmienić, proszę?

Gary:
Jakiej głupoty używasz, by kreować zdobywanie jako sposób na wykluczanie, które wybierasz? Wszystko czym to jest, czy teraz to zniszczysz i odkreujesz, razy bóg wie ile razy? Zgoda, Niezgoda, Dobrze, Źle, POD i POC, Wszystkie 9, w Skrócie, Ponad, Nuklearne Sfery.
Okazuje się, że postępując tak nie jesteś jedyna.

Uczestniczka Salonu:
Dziękuję!

Uczestniczka Salonu:
Czy to jest prawda, że kiedy ludzie się wywyższają, to tak naprawdę wierzą w to, że wszyscy inni są od nich lepsi? Czy starają się udowodnić coś przeciwnego? Czy to jest

kupowanie kłamstwa, że każdy jest albo lepszy, albo gorszy od nas?

Gary:

Nikt nie jest ani lepszy, ani gorszy od nikogo, jest inny! Nie postrzegam nikogo jako lepszego czy gorszego ode mnie. Ty masz inne doświadczenia i świadomość. Mój punkt widzenia jest taki:
- Co ty wiesz, co mogę użyć dla siebie?
- Co ty wiesz, co mogę użyć dla innych?
- Co ty wiesz, co jeszcze mi nie ujawniłaś?

"JAK UDOWODNIĆ SWÓJ WKŁAD?"

Uczestniczka Salonu:

Jest coś, z czym utknęłam. Muszę napisać bardzo długi tekst dla moich prawników, o moich ostatnich trzynastu latach z byłym, by udowodnić swój wkład w związek i biznes, abym mogła otrzymać więcej niż trzydzieści jeden procent, które zostały mi zaoferowane. Już doszłam do połowy i zastanawia mnie co mogłabym zrobić inaczej lub czym być inaczej, w udowadnianiu mojego wkładu. Nie umiem tego ująć w takie słowa, żeby ludzie zdali sobie z tego sprawę.

Gary:

"Bajki mogą się ziścić, co może się przydarzyć także tobie." Musisz napisać bajeczkę, jeśli chcesz żeby inni ci uwierzyli.

Uczestniczka Salonu:

Mam po prostu zrobić to, co jest wymagane?

Gary:

Ty starasz się przekazać prawdę. Opowiedz bajkę, którą wszyscy chcą kupić.

Uczestniczka Salonu:

Co to oznacza?

Gary:

To jest powód, dla którego podałem ci słowa tej piosenki. Pomyśl o niej i napisz to jeszcze raz.

Uczestniczka Salonu:

Czy chcesz przez to powiedzieć, że mam napisać bajkę, której nie było?

Gary:

Masz napisać bajkę o tym, jak bardzo kochałaś i jak bardzo straciłaś. Jak zrobiłaś wszystko, co mogłaś, by go wspierać i wszystkie te długie rozmowy, które z nim miałaś, a które służyły tylko temu, żeby on zobaczył swoją wspaniałość.

Uczestniczka Salonu:

Poszłam tym tropem. Dlaczego utknęłam?

Gary:

Zadecydowałaś, że to była bajka, a nie rzeczywistość. Powinnaś móc dostarczyć bajkę, taką jaką ludzie mogą usłyszeć.

Uczestniczka Salonu:
W porządku.

Gary:
Wszystko, co tu ujawni się i was rozczarowuje, czy teraz to zniszczycie i odkreujecie? Zgoda, Niezgoda, Dobrze, Źle, POD i POC, Wszystkie 9, w Skrócie, Ponad, Nuklearne Sfery.

BYCIE TYM, CO JEST DLA WAS PRAWDZIWE

Uczestniczka Salonu:
Czasem podchodzę do ludzi bardziej ofensywnie niż bym chciała. Nie jestem pewna, czy pozostawić to takie jakie jest, czy zmienić. Często ściska mnie w gardle. Co to jest?

Gary:
To jest twoja świadomość tego, dokąd reszta świata nie chce podążyć. Za każdym razem, gdy otwierasz przestrzeń możliwości, czujesz i postrzegasz wprowadzanie w życie ograniczeń innych ludzi.

Musisz być chętna i gotowa być tym, co jest dla ciebie prawdziwie. Nie będę kłamał, jeśli ktoś mnie o coś zapyta. Powiem im prawdę. Nie będę odpowiadał wymijająco, ponieważ za każdym razem, gdy to robiłem i nie mówiłem ludziom, czym coś jest, było to równie dobre jak okłamywanie ich. Nie interesuje mnie okłamywanie ludzi.

Uczestniczka Salonu:

Czy jest jeszcze coś, co wspierałoby mnie w tym, by wiedzieć co, jak, kiedy i komu powiedzieć, i jak to zrobić klarownie i z mocą?

Gary:

Zapytaj: Jakiej głupoty używam, by kreować brak milczenia, który wybieram?

Możesz nic nie mówić, ale twoja głowa sama głośno komunikuje, kochana. W milczeniu, tak jak we wszystkim innym, musisz mieć jasność i łatwość. W dziewięćdziesięciu dziewięciu procentach przypadków cisza da ci więcej kontroli nad ludźmi niż mówienie.

BYCIE W KALKULACJI SWOJEGO WŁASNEGO ŻYCIA

Uczestniczka Salonu:

Czy możesz powiedzieć mi co robię, że niszczę swoje życie, istnienie i rzeczywistość, a gdybym to zmieniła, to wykreowałabym dla siebie zrównoważoną rzeczywistość?

Gary:

Tu nie chodzi o to, co robisz, a o to, czego nie robisz. Masz zadawać pytanie:

Czym mogę dzisiaj być lub co zrobić, by zmienić moje życie i przyszłość na zrównoważoną rzeczywistość na całą wieczność? Wszystko czym to jest, czy teraz to zniszczysz i odkreujesz? Zgoda, Niezgoda, Dobrze, Źle,

Wszystkie 9, POD i POC, w Skrócie, Ponad, Nuklearne Sfery.

To jest coś, czym musisz być albo robić. To jest coś, co musisz wybrać. Większość z nas nie ma pojęcia, czym to jest. Prawda, jak wiele swojego życia wykreowałaś w oparciu o samą siebie?

Uczestniczka Salonu:
Zero procent.

Gary:
Tak funkcjonują niemal wszyscy. Pani, która pomagała nam z Access Consciousness zawaliła parę spraw. Powiedziałem jej: „Ludzie zwykle zawalają wtedy, kiedy nie chcą czegoś robić. Tak więc, prawda, czy chcesz jeszcze pracować dla Access?".

Ona powiedziała: „Nie, nie chcę."

Zapytałem: „Co chcesz robić? Czym chciałabyś żeby było twoje życie?".

Ona powiedziała: „Nie mam pojęcia."

Powiedziałem: „To dlatego, że spędziłaś całe swoje życie na wykonywaniu czegoś dla swoich rodziców, babci, męża, biznesu – ale niczego dla samej siebie. Jak to się stało, że nie jesteś wliczona do swojego własnego życia?". To pewnie nie odnosi do nikogo innego na tej teleklasie!

Jakiej głupoty używasz, by kreować wymysł, sztuczną intensywność nie bycia wliczoną w swoje własne życie, które wybierasz? Wszystko czym to jest, czy teraz to zniszczysz i odkreujesz? Zgoda, Niezgoda, Dobrze, Źle,

Wszystkie 9, POD i POC, w Skrócie, Ponad, Nuklearne Sfery.

KUŚ ICH, UCZ I PUŚĆ ICH WŁASNĄ DROGĄ

Uczestniczka Salonu:

Kiedyś powiedziałeś mi w kontekście mężczyzn: „Kuś ich, ucz i puść ich własną drogą". Być może błędnie to zidentyfikowałam jako dawanie im nauczki, i kiedy to czasem jest wymagane, to jednak nie jestem pewna, co przez to rozumiałeś. Czy możesz to wyjaśnić i rozwinąć?

Gary:

„Kuś ich, ucz, puść ich własną drogą" to idea, że tak naprawdę, to nie chcesz związku, moja droga. Chciałabyś mieć z kimś zabawę. Uczenie ich to przekazywanie wszystkiego o tym, jak być lepszym mężczyzną; tu nie chodzi o dawanie im nauczki.

Uczestniczka Salonu:

Co jest złego w odcinaniu męskich jaj i wywieszaniu ich na ścianie jako trofea?

Gary:

Cóż, to jest fajne, jednak jeśli tak robisz, to szanse są takie, że niewielu mężczyzn będzie do ciebie przychodziło w odwiedziny. Jeśli ujrzą na ścianie jaja, to nie będą chcieli mieć z tobą nic wspólnego. Czy to właśnie chcesz kreować z mężczyznami? Czy to jest przyszłość, którą chciałabyś mieć?

Przyjrzyj się temu: Jeśli wybierzesz odcinanie jaj mężczyznom, to jakie będzie twoje życie za pięć lat? Poszerzone, czy zawężone? Jeśli wybierzesz pozostawianie męskich genitaliów tam gdzie są i pieszczenie ich, i cieszenie się nimi, i używanie ich tak często, jak to wybierasz, to jakie będzie twoje życie za pięć lat? Poszerzone czy zawężone? Poczuj energię i sama to rozwikłaj.

PRAWDZIWY PRAGMATYZM ZACZYNA SIĘ OD WYBORU

Uczestniczka Salonu:

Czy powiedziałbyś coś o pragmatyzmie bycia klarownością tego, co tak naprawdę chciałybyśmy kreować i tego gdzie same siebie oślepiamy?

Gary:

Prawdziwy pragmatyzm zaczyna się od wyboru. Jeśli to wybiorę, jakie będzie moje życie za pięć lat?

Zapytajcie:

- Jeśli to wybiorę, to jakie będzie moje życie za pięć lat?
- Jeśli tego nie wybiorę, to jakie będzie moje życie za pięć lat?

Zaczniecie odczuwać energetycznie różnicę pomiędzy wyborem, a nie wyborem i stopniowo z pewnością zaczniecie wybierać to, co wam pasuje. Będziecie wiedzieć czym dana rzecz uczyni wasze życie za pięć lat.

Możesz poczuć energię tego, ale nie możesz tego zdefiniować. Musicie wyjść poza definiowanie tego, czym chciałybyście, żeby wasze życie było. Ludzie mówią: „Ja chciałabym mieć pięć milionów dolarów, chciałabym robić to, chciałabym robić tamto."

„Chciałabym robić" nie jest tym samym, co kreowanie czy generowanie.

GENEROWANIE, KREOWANIE ORAZ USTANAWIANIE

Uczestniczka Salonu:
Jak ma się do tego funkcjonalność oraz ustanawianie? Kiedy zadajesz pytanie: „Jeśli to wybiorę, co to wykreuje?", to co musi się zadziać, żeby to wprowadzić w życie?

Gary:
Musicie sięgnąć po pytanie. Ono wskaże wam energie, od których pragniecie rozpocząć kreację. *Generowanie* to energia, która powołuje coś do życia, *ustanawianie* jest tym, co robicie, by kreować podstawę, by budować jeszcze więcej.

Daję wam system, według którego możecie mieć klarowność tego, co możecie wykreować. To nie będzie wszechświat poznania kognitywnego. Jeśli mogłybyście wykreować wszechświat w oparciu o kognitywny punkt widzenia, to dokonałybyście tego już wieki temu.

Musicie dostrzec, że klarowność pochodzi ze świadomości, którą kreujecie wokół tego, co kreuje wasz wybór. Wybór jest źródłem kreacji, a nie decyzje, osądy, konkluzje, ani kalkulacje. Jeśli próbujecie funkcjonować z poziomu decyzji, osądów, konkluzji oraz kalkulacji, to funkcjonujecie z poziomu osądów, a nie możliwości.

Macie dwa wybory: Możecie kupić to krzesło albo je sprzedać. Jakie będzie twoje życie za pięć lat, jeśli kupisz to krzesło? Jak będzie wyglądać twoje życie za pięć lat, jeśli sprzedasz to krzesło? Możecie poczuć różnicę energii tego, co będzie wykreowane.

Nie oddawajcie swojej świadomości na rzecz konkluzji. Używajcie tego procesu:

- Jeśli to wybiorę, to jakie będzie moje życie za pięć lat?
- Jeśli tego nie wybiorę, to jakie będzie moje życie za pięć lat?

Można rozróżnić wybór odczuwany jako poszerzający, od wyboru odczuwanego jako zacieśniający. Żeby wykreować zrównoważoną przyszłość, nauczcie się odczuwać różnicę w energiach tego, co jest kreowane poprzez wybory, których dokonujecie.

Uczycie się kreować poprzez wybory, których dokonujecie, ponieważ każdy wybór coś kreuje.

Jeśli jesteś wojowniczką, która przyszła, by walczyć o kreowanie zrównoważonej przyszłości, to jest to inny świat. Musisz być skłonna, by się temu przyjrzeć, wybrać to i być tym, a wtedy wszystko pozostałe będzie temu sprzyjać. Zrozum, że twój wybór kreuje.

W porządku, panie. To wszystko na dzisiaj. Proszę pokażcie się jako kobiety, którymi jesteście, które mogą kreować przyszłość, która będzie zrównoważona i wspaniała. To jest dar, którym jesteście dla ludzkości.

11
Pozostawanie w mocy wyboru i świadomości

Za każdym razem kiedy oddajesz swoją moc czemuś innemu niż świadomość, zapraszasz do swojego życia demony.

Gary:
Witam, panie. Porozmawiajmy o tym, czym są demony i jak odnoszą się one do bycia kobietą wojownikiem, która wyrusza na bitwę, aby stworzyć zrównoważoną przyszłość.

DEMONY

Demon jest każdą istotą lub czymkolwiek innym, co pragnie mieć kontrolę nad twoim życiem. W momencie kiedy nadajesz moc czemuś innemu niż świadomość, zapraszasz demona do swojego życia. Jeśli szukasz związku, w którym ktoś będzie się tobą opiekował, a ty będziesz tylko naśladowcą, to zapraszasz tym samym demoniczne energie do swojego życia, ponieważ bycie naśladowcą wymaga wyzbycia się siebie i swojej świadomości. Demony i byty chcą, abyś stała się naśladowcą. Zatem, jest to jeden ze sposobów, w jaki możecie je zaprosić. Na szczęście, wy tutaj, jesteście beznadziejne w naśladowaniu. Nie nadajecie się nawet do tego, aby być trzy kroki w tyle za swoim mężczyzną.

Kolejnym ze sposobów, w jaki możecie nadać demonom moc to oddanie swojej mocy konkluzjom. Konkluzje są przeciwieństwem świadomości. Kiedy masz jakiś punkt widzenia, to eliminujesz w ten sposób ze swojej świadomości wszystko to, co do niego nie pasuje. Nadajesz wtedy moc swoim konkluzjom zamiast swojej świadomości.

Kiedy nie masz punktu widzenia, możesz być świadoma wszystkiego.

Swoją moc oddajesz również wtedy, kiedy rezygnujesz ze swojej świadomości na rzecz kogoś innego.

Uczestniczka Salonu:
Nie do końca czuję czym są demony. Czy możesz to rozwinąć?

Gary:
Komu lub czemu oddajesz swoją moc?

Uczestniczka Salonu:
Innym.

Gary:
Naprawdę? Nie sądzę.

Uczestniczka Salonu:
Konkluzjom.

Gary:

Konkluzje to jedno. Pieniądze to drugie. Masz w swoim życiu demony, które mówią ci co masz robić i że masz problem z pieniędzmi. Mówią ci, że musisz wyciągać wnioski.

Chodzi o to, aby rozpoznać gdzie zaprosiłaś demony do swojego życia, aby kontrolowały sprawy dla ciebie. Demony podpowiadają ci te wszystkie właściwe rzeczy, które masz powiedzieć i zrobić. Próbują nakłonić cię, abyś zrezygnowała ze swojej mocy na rzecz tego, co one wybierają. Za każdym razem, kiedy dochodzisz do jakiegoś wniosku, to zapraszasz demony konkluzji, aby upewnić się, że wyciągnąłeś właściwy wniosek wskazujący na to, co jest właściwe.

Uczestniczka Salonu:

Co sprawiłoby, żebym miała jasność, gdzie pozwalam demonom przejmować kontrolę nad moimi związkami i seksem? Co sprawi, że wyzwolę się od demonów, które chrzanią moje przyjaźnie i seks z mężczyznami?

Gary:

Oto proces:

Jakiej głupoty używasz do tworzenia wymysłów, sztucznej intensywności i demonów, od których musisz być wyzwalana, które wybierasz? Wszystko czym to jest, razy bóg wie ile razy, czy teraz to zniszczysz i odkreujesz? Zgoda, Niezgoda, Dobrze, Źle, Wszystkie 9, POD i POC, w Skrócie, Ponad, Nuklearne Sfery.

To działa!

Ile myśli, uczuć, emocji, seksu i braku seksu stanowi faktycznie demoniczny wszechświat, od którego musisz być wybawiana? Dość dużo. Wszystko czym to jest, razy bóg wie ile razy, czy teraz to zniszczysz i odkreujesz? Zgoda, Niezgoda, Dobrze, Źle, Wszystkie 9, POD i POC, w Skrócie, Ponad, Nuklearne Sfery.

Wszystkie demony bycia kobietą, bycia kobiecą, osobnikiem płci żeńskiej, bycia la femme, które wymagają od was umniejszania siebie, czy teraz je odeślecie skąd przyszły, aby nigdy nie powracały do was i do tej rzeczywistości przez całą wieczność? Wszystko, co nie pozwala, aby tak się stało, czy teraz to zniszczycie i odkreujecie, razy sam bóg wie ile razy? Zgoda, Niezgoda, Dobrze, Źle, Wszystkie 9, POD i POC, w Skrócie, Ponad, Nuklearne Sfery.

KREUJECIE DEMONY ZAMIAST KREOWAĆ WYBORY

To tu właśnie macie demony tego, co oznacza bycie kobietą, zamiast mieć wybór tego, czym bycie kobietą jest. Musicie rozpoznać miejsce, w którym wy, jako kobiety, jesteście osobami, które idą do walki o tworzenie przyszłości. Jeśli to zrozumiecie, wtedy waszym dążeniem będzie bycie futurystką, a nie kimś, kto chce być pod wpływem przeszłości, tak jak by to było tworzenie przyszłości. Wszędzie, gdzie to istnieje na świecie, tam kreujecie demony kobiecości, „kobiecenia" i kobiecego wcielenia.

Ile demonów kobiecego wcielenia możecie teraz zniszczyć i odkreować, i odesłać skąd przyszły, żeby nigdy nie powracały do tej rzeczywistości lub do was, kiedykolwiek, przez całą wieczność? Wszystko czym to jest, razy bóg wie ile razy, czy teraz to zniszczycie i odkreujecie? Zgoda, Niezgoda, Dobrze, Źle, Wszystkie 9, POD i POC, w Skrócie, Ponad, Nuklearne Sfery.

Uczestniczka Salonu:

W odkreowaniu mówisz: „Odejdźcie skądeście przyszły i nigdy nie powracajcie do mnie i tej rzeczywistość przez całą wieczność". Co oznacza słowo skądeś? (przyp. tłum.: Gary używa staroangielskiego słowa „whence" jako zamiennika współczesnego słowa skąd).

Gary:

To staroangielskie *skądeś przyszedłeś*. *Miejsce skąd przyszedłeś*.

A CO, JEŚLI NIE BYŁOBY WIĘKSZEGO ŹRÓDŁA MOCY NIŻ TY?

Uczestniczka Salonu:

Czy mógłbyś wyjaśnić koncept *Ziemi zdominowanej przez demony?*

Gary:

To, co nadaje moc demonom to osąd. Demony nie mają mocy, o ile ty nie zgodzisz się, nie przystaniesz, nie oprzesz się i nie zareagujesz na ich osądy. Ich praca polega na potęgowaniu osądów tak długo, aż dotrzesz do miejsca, gdzie zrezygnujesz ze swojej mocy i potencjału na rzecz ich punktów widzenia. Za każdym razem kiedy funkcjonujesz z perspektywy osądu, jako poprawności lub niepoprawności, to zapraszasz demony do swojego życia, aby udowodnić słuszność swojego punktu widzenia. Kiedy nie masz punktu widzenia, wtedy nie ma dobrze czy źle; nie ma demonów osądów, które by nasilały lub potęgowały niepoprawność ciebie w jakimkolwiek kształcie czy formie.

Ile energii zużywacie, aby kreować niepoprawność siebie, co jest zdominowaniem planety Ziemia przez demony osądów? Wszystko czym to jest, razy bóg wie ile razy, czy teraz to zniszczycie i odkreujecie? Zgoda, Niezgoda, Dobrze, Źle, Wszystkie 9, POD i POC, w Skrócie, Ponad, Nuklearne Sfery.

Jakiej głupoty używacie, aby kreować niepodważalny wymysł i totalną, sztuczną intensywność źródła demonów i Ziemi zdominowanej przez demony, które wybieracie? Wszystko czym to jest, razy bóg wie ile razy, czy teraz to zniszczycie i odkreujecie? Zgoda, Niezgoda, Dobrze, Źle, Wszystkie 9, POD i POC, w Skrócie, Ponad, Nuklearne Sfery.

HUMAN WIERZĄ, ŻE DEMONY SĄ ŹRÓDŁEM MOCY

Uczestniczka Salonu:
Pracuję z wieloma kobietami-human. Wydaje się, że są złośliwe i bezwzględne; kłamią, oszukują, aby dostać to, czego pragną. Czy to demony?

Gary:

Humanoid potrafią rozpoznać demony poprzez to, czym są. Ludzie human z kolei wierzą, że demony są źródłem mocy. Kobiety human są zainteresowane dotarciem do miejsca, w którym mają kontrolę nad mężczyznami, w takiej, czy innej formie. Ich życie jest zadedykowane zapraszaniu demonów, aby kreować kontrolę nad mężczyznami. Ile z was zaprosiło demony, które będą kreowały kontrolę nad mężczyznami?

Czy teraz zażądacie, aby one odeszły skąd przyszły i nigdy nie powracały do was i do tej rzeczywistości? Wszystko co na to nie pozwala, razy sam bóg wie ile razy, czy teraz to zniszczycie i odkreujecie? Zgoda, Niezgoda, Dobrze, Źle, Wszystkie 9, POD i POC, w Skrócie, Ponad, Nuklearne Sfery.

Panie, moim celem jest doprowadzenie was do punktu, gdzie nie będziecie miały żadnych osądów na temat siebie ani waszych wyborów. Doprowadzenie was do miejsca, gdzie będziecie miały totalną świadomość tego, w jaki sposób wasz wybór kreuje waszą przyszłość, ponieważ to wy jesteście źródłem, które tworzy przyszłość, która nigdy nie istniała na tej planecie – jeśli to, do cholery, wybierzecie! Ciągle staracie się nie dokonywać tego wyboru, jakbyście czekały, że ktoś przyjdzie, wybierze za was i powie wam co robić. Kocham was wszystkie i żadna z was nie jest zdolna do tego, aby podążać za kimś innym. Czemu, do diabła, nie podążacie za sobą, a zamiast tego podążacie za kimś innym? Czemu próbujecie znaleźć mężczyznę, za którym będziecie mogły podążać – albo kogokolwiek innego, kogo będziecie mogły naśladować? Dobra wiadomość jest taka, że ja nigdy nie pozwolę wam podążać za mną, ponieważ ucieknę od was. Nie możecie mnie złapać, niezależnie od tego, jak szybko biegacie.

Wszystko czym to jest, razy bóg wie ile razy, czy teraz to zniszczycie i odkreujecie? Zgoda, Niezgoda, Dobrze, Źle, Wszystkie 9, POD i POC, w Skrócie, Ponad, Nuklearne Sfery.

Uczestniczka Salonu:

Ostatnio wychodzi na to, że dawałam demonom zadania do wykonania przez ostatnie cztery biliony lat. Należało do nich utrzymywanie ocen, kontroli, punktów widzenia. Powtarzam od jakiegoś czasu: "Wszystkie zadania jakie wam dałam, zabierzcie ze sobą i nigdy nie wracajcie."

Gary:

Musisz powiedzieć: odejdźcie skądeście przyszły, nigdy nie powracajcie do mnie, ani do tej rzeczywistość przez całą wieczność.

Uczestniczka Salonu:

Dla mnie demon zawsze jawił się jako mała, czarna postać lub coś podobnego. Teraz jest to bardziej ocena, która się pojawia, która jest tym demonem.

Gary:

Tak, to chodzi o oceny, które kreujesz. Jeśli postrzegasz je jako małe czarne postacie, albo czerwone z rogami i ogonem, lub cokolwiek w tym stylu, dostosowujesz się do tej rzeczywistości. Podkreślasz przeświadczenie, że ta rzeczywistość zna prawdę o demonach.

Uczestniczka Salonu:
Postrzeganie demonów w taki sposób powstrzymało moją zdolność widzenia miejsc i sfer, do których je wezwałam i gdzie je wykorzystywałam. Teraz jest całkiem inna energia dookoła demonów i jestem ci za to bardzo wdzięczna.

Gary:
Zaprosiłaś je do swojego życia myśląc, że w ten sposób zdobędziesz władzę nad czymś. Całkowita świadomość jest ostateczną władzą nad czymkolwiek. A co, jeśli nie ma większego źródła mocy niż ty sama?

Wszystko co na to nie pozwala, razy sam bóg wie ile razy, czy teraz to zniszczysz i odkreujesz? Zgoda, Niezgoda, Dobrze, Źle, Wszystkie 9, POD i POC, w Skrócie, Ponad, Nuklearne Sfery.

OSĄDY SĄ OTWIERANIEM DRZWI DEMONOM

Uczestniczka Salonu:
Kiedy mówiłeś do mnie wcześniej, pojawiło się we mnie wiele energii. Uczucia typu: „Nie uciszaj mnie. Nie masz zamiaru mnie wysłuchać. Źle mnie zrozumiałeś." To było dziwne.

Gary:
Czy czujesz się niezrozumiana?

Uczestniczka Salonu:
 Tak.

Gary:

 Wszędzie tam, gdzie zdecydowałaś, co bycie niezrozumianą oznacza, czy teraz to zniszczysz i odkreujesz? Zgoda, Niezgoda, Dobrze, Źle, Wszystkie 9, POD i POC, w Skrócie, Ponad, Nuklearne Sfery.

 Cała idea bycia zrozumianą polega na tym, że ktoś musi stanąć pod tobą, aby cię wesprzeć (przyp. tłum. gra słowna: ang. *understand* – zrozumieć, *stand under* – stanąć pod). Czy lubisz stawać na innych?

Uczestniczka Salonu:
 Nieszczególnie.

Gary:
 W obcasach czy bez!

Uczestniczka Salonu:
 Wow! Widzę, że wszystkie moje pytania, które ci zadawałam miały na celu doprowadzenie do tego, abyś zgodził się z moimi osądami o mnie samej.

Gary:
 Mniej więcej. Niestety, ja nie mam osadów na twój temat, więc trudno by mi było zgodzić się z którymkolwiek z twoich.

Uczestniczka Salonu:

Kiedy wchodzę w interakcje z ludźmi, szukam u nich ocen na mój temat, które zgadzałyby się z tym, jak ja oceniam siebie, po to, abym mogła się na nich rozzłościć.

Gary:

Nie, po to, abyś mogła się rozzłościć na samą siebie. Czy jesteś oddana poszukiwaniu nieprawidłowości w samej sobie?

Uczestniczka Salonu:

Od jakiegoś czasu uświadamiam sobie, że mam te osądy na temat siebie.

Gary:

Wszystko co zrobiłaś, aby to stworzyć, razy sam bóg wie ile razy, czy teraz to zniszczysz i odkreujesz? Zgoda, Niezgoda, Dobrze, Źle, Wszystkie 9, POD i POC, w Skrócie, Ponad, Nuklearne Sfery.

Jakiej głupoty używasz, aby kreować całkowity wymysł i totalną, sztuczną intensywność źródła demonów i zdominowanej przez demony Ziemi, które wybierasz? Wszystko czym to jest, razy bóg wie ile razy, czy teraz to zniszczysz i odkreujesz? Zgoda, Niezgoda, Dobrze, Źle, Wszystkie 9, POD i POC, w Skrócie, Ponad, Nuklearne Sfery.

Uczestniczka Salonu:

Niedawno zdecydowałam się na robienie projektu i włożyłam w niego wiele pracy. Jednak potem go nie dokończyłam i z tego powodu negatywnie się za to oceniłam. Teraz, kiedy słucham tego co mówisz, pojawiła się świadomość, że osądzałam się za swoją niepoprawność.

Gary:
Pozwól, że zadam ci pytanie. Jaką wartość ma dla ciebie ocenianie samej siebie?

Uczestniczka Salonu:
Nie ma wartości.

Gary:
Musi mieć jakąś wartość, w przeciwnym wypadku nie robiłabyś tego. Poprzez ocenę zapraszasz do siebie demony. To dlatego human oceniają innych. Oni używają osądów o innych, aby zdobyć nad nimi władzę. Zdobywają władzę nad innymi używając ich własnych osądów, po to, aby zaprosić demony, które stworzą kontrolę. Poprzez osądzanie samej siebie, sama tworzysz zaproszenie.

Zatem, wszędzie tam gdzie oceniłaś siebie, po to, aby zaprosić demony, czy teraz to wszystko zniszczysz i odkreujesz i odeślesz do nadawcy? Zgoda, Niezgoda, Dobrze, Źle, Wszystkie 9, POD i POC, w Skrócie, Ponad, Nuklearne Sfery.

Jeśli nie przejmowałabyś się osądami, to jakie życie chciałabyś mieć?

Uczestniczka Salonu:
Przyjemne.

Gary:

Ile energii zużywasz, aby nadawać wartość osądom i przejmowaniu się nimi? Wszystko czym to jest, razy bóg wie ile razy, czy teraz to zniszczysz i odkreujesz? Zgoda, Niezgoda, Dobrze, Źle, Wszystkie 9, POD i POC, w Skrócie, Ponad, Nuklearne Sfery.

Zawracasz sobie głowę osądami.

Uczestniczka Salonu:

Co sprawiłoby, aby to się zmieniło i abym nie wybierała już tego więcej?

Gary:

Jakiej głupoty używasz, aby kreować wymysł, sztuczną intensywność i demony przejmowania się osądami, które wybierasz? Wszystko czym to jest, razy bóg wie ile razy, czy teraz to zniszczysz i odkreujesz? Zgoda, Niezgoda, Dobrze, Źle, Wszystkie 9, POD i POC, w Skrócie, Ponad, Nuklearne Sfery.

Uczestniczka Salonu:

W odkreowaniu mówisz „sztuczna intensywność." Czy możesz to wyjaśnić?

Gary:

Pomyśl o kimś, kto ciebie osądza. Która część tego jest intensywna? Część? Całość? Czy nawet więcej?

Uczestniczka Salonu:

Całość.

Gary:

Myślicie, że intensywność jest ważniejsza od świadomości. Wszystko czym to jest, razy bóg wie ile razy, czy teraz to zniszczycie i odkreujecie? Zgoda, Niezgoda, Dobrze, Źle, Wszystkie 9, POD i POC, w Skrócie, Ponad, Nuklearne Sfery.

Uczestniczka Salonu:

Gary, im więcej obserwuję ciebie i Daina jak pracujecie, widzę jak oboje macie zdolność i cierpliwość do dawania ludziom tylko tego, co oni są w stanie usłyszeć, mimo iż zdajecie sobie sprawę z tego, na ile są w stanie naprawdę otworzyć się na otrzymywanie w tym momencie. I tylko kiedy zadają pytanie, to macie dostęp do wiedzenia dokąd są chętni pójść.

Gary:

Tak, jestem chętny, aby spojrzeć na przyszłość, którą wy chcecie mieć.

Uczestniczka Salonu:

Poprzez pytania, które zadajemy?

Gary:

Tak.

Uczestniczka Salonu:

Mam tendencje do tego, aby dawać ludziom cały świat, kiedy tylko zadadzą mi jedno pytanie.

Gary:

Próbujesz dojść do wniosku odnośnie tego, co możesz im dać, co pozwoli im ocenić ciebie w sposób, w jaki ty czujesz, że zasługujesz być oceniona.

Uczestniczka Salonu:

Że jestem kimś wartościowym?

Gary:

Że wartościowe są osądy ciebie.

Uczestniczka Salonu:

Gdziekolwiek te osądy zmierzają, to gdzie się w nich plączę? To jest ciężkie.

Gary:

Jakie kłamstwo czynisz bardziej prawdziwym od ciebie? Wszystko czym to jest, razy bóg wie ile razy, czy teraz to zniszczysz i odkreujesz? Zgoda, Niezgoda, Dobrze, Źle, Wszystkie 9, POD i POC, w Skrócie, Ponad, Nuklearne Sfery.

„BRAK PUNKTU WIDZENIA" JEST PO PROSTU WYBOREM

Uczestniczka Salonu:

Czy jest możliwe, aby wybrać nieposiadanie punktów widzenia i sprawić, aby to było wspanialsze niż decyzja, osąd i konkluzja?

Gary:

Tak.

Uczestniczka Salonu:

To jest po prostu wybór?

Gary:

Tak, to jest po prostu wybór.

Co kreujesz jako wybór, co nie jest wyborem, a gdybyś nie kreowała tego jako wybór, to urzeczywistniłoby się to w postaci całkowitej świadomości? Wszystko czym to jest, razy bóg wie ile razy, czy teraz to zniszczysz i odkreujesz? Zgoda, Niezgoda, Dobrze, Źle, Wszystkie 9, POD i POC, w Skrócie, Ponad, Nuklearne Sfery.

Uczestniczka Salonu:

Jakie wybory są nam dostępne, aby stworzyć całkowicie inną przyszłość?

Gary:

Istnieje ogromna ilość dostępnych wyborów. Problem polega na tym, że spędzamy całe nasze życie, próbując wskoczyć do pociągu zmierzającego do wszechświata pozbawionego wyborów, wszechświata opanowanego przez demony, który równa się byciu realnym w tej rzeczywistości. Co, jeśli już więcej nie musiałabyś być realna w tej rzeczywistości? Jakie miałabyś wybory?

Uczestniczka Salonu:

Proces, który przed chwilą przeprowadziłeś, stworzył tak wiele przestrzeni w moim ciele. Poprzez moje ciało jestem świadoma zawężenia w czyimś wszechświecie, jednak to nie moje.

Gary:

Zamiast *poprzez* twoje ciało, co, jeśli jesteś tego świadoma *przy udziale* twojego ciała?

Uczestniczka Salonu:

Na czym polega różnica?

Gary:

Poprzez twoje ciało opiera się o ideę, że twoje ciało ma świadomość, której ty nie posiadasz. Z *udziałem* twojego ciała jest wtedy, kiedy poszerzasz to, czego ty i twoje ciało jesteście świadomi.

Uczestniczka Salonu:

Ten proces wykreował poszerzenie się tego, co moje ciało i ja jesteśmy świadomi. To jest świetne. Dziękuję.

Uczestniczka Salonu:

Czy to jest tym, czym jest więcej przestrzeni dla przyszłości?

NIGDY NIE CZEKAJ NA NIC ANI NA NIKOGO

Gary:

Tak, to jest to, co musisz mieć jako przestrzeń na przyszłość.

Oto przykład. Mamy kogoś, kto stworzył dla nas piękne logo i każdy stara się zdecydować, czy wszyscy powinniśmy ujednolicić nasze logotypy, czy może każdy powinien mieć inne logo. Ludzie nie idą do przodu. Wszyscy czekają aż to się rozwiąże. A ja ciągle powtarzam: „Nigdy nie czekaj na nikogo i na nic."

Musicie to zrozumieć. Jeśli macie stworzyć przyszłość, nie możecie na nikogo czekać – ponieważ wtedy tworzycie w oparciu o linię czasu przyszłości tej osoby, nie w oparciu o to, czego wy jesteście świadomi.

Uczestniczka Salonu:

Kiedy powiedziałeś „nie czekajcie na nikogo", uświadomiłam sobie jak bardzo ja sama znikam, kiedy czekam na ludzi.

Gary:

Chwila, w której zaczynasz czekać, to moment, w którym przestajesz istnieć. Wstrzymujesz się. To jak trzymanie powietrza w ustach i czekanie kiedy znowu będziesz mogła oddychać. Czy to działa? Nie.

Kiedy ludzie czekają na rzeczy, to próbują sprawić, aby wszystko wyszło prawidłowo. Chodzi tu o ocenę. Wszystko co robią jest oparte o wybory, aby było dobrze/prawidłowo. To jest za wolno.

Ostatnio mieliśmy do czynienia z dwiema osobami, które są artystami. Kiedy masz do czynienia z artystami, nic nigdy nie będzie ani dobrze, ani idealnie, niezależnie od tego co zrobisz. Zawsze można coś ulepszyć. Artyści nigdy nie są w pytaniu odnośnie tego co robią. Są zawsze w konkluzji odnośnie tego, jak coś powinno być i oceniają to, co nie wyszło tak jak myśleli, że mogłoby wyjść.

Ja nigdy na nikogo nie czekam, po prostu kontynuuję tworzenie. I mówię „wiesz co? To jest świetne. Chodźmy."

Jeśli poruszasz się wolno, to żyjesz życiem prawidłowego zachowania we wszechświecie tej rzeczywistości. Prawidłowe zachowanie się w tej rzeczywistości, to poruszać się tak wolno, jak to możliwe, aby nie tworzyć fal. Ale wy jesteście tymi, którzy robią fale. Kiedy byliście dziećmi i kąpaliście się w wannie, pluskaliście wodą i robiliście fale, które rozbijały się o obrzeża wanny. Spokojne siedzenie w wannie nie było jednym z waszych punktów widzenia. Wasz punkt widzenia był: „Ale jest fajnie. Zróbmy tak, aby wszystko się ruszało". Stanie w bezruchu nie było rzeczywistością dla większości z was, mimo to, próbujecie pozostać w bezruchu tak, jakbyście potrafili to robić. Sęk w tym – że nie potraficie. Nigdy na nikogo nie czekajcie. Zacznijcie, idźcie i twórzcie. Jeśli czekacie, sprawiacie, że przestajecie istnieć, dopóki ktoś inny nie ukończy czegoś, nad czym pracuje i nie otworzy dla was drzwi, żebyście byli.

Jakiej głupoty używam, aby kreować czekanie, które wybieram? Wszystko czym to jest, razy bóg wie ile razy, czy teraz to zniszczysz i odkreujesz? Zgoda, Niezgoda, Dobrze, Źle, Wszystkie 9, POD i POC, w Skrócie, Ponad, Nuklearne Sfery.

Kiedy czekasz, rezygnujesz ze swojej świadomości na rzecz dopełnienia ze strony kogoś innego. Co, jeśli ludzie, na których czekasz, nigdy tego nie dopełnią? Kiedy ty będziesz miała szansę, aby po prostu być? Kiedy oni umrą?

Znałem ludzi, którzy czekali, aby ich rodzice umarli, po to, aby dostać ich pieniądze. I ci rodzice żyli i żyli latami.

Kiedy ich dzieci już w końcu dostały te pieniądze, okazywało się, że nie była to suma, na którą liczyli. To nie stworzyło niczego w ich życiu i byli źli, że ich rodzice nie mieli więcej pieniędzy. Czemu miałybyście czekać, aby stworzyć wasze życia, bazując na dziedziczeniu pieniędzy, albo na tym co będziecie miały kiedy już je dostaniecie? Dlaczego już teraz nie stworzysz swojego życia i nie zaczniesz się dobrze bawić?

Czym jest to, na co czekasz? Wszystko to, razy bóg wie ile razy, czy teraz to zniszczysz i odkreujesz? Zgoda, Niezgoda, Dobrze, Źle, Wszystkie 9, POD i POC, w Skrócie, Ponad, Nuklearne Sfery.

Znałem ludzi, którzy czekali na swoją emeryturę, myśląc, że jak już przejdą na emeryturę, to wszystko będzie dobrze. Znajomy przesłał mi kawał. Ktoś pyta emeryta: „Co teraz porabiasz jak już przeszedłeś na emeryturę?". Na co emeryt odpowiada: „No więc, mam wykształcenie w zakresie inżynierii chemicznej i jedną z rzeczy, która sprawia mi największą radość to zamiana piwa, wina i whisky na mocz. Daje mi to satysfakcję, wynagradza i podnosi na duchu. Robię to codziennie i naprawdę mi się to podoba!"

BYCIE FUTURYSTKĄ

Uczestniczka Salonu:
Jak wygląda bycie futurystką?

Gary:

Aby być futurystką, musisz być chętna, aby zobaczyć do czego tak naprawdę jesteś zdolna, a czego jeszcze nie wybrałaś.

Do kreacji jakiej przyszłości jesteście zdolne, a której jeszcze nie wybrałyście, o którą jeszcze nie zapytałyście i nie stworzyłyście jako możliwości? Wszystko czym to jest, razy bóg wie ile razy, czy teraz to zniszczycie i odkreujecie? Zgoda, Niezgoda, Dobrze, Źle, Wszystkie 9, POD i POC, w Skrócie, Ponad, Nuklearne Sfery.

Uczestniczka Salonu:

Czy mógłbyś, proszę, powiedzieć o losie, duchu i przeznaczeniu?

Gary:

Jeśli zamierzasz być przyszłością, musisz być chętna, aby rozpoznać gdzie możesz być losem, duchem i przeznaczeniem. Chodzi o bycie prekursorką przyszłych możliwości.

Jakiej głupoty używasz, aby unikać bycia prekursorką przyszłych możliwości, którą mogłabyś być, którą wybierasz? Wszystko czym to jest, razy bóg wie ile razy, czy teraz to zniszczysz i odkreujesz? Zgoda, Niezgoda, Dobrze, Źle, Wszystkie 9, POD i POC, w Skrócie, Ponad, Nuklearne Sfery.

Uczestniczka Salonu:

Kim jest prekursor? (przyp. tłum. Gary użył tu literackiego słowa harbinger, jako prekursor, które nie funkcjonuje powszechnie w j. ang.)

Gary:

Prekursor to ktoś, kto jest zdolny do urzeczywistnienia tego co może istnieć. Jesteś jak zapowiadacz tego, co będzie.

Uczestniczka Salonu:

Pytanie: „Jeśli to wybiorę, to jakie będzie moje życie za pięć lat?" zmieniło wszystko na czym się skupiam i wybory, których dokonuje. Używam go do wszystkiego i jestem znacznie bardziej świadoma tego, czym chciałabym, żeby było moje życie i istnienie.

Gary:

Dokładnie. Dlatego właśnie musisz zadawać to pytanie. Jeśli tego nie robisz, to kreujesz to samo, co kreowałaś w przeszłości. Nie patrzysz wtedy jaki masz plan, ale szukasz tego, co pozwoliłoby ci stworzyć twoją przyszłość. Normalnie nie wybrałabyś tego, a to jest sprytne pytanie, które ma cię do tego skłonić. Daję je wam, ponieważ wy tak po prostu nie wybierzecie. Muszę was podstępem skłonić do świadomości. Wybaczcie, panie.

Uczestniczka Salonu:

Skupiam się na teraźniejszości, nie na przyszłości. Kupiłam ideę bycia w teraźniejszości, bycia obecną w danej chwili. Muszę być teraz. Jak to się ma do przyszłości?

Gary:

Musisz być chętna, aby spojrzeć na teraz *oraz* na przyszłość i rozpoznać, że wybory, których dokonujesz są tworzeniem przyszłości. Musisz być chętna stworzyć przyszłość. Skupianie się wyłącznie na teraz jest po to, aby uniknąć tworzenia i generowania.

Uczestniczka Salonu:

To gdzie kupiłam tę ideę życia tu i teraz?

Gary:

Od jakiegoś dupka.

Uczestniczka Salonu:

To było moim celem, aby żyć tu i teraz. Uwielbiam cię! To ma dla mnie ogromne znaczenie. Życie daną chwilą, tak naprawdę, powstrzymuje moją przyszłość.

Gary:

Chcesz być obecna i żyć, żeby kreować teraz oraz przyszłość. Jeśli nie, to kiedy dotrzesz do przyszłości, nie będziesz miała nic.

Jeśli żyjesz daną chwilą bez tworzenia przyszłości, to kiedy docierasz do przyszłości, jesteś zmuszona, aby żyć tą chwilą, aby nie tworzyć przyszłości, a wszystko to po to, żebyś mogła mieć „teraz", które zdecydowałaś, że jest dobrym teraz, a nie złym teraz, co oznacza, że tkwisz w osądzie. Przyszłość, którą tworzysz, jest osądem. Czy to się sprawdza?

Uczestniczka Salonu:

Nie sprawdza się. Dziękuję.

Gary:

Wszystko czym to jest, razy bóg wie ile razy, czy teraz to zniszczysz i odkreujesz? Zgoda, Niezgoda, Dobrze, Źle, Wszystkie 9, POD i POC, w Skrócie, Ponad, Nuklearne Sfery.

Uczestniczka Salonu:

Czy możesz wyjaśnić czym jest pokonywanie w kontekście kreacji i jedności?

Gary:

Jeśli funkcjonujesz z jedności i świadomości, pokonywanie oznacza, że pokonasz swoje własne ograniczenia, a nie będziesz się starała pokonać innych.

W tej rzeczywistości pokonywanie odnosi się zawsze do przejmowania kontroli nad innymi. To się najczęściej dzieje z użyciem złości i osądu. Zatem osąd i złość są dwoma głównymi źródłami tworzenia kontroli nad innymi.

Ile z was zadedykowało swoje życie osądom i złości, jako drogom do zdobycia kontroli nad tym oraz nad tymi, których nie możecie zdominować? Wszystko czym to jest, razy bóg wie ile razy, czy teraz to zniszczycie i odkreujecie? Zgoda, Niezgoda, Dobrze, Źle, Wszystkie 9, POD i POC, w Skrócie, Ponad, Nuklearne Sfery.

WYBIERANIE RZECZYWISTOŚCI

Uczestniczka Salonu:
W tym momencie wszystko mi się otwiera. Dostrzegam to, że tworzę wszystkie moje rzeczywistości. Jedną, która prawie mi się sprawdza i drugą, która jest moją starą rzeczywistością.

Gary:
To nie prawie. Masz dwie rzeczywistości. A teraz, co, gdybyś wybrała wyjście ponad to?

Uczestniczka Salonu:
To ekscytujące.

Gary:
Chciałbym tutaj stworzyć inny punkt widzenia. Ekscytacja jest ideą, że wychodzisz poza coś, aby stworzyć ekscytację, intensywność, którą zdefiniowałaś jako ekscytację. Ze strefy ciszy do czegoś większego.

Spróbuj użyć słowa *entuzjazm*. Zapytaj: „Co wywołuje we mnie ten entuzjazm?", nie „Czym się ekscytuję?". Jeśli zaczniesz funkcjonować z entuzjazmu rzeczy, będziesz kontynuować, przemieniać i zmieniać możliwość. Jeśli funkcjonujesz z ekscytacji, wtedy to zawsze musi się skończyć. To co jest ekscytujące, musi się z konieczności wyczerpać, ponieważ ekscytacja nie prowadzi ku czemuś, wynika z czegoś. Entuzjazm jest wszechświatem zwróconym ku wewnątrz.

Uczestniczka Salonu:

Dziękuję, tak zrobię. Czuję, że ekscytacja ma w sobie uzależniającą cechę. Czy możesz, proszę, to wyjaśnić?

Gary:

To nie uzależnienie. To jest rozrywka. Nauczyłaś się być podekscytowana. Ekscytacja jest czymś, co każdy przyjmuje jako ulepszenie tego co ma. Uważa się, że jest to wychodzenie poza ograniczenie. To wystarcza dla większości ludzi. Jednak ekscytacja to nie jest nieograniczona możliwość.

Wszystko co zrobiłaś, aby wykreować ekscytację jako ulepszenie tego, czym twoje ograniczenie jest, zamiast entuzjazmu dla większych możliwości, czy teraz to zniszczysz i odkreujesz? Zgoda, Niezgoda, Dobrze, Źle, Wszystkie 9, POD i POC, w Skrócie, Ponad, Nuklearne Sfery.

Uczestniczka Salonu:

Czy ekscytacja utrzymuje osąd, Gary? Widzę osądy wokół siebie.

Gary:

Ekscytacja utrzymuje osąd jako nieodłączną część tego, co ciągle wybierasz.

Uczestniczka Salonu:

Zatem stara rzeczywistość już nie jest potrzebna?

Gary:

Niestety, musisz wybrać, kochanie. Zapytaj:

- Jeśli wybiorę tę rzeczywistość, to jakie będzie moje życie za pięć lat?
- A jeśli wybiorę inną rzeczywistość, to jakie będzie moje życie za pięć lat?

Będziesz miała jasność odnośnie twojego prawdziwego planu i tego, co naprawdę chciałabyś wykreować jako swoje życie? Nie ma tu ani jednej osoby na tej teleklasie, która byłaby kiedykolwiek zachęcona do tego, aby wybrać coś, co stworzy przyszłość. Czy ktoś to zauważył?

Uczestniczka Salonu:

Tak, podoba mi się to. Czy to jest w porządku, żeby całkowicie odpuścić sobie jedną rzeczywistość?

Gary:

Tak, albo możesz odpuścić sobie całkowicie obie rzeczywistości i możesz znaleźć trzecią.

Uczestniczka Salonu:

Świetnie, więc żadna z nich nie jest prawdziwa.

Gary:

Rzeczywistość oznacza, że dwoje lub więcej ludzi przystało i zgodziło się z twoim punktem widzenia.

Uczestniczka Salonu:

Ja nie przystaję, ani nie zgadzam się nawet sama z sobą.

Gary:

Dokładnie! Ja nie przystaję i nie zgadzam się z moim własnym punktem widzenia, dlatego też nie mam punktu widzenia; dlatego też zawsze mam wybór. Każdy wybór kreuje możliwość, każdy wybór kreuje świadomość i każdy wybór kreuje inną przyszłość możliwości. Mnie interesuje to, jakie mam wybory, i jakie możliwości mogę stworzyć i wygenerować tutaj.

Patrzę na wszystko w moim życiu i pytam:
- Czy nadal chcesz być w moim życiu?
- Czy to działa?
- Czy to urzeczywistnia to, czym chciałbym być i co chciałbym robić na świecie?

Robię to nawet z moimi meblami, patrzę na nie i to robię. Dziś przyszła do mnie pewna pani, aby obejrzeć mój dom z możliwością sfotografowania go do magazynu i była oszołomiona. Powiedziała: „Masz za dużo rzeczy w domu, abyśmy mogli go sfotografować."

Zdałem sobie sprawę, że oni chcą, aby wszystko było tak rzadkie, jak to tylko możliwe; to jest coś, co oni uznaliby za wspaniałą możliwość. Jeśli nie masz niczego na półce, niczego w domu i nic oprócz jednej sprawy się nie wydarza, to oznacza, że jesteś elegancki.

Przeraziło ją kiedy powiedziałem: „Uwielbiam antyki, ponieważ pochodzą one z czasów większej elegancji niż to, co mamy obecnie. Ludzie nie lubią żyć elegancko. Ludzie lubią żyć powściągliwie." Nie spodobało jej się to i wyszła.

Powiedziała: „Wrócimy do pana jesienią, jako że właśnie wtedy robimy zdjęcia wnętrz. Latem robimy zewnętrzne zdjęcia."

Pomyślałem: „Wow, mam zewnętrzną przestrzeń latem, wiosną, zimą i jesienią. Czemu nie?". Nie powiedziałem tego. Byłem jednak tego świadomy, ponieważ dla mnie nie posiadanie punktu widzenia na temat czegokolwiek jest tym, co kreuje możliwość dla wszystkiego.

Wszędzie tam, gdzie przyjęłyście punkty widzenia, aby kreować i eliminować to, co mogłybyście mieć jako możliwość, czy teraz to zniszczycie i odkreujecie? Zgoda, Niezgoda, Dobrze, Źle, Wszystkie 9, POD i POC, w Skrócie, Ponad, Nuklearne Sfery.

Ona przyjęła wizualnie ograniczoną rzeczywistość, żeby stworzyć to, co zdecydowała, że jest akceptowalne dla ludzi, którzy przystaną i zgodzą się z jej punktem widzenia. Większość świata tak funkcjonuje. Eliminują przyszłość jako możliwość.

Wszędzie tam, gdzie przystałyście i zgodziłyście się z czyimś punktem widzenia, aby wyeliminować przyszłe możliwości, które mogłybyście wybrać, razy bóg wie ile razy, czy teraz to zniszczycie i odkreujecie? Zgoda, Niezgoda, Dobrze, Źle, Wszystkie 9, POD i POC, w Skrócie, Ponad, Nuklearne Sfery.

STAWANIE SIĘ ŹRÓDŁEM WSPANIALSZEJ MOŻLIWOŚCI

Uczestniczka Salonu:
Wczoraj coś się zmieniło w moim wszechświecie i stałam się chętna, aby być świadoma przyszłości, pozostając jednocześnie obecna w teraźniejszości, tak jak o tym rozmawialiśmy. Zadawałam pytanie: „Jaka jest tu informacja, która mogłaby zostać wprowadzona w życie

teraz, a która wykreowałaby tę przyszłość?". Czy mógłbyś powiedzieć coś więcej?

Gary:
Jeśli nie masz punktu widzenia, to kreujesz możliwość. Każdy wybór tworzy i każdy wybór coś urzeczywistnia. Jakich wyborów dokonujesz, jakie urzeczywistnienia wybierasz? Jak by to było, gdybyś była chętna, aby być źródłem dla większej możliwości?

Jakie fizyczne wprowadzenie w życie postrzegania, wiedzenia, bycia i otrzymywania siebie, jako źródła większej możliwości, potrafisz teraz wygenerować, wykreować i ustanowić? Wszystko co na to nie pozwala, razy bóg wie ile razy, czy teraz to zniszczysz i odkreujesz? Zgoda, Niezgoda, Dobrze, Źle, Wszystkie 9, POD i POC, w Skrócie, Ponad, Nuklearne Sfery.

WYBÓR JEST ŹRÓDŁEM WSZELKIEJ KREACJI

Gary:
Możliwość tworzy wspanialsze pytanie, wybór, możliwość i wkład. Wszystkie te rzeczy są ze sobą powiązane i są one źródłem tworzenia nowej możliwości.

Uczestniczka Salonu:
Powiedziałeś: „Każdy wybór kreuje" i zapytałeś: „Jakie wprowadzenie w życie wybierasz?".

Gary:

Wybór jest źródłem wszelkiego tworzenia. Dlatego sugeruję wam, abyście zapytały: Jeśli to wybiorę, to jakie będzie moje życie za pięć lat? Dotychczas *robiłyście* swoje życie, ale nie *byłyście* tym, co tworzy wasze życie. Jeśli dokonacie wyboru, bazując na byciu przyszłością, to otwieracie drzwi każdej możliwości, która jest wam dostępna, każdemu wyborowi, którego nigdy nie widziałyście, każdemu wyborowi, o który nikt nigdy was nie poprosił.

Wasza rodzina próbuje nakłonić was do wybrania pomiędzy tym a tamtym. Mówią: „Możesz mieć lody czekoladowe lub waniliowe."

Ty mówisz: „Ale ja chcę truskawkowe."

Oni mówią: „Nie, możesz mieć czekoladowe lub waniliowe."

Ty mówisz: „Nie, ja chcę truskawkowe."

Oni mówią: „Ale masz tylko dwa wybory: czekoladowe lub waniliowe."

W końcu mówisz: „OK, wezmę waniliowe" lub „Wezmę każdego po trochu." Tworzysz „brak wyboru" jako jedyny wybór, który masz w tej rzeczywistości.

Uczestniczka Salonu:

Mam problem ze słowem wybór. Słyszałam jak to wszystko mówiłeś, ale to jakoś nie zapisuje się w mojej głowie. Jakbyś mówił w innym języku.

Gary:

Czym jest dla ciebie wybór?

Uczestniczka Salonu:

Dla mnie wybór jest decyzją. Albo to, albo tamto. Nie widzę niczego, co byłoby ponad wyborem.

Gary:

To oznacza, że nie jesteś chętna, aby prawdziwie wybrać. Chcesz widzieć to, co jest możliwe zanim wybierzesz. Utknęłaś w dobrym lub złym wyborze. A co, jeśli nie ma dobrego lub złego wyboru, jest po prostu wybór?

Uczestniczka Salonu:

W jaki sposób jest to wybór? Słyszę jak mówisz to w liczbie pojedynczej. W mojej głowie wybór jest czymś mnogim.

Gary:

Jeśli masz mnogość wyborów, to musisz być chętna aby zobaczyć, który z nich kreuje przyszłość, która będzie tobie pasować; dlatego właśnie pytam: jeśli to wybiorę, to jakie będzie moje życie za pięć lat?

Uczestniczka Salonu:

Co jeśli nie dostaniesz odpowiedzi?

Gary:

To nie będzie odpowiedź. Celem pytania nie jest otrzymanie odpowiedzi; celem pytania jest świadomość. Możliwe, że błędnie zidentyfikowałaś i błędnie zastosowałaś, że wybór związany jest z otrzymaniem odpowiedzi.

Jeśli mamy punkt widzenia, że mamy zadawać pytanie po to, aby otrzymać odpowiedź lub dojść do konkluzji, decyzji lub osądu, to próbujemy wykreować nasze życie jako konkluzyjną rzeczywistość. To nie jest rzeczywistość, w której chcesz żyć.

Uczestniczka Salonu:

Myślę, że właśnie o to chodzi.

Gary:

Wszędzie tam, gdzie stworzyłaś pytania i wybór jako odpowiedź, czy teraz to zniszczysz i odkreujesz? Zgoda, Niezgoda, Dobrze, Źle, Wszystkie 9, POD i POC, w Skrócie, Ponad, Nuklearne Sfery.

Uczestniczka Salonu:

Właśnie zdałam sobie sprawę, że pytamy: „Jakiego wyboru możemy dokonać?", jak gdyby chodziło o *robienie* go; kiedy w rzeczywistość, to chodzi bardziej o bycie wyborem.

Gary:

Tak, to jest powód, dla którego powiedziałem, że musicie na to spojrzeć z innego miejsca. Musicie zapytać:
+ Co takiego chcę wykreować?
+ Jeśli to wybiorę, jakie będzie moje życie przez kolejne pięć lat?

Pięć lat w przyszłości to zbyt daleko, abyście mogły uczynić to czymś konkretnym. Możecie mieć tylko świadomość tego, jakie to będzie. Nie możecie mieć świadomości konkluzji, do których możecie dojść, ograniczeń, które możecie stworzyć itd. Wszystko, co możecie mieć to świadomość tego, co jest faktycznie możliwe.

To jest miejsce, gdzie musicie być chętne zobaczyć, że tam jest inna możliwość.

Próbuję was przekonać do wybierania innych możliwości, ponieważ kiedy zaczniecie to wybierać z punktu widzenia wyboru, pytania i możliwości, wtedy wszystko jest związane z tworzeniem świadomości, a nie z dochodzeniem do konkluzji. Niestety tyle z tej rzeczywistości jest tworzone dookoła idei konkluzji.

Ile konkluzji macie na temat tego co znaczy być kobietą? Wszystko czym to jest, razy bóg wie ile razy, czy teraz to zniszczycie i odkreujecie? Zgoda, Niezgoda, Dobrze, Źle, Wszystkie 9, POD i POC, w Skrócie, Ponad, Nuklearne Sfery.

Ile konkluzji macie odnośnie tego jakie wybory macie, jaki jest cel wyboru, jaką wartość ma wybór i co macie zrobić z wyborem? Wszystko czym to jest, razy bóg wie ile razy, czy teraz to zniszczycie i odkreujecie? Zgoda, Niezgoda, Dobrze, Źle, Wszystkie 9, POD i POC, w Skrócie, Ponad, Nuklearne Sfery.

WIDZENIE TEGO CO JEST ZŁE VS WIDZENIE TEGO CO JEST MOŻLIWE

Uczestniczka Salonu:
Stałam się bardziej świadoma tego, jak manipulująca, okrutna, kłamliwa, agresywna i kontrolująca wybiera być moja matka, a wszystko to pod przykrywką uprzejmości, sztuczności i piękna. Odkąd byłam mała, powtarzała mi jak wspaniała i piękna jestem, i równocześnie oskarżała mnie o bycie złą, nienawistną, okrutną i uzależnioną. Kiedyś

wierzyłam w te wszystkie rzeczy na swój temat, a teraz wiem, że ona po prostu oskarża mnie o to, co sama robi.

Gary:

Tak, ludzie oskarżają cię tylko o to, co sami robią.

Uczestniczka Salonu:

Trudno mi z nią przebywać. Ona chce, aby ktoś się nią zaopiekował i jej matkował. Sama próbowałam to robić. Próbowałam także pomóc jej to naprawić.

Gary:

Przestań być mężczyzną. Tylko mężczyźni próbują naprawiać rzeczy.

Wszędzie tam, gdzie próbowałaś być mężczyzną, aby naprawić rodziców, którzy się nie sprawdzili, czy wszystko to teraz zniszczysz i odkreujesz? Zgoda, Niezgoda, Dobrze, Źle, Wszystkie 9, POD i POC, w Skrócie, Ponad, Nuklearne Sfery.

Uczestniczka Salonu:

Gary, czy to można zastosować do każdego związku? Aby nie próbować niczego naprawiać w żadnym związku, łącznie z małżeństwem?

Gary:

Tak, kiedy próbujesz być mężczyzną, zawsze próbujesz naprawić to, co jest złe, niewłaściwe. To oznacza, że na czym masz się skupiać? Na tym co możliwe? Czy na tym, co jest źle?

Uczestniczka Salonu:

Na tym, co jest źle.

Gary:

Tak, i co widzisz za każdym razem kiedy skupiasz się na tym co jest źle? Więcej złego. Nie widzisz tego, co jest możliwe. Z byciem w przyszłości wiąże się to, że jesteś zawsze zdolna do widzenia, dostrzegania, wiedzenia, bycia i otrzymywania tego, co jest możliwe.

Kiedy skupiasz się na tym co jest źle, ile z twojej energii zużywasz do tego, aby niszczyć twoją zdolność do postrzegania, wiedzenia, bycia i otrzymywania tego, co jest faktycznie możliwe?

Wszystko czym to jest, razy bóg wie ile razy, czy teraz to zniszczysz i odkreujesz? Zgoda, Niezgoda, Dobrze, Źle, Wszystkie 9, POD i POC, w Skrócie, Ponad, Nuklearne Sfery.

Uczestniczka Salonu:

Chciałabym oczyścić i zmienić te rzeczy z moją mamą.

Gary:

Zapytaj: jakiej głupoty używam, aby kreować matkę, którą wybieram? Musisz przestać próbować wspierać tę głupią kobietę.

MOŻESZ NIENAWIDZIĆ SWOJĄ MATKĘ LUB MOŻESZ MIEĆ TOTALNĄ WOLNOŚĆ

Uczestniczka Salonu:
Nienawidzę jej. Po prostu jej, cholera, nienawidzę.

Gary:
Czy nienawidzisz jej aż tak bardzo, że wytworzyłabyś tak dużo energii do tego, aby ją nienawidzić? To daje ci totalną wolność, prawda?

Uczestniczka Salonu:
Najwidoczniej gdzieś to wykreowałam, że to kupuję, ale nie potrafię być niczym innym.

Gary:
Masz tu dwa wybory. Możesz nienawidzić swoją matkę lub możesz mieć totalną wolność. Co wybierzesz?

Uczestniczka Salonu:
Totalną wolność.

Gary:
Czy jesteś pewna, że to jest totalna wolność? Bo dużo bliższe jest ci nienawidzenie jej, nieprawdaż?

Uczestniczka Salonu:
Tak, robiłam to tak długo.

Gary:
Nienawidziłaś jej. Czy to stworzyło dla ciebie wolność?

Uczestniczka Salonu:

Nienawidziłam jej po to, aby zabarykadować się przed nią.

Gary:

Czy barykadujesz się po to, żeby nie mieć siebie, nie być sobą i nie wybrać siebie? Czy po to, aby przyjąć, że to ona jest powodem, dla którego nie możesz być tym wszystkim czym chcesz być?

Uczestniczka Salonu:

To drugie.

Gary:

Wszystko czym to jest, razy bóg wie ile razy, czy teraz to zniszczysz i odkreujesz? Zgoda, Niezgoda, Dobrze, Źle, Wszystkie 9, POD i POC, w Skrócie, Ponad, Nuklearne Sfery.

Prawda, czy byłaś dla niej konkurencją?

Uczestniczka Salonu:

Tak.

Gary:

Czy ona lubiła mieć konkurencję?

Uczestniczka Salonu:

Ona to uwielbia. Uwielbia walczyć ze wszystkimi.

Gary:

Co obejmuje również walkę z samą sobą?

Uczestniczka Salonu:
   Tak.

Gary:
   Wszędzie tam gdzie próbowałaś ją zduplikować po to, aby nie być jak ona, co sprawia że jesteś jak ona, co oznacza, że zwalczasz samą siebie cały czas, czy to teraz zniszczysz i odkreujesz, razy sam bóg wie ile razy? Zgoda, Niezgoda, Dobrze, Źle, Wszystkie 9, POD i POC, w Skrócie, Ponad, Nuklearne Sfery.
   Rozzłościłaś się na K. kiedy ona zaśmiała się, jak ty mówiłaś coś o swojej mamie. Czy zdajesz sobie sprawę, że w tym momencie broniłaś swojej mamy przed śmiechem K.?

Uczestniczka Salonu:
   Broniłam mojej mamy przed śmiechem K? Tak, to o to chodziło.

Gary:
   Tak, kupujesz punkt widzenia twojej mamy. Dlaczego? To jest dostosowywanie się w byciu kobietą.

   Wszystko co uczyniłaś, aby wytrenować samą siebie do bycia kobietą, sprawić abyś była jak swoja mama, której nienawidzisz, co oznacza, że musisz siebie lubić czy nienawidzić, postrzegać siebie jako dobrą, złą lub niepoprawną? Czy to nie jest świetne? Nienawidzisz swojej mamy, więc ją duplikujesz i stajesz się jak ona, aby upewnić się, że nie będziesz nią, ale to czyni cię nią. Wszystko czym to jest, razy bóg wie ile razy, czy teraz to zniszczysz i odkreujesz? Zgoda, Niezgoda, Dobrze, Źle,

Wszystkie 9, POD i POC, w Skrócie, Ponad, Nuklearne Sfery.

Uczestniczka Salonu:

Mam napięcie po lewej stronie. W klatce piersiowej aż do szyi.

Gary:

W oparciu o co? Ile samej siebie uczyniłaś niepoprawną?

Wszystko co zrobiłaś, aby uczynić samą siebie niewłaściwą i wszystko co zablokowałaś w lewej części swojego ciała, i wszystkie demony, których użyłaś aby zamknąć niewłaściwość siebie w sobie, czy teraz to wszystko zniszczysz i odkreujesz? I zażądasz, aby powróciły tam skąd przyszły, i nigdy więcej nie powracały do tej rzeczywistości? Zgoda, Niezgoda, Dobrze, Źle, Wszystkie 9, POD i POC, w Skrócie, Ponad, Nuklearne Sfery.

Czujesz się lepiej?

Uczestniczka Salonu:
Tak.

Gary:

Za każdym razem kiedy masz coś w lewej części ciała, chcę abyś zapytała: czy to jestem ja, czy moja mama?

Uczestniczka Salonu:

A jeśli wyjdzie, że to moja mama?

Gary:

Powiedz: Wszystko co zrobiłam, aby to zduplikować, POC i POD.

Większość z nas, którzy mamy rodzica, który nas nie kocha, próbuje zduplikować to kim oni są, po to, aby sprawić żeby nas pokochali. Czy to działa?

Uczestniczka Salonu:

Nie. Czy oni zachęcają nas żebyśmy byli jak oni, po to, aby mieli coś do osądzania?

Gary:

Nie. Już ich osądziliście. Wasz osąd o nich może faktycznie nie być waszym osądem ich, ale raczej świadomością ich osądów na temat samych siebie. A wy sądzicie, że nie macie świadomości!

Uczestniczka Salonu:

Dzięki, Gary.

Gary:

Wszystko co uczyniłyście, aby kupić ich oceny o nich samych jako wasze oceny o nich, po to, abyście mogły mieć oceny na ich temat i być tak oceniające wobec nich, jak oni są oceniający wobec samych siebie i aby oni mogli być pewni, że mają rację, że się mylą oraz cały przymus duplikowania ich, aby tak się stało, macie rację, że się mylicie. I to wszystko sprawia, że to działa, prawda? Nie do końca. Wszystko czym to jest, razy bóg wie ile razy, czy teraz to zniszczycie i odkreujecie? Zgoda, Niezgoda, Dobrze, Źle, Wszystkie 9, POD i POC, w Skrócie, Ponad, Nuklearne Sfery.

NAJWSPANIALSZA ZEMSTA

Uważaj T. rzeczy zaczynają eksplodować. Jeśli nie będziesz uważna, znowu będziesz szczęśliwa. Czy mogę ci to powiedzieć? Najlepszą zemstą wobec rodziców jest bycie szczęśliwym.

Uczestniczka Salonu:
I to właśnie będę miała.

Gary:
Jakie fizyczne wprowadzenie w życie zdolności do bycia, robienia, posiadania, kreowania i generowania szczęśliwej siebie jesteś teraz zdolna kreować, generować i ustanawiać? Wszystko co na to nie pozwala, razy bóg wie ile razy, czy teraz to zniszczysz i odkreujesz? Zgoda, Niezgoda, Dobrze, Źle, Wszystkie 9, POD i POC, w Skrócie, Ponad, Nuklearne Sfery.

Musicie zrozumieć, że kiedy ktoś śmieje się z czegoś, co wy uczyniłyście poważnym, to znaczy, że oni widzą w tym humor. Jeśli się na to złościcie, to próbujecie bronić osoby, na którą jesteście złe. Będziecie mieć taką wolność, jeśli tylko zdacie sobie z tego sprawę. To część komedii tej rzeczywistości, że nasza nienawiść może być oceniana i kreowana wyłącznie na podstawie naszych własnych osądów o nas samych, na które przyzwoliliśmy. Jeśli próbujecie się na to wściekać, to bronicie osobę, na którą jesteście wściekłe. To pokazuje, że zależy wam na tej osobie, ale nie chcecie tego wiedzieć, że wam zależy.

Uczestniczka Salonu:
Jeśli ktoś cię nienawidzi, jak sobie z tym radzisz?

Gary:
Jeśli ktoś cię nienawidzi, onieśmiel go świadomością tego, czym może być, ale tego nie chce.

Uczestniczka Salonu:
Jak bardzo możemy się tym bawić?

Gary:
Nie wolno wam się bawić! Macie być nieszczęśliwe.
Ok, drogie panie, mam nadzieję, że dobrze się bawiłyście. Było to dla mnie bardzo interesujące. Zawsze zabieracie mnie do miejsc, do których nie planowałem iść, czy mi się to podoba czy nie. Dziękuję.

12
Stawanie się wolnymi rodnikami świadomości

Świadomość to płynna rzeczywistość. Nigdy nie utrwala się pod wpływem ograniczeń.

Gary:
Witajcie, panie. Czy któraś z was ma pytanie?

ŁATWA PRZESTRZEŃ MOŻLIWOŚCI

Uczestniczka Salonu:
Próbuję się z czymś zmierzyć i umniejszam się wobec tego zadania. Czy mógłbyś, proszę, zasugerować odkreowanie, które pomoże mi pozostać w stale poszerzającej się, bujnej, łatwej przestrzeni możliwości?

Gary:
Jakiej głupoty używam, by kreować unikanie łatwej przestrzeni możliwości, którą mogłabym wybierać? Wszystko czym to jest, razy bóg wie ile razy, czy teraz to zniszczysz i odkreujesz? Zgoda, Niezgoda, Dobrze, Źle,

Wszystkie 9, POD i POC, w Skrócie, Ponad, Nuklearne Sfery.

Okazuje się, że to będzie działać również na inne osoby.

Jakiej głupoty używam, żeby kreować unikanie łatwej przestrzeni możliwości, którą mogłabym wybierać? Wszystko czym to jest, razy bóg wie ile razy, czy teraz to zniszczysz i odkreujesz? Zgoda, Niezgoda, Dobrze, Źle, Wszystkie 9, POD i POC, w Skrócie, Ponad, Nuklearne Sfery.

Uczestniczka Salonu:

Kreuję biznes spoza tej rzeczywistości i potrzebuję trochę asysty. Mam potrzebę pracy przez dziesięć godzin dziennie i przyciągania ludzi z fenomenalnymi zdolnościami, którzy mi pomogą i ja to wybieram. Jakie odkreowanie mogę zrobić?

Gary:

Jakiej głupoty używam, aby unikać łatwości kreowania i generowania, które mogłabym wybierać? Wszystko czym to jest, razy bóg wie ile razy, czy teraz jesteś gotowa to zniszczyć i odkreować? Zgoda, Niezgoda, Dobrze, Źle, Wszystkie 9, POD i POC, w Skrócie, Ponad, Nuklearne Sfery.

Jakiej głupoty używasz, by kreować wymysł, sztuczną intensywność oraz demony matematycznych wyliczeń uśrednionej podstawy do ustanawiania przeciętności jako formuły na kreację maksymalizacji rzeczywistości human, w odniesieniu do seksu, kopulacji, pieniędzy i odmiennej płci, które wybierasz w związku? Wszystko czym to jest, razy bóg wie ile razy, czy teraz to zniszczysz i odkreujesz? Zgoda, Niezgoda, Dobrze, Źle, Wszystkie 9, POD i POC, w Skrócie, Ponad, Nuklearne Sfery.

WYCHODZENIE POZA STANDARDOWE ODCHYLENIA RZECZYWISTOŚCI HUMAN

Uczestniczka Salonu:

Czy możesz, proszę, wytłumaczyć czym jest maksymalizacja rzeczywistości human?

Gary:

Maksymalizacja rzeczywistości human zachodzi wtedy, gdy pozwalacie sobie mieć jedynie pewną część tego, co nie pasuje do ludzkiej rzeczywistości. Są momenty, w których wyskakujecie jak z procy i kreujecie cudowne rzeczy, a potem powracacie tam, gdzie byłyście wcześniej, aby być „normalną" i mieścić się w normach akceptowanych w rzeczywistości human. Zarabiacie pewną ilość pieniędzy, ale mieści się ona w standardowym odchyleniu od normy, w której chodzi o to, żeby nie stać się zbyt wielkim. Przez to odcinacie ilość pieniędzy, którą mogłybyście zarabiać. Dokonujecie maksymalizacji ludzkiej rzeczywistości.

Zadajecie pytanie: „Jak mogę zmaksymalizować siebie, jako coś wspanialszego niż to?". W tym punkcie maksymalizacja nie jest niczym więcej, niż dwoma standardowymi odchyleniami od normy. Macie się zatem za niepoprawne, albo niszczycie to, co macie, albo zniechęcacie się w niewłaściwym momencie, albo nie podobacie się sobie wtedy, gdy kreujecie więcej, albo zadajecie się z ludźmi, którzy są guzdrałami i nieudacznikami, i wtedy mówicie: "I tak nie mogę tego robić." To jest właśnie sposób na usatysfakcjonowanie się czymś mniej, zamiast czymś więcej. To jest totalnie dewiancki punkt widzenia.

Odmawiamy wyjścia poza standardowe odchylenia ludzkiej rzeczywistości.

Ile seksu, kopulacji, związku oraz pieniędzy wybieracie w oparciu o nigdy nie wychylanie się więcej niż o dwa stopnie od normy? Wszystko czym to jest, razy bóg wie ile razy, czy teraz to zniszczycie i odkreujecie? Zgoda, Niezgoda, Dobrze, Źle, POD i POC, Wszystkie 9, w Skrócie, Ponad, Nuklearne Sfery.

Jakiej głupoty używacie, by kreować wymysł, sztuczną intensywność oraz demony matematycznych wyliczeń uśrednionej podstawy, do ustanawiania przeciętności jako formuły na kreację maksymalizacji ludzkiej rzeczywistości w odniesieniu do seksu, kopulacji, pieniędzy i odmiennej płci, którą wybieracie w związku? Wszystko czym to jest, czy teraz to zniszczycie i odkreujecie? Zgoda, Niezgoda, Dobrze, Źle, POD i POC, Wszystkie 9, w Skrócie, Ponad, Nuklearne Sfery.

Świadomość to płynna rzeczywistość. Nigdy nie utrwala się pod wpływem ograniczeń, a jednak utykamy w kalkulacjach, żeby poradzić sobie z uśrednieniem podstawy ludzkiej rzeczywistości.

Uczestniczka Salonu:
W tej rzeczywistości mówimy o maksymalizacji korzyści. A kiedy to robisz, maksymalizujesz tylko to, co już wiesz.

Gary:

Tak, to wszystko co można zrobić. Nigdy nie możecie wychylić się o więcej niż dwa stopnie od uśrednionej podstawy. To jedyny sposób na to, by pasować do tej rzeczywistości.

Jakiej głupoty używacie, by kreować wymysł, sztuczną intensywność oraz demony matematycznych wyliczeń uśrednionej podstawy do ustanawiania przeciętności, jako formuły na kreację maksymalizacji ludzkiej rzeczywistości w odniesieniu do seksu, kopulacji, pieniędzy i odmiennej płci, które wybieracie? Wszystko czym to jest, czy teraz to zniszczycie i odkreujecie? Zgoda, Niezgoda, Dobrze, Źle, POD i POC, Wszystkie 9, w Skrócie, Ponad, Nuklearne Sfery.

LUDZKA RZECZYWISTOŚĆ JEST DEDYKOWANA PRZECIĘTNOŚCI

Jesteście dedykowane przeciętności. Wszystko ma pozostać takie jak było. Taka w skrócie jest rzeczywistość human. Nie wychylajcie się ani w jedną, ani w drugą stronę. Są ludzie, którzy wychylają się do tego stopnia, że mają bardzo dużo pieniędzy.

Są również takie osoby, jak S. które są na poważnie odchyleni w związkach, ponieważ są skłonni mieć więcej niż większość ludzi. Wychodzicie poza standardowe odchylenie, ale wciąż staracie się widzieć jak bardzo jesteście niepoprawne, albo że wszyscy inni powinni wybrać to, co wy wybieracie, co jest prawdą, ale oni nie mogą tego zrobić, dopóki tkwią zakleszczeni w uśrednionej podstawie.

Jakiej głupoty używacie, by kreować wymysł, sztuczną intensywność oraz demony matematycznych wyliczeń uśrednionej podstawy, do ustanawiania przeciętności, jako formuły na kreację maksymalizacji ludzkiej rzeczywistości w odniesieniu do seksu, związków, kopulacji, pieniędzy i ciała, które wybieracie? Wszystko czym to jest, razy bóg wie ile razy, czy teraz to zniszczycie i odkreujecie? Zgoda, Niezgoda, Dobrze, Źle, POD i POC, Wszystkie 9, w Skrócie, Ponad, Nuklearne Sfery.

Uśredniona podstawa to miejsce, gdzie wszystko jest zbalansowane. Nigdy nie katapultujesz kogoś do czegoś, czego jeszcze nie znasz, także samego siebie. Dlatego nie pozwalacie sobie na wspaniały związek. Macie tę właśnie uśrednioną podstawę, której szukacie w każdym mężczyźnie. Nie pozwalacie sobie mieć mężczyzny, który wejdzie do waszego życia i wysadzi ciebie w powietrze z tej rzeczywistości w coś o wiele wspanialszego.

Wszystko czym to jest, razy bóg wie ile razy, czy teraz to zniszczycie i odkreujecie? Zgoda, Niezgoda, Dobrze, Źle, POD i POC, Wszystkie 9, w Skrócie, Ponad, Nuklearne Sfery.

Uczestniczka Salonu:
Gdzie w tym wszystkim świadomość?

Gary:

W uśrednionej podstawie nie ma świadomości. Taki jest jej cel – utrzymywać was z dala od świadomości.

Uczestniczka Salonu:

Kiedy używasz określenia: „ponad uśrednioną podstawę" oraz „odmienna płeć", to jak to wygląda?

Gary:

Znam kobiety, które identyfikowały się z byciem męskimi. One próbowały kreować siebie na męskiej krawędzi, co doprowadzało do tego, że kreowały swoje ciało jako niecałkowicie kobiece. Dlatego używamy słów ciało oraz odmienna płeć, zamiast płeć *przeciwna*.

Jeśli chcecie funkcjonować ponad przeciętnością, to możecie mieć dostępne wszystko, zamiast zaledwie części. Możecie mieć wszystkie męskie cechy i być najbardziej kobieco wyglądającą kobietą na całym świecie.

Jednym z największych błędów, jakie popełniają kobiety jest to, że przejmują stery, same czynią się za wszystko odpowiedzialne, a potem nienawidzą mężczyzn. Dla mężczyzny nie ma już przestrzeni na nic innego, niż bycie niewolnikiem, chłopcem do bicia. Jak tylko stają się chłopcem do bicia, nie podobają się już kobietom. Wtedy one odchodzą i znajdują inną osobę, którą mogą ukształtować batem. Niestety wiele kobiet ma punkt widzenia: „W mgnieniu oka mogę go batem doprowadzić do porządku." Po co miałybyście to robić? Dlaczego nie chciałybyście poszerzyć jego i swojej rzeczywistości?

Wszędzie, gdzie zdecydowałyście, że batem doprowadzicie jakiegoś faceta do porządku, czy teraz to zniszczycie i odkreujecie? Zgoda, Niezgoda, Dobrze, Źle, POD i POC, Wszystkie 9, w Skrócie, Ponad, Nuklearne Sfery.

Jakiej głupoty używacie, by kreować wymysł, sztuczną intensywność oraz demony matematycznych wyliczeń uśrednionej podstawy, do ustanawiania przeciętności jako formuły na kreację maksymalizacji ludzkiej rzeczywistości w odniesieniu do seksu, związku, kopulacji, pieniędzy, ciała oraz innej płci, które wybieracie? Wszystko czym to jest, razy bóg wie ile razy, czy teraz to zniszczycie i odkreujecie? Zgoda, Niezgoda, Dobrze, Źle, POD i POC, Wszystkie 9, w Skrócie, Ponad, Nuklearne Sfery.

Uczestniczka Salonu:
Moi rodzice nauczyli mnie otrzymywać od mężczyzny, abym wyrosła na dobrą żonę i matkę. Widzę jak to wstrzymuje energię, którą mogłabym generować. To wstrzymuje mnie od współ-kreowania czegokolwiek, takiego jak związki, czy współ-prowadzenia klas. Wycofuję się. Czy to jest właśnie to?

Gary:
To jest przeciętność. To maksymalizacja ludzkiej rzeczywistości. Jakie są względem ciebie oczekiwania w rzeczywistości human?

Uczestniczka Salonu:

Bycie dobrą żoną, matką oraz robienie małej kariery.

Gary:

Tak zrobiłaś?

Uczestniczka Salonu:

Nie. Nie byłam w tym dobra. Czuję jakbym stawiała opór i sprzeciwiała się temu całe moje życie. Czego tu nie rozumiem i nie chcę puścić?

Gary:

Musisz zrozumieć, że byłaś świetną matką, jak również świetnym ojcem. Nauczyłaś się jak wykorzystywać mężczyzn, ale nie nauczyłaś się jak się nimi cieszyć. Jeśli lubisz mężczyzn, to używasz ich jako trampoliny do poszerzania zarówno ich życia, jak i swojego.

Powód, dla którego wiele z was wybrało pozostanie singielką jest taki, że nie potrzebujecie mężczyzny, ale w tej rzeczywistości, tym właśnie jest maksymalizacja ludzkiej rzeczywistości. Czy chcecie żyć takim życiem?

Uczestniczka Salonu:

Ja nie, chcę generować i kreować ekspansję planety z mężczyzną humanoidem.

Gary Douglas

STAWANIE SIĘ TAKIM ODMIEŃCEM, JAKIM TYLKO CHCIAŁABYŚ BYĆ

Gary:

Mam nadzieję stworzyć proces, który będzie asystował wam wszystkim w stawaniu się takim dewiantem, jakim naprawdę chciałybyście być. Bycie dewiantem oznacza, że nie postępujesz według standardów tej rzeczywistości.

Nie szukasz uśrednionej podstawy. Nie jesteś doskonale zrównoważona na huśtawce tej rzeczywistości.

Kiedy schodzisz z huśtawki, to katapultujesz się z dala od braku wyboru i braku możliwości. Nie musisz powracać do stanu, w którym tkwiłaś poprzednio. W Access Consciousness naszym wyborem jest wysadzenie cię z tej huśtawki, abyś mogła kreować i generować wszystko, czego pragniesz. Jednak tak długo, jak starasz się powrócić do uśrednionej podstawy, to starasz się podążać tym samym torem co inni. Chcę, abyście przestały się dostosowywać. Chcę was wysadzić z samonapędzającego się kołowrotka waszej własnej rzeczywistości po to, abyście mogły przemknąć przez życie na motorze.

Jakiej głupoty używacie, by kreować wymysł, sztuczną intensywność oraz demony matematycznych wyliczeń uśrednionej podstawy do ustanawiania przeciętności, jako formuły na kreację maksymalizacji ludzkiej rzeczywistości w odniesieniu do seksu, związku, kopulacji, pieniędzy, ciała oraz odmiennej płci, które wybieracie? Wszystko czym to jest, czy teraz to zniszczycie i odkreujecie? Zgoda, Niezgoda, Dobrze,

Źle, POD i POC, Wszystkie 9, w Skrócie, Ponad, Nuklearne Sfery.

SĄ INNE MOŻLIWOŚCI, ALE MUSISZ ZADAĆ PYTANIE

Uczestniczka Salonu:

Dziesięć lat temu rozwiodłam się i od tego czasu nie byłam w związku. Dostrzegam, że nie byłam chętna do tego, by robić coś przeciętnego. Zatem, co innego jest możliwe?

Gary:

To właśnie chcę, by dotarło do was wszystkich. Inne rzeczy są możliwe – jednak musicie zadać pytanie. Jeśli zorientujecie się, że jesteście w związku, który jest przeciętny i zmierzacie w kierunku: „Nie chcę tego robić nigdy więcej", to musicie to osądzać, zamiast być w pytaniu: „Co jest możliwe do wygenerowania i wykreowania z tą osobą?".

Jeśli uznacie, że nie chcecie mieć niczego przeciętnego, to ilu ludzi możecie dopuścić do swojego życia? Tylko tych przeciętnych. My sami nieustannie ustanawiamy każdy ograniczony punkt widzenia, który mamy w naszym życiu. Sprawiamy, że jest to coś, co zawsze musimy robić.

Kiedy mówicie: „Nie będę miała nic, co jest przeciętne" to zawsze będziecie musiały patrzeć z osądu: „Czy ta osoba jest przeciętna?" – zamiast: „Co mogę z tą osobą wykreować?". Jeśli zaczniecie patrzeć z tego poziomu, to możecie otworzyć drzwi do nowych możliwości, które jeszcze nie istniały. To wymaga, abyście stały się totalnie popieprzonymi dewiantami.

Jakiej głupoty używacie, by kreować wymysł, sztuczną intensywność oraz demony matematycznych wyliczeń uśrednionej podstawy do ustanawiania przeciętności, jako formuły na kreację maksymalizacji ludzkiej rzeczywistości w odniesieniu do seksu, związku, kopulacji, pieniędzy, ciała oraz odmiennej płci, które wybieracie? Wszystko czym to jest, razy bóg wie ile razy, czy teraz to zniszczycie i odkreujecie? Zgoda, Niezgoda, Dobrze, Źle, POD i POC, Wszystkie 9, w Skrócie, Ponad, Nuklearne Sfery.

Niedawno pewna kobieta zapytała mnie pisemnie o zażywanie detoksykujących suplementów. Czy ona zapytała o to samo swoje ciało? Nie, ona postanowiła, że potrzebuje detoksu. Ona doszła do wniosku. To nie kreuje możliwości. To ma zastosowanie do wszystkiego w życiu. Musisz zapytać: Jeśli wybiorę, by być z tymi ludźmi, jakie będzie moje życie za pięć lat? Możesz porzucić tych znajomych, ponieważ oni nie zmierzają tam, dokąd ty zmierzasz. Próby zaciągnięcia ich tam dokąd ty podążasz to jak zapuszczanie kotwicy w oceanie. Wciąż próbujesz ruszyć naprzód, ale nie możesz ruszyć z miejsca.

Uczestniczka Salonu:
Kiedy widzisz, że ktoś robi to, co ty również byś chciała, mówisz: „Chciałbym mieć trochę tego" lub „Chciałbym mieć tę energię", czy to wciąż przeciętność?

Gary:

Ty podrabiasz to, do czego oni są zdolni. Tu chodzi o to: Czy ty zmierzasz do kreowania przeciętnego życia?

Uczestniczka Salonu:

Nie.

Gary:

W takim razie zacznij od:
* Jak mogę to wykorzystać?
* Jaką korzyść mogę z tego otrzymać?
* Czym jest to, co naprawdę pragnę wykreować?

W większości przypadków, kiedy zachodzi matematyczna kalkulacja, to nie możesz kreować ponad dwa standardowe odchylenia od tego, co wszyscy uznali za odpowiednią normę.

Uczestniczka Salonu:

Czy to jest to, co my uznaliśmy za odpowiednią normę?

Gary:

Nie, to jest to, co wy kupiliście jako właściwą normę. To jest to, czego byłyście uczone od pierwszego dnia. Dla przykładu, G. powiedziała, że była uczona jak być dobrą żoną i zajmować się mężczyzną. Spojrzałbym na G. i powiedział: „Zero szans, że to się uda!"

BĄDŹCIE GOTOWE ZOBACZYĆ CO ZROBIĄ INNI

Gary:

Mam dwie córki. Dla jednej z nich bycie mamą byłoby w porządku, o ile mężczyzna byłby wystarczająco zamożny. Druga byłaby szczęśliwa, gdyby została w domu z dziećmi. To jest jej natura. Musicie być gotowe zobaczyć, co ktoś będzie robił. Niektóre pary mają dzieci, ale jednego z rodziców nie interesuje wychowywanie ich. To pokazuje tylko to, że to drugie z rodziców nie wybrało najlepszej na świecie osoby, z którą powinno się mieć dziecko. O to chodzi we wchodzeniu w standardowe wychylanie się.

Facet może być na tyle dewiantem, by mieć związek i dziecko, ale nie chce być dewiantem na tyle, by kreować to, czego naprawdę chce i by mieć to, czego chce. Powraca on do standardowego punktu widzenia myśląc, że pewnego dnia znajdzie kogoś, kto się z nim sparuje. Jak tylko zda sobie sprawę z tego, że kobieta, z którą się sparował, nie jest tą, której naprawdę pragnie, to szuka nowej, a to nigdy nie działa. Dlaczego? Ponieważ on uprawia standardową dewiację.

Uczestniczka Salonu:

Czy tu chodzi o świadomość tego, że jak tylko kupisz coś jako prawdziwe, czy rzeczywiste, to wchodzisz w rzeczywistość kogoś innego?

Gary:

Większość ludzi nie zdaje sobie sprawy z tego, że wchodzą w rzeczywistość kogoś innego i nie zadają pytań:

- Czy wchodzę w rzeczywistość kogoś innego?
- Czy to jest mój punkt widzenia, czy jest to coś, czego nie chcę wiedzieć, być albo otrzymać?

Musicie być gotowe, by się temu przyjrzeć i zapytać: Jak to będzie się dla mnie sprawdzać?

Uczestniczka Salonu:

Bardziej niż: „Jak ja się w tym sprawdzę?".

JAKO HUMANOID JESTEŚ ODMIEŃCEM

Gary:

Tak. Musicie zapytać: Jak mam się wydostać ponad ograniczenia tej rzeczywistości?

Jakiej głupoty używacie, by kreować wymysł, sztuczną intensywność oraz demony matematycznych wyliczeń uśrednionej podstawy do ustanawiania przeciętności, jako formuły na kreację maksymalizacji ludzkiej rzeczywistości w odniesieniu do seksu, związku, kopulacji, pieniędzy ciała oraz odmiennej płci, które wybieracie? Wszystko czym to jest, razy bóg wie ile razy, czy teraz to zniszczycie i odkreujecie? Zgoda, Niezgoda, Dobrze, Źle, POD i POC, Wszystkie 9, w Skrócie, Ponad, Nuklearne Sfery.

Czy którakolwiek z was zwraca uwagę na fakt, że byłyście odmieńcami przez większość swojego życia?

Uczestniczka Salonu:

Dokładnie! O tym właśnie myślałam. Pamiętam jak w szkole z internatem, dyrektorka postawiła mnie pewnego wieczoru przed wszystkimi i powiedziała, że jestem czarną owcą, która niszczy stado. Powiedziała, że jestem odmieńcem i musieli mnie odstawić do izolatki do końca semestru. A mnie to się właściwie podobało, bo mogłam mieć swój własny pokój. No właśnie, czyż od zawsze nie byłyśmy odmieńcami?

Gary:

Tak. Jako humanoid jesteś odmieńcem. Starasz się być jak inni ludzie, jak ludzie ograniczeni, jednak w twoim świecie to nie działa, i przede wszystkim z tego powodu sięgnęłaś po Access Consciousness.

Jakiej głupoty używacie, by kreować wymysł, sztuczną intensywność oraz demony matematycznych wyliczeń uśrednionej podstawy do ustanawiania przeciętności, jako formuły na kreację maksymalizacji ludzkiej rzeczywistości w odniesieniu do seksu, związku, kopulacji, pieniędzy, ciała oraz odmiennej płci, które wybieracie? Wszystko czym to jest, razy bóg wie ile razy, czy teraz to zniszczycie i odkreujecie? Zgoda, Niezgoda, Dobrze, Źle, POD i POC, Wszystkie 9, w Skrócie, Ponad, Nuklearne Sfery.

CAŁKOWITA ŁATWOŚĆ I ZBYT WIELE PIENIĘDZY

Uczestniczka Salonu:

Miałam świadomość dewiacji w temacie seksu, ciała i kopulacji. Miałam świadomość tego, czym to mogłoby być dla mnie.

Gary:

Mogę ci powiedzieć czym to mogło być dla ciebie: całkowitą łatwością i zbyt dużą ilością pieniędzy. Jeśli nie pozwalasz sobie na całkowitą łatwość i zbyt dużą ilością pieniędzy, to możesz od razu wypisać się z kategorii odmieńców.

To, co w tobie zauważyłem, to to, że angażujesz się w związek z mężczyzną, jesteś w tym szczęśliwa, a nagle starasz się nadać temu kształt, w którym nie chodzi o to, co możesz z nim kreować, ale bardziej o: „Jak mogę wykorzystać tego gościa dla siebie?" oraz „Co mogę zrobić, by dostać wszystko, czego chcę?". Rezygnujesz z tego, czego naprawdę pragniesz, na rzecz stawania się częścią standardowej rzeczywistości.

Uczestniczka Salonu:

Tak. Już powiedziałeś, że funkcjonowałabym lepiej, gdybym miała różnych mężczyzn do różnych rzeczy, które chciałabym zrobić.

Gary:

Tak, potrzebujesz mężczyzny, który kupi ci porządną biżuterię, wyszuka dla ciebie gadżety i zabierze na kolację.

Uczestniczka Salonu:

Jak mogę wykreować tego więcej?

Gary:

Zamiast mówić: „Super, w takim razie wykreuję to jako moją rzeczywistość" weszłaś w: „Jak mam to zrobić?". Tak, jak gdyby nie było innego miejsca, do którego mogłabyś się udać, poza potęgowaniem ludzkiej rzeczywistości, dlatego właśnie musisz stać się czyjąś kochanką.

A jeśli mogłabyś kreować siebie na tym świecie po prostu przez to, jak żyjesz?

Przez lata ludzie mówili mi: „Ty, Douglas, jesteś taki dziwny", potem pytali: „Czemu tego nie zrobisz?".

Odpowiadałem: „Dlatego, że tego nie chcę."

Oni mówili: „No tak, ale to jest sposób, w jaki wszyscy postępują."

Ja na to: „Dobrze, tylko, że ja nie chcę przeżywać swojego życia w ten sposób."

Oni: „To jest tak cholernie dziwaczne."

Ja mówiłem im: „Tak i wiem, że będę miał życie takie, jakiego pragnę."

To ma wiele wspólnego z faktem, że mój tata zmarł kiedy miałem siedemnaście lat. On w ciągu ostatnich lat swojego życia wiele rzeczy robił dla siebie po raz pierwszy. Zdałem sobie sprawę, że zapracowywał się na śmierć, by wykreować większą łatwość dla swojej rodziny. Tu we wszystkim chodziło o jego rodzinę. On mógł pracować przez pięć dni w tygodniu, a potem jeszcze przez weekendy, by zarobić pieniądze, żeby rodzina miała lepsze życie. Czy mając go martwego, mieliśmy lepsze życie? Nie.

Jeśli podążałby za swoim wiedzeniem, to mógł mieć tyle możliwości. Miał dwie okazje, by stać się multimilionerem, a moja mama to zatrzymała. Ona pragnęła uśrednionej podstawy, instytucji małżeństwa, instytucji poprawnej kopulacji. To są rzeczy, które sami ustanawiamy. Wciąż szukacie tego, jak być bardziej realistyczne. Nie. Musicie zapytać:

- Jak to kreuje moje życie?
- Czy to jest naprawdę poziom, z którego chcę kreować?

Wczoraj w grupie kilku osób poszliśmy do restauracji. Byliśmy tam jedynymi gośćmi. Tylko my i kelner, który był przemiłym człowiekiem. Simone zadała mu parę pytań. Powiedział nam, że został wychowany przez swojego dziadka, a swojej matki nie widział już przez dziesięć czy piętnaście lat. Ona właśnie przyjeżdżała z wizytą. Ja powiedziałem: „To jest dwieście dolarów dla ciebie, abyś zapewnił mamie piękny czas." Nie zrozumiał tego. Ja natomiast nie zrobiłem tego z żadnego innego powodu, niż taki, że to mi pasowało.

Jakiej głupoty używacie, by kreować wymysł, sztuczną intensywność oraz demony matematycznych wyliczeń uśrednionej podstawy do ustanawiania przeciętności, jako formuły na kreację potęgowania ludzkiej rzeczywistości w odniesieniu do seksu, związku, kopulacji, pieniędzy, ciała oraz odmiennej płci, które wybieracie? Wszystko czym to jest, razy bóg wie ile razy, czy teraz to zniszczycie i odkreujecie? Zgoda, Niezgoda, Dobrze, Źle, POD i POC, Wszystkie 9, w Skrócie, Ponad, Nuklearne Sfery.

Uczestniczka Salonu:

Rozglądam się żeby zobaczyć czym jest standardowe odchylenie od normy, zamiast dostrzegać czego wymagamy, jako standardowego odchylenia.

Gary:

Przede wszystkim nie potrzebujesz standardowego odchylenia, musisz być popieprzonym dewiantem. Musisz wychylić się z uśrednionej podstawy. Uśredniona podstawa nie jest miejscem, z którego należy cokolwiek ustanawiać.

Uczestniczka Salonu:

W swojej głowie mam obraz krzywej dzwonowej i jej krawędzi (przyp. tłum.: krzywa dzwonowa to jeden z najważniejszych rozkładów prawdopodobieństwa, w którym niezależnie od rozkładu każdego z czynników, będzie on zbliżony do normalnego, stąd można go bardzo często zaobserwować w naturze). To tam są humanoidzi.

Gary:

A jeśli ty sama jesteś swoją osobistą krzywą dzwonową? Gdzie znalazłabyś się na swojej krzywej w dowolnym momencie swojego życia?

Uczestniczka Salonu:

Gdziekolwiek wybiorę, zdaje się.

Gary:

Dokładnie tak. Mogłabyś być po lewej, po prawej, na górze lub na dole wykresu. Miałabyś wybór znaleźć się w dowolnym miejscu na krzywej możliwości. Standardowe odchylenie to odnajdowanie średnich linii, gdzie znajduje się szczyt krzywej dzwonowej, tak jak by to było konieczne.

Jakiej głupoty używacie, by kreować wymysł, sztuczną intensywność oraz demony matematycznych wyliczeń uśrednionej podstawy do ustanawiania przeciętności, jako formuły na kreację potęgowania ludzkiej rzeczywistości w odniesieniu do seksu, związku, kopulacji, pieniędzy, ciała oraz odmiennej płci, które wybieracie? Wszystko czym to jest, razy bóg wie ile razy, czy teraz to zniszczycie i odkreujecie? Zgoda, Niezgoda, Dobrze, Źle, POD i POC, Wszystkie 9, w Skrócie, Ponad, Nuklearne Sfery.

Jak się wszystkie macie? Czy ktoś tam jest jeszcze żywy?

Uczestniczka Salonu:

W tym wszystkim jest taka radość. Bardzo za to *dziękuję*.

Gary:

Jakie fizyczne wprowadzenie w życie bycia wolnymi rodnikami świadomości, życzliwości, hojności oraz możliwości w seksie, związkach, kopulacji, pieniądzach, ciele i odmiennej płci jesteście teraz zdolne generować, kreować i ustanawiać? Wszystko co na to nie pozwala, czy teraz to zniszczycie i odkreujecie? Zgoda, Niezgoda, Dobrze, Źle, POD i POC, Wszystkie 9, w Skrócie, Ponad, Nuklearne Sfery.

Wolne rodniki

Uczestniczka Salonu:

Czy możesz wyjaśnić *wolne rodniki*?

Gary:

W fizyce kwantowej wolne rodniki są luźnymi cząsteczkami, które robią to, co chcą. Przemieszczają się, wchodzą w interakcje z innymi cząsteczkami i zmieniają końcowy rezultat. Wolne rodniki są zawsze zmieniającą się rzeczywistością i tym, co jest możliwe.

Kiedy stajecie się wolnymi rodnikami świadomości, życzliwości, hojności oraz możliwości w seksie, związkach, kopulacji, pieniądzach, ciele i odmiennej płci, to wówczas nie jesteście zafiksowane na próby wykombinowania jak coś ma zadziałać.

Pytacie:
+ W porządku, co innego jest możliwe?
+ Co możemy kreować i generować?
+ Co będzie tu zabawą?

Jakiej głupoty używacie, by kreować unikanie bycia radykalnie innymi, takimi jakimi tylko możecie być, które wybieracie? Wszystko czym to jest, razy bóg wiele ile razy, czy teraz to zniszczycie i odkreujecie? Zgoda, Niezgoda, Dobrze, Źle, POD i POC, Wszystkie 9,w Skrócie, Ponad, Nuklearne Sfery.

Celem potęgowania ludzkiej rzeczywistości jest to, by ludzie mogli być kontrolowani. Żadna z was nie jest dobra w byciu kontrolowaną przez innych. Do tego wy odmawiacie kontrolowania innych. Radykalnie dewiacyjny punkt widzenia polegałby na rozpoznawaniu – jak i kiedy kontrolować i co potrzebujecie zrobić.

Wchodzimy w następujący osąd: „W porządku, będę kontrolować tego faceta i doprowadzę do tego, że zrobi to, to i tamto." To jest konkluzja, a nie pytanie. I nie jest to również kreowanie, ani generowanie z poziomu możliwości. Prawie wszystko, co kreujemy w życiu jest oparte o konkluzje – a nie o wybór, pytanie, możliwość oraz wkład.

Wszystko czym to jest, razy bóg wiele ile razy, czy teraz to zniszczycie i odkreujecie? Zgoda, Niezgoda, Dobrze, Źle, POD i POC, Wszystkie 9, w Skrócie, Ponad, Nuklearne Sfery.

WYJŚCIE Z ETAPU OPUSZCZENIA

Uczestniczka Salonu:

W tym momencie umiera mój tata. On choruje na nowotwór z przerzutami. Zadawałam pytanie: Jakie są tu inne możliwości? Zdałam sobie sprawę, że doszłam do wielu energetycznych konkluzji wokół tego wszystkiego. Jakich pytań nawet nie wzięłam pod uwagę?

Gary:

Jakiej głupoty używam, by kreować utrzymywanie mojego taty w jego ciele, które wybieram? Wszystko czym to jest, razy bóg wiele ile razy, czy teraz to zniszczysz i odkreujesz? Zgoda, Niezgoda, Dobrze, Źle, POD i POC, Wszystkie 9, w Skrócie, Ponad, Nuklearne Sfery.

Gary:

Czy zrobiłaś mu proces na ciało – Wyjście z Etapu Opuszczenia? Zadaj mu pytanie (w swojej głowie): Tato, czym jest to, czego nie ukończyłeś, a gdybyś wiedział, że to ukończyłeś, pozwoliłoby ci to odejść z łatwością?

Ja to pytanie zadałem mojej mamie, a odpowiedź, którą otrzymałem brzmiała: „Nie przeprowadziłam życia przez galaktykę."

Powiedziałem: „Mamo, no cóż, w tym momencie nie możesz tego zrobić, będąc na tej planecie, ponieważ nie mają tu takiej technologii, ani żadnego innego sposobu, by to zrobić. Jeśli jednak będziesz pracować bez ciała, możesz być zdolna to zrobić." Umarła już następnego dnia. Ona wiedziała, że nie odniosłaby sukcesu z ciałem jakie miała.

Mamy skłonność do tego, żeby potęgować ludzką rzeczywistość. W rzeczywistości human nie powinnaś chcieć niczyjej śmierci. W ludzkiej rzeczywistości to narodziny są wspaniałe, a śmierć straszna. Czy tak jest w naturze?

Uczestniczka Salonu:

Nie.

Gary:

Śmierć jest częścią tego, co jest. W ludzkiej rzeczywistości mówimy: „Oh, ja go tak kocham. Moje życie zakończy się kiedy on umrze." Nie, nie zakończy się!

Znam rodzinę, która straciła dziecko, a matka była zawsze w żałobie, nawet kiedy później mieli kolejną piątkę dzieci. Nie wiem jak można być w żałobie, kiedy trzeba się zająć piątką dzieci. Ja osobiście byłbym zbyt zajęty.

Dlaczego nie zapytasz: „Jaką energią, przestrzenią i świadomością mogę być, co pozwoli temu wszystkiemu pojawić się z łatwością?".

Uczestniczka Salonu:

Dziękuję. To dobre, łatwe i proste.

Gary:

Tak, ja wiem, że wy nie znosicie tego, co proste. Chcecie, by to było skomplikowane, abyście mogły pozostać w potęgowaniu rzeczywistości ludzkiej. Jeśli uczynicie to skomplikowanym, to musi być to właściwe.

Wszystko czym to jest, razy bóg wiele ile razy, czy teraz to zniszczycie i odkreujecie? Zgoda, Niezgoda, Dobrze, Źle, POD i POC, Wszystkie 9, w Skrócie, Ponad, Nuklearne Sfery.

NAJWIĘKSZA DEWIACJA

Uczestniczka Salonu:

W ostatnim tygodniu coraz bardziej docierają do mnie separacje i bariery, a dzisiaj, jak o tym mówisz, dociera do mnie, że nie jestem całkowitym odmieńcem, bo to oznaczałoby separację.

Gary:

Co jest złego w separacji?

Uczestniczka Salonu:

Mam taką koncepcję, że nie chcę być od niczego odseparowana.

Gary:

Poza tym, że już kreujesz oddzielenie poprzez nie bycie całkowitym odmieńcem. Ostatecznym odchyleniem od potęgowania ludzkiej rzeczywistości jest jedność.

Uczestniczka Salonu:

Tak, używam separacji jako powodu by nie być odmieńcem.

Gary:

Tego zostałaś nauczona. Zostałaś przeszkolona, aby wierzyć, że odchylenie od normy jest najgorszym, co możesz zrobić. Wszystko dotyczy wpasowywania się, bycia częścią, stawania się, posiadania swojej społeczności, posiadania swoich szalonych znajomych, ludzi takich jak wy, waszych ziomali. Co by było, gdybyście w ogóle nie miały ziomali? Życie nie byłoby ani trochę tak słodkie, jakie jest z nimi.

Jakiej głupoty używasz, by kreować totalne unikanie dewiacji potęgowania ludzkiej rzeczywistości, którą wybierasz? Wszystko czym to jest, razy bóg wiele ile razy, czy teraz to zniszczysz i odkreujesz? Zgoda, Niezgoda, Dobrze, Źle, POD i POC, Wszystkie 9, w Skrócie, Ponad, Nuklearne Sfery.

Uczestniczka Salonu:

I znowu ukazało mi się, że to oznaczałoby, że muszę się odseparować.

Gary:

Od czego musiałabyś się odseparować?

Uczestniczka Salonu:

Od nich?

Gary:

Kim są „oni"?

Uczestniczka Salonu:

Przychodzi mi do głowy od tego, od nich, od tej rzeczywistości i tak dalej.

Gary:

To, od czego musiałabyś się odseparować, to od ograniczonej rzeczywistości – ale pocieszająca wiadomość jest taka, że tego nie wybrałabyś, więc nie musisz się o to martwić.

Uczestniczka Salonu:

Ha! Kłamczuch, kłamczuch z ciebie!

Gary:

Wszystko czym to jest, razy bóg wiele ile razy, czy teraz to zniszczysz i odkreujesz? Zgoda, Niezgoda, Dobrze, Źle, POD i POC, Wszystkie 9, w Skrócie, Ponad, Nuklearne Sfery.

Uczestniczka Salonu:

Odczuwam to tak, jakbym prosiła o to, by nie odseparowywać się od niczego i nikogo, i jednocześnie walczę jako dewiant, którym jestem.

Gary:

To się nazywa powracaniem do średniej. Musisz walczyć przeciwko opcjom i możliwościom, które istnieją w życiu. Musisz walczyć przeciwko wyborowi, pytaniom oraz temu, co jest dla ciebie wkładem.

Uczestniczka Salonu:

Tak, żebym miała zajęcie i nie kreowała możliwości, o których wiem, że tak naprawdę są możliwe.

Gary:

Nie, to jest sposób, w jaki utrzymujesz i ustanawiasz ciągły stan akcji z jedyną możliwą reakcją.

Jakiej głupoty używasz, by kreować absolutne i totalne odwrócenie, odmowę, odrzucenie bycia całkowitym odmieńcem na rzecz potęgowania ludzkiej rzeczywistości, które wybierasz? Wszystko czym to jest, razy bóg wiele ile razy, czy teraz to zniszczysz i odkreujesz? Zgoda, Niezgoda, Dobrze, Źle, POD i POC, Wszystkie 9, w Skrócie, Ponad, Nuklearne Sfery.

Uczestniczka Salonu:

Kiedy K. mówiła o oddzieleniu się, dotarło do mnie to, że oddzielamy się od przyszłości.

Gary:

Właśnie tak. Obecnie przechodzisz przez rozwód i oboje sięgacie po normę, by określić jak teraz podzielić wasze życie. Będziecie mieli dewiacyjny związek, w którym ty i twój mąż, będziecie mieć różne domy, ale wciąż będziecie mieć razem dzieci. Musisz wykreować taki związek, jaki ty chcesz i nie kupować wszystkich innych punktów widzenia.

Uczestniczka Salonu:

Jestem tak entuzjastyczna wobec bycia przyszłością. Przez większość mojego życia mówiono mi, że wyprzedzam swoje czasy. Czy to tam byłam zwiastunem przyszłych możliwości?

Gary:

Nie, tam byłaś tą, która przewiduje przyszłe możliwości.

Uczestniczka Salonu:

Czy tam kupiłam niepoprawność? Czy powinnam przestać kreować siebie w ramach normy?

Gary:

A kto cię nie osądzi jako niepoprawną, za to, że jesteś świadoma? Dlatego właśnie zrobiłem ten proces o normie.

Jaką fizyczne wprowadzenie w życie bycia totalną przyszłością, którą prawdziwie jestem, jestem teraz zdolna generować, kreować i ustanawiać? Wszystko czym to jest, razy bóg wie ile razy, czy teraz to zniszczysz i odkreujesz? Zgoda, Niezgoda, Dobrze, Źle, POD i POC, Wszystkie 9, w Skrócie, Ponad, Nuklearne Sfery.

Świadomość ma w sobie lekkość, a osąd zawsze odczuwa się jak paskudztwo.

W porządku, moje panie, dzięki za to, że wzięłyście udział w teleklasie. Do usłyszenia następnym razem!

13
Poznawanie daru jakim jesteś dla świata

> Zakładamy, że bycie świadomym oznacza dostawanie wszystkiego, czego się chce.
> Nie, bycie świadomym oznacza, że ma się więcej możliwości niż inni ludzie; nie oznacza, że dostaje się to, czego się chce.

Gary:
Witajcie, panie. Kto ma pytanie?

BYCIE HEDONISTKĄ, UWODZICIELKĄ I WYGODNISIĄ, KTÓRĄ PRAWDZIWIE JESTEŚ

Uczestniczka Salonu:
Mam głupie pytanie odnośnie związków. Czasami będąc wśród ludzi, którzy odnieśli sukces, osądzam samą siebie i czuję się bezwartościowa, i nieprzystosowana. Czuję się gorsza. Proszę, czy mógłbyś mi podać odkreowanie, abym mogła się od tego uwolnić i być sobą?

Gary:

Żadne pytanie odnośnie relacji z ludźmi nie jest głupie. Podobne pytanie zostało zadane przez inną osobę na tych teleklasach. Ona powiedziała: „Widzę gdzie jestem wojowniczką i kreatorką przyszłości, i wtedy to wkrada się w związki z mężczyznami."

Przede wszystkim, musisz przestać uważać, że mężczyźni są od ciebie oddzieleni. Po drugie, musisz dostrzec, jakim ty jesteś darem. Jak często to, że czujesz się nieprzystosowana, jest w ogóle twoje? A jak często należy to do mężczyzn? Drogie panie, mężczyźni również mają ten punkt widzenia o byciu nieprzystosowanymi. Nie tylko kobiety go mają.

Uczestniczka Salonu:

Gubię się w związku na etapie seksu. Staram się zatrzymać faceta albo stać się kimś kogo, wydaje mi się, że on pożąda. W momencie kiedy to robię nie potrafię dostrzec tego, że jestem silnym, niesamowitym istnieniem. Jak uprawiać seks lub kreować związek bez gubienia się w tym?

Gary:

Oto proces, który powinien was w tym wspomóc. Odsłuchujcie go w kółko, bez przerwy:

Jakiej głupoty używasz, by kreować wymysł, sztuczną intensywność oraz demony nie bycia nigdy hedonistką, uwodzicielką i wygodnisią, którą prawdziwie jesteś, którą wybierasz? Wszystko czym to jest, razy bóg wiele ile razy, czy teraz to zniszczysz i odkreujesz? Zgoda, Niezgoda, Dobrze, Źle, Wszystkie 9, POD i POC, w Skrócie, Ponad, Nuklearne Sfery.

Biorąc pod uwagę intensywność tego procesu, mogę powiedzieć, że raczej znacząco się od tego odcinacie. Jak to ma wykreować to, czego naprawdę pragniecie?

Uczestniczka Salonu:
Co rozumiesz przez odcinanie się?

Gary:
Nie zdawanie sobie sprawy z tego, że jesteście lisicami.

Uczestniczka Salonu:
Kim jest lisica?

Gary:
Lisica to kobieta, która w odpowiednim momencie jest kokieteryjna, w odpowiednim uwodzicielska i w innym, odpowiednim, pogardliwa. Ona nigdy nie funkcjonuje z punktu widzenia tego, czego się od niej oczekuje, zawsze jest chętna, by dostrzegać co jeszcze jest możliwe.

Wygodnisia to osoba, która cieszy się w życiu wszystkim tym, co najlepsze.

Hedonistka lubi w życiu przyjemności. Ile z was miało przyjemny seks? Uprawiacie wiele seksu, ale niewiele w oparciu o prawdziwą przyjemność z niego; seks opiera się na konieczności udowodnienia czegoś. Tak jest również po stronie mężczyzn.

Uwodzicielka to ta, która wciąga mężczyznę i sprawia, że jest on chętny. Ona nie musi nic robić, ale może, o ile tak wybierze. To całkiem inna rzeczywistość.

Jakiej głupoty używacie, by kreować wymysł, sztuczną intensywność oraz demony nie bycia hedonistką, uwodzicielką i wygodnisią oraz lisicą, którą prawdziwie jesteście, którą wybieracie? Wszystko czym to jest, razy bóg wiele ile razy, czy teraz to zniszczycie i odkreujecie? Zgoda, Niezgoda, Dobrze, Źle, Wszystkie 9, POD i POC, w Skrócie, Ponad, Nuklearne Sfery.

Część problemu, pochodzącego z nadania tytułu wojowniczki, polega na tym, że niektóre kobiety myślą, że to sprawia, że są lepsze od mężczyzn. Nie jesteście lepsze od mężczyzna – jesteście *wspanialsze*. *Wspanialsze* oznacza, że możecie sięgnąć dalej i dokonywać więcej; lepsze oznacza, że zawsze jesteście w porównaniu i osądzie na swój i ich temat. To nie wydaje się być dobrym pomysłem – ale to jest tylko mój punkt widzenia.

Jakiej głupoty używacie, by kreować wymysł, sztuczną intensywność oraz demony nie bycia hedonistką, uwodzicielką i wygodnisią oraz lisicą, którą prawdziwie jesteście, którą wybieracie? Wszystko czym to jest, razy bóg wiele ile razy, czy teraz to zniszczycie i odkreujecie? Zgoda, Niezgoda, Dobrze, Źle, Wszystkie 9, POD i POC, w Skrócie, Ponad, Nuklearne Sfery.

Są pewne rzeczy, które były szkalowane w kobietach przez całą historię. Kobiety nie powinny były poszukiwać przyjemności; miały one poszukiwać cierpienia, aby powstrzymywać swoją prawdziwą naturę bycia osobą, która jest wygodnicka i uwodzicielska. Aby to powstrzymać, robi się takie rzeczy jak oczernianie siebie, umniejszanie siebie, próba zrozumienia, jak nigdy nie można być wszystkim, czym można być. Cała historia pokazuje taki problem z kobietami.

Jakiej głupoty używacie, by kreować wymysł, sztuczną intensywność oraz demony nie bycia hedonistką, uwodzicielką i wygodnisią oraz lisicą, którą prawdziwie jesteście, którą wybieracie? Wszystko czym to jest, razy bóg wiele ile razy, czy teraz to zniszczycie i odkreujecie? Zgoda, Niezgoda, Dobrze, Źle, Wszystkie 9, POD i POC, w Skrócie, Ponad, Nuklearne Sfery.

Uczestniczka Salonu:

Czy odcinamy się od naszego otrzymywania, kiedy odcinamy się od lisicy, hedonistki, wygodnisi, uwodzicielki?

Gary:

Tak, za każdym razem, gdy odcinacie się od bycia tym wszystkim, to odcinacie się od otrzymywania. Spójrzcie na to z takiego punktu widzenia: powiedzmy, że coś sprzedajecie. Jeśli nie jesteście lisicą, hedonistką, wygodnisią, uwodzicielką, to nikogo nie nakłonicie do zakupu, ani mężczyzn, ani kobiety. Czy kobiety oceniają inne kobiety surowo czy życzliwie?

Uczestniczka Salonu:

Surowo!

Gary:

Tak, kobiety są niesamowicie surowe w swoim ocenianiu innych kobiet, które nie pasują do tego, czym zdecydowały, że kobieta powinna być albo co robić. One określają to, co nie pasuje do ich rzeczywistości – i to jest to, czego wszystkie inne kobiety nie powinny robić ani czym nie powinny być.

Uczestniczka Salonu:

Pamiętam, kiedy jako dziecko, biegałam nago po domu. Uwielbiałam to. Jednak jak tylko zaczęłam dojrzewać, rodzice nakazali mi zakładać na siebie ubrania. Doprowadzili do tego, że bycie nagim stało się niepoprawne.

Gary:

Tak mniej więcej postępuje się w tej rzeczywistości. Niewłaściwym jest być uwodzicielką, lisicą, hedonistką czy wygodnisią. Masz być przeciętną, uprzejmą dziewczyną, która zostanie w domu i zajmie się kotem, czego większość z was nie mogłaby robić, nawet gdyby od tego zależało wasze życie. Mogłybyście mieć kota, ale nie zajmować się nim – ponieważ kot jest zbyt rządzący.

Jakiej głupoty używacie, by kreować wymysł, sztuczną intensywność oraz demony nie bycia hedonistką, uwodzicielką i wygodnisią oraz lisicą, którą prawdziwie jesteście, którą wybieracie? Wszystko czym to jest, razy bóg wiele ile razy, czy teraz to zniszczycie i odkreujecie? Zgoda, Niezgoda, Dobrze, Źle, Wszystkie 9, POD i POC, w Skrócie, Ponad, Nuklearne Sfery.

PODNIECENIE, KTÓRE MOGŁYBYŚCIE WYBIERAĆ

Wy, kobiety, musicie rezygnować z wielu rzeczy w sobie. Jeden z procesów, które robiłem na teleklasie Klubu Gentelmenów, brzmiał: Jakiego wymysłu używacie, by unikać erekcji, którą moglibyście wybierać? Kobiety nie mają erekcji. Co one mają? Podniecenie.

Jakiego wymysłu używacie, by unikać podniecenia, które mogłybyście wybierać? Wszystko czym to jest, razy bóg wiele ile razy, czy teraz to zniszczycie i odkreujecie? Zgoda, Niezgoda, Dobrze, Źle, Wszystkie 9, POD i POC, w Skrócie, Ponad, Nuklearne Sfery.

Jeśli facet was podnieca, to natychmiast zamieniacie się w byle co. Czy zauważyłyście?

Uczestniczka Salonu:
Co to znaczy?

Gary:
A jeśli byłybyście podniecone życiem i istnieniem? Jeśli wszystko, czego do tej pory pożądałyście, to zdolność do bycia podnieconą tylko do pewnego stopnia? Jeśli podniecałybyście wszystkich, to czy więcej ludzi byłoby chętnych by was otrzymać? Czy więcej ludzi byłoby chętnych, by was obdarowywać? Czy raczej więcej ludzi byłoby chętnych, by was oczerniać?

Uczestniczka Salonu:
Prawdopodobnie wszystko to, co wymieniłeś.

Gary:
Nie. Wszyscy byliby zainspirowani waszą obecnością.

Jakiego wymysłu używacie, by unikać podniecenia, które mogłybyście wybierać? Wszystko, czym to jest, razy bóg wiele ile razy, czy teraz to zniszczycie i odkreujecie? Zgoda, Niezgoda, Dobrze, Źle, Wszystkie 9, POD i POC, w Skrócie, Ponad, Nuklearne Sfery.

Uczestniczka Salonu:

U mnie pojawił się osąd, czy też potępienie za bycie podnieconą. Czy to jest kłamstwo, którego używam, by samą siebie powstrzymać?

Gary:

To jest kłamstwo, którego używasz, by powstrzymać samą siebie. Zamiast zdać sobie sprawę, że „chcę czegoś innego", to idziecie w „potrzebuję być zaakceptowaną przez inne kobiety". Niezwykle rzadko jesteście akceptowane przez kobiety. Dlaczego kobieta nie akceptowałaby kobiety? Dlatego, że w tej rzeczywistości rywalizacja polega na upewnianiu się, że jest się wspanialszą niż inne kobiety. Nie wspanialszą niż mężczyźni.

Cały Ruch Wyzwolenia Kobiet wykreował ogromną dezorientację. W przeszłości kobiety były skłonne zobaczyć, że potrzebują być lepsze od siebie nawzajem, jednak obecnie są gotowe być wspanialsze od mężczyzn. Zatem, w jak wiele osądów na temat samych siebie, muszą wejść, aby być lepsze od mężczyzn?

Uczestniczka Salonu:

W wiele.

Gary:

Nie oceniajcie same siebie. Wybierajcie to, co dla was działa. Zrezygnowałyście z bycia hedonistkami, uwodzicielkami i wygodnisiami, i ze wszystkich tych rzeczy, które dawały wam kontrolę nad mężczyznami oraz nad kobietami, w zamian za bycie lepszymi od mężczyzn i nigdy nie uczynienie siebie lepszymi od kobiet.

Uczestniczka Salonu:

Przez ostatnie dwa tygodnie tyłam. Nie czuję się seksownie i odmawiam seksu.

Gary:

Dlatego robię to odkreowanie, kochana. To są te wszystkie miejsca, gdzie usiłujesz odciąć energię, którą jesteś, która dałaby ci wszystko to, czego chcesz. Mogłabyś spróbować tego:

> Jakiego wymysłu używam, by kreować ciało, które wybieram nienawidzić? Wszystko czym to jest, razy bóg wiele ile razy, czy teraz to zniszczysz i odkreujesz? Zgoda, Niezgoda, Dobrze, Źle, Wszystkie 9, POD i POC, w Skrócie, Ponad, Nuklearne Sfery.

Uczestniczka Salonu:

Przyszedł smutek.

Gary:

Tak, wymyślasz, że jesteś przez to smutna.

Uczestniczka Salonu:

A nie jestem?

Gary:

A smutek jest czy nie jest wymysłem?

Uczestniczka Salonu:

Jest wymysłem.

Gary:

Jest wymysłem, aby dokonać czego? Potęgować ludzką rzeczywistość.

Wszystko czym to jest, razy bóg wiele ile razy, czy teraz to zniszczysz i odkreujesz? Zgoda, Niezgoda, Dobrze, Źle, Wszystkie 9, POD i POC, w Skrócie, Ponad, Nuklearne Sfery.

Ciągle to odkreowuj.

Uczestniczka Salonu:

Dziękuję.

Gary:

Jakiej głupoty używacie, by kreować wymysł, sztuczną intensywność oraz demony nie bycia hedonistką, uwodzicielką i wygodnisią oraz lisicą, którą prawdziwie jesteście, którą wybieracie? Wszystko czym to jest, razy bóg wiele ile razy, czy teraz to zniszczycie i odkreujecie? Zgoda, Niezgoda, Dobrze, Źle, Wszystkie 9, POD i POC, w Skrócie, Ponad, Nuklearne Sfery.

To teraz dobrze działa. Jak się teraz czujecie?

Uczestniczka Salonu:

Smutek wciąż jest ze mną.

Gary:

Smutek jest wymysłem, kochana. Używasz go, aby się umniejszyć.

Jakiego wymysłu, sztucznej intensywności oraz demonów myśli, uczuć, emocji seksu i braku seksu używacie, by kreować gówniane życie, które wybieracie? Wszystko czym to jest, razy bóg wiele ile razy, czy teraz to zniszczycie i odkreujecie? Zgoda, Niezgoda, Dobrze, Źle, Wszystkie 9, POD i POC, w Skrócie, Ponad, Nuklearne Sfery.

MYŚLI, UCZUCIA, EMOCJE, SEKS I BRAK SEKSU

Wydaje się, że nie rozumiecie, że myśli, uczucia, emocje, seks i brak seksu są niższymi wibracjami postrzegania, wiedzenia, bycia oraz otrzymywania. Zawsze powracacie do uczucia smutku. Mówicie: „Czuję to i tamto" albo „Kiedy rozmawiam z mężczyzną, który mi się podoba, zamieniam się w kupę gówna." Wszystko to jest o myślach, uczuciach, emocjach. Żadne z nich o byciu.

Uczestniczka Salonu:
Kiedy powiedziałam „Smutek ciągle tu jest", tu chodzi bardziej o energię smutku, która pozostała, nie o to, że ja jestem smutna.

Gary:
Czy zadajesz kiedykolwiek pytanie: „Do kogo to należy?".

Uczestniczka Salonu:
Tak, pytam. To nie jest moje.

Gary:

Zatem, dlaczego wciąż kupujesz to jako rzeczywiste? Nie musisz.

Uczestniczka Salonu:

Kupuję to tak, jakbym to ja musiała to niszczyć i odkreowywać.

Gary:

Nie musisz kupować tego jako coś rzeczywistego.

Uczestniczka Salonu:

Czym zatem jest to, co usiłuję naprawić?

Gary:

Jeśli funkcjonujesz z punktu widzenia, że musisz naprawić smutek lub pozbyć się go, to już uważasz go za rzeczywisty. Uznajesz go za bardziej rzeczywisty niż jakikolwiek inny wybór, który masz.

Uczestniczka Salonu:

Mimo, iż mówię sobie, że go nie kupuję, to on wciąż tam jest, więc czuję, że muszę się tym zająć.

Gary:

Jeśli czujesz, że musisz się tym zająć, to już to kupiłaś. Jeśli musisz się tym zająć, jeśli czujesz, że musisz to zmienić, jeśli musisz coś z tym zrobić, to już uważasz to za bardziej rzeczywiste, niż zdolność do postrzegania, wiedzenia, bycia oraz otrzymywania.

Wszystko co się tu ukazało, razy bóg wie ile razy, czy teraz to zniszczycie i odkreujecie? Zgoda, Niezgoda, Dobrze, Źle, Wszystkie 9, POD i POC, w Skrócie, Ponad, Nuklearne Sfery.

Uczestniczka Salonu:

Dziękuję, Gary. Rozumiem to. Wciąż uważam to za rzeczywiste i twierdzę, że to jest moje.

Gary:

Ty twierdzisz, że to nie jest twoje; twierdzisz, że ktoś to ma, zamiast tego, że to jest wybór, którego ludzie dokonują. A dlaczego mieliby wybierać bardziej to, niż cokolwiek innego?

Uczestniczka Salonu:

Dziękuję.

POPRZEZ TO, CO WYBIERASZ, KREUJESZ WSPANIALSZE MOŻLIWOŚCI

Gary:

W mojej książce „Ponad utopijnymi ideami" mówię o tym jak w celu wykreowania lub wygenerowania czegokolwiek, musisz funkcjonować z poziomu wyboru, pytania, możliwości oraz wkładu. Jeśli ma się wybór, to przez to, co się wybiera, kreuje się większe możliwości. Możliwość dotyczy zawsze poziomów świadomości; nigdy konkluzji.

Za każdym razem, gdy zadajecie pytanie, to aktywujecie połączenia kwantowe na świecie, które mają wam to dostarczyć. Połączenia kwantowe to teoria strun, dotycząca tego, że wszystko jest ze sobą połączone. Jeśli patrzy się na wszechświat, jest jasne, że każda pojedyncza rzecz jest połączona z każdą inną. Pytanie, wybór oraz możliwość aktywują połączenia kwantowe, żeby wykreować więcej możliwości, wyborów, pytań, a to aktualizuje cokolwiek pożądacie, wymagacie i o cokolwiek prosicie. Jednak zamiast wybierać właśnie to, wy zdajecie się wybierać zgodnie z czyimś punktem widzenia.

W tej rzeczywistości ludzie uważają, że jeśli zadaje się pytanie, to szuka się konkluzji, jeśli ma się wybór, to szuka się właściwego wyboru i właściwej konkluzji, a jeśli ma się możliwości, to waży się i mierzy to, co się ma. Tak naprawdę nie macie więcej wyboru, więcej możliwości, ani więcej pytań.

Jakiego wymysłu używacie, żeby kreować zdenerwowanie, które wybieracie? Wszystko czym to jest, razy bóg wiele ile razy, czy teraz to zniszczycie i odkreujecie? Zgoda, Niezgoda, Dobrze, Źle, Wszystkie 9, POD i POC, w Skrócie, Ponad, Nuklearne Sfery.

BRONIENIE SIĘ PRZED CZYMŚ

Uczestniczka Salonu:

Co możesz powiedzieć o byciu w 100-procentowym komforcie? Kiedy zaczęłam Access Consciousness, to w skali dziesięciu byłam na czwórce, teraz jestem na szóstce, a wybieram dziesiątkę.

Gary:

Bronisz punktu widzenia. Za każdym razem, gdy postrzegasz siebie jako bezsilną albo umniejszasz się, to bronisz się przez czymś, zamiast być sobą.

Przed czym lub przed kim się bronisz, a gdybyś się nie broniła, to dałoby ci to całą siebie? Wszystko czym to jest, razy bóg wiele ile razy, czy teraz to zniszczysz i odkreujesz? Zgoda, Niezgoda, Dobrze, Źle, Wszystkie 9, POD i POC, w Skrócie, Ponad, Nuklearne Sfery.

Okazuje się, że dość mocno się bronicie.

Przed czym lub przed kim się bronisz, a gdybyś się nie broniła, to dałoby ci to całą siebie? Wszystko czym to jest, razy bóg wiele ile razy, czy teraz to zniszczysz i odkreujesz? Zgoda, Niezgoda, Dobrze, Źle, Wszystkie 9, POD i POC, w Skrócie, Ponad, Nuklearne Sfery.

Uczestniczka Salonu:

Kiedyś powiedziałeś, że czegokolwiek bronisz, to nie możesz tego zmienić. Czy możesz powiedzieć jak wyjść z tego zapętlenia?

Gary:

Rozpoznaj to, że czegoś bronisz. Jaki jest cel w obronie jakiegokolwiek punktu widzenia?

Pewien dziennikarz z *Houston Press*, który próbował napisać artykuł o Access Consciousness planował nas oczernić. Zostawił dla C. wiadomość, że ten artykuł będzie o niej. Po co miałby to robić? C. jest osobowością znaną w

Houston, więc jeśli mógłby ją oczernić, to z jego punktu widzenia zrobiłby coś dobrego.

Czemu oczernienie kogoś jest towarem wartościowym? Ponieważ dowodzi, że bronisz racji swojego punktu widzenia. Większość artykułów w prasie jest po to, żeby bronić jakiegoś punktu widzenia. Mają jakiś punkt widzenia i nazywają go „prawdą."

Uczestniczka Salonu:

Jaka jest różnica pomiędzy bronieniem a osądzaniem?

Gary:

Niewielka. Osądzasz coś jako takie, a nie inne, a potem musisz bronić racji swojego osądu.

Uczestniczka Salonu:

One są z sobą splecione.

Gary:

Tak, nie ma jednego bez drugiego. Jeśli nie masz osądu, nie masz czego bronić. Jeśli masz osąd, wówczas wszystko, co wchodzi w jego zakres, musi być bronione.

Uczestniczka Salonu:

Czego każdorazowo bronisz kiedy w danej chwili nie jesteś w „braku punktu widzenia" albo w „interesującym punkcie widzenia"?

Gary:

Dokładnie tak. Funkcjonowanie w „interesującym punkcie widzenia", albo w „braku punktu widzenia" wymaga, by nigdy niczego nie bronić. Ja nigdy nie muszę niczego bronić.

Kiedy dowiedziałem się o tym dziennikarzu z *Houston Press*, myślałem by napisać do niego: „Sugeruję, żebyś rozsiewał swoją złośliwość tam, gdzie wybierasz." Co za szkodliwość. Potem zapytałem: „Czy to cokolwiek zmieni? Czy mogę coś powiedzieć lub zrobić, żeby to ulepszyć? Nie. To w porządku, odpuszczam."

Są ludzie, którzy mają stały punkt widzenia i nic już nie można zrobić z punktem widzenia, który przyjmują. Musisz zdać sobie sprawę z tego, że są pewne rzeczy, nad którymi nie masz kontroli. Zakłada się, że skoro jest się świadomym, to dostaje się wszystko to, czego się chce. Nie, bycie świadomym oznacza, że ma się więcej możliwości niż inni ludzie; a nie, że dostaje się to, czego się chce.

Ja zawsze jestem gotowy, by sięgnąć po pytanie, a nie bronić. Kiedy porzuca się pytania, to trzeba bronić racji jakiegokolwiek przyjętego punktu widzenia.

To samo dzieje się w związkach. Większość związków nie działa, ponieważ ty starasz się czegoś bronić. Ja też tak robiłem. Jeśli ktoś miał na mój temat punkt widzenia, to starałem się przed nim bronić. Nie wchodziłem w „Co jeszcze jest możliwe?". Mówiłem: „Tej osobie to się we mnie nie podoba" i broniłem tego. Nie pozwalałem im widzieć tej części siebie. Zacząłem odcinać części samego siebie, aby kreować związki. Czy to działa? Nie.

Przed czym lub przed kim się bronisz, a gdybyś się nie broniła, to dałoby ci to całą siebie? Wszystko czym to jest, razy bóg wiele ile razy, czy teraz to zniszczysz i odkreujesz? Zgoda, Niezgoda, Dobrze, Źle, Wszystkie 9, POD i POC, w Skrócie, Ponad, Nuklearne Sfery.

BRONIENIE TEGO, KIM JESTEŚ

Uczestniczka Salonu:

To, co mi się teraz ukazuje, to „ja". Mówię sobie „To jest niedorzeczne", ale nie jest, prawda?

Gary:

Zdefiniowałaś to, kim jesteś. A kiedy definiujesz kim jesteś, próbujesz wszystko poustawiać tak, aby móc bronić tego, kim jesteś, abyś mogła udowodnić, że jesteś tym, kim jesteś.

Wszystko czym to jest, razy bóg wiele ile razy, czy teraz to zniszczysz i odkreujesz? Zgoda, Niezgoda, Dobrze, Źle, Wszystkie 9, POD i POC, w Skrócie, Ponad, Nuklearne Sfery.

Uczestniczka Salonu:

Pojawiła się u mnie energia poprzednich wcieleń, w których broniłam siebie takiej, jaką się zdefiniowałam.

Gary:

Czy jeśli definiujesz siebie jako kobietę, to czy bronisz wszystkiego czym kobieta powinna być, zamiast po prostu być tym, kim wybierasz być? Tak. Bycie obrońcą to jak mieszkanie w zamku. Musisz podtrzymywać mury, żeby nikt się nie przedostał. Nikt, włączając w to ciebie.

Przed czym lub przed kim się bronisz, a gdybyś się nie broniła, to dałoby ci to całą siebie? Wszystko czym to jest, razy bóg wiele ile razy, czy teraz to zniszczysz i odkreujesz? Zgoda, Niezgoda, Dobrze, Źle, Wszystkie 9, POD i POC, w Skrócie, Ponad, Nuklearne Sfery.

Uczestniczka Salonu:

Kiedy N. mówiła o bieganiu nago jako dziecko, któremu mówiono, że ma się ubrać, czy w tym chodziło o jej rodziców, którzy kupowali rzeczywistość innych?

Gary:

Nie. Oni próbowali bronić swojej reputacji. Mam do ciebie pytanie. Czy ty naprawdę myślisz, że zważywszy na to kim byli twoi rodzice, obchodziłoby ich cokolwiek innego niż to, w jakim świetle ich stawia twoje zachowanie?

Oni tak postępowali, żebyś nie była ich złym świadectwem. Poprzez to, jak postępowali względem ciebie, bronili swojej reputacji. Jak wiele tego co robisz opiera się na pragnieniu twojej rodziny, by bronić ich dobrego imienia?

Wiele jest możliwe w tej rzeczywistości, ale nie możesz tam dotrzeć dopóki bronisz czegokolwiek. Moja była żona broniła punktu widzenia, że nasza córka Shannon nigdy nie dostała tak wiele, jak inne nasze dzieci. Ona zawsze broniła tego punktu widzenia. Nawet jeśli pokazałem jej, że Shannon dostała więcej prezentów pod choinkę, niż nasze pozostałe dzieci, to punkt widzenia mojej byłej żony był taki, że ona nigdy nie dostała wystarczająco dużo.

Czy ten zaprojektowany i oczekiwany punkt widzenia wykreowałby efekt w świecie Shannon? Czy wyniosłaby z tego poczucie lub przekonanie, że nigdy nie dostaje dosyć? Takie rzeczy są na was projektowane przez cały czas. Większość z was tego doświadczyła.

Jak wiele tego, czego bronisz w swoich rodzicach, dla nich lub przeciwko nim, opiera się na projekcjach i oczekiwaniach jakie oni mieli – i nie ma to nic wspólnego z tobą? Wszystko czym to jest, razy bóg wiele ile razy, czy teraz to zniszczysz i odkreujesz? Zgoda, Niezgoda, Dobrze, Źle, Wszystkie 9, POD i POC, w Skrócie, Ponad, Nuklearne Sfery.

Uczestniczka Salonu:

Jeśli było mi powiedziane, że marnuję swój talent, to przeciwko czemu się bronię?

Gary:

Jeśli zadecydowałaś, że twoi rodzice cię kochają, wtedy musiałabyś bronić faktu, że oni ciebie kochają, jednocześnie broniąc się przed tym, że zmarnowałaś swój talent. Czy jesteś w sytuacji bez wyjścia? Czy to daje ci wiele wyborów? Czy raczej odbiera ci twoje wybory?

Uczestniczka Salonu:

Wszystko powyższe.

Gary:

Wszystko czym to jest, razy bóg wiele ile razy, czy teraz to zniszczysz i odkreujesz? Zgoda, Niezgoda, Dobrze, Źle, Wszystkie 9, POD i POC, w Skrócie, Ponad, Nuklearne Sfery.

„NIE JESTEM TYM"

Uczestniczka Salonu:

Zatem, jeśli bronię się przeciwko czemuś, to staram się nie czynić tego realnym. Bronię się, aby to nie było tym, kim jestem. Bronię tego, że tym nie jestem. I utrwalam to, broniąc się przed tym.

Gary:

Tak, dlatego, że bronisz się przed tym, zamiast być zdolną do wybrania tego albo nie.

Uczestniczka Salonu:

Usprawiedliwiam to, mówiąc: „Będę się przed tym bronić, ponieważ nie jestem tym."

Gary:

Tak. Bronisz wszystkiego o czym mówisz, że tym nie jesteś. Mój punkt widzenia jest taki, że jestem wszystkim. Zatem jak miałbym czegokolwiek bronić?

„Co mogę wybrać, czego nie wybrałam?" – to inny punkt widzenia. Jeśli mogłabyś wybrać cokolwiek, to co byłoby dla ciebie dostępne? Wtedy to jest kwestia tego „Co jest dla mnie naprawdę dostępne teraz?", a nie: „Co muszę wybrać?", „Co jest dla mnie ważne w tym wyborze?". „Co z tego będę miała?" czy też „Czy to się sprawdzi?". Wszystko to pozycje obronne.

Kiedy wyjdziesz poza obronę, to pojawia się pytanie: Co jeszcze jest możliwe, o czym nigdy nie wiedziałam, że mogłabym wybrać?

Wszystko co na to nie pozwala, razy bóg wiele ile razy, czy teraz to zniszczysz i odkreujesz? Zgoda, Niezgoda, Dobrze, Źle, Wszystkie 9, POD i POC, w Skrócie, Ponad, Nuklearne Sfery.

Uczestniczka Salonu:

Kiedy znajduję się w takiej sytuacji, mówię: „To nie ma znaczenia". Rozumiem, że to ma w sobie energię. Postępuję tak na przykład z moim ojcem. Mówię: „To nie ma znaczenia". Czy samą siebie okłamuję?

Gary:

„To bez znaczenia" jest obroną przeciwko czemuś. Gdybyś naprawdę weszła w: „interesujący punkt widzenia, że to jest jego punkt widzenia", wtedy naprawdę nie miałoby to znaczenia i już nic więcej nie musiałabyś mówić na ten temat. „To bez znaczenia" to obrona przeciwko czemuś. Sama sobie przyznajesz rację. A przyznając rację sobie, doprowadzasz do tego, że on jej nie ma. Jeśli doprowadzasz do tego, że ktoś ma rację albo jej nie ma, to wówczas bronisz.

Uczestniczka Salonu:

Robię właśnie takie drobne rzeczy i myślę, że to poszerza moją świadomość, podczas, gdy tak naprawdę, wpuszczam się w różne pułapki.

Gary:

Czy poszerzasz swoją świadomość? Czy to jest prawda? Czy raczej bronisz punktu widzenia, by udowodnić, że jest prawdziwy, zamiast pozwalać by był prawdziwy?

Uczestniczka Salonu:

Tak bardzo cię lubię!

Uczestniczka Salonu:

Jestem w stanie być poza potęgowaniem tego, co ludzkie, jednak jestem świadoma, że usiłuję bronić się przed byciem aż tak inną. Przed czym próbuję się chronić?

Gary:

Bronisz siebie.

Uczestniczka Salonu:

Dlaczego bronię siebie?

Gary:

Nie ma tu konkretnego powodu, po prostu tak robisz. Jak wiele z was myśli, że jeśli odkryjecie dlaczego, to będziecie wtedy mogły odpuścić, zamiast po prostu wybrać coś innego? Pytanie *dlaczego* jest pozycją obronną, którą przyjmujecie.

Jak wiele różnych strategii obronnych posiadacie, by chronić *dlaczego* swojej rzeczywistości? Wszystko czym to jest, razy bóg wiele ile razy, czy teraz to zniszczycie i odkreujecie? Zgoda, Niezgoda, Dobrze, Źle, Wszystkie 9, POD i POC, w Skrócie, Ponad, Nuklearne Sfery.

Uczestniczka Salonu:

Po to, aby móc usprawiedliwić coś, jeśli bym musiała to zrobić.

Gary:

Tak, to jest ciągle obrona.

Uczestniczka Salonu:

A więc co jeszcze jest możliwe?

Gary:

Oto jest pytanie! Wreszcie do czegoś zmierzamy. Kiedy zadajesz pytanie, „Co jeszcze jest możliwe?" wtedy to, co jest możliwe, istnieje dla ciebie, byś miała inny wybór.

BRONIENIE SIĘ PRZED RZECZYWISTOŚCIĄ HUMAN

Uczestniczka Salonu:

Czy to jest całkowicie w porządku, żeby być poza maksymalizacją ludzkiej rzeczywistości przez cały czas, bez względu na wszystko?

Gary:

Po co miałabyś być poza nią? Dlaczego nie miałabyś być zdolna, żeby mieć świadomość ludzkiej rzeczywistości?

Ja nie muszę przebywać poza nią. Po prostu wiem, że nie muszę jej kupować.

Uczestniczka Salonu:

Ach, czy ja usiłuję wykreować inną rzeczywistość poza ludzką?

Gary:

Tak, próbujesz bronić się przeciw ludzkiej rzeczywistości poprzez wybieranie poza ludzką rzeczywistością, zamiast być skłonną do wybierania tego, co działa dla ciebie w każdej sytuacji, czy w każdej rzeczywistości, która się pojawia.

Wszystko czym to jest, razy bóg wiele ile razy, czy teraz to zniszczycie i odkreujecie? Zgoda, Niezgoda, Dobrze, Źle, Wszystkie 9, POD i POC, w Skrócie, Ponad, Nuklearne Sfery.

Uczestniczka Salonu:

Dziś rano zadzwonił do mnie tata. Upadł i było w tym wiele dramatyzowania. Ja po prostu zapytałam: „Co jeszcze jest możliwe?" i wybrałam by być obecna tutaj, na teleklasie. Ta energia jest dla mnie poszerzająca.

Gary:

To jest właśnie wybieranie dla siebie *oraz* dla tej rzeczywistości. To nie jest wybieranie tego, co nie działa.

Uczestniczka Salonu:

To jest bycie w energii „Co jeszcze jest tutaj naprawdę możliwe?".

Gary:

Kiedy pytasz „Co jeszcze jest tutaj naprawdę możliwe?", to połączenia kwantowe na to: „Oh, czyli ty chcesz czegoś innego! To my ci pokażemy jak." One są wkładem do kreacji oraz do wprowadzania w życie tego, czego pragniesz w życiu.

WIĘKSZOŚĆ MĘŻCZYZN TO ŁOWCY PRZYJEMNOŚCI

Uczestniczka Salonu:

Zdaję sobie sprawę, że czasami czuję się bardziej komfortowo z mężczyznami niż z kobietami. Czy tu chodzi o rywalizację, o której mówiłeś?

Gary:

Tak. Spędzanie czasu z mężczyznami jest zwykle łatwiejsze dla kobiet, które lubią mężczyzn. To jest możliwość wspanialszej rzeczywistości.

Uczestniczka Salonu:

Jak to jest dla mężczyzn, jeśli my lubimy spędzać z nimi czas? Jak oni nas postrzegają?

Gary:

Jeśli czują się komfortowo, to uważają cię za przyjaciółkę. Niekoniecznie widzą cię jako uwodzicielkę albo wygodnisię. Musisz mieć to wszystko. Możesz zamienić bycie przyjaciółką na bycie przyjaciółką o szczególnych względach. Jak to robisz? Pierwszy sposób to bycie hedonistką, wygodnisią, uwodzicielką oraz lisicą, którą naprawdę jesteś. Jak często używasz swoich zdolności hedonistycznych do wabienia?

Uczestniczka Salonu:

Jeszcze nie użyłam. Nieczęsto.

Gary:

Większość mężczyzn to łowcy przyjemności. Jeśli użyjesz swoich zdolności hedonistycznych, karmisz ich czymś, co daje im przyjemność i wtedy mówią: „Oh, nie dostrzegałem takiej strony tej kobiety."

Kiedy łatwiej jest spędzać czas z mężczyznami, wtedy przypomina to robienie biznesu. Musicie rozpoznać, że istnieje inna możliwość.

JAK BY TO BYŁO, GDYBYŚCIE BYŁY PODNIECONE WSZYSTKIM W ŻYCIU?

Uczestniczka Salonu:

Czy pozwolicie sobie na to, by podniecało was wszystko? Postrzegałam to tak, że wszystko staje się nieznaczące, a wy stajecie się totalną przestrzenią z totalnym wyborem i jednością?

Gary:

Jakiego wymysłu używacie, by kreować podniecenie, które mogłybyście wybierać? Wszystko czym to jest, razy bóg wiele ile razy, czy teraz to zniszczycie i odkreujecie? Zgoda, Niezgoda, Dobrze, Źle, Wszystkie 9, POD i POC, w Skrócie, Ponad, Nuklearne Sfery.

Uczestniczka Salonu:

To jest przeciwieństwo wszystkiego, co powiedziano nam o właściwym sposobie bycia.

Gary:

Tak. Czym jest ten cały właściwy sposób życia i wszystko to, co stosowne i świątobliwe? Wymysłem. To wszystko zostało wymyślone po to, żeby was kontrolować. Po co ludzie chcieliby was kontrolować? Aby mogli dostać to, czego od was chcą. Kiedy jesteście niekontrolowalni, to nikt was nie może ograniczyć, zdefiniować ani utrzymywać w oddzieleniu od was samych.

Jakiego wymysłu używacie, by unikać podniecenia, które mogłybyście wybierać? Wszystko czym to jest, razy bóg wiele ile razy, czy teraz to zniszczycie i odkreujecie? Zgoda, Niezgoda, Dobrze, Źle, Wszystkie 9, POD i POC, w Skrócie, Ponad, Nuklearne Sfery.

Kobiety, które mają ludzi podążających za nimi, są tymi, które są stale wszystkim w życiu podniecone. Kiedy nie jesteście podniecone, czy macie skłonność do tego, by być pozytywne czy negatywne?

Uczestniczka Salonu:

Negatywne.

Gary:

Czy to mężczyznę przestaje podniecać?

Uczestniczka Salonu:

Tak.

Gary:

Kiedy jesteście pozytywne w odniesieniu do siebie oraz wszystkiego wokół, to inspirujecie ludzi do możliwości, a to jest świadomością, która da im was - jeśli to jest to, co wybieracie. Musicie być świadome tego, co wybieracie.

Macie skłonność do wybierania mężczyzn, którzy nie wybierają samych siebie, bardziej niż mężczyzn, z którymi przebywanie jest zabawą. Nie zadajecie pytania: „Z kim miałabym najfajniejszy seks? Kto poszerzyłby moje życie i je polepszył?". To jest inna rzeczywistość. Zamiast tego macie skłonność do tego, by mówić: „Pragnę mężczyzny, który będzie totalnie kochał mnie za mnie."

Jednak jeśli ty sama nie kochasz siebie totalnie za siebie, to czy jakikolwiek mężczyzna może kochać ciebie totalnie za ciebie? Nie, ponieważ ty starasz się odcinać części samej siebie, by bronić, że nie jesteś do kochania, co tak naprawdę się zgadza. Nie jesteście aż w takim stopniu do kochania. Jesteście znacznie bardziej do kochania niż to, ale nie chcecie być kochane w taki sposób, ponieważ wtedy byłybyście poza kontrolą, a to byłoby złe... tylko na podstawie czego?

Jakiego wymysłu używacie, by unikać podniecenia, które mogłybyście wybierać? Wszystko czym to jest, razy bóg wiele ile razy, czy teraz to zniszczycie i odkreujecie? Zgoda, Niezgoda, Dobrze, Źle, Wszystkie 9, POD i POC, w Skrócie, Ponad, Nuklearne Sfery.

Uczestniczka Salonu:

Powiedziałeś, że w sytuacji z tym dziennikarzem z Houston, zadałeś pytanie: „Czy jest cokolwiek, co mógłbym zrobić, by to zmienić?" i otrzymałeś „nie". Czy właśnie wtedy używa się podniecenia, by wykreować i wygenerować coś ponad to?

Gary:

Wtedy właśnie zdajesz sobie sprawę, że we wszystkim i w prawie każdej sytuacji jest to tylko kwestia wyboru, żeby mieć coś wspanialszego lub marniejszego.

Uczestniczka Salonu:

Za każdym razem, gdy się czegoś broni, to wstrzymuje się kreowanie i generowanie.

Gary:

Czego bronisz, a gdybyś tego nie broniła, pozwoliłoby ci to nadkreować samą siebie? Wszystko czym to jest, razy bóg wiele ile razy, czy teraz to zniszczycie i odkreujecie? Zgoda, Niezgoda, Dobrze, Źle, Wszystkie 9, POD i POC, w Skrócie, Ponad, Nuklearne Sfery.

Uczestniczka Salonu:

Za każdym razem kiedy robisz to odkreowanie, pojawia się to, że „bronię siebie". Czy ja rywalizuję sama z sobą?

Gary:

Nie. Ty wykreowałaś „tą siebie", którą zadecydowałaś, że jesteś. To jest ta wersja „ciebie", którą pokazujesz światu, żebyś nie musiała być prawdziwą sobą, którą bronisz przed każdym tak, że już nawet sama nie możesz siebie odnaleźć.

Uczestniczka Salonu:

Tak, rozumiem wszystko co powiedziałeś.

Gary:

Wszystko czym to jest, razy bóg wiele ile razy, czy teraz to zniszczysz i odkreujesz? Zgoda, Niezgoda, Dobrze, Źle, Wszystkie 9, POD i POC, w Skrócie, Ponad, Nuklearne Sfery.

Uczestniczka Salonu:

Zgadzam się z tobą. Co jeszcze jest możliwe? I co teraz?

Gary:

A co, jeśli byłabyś zdolna być czymś, czego jeszcze nigdy nie wybrałaś? Czym odmawiasz sobie być, a gdybyś wybrała bycie tym, to pozwoliłoby ci to być wszystkim, czym prawdziwie jesteś? Wszystko czym to jest, razy bóg wiele ile razy, czy teraz to zniszczysz i odkreujesz? Zgoda, Niezgoda, Dobrze, Źle, Wszystkie 9, POD i POC, w Skrócie, Ponad, Nuklearne Sfery.

Uczestniczka Salonu:

Na ostatniej klasie wspomniałeś o wybieraniu kogoś, kto wysadzi nas w powietrze z huśtawki tej rzeczywistości. Czy to jest możliwe, skoro wciąż uprawiamy tę swoją obronę?

Gary:

To jest możliwe, ale wątpię, żeby to się samo utrzymało. Jak tylko zostaniesz wysadzona ze swojej strefy komfortu, to bronisz poprawności swojej strefy komfortu, którą wybrałaś.

Uczestniczka Salonu:

Czy możesz powiedzieć więcej o tym, jak wygląda kiedy się wybiera kogoś takiego?

Gary:

To jest ktoś, kto nie broni punktu widzenia, ktoś kto jest chętny być jakimkolwiek punktem widzenia, który wykreuje większy rezultat.

Uczestniczka Salonu:

Czy to byłoby funkcjonowanie z pytania „Co to jest? Co z tym zrobić?".

Gary:

Musisz być gotowa spojrzeć na inną możliwość.

Uczestniczka Salonu:

Właśnie zdałam sobie sprawę z tego, że wciąż uważam tę rzeczywistość za coś większego lub mniejszego niż ja. To jest osąd, który mnie zakleszcza. To jest kwestia porównywania. Czy możesz mi podać na to odkreowanie?

Gary:

Zapytaj: Czego bronię, co wykreowało to wszystko?

Jeśli w jakikolwiek sposób porównujesz, to robisz osąd, który jest czymś, czego bronisz. Operujesz albo z poziomu racji, albo nie-racji tej rzeczywistości, a nie z poziomu wyboru tej rzeczywistości.

WYBÓR, PYTANIE, MOŻLIWOŚĆ, WKŁAD

Uczestniczka Salonu:

Tak, to się da odczuć. Dziękuję. Pytanie, wybór, możliwość, wkład – czy to są jednoczesne stany energetyczne?

Gary:

Nie do końca. Tak i nie. Wybór to wybór. Musisz dokonać wyboru, a każdy wybór kreuje kolejne pytanie, co kreuje kolejny zestaw możliwości. Każda możliwość to poziom świadomości, który możesz mieć na temat czegoś. To są subtelne poziomy świadomości, która istnieje, które dadzą ci więcej przestrzeni i możliwości, czyli więcej świadomości, co daje ci więcej wyborów, więcej pytań i tak dalej. Za każdym razem, gdy pojawia się pytanie, to aktywuje połączenia kwantowe, by dać ci więcej wyborów, więcej możliwości i pytań. To jest wszystko to, co jest wkładem do kreowania i generowania ponad tę rzeczywistość.

Uczestniczka Salonu:

Czuję odcięcie się na poziomie wkładu. To tam czuję, że się wycofuję.

Gary:

Nie, myślę, że ty nie jesteś odcięta od wkładu i od dawania tego, czym możesz być, ale od obdarowywania, które możesz otrzymać. Odcinasz wkład otrzymywania od połączeń kwantowych, które próbują wprowadzić w życie cokolwiek, o co prosisz. Czy prosisz o rzeczy – czy nie?

Uczestniczka Salonu:

Nie.

Gary:

Co oznacza, że nie chcesz otrzymywać. Jak wiele z tego co robisz jest bronieniem się przed otrzymywaniem? Wiele, niewiele czy megatony?

Uczestniczka Salonu:

Megatony.

Gary:

Wszystko czym to jest, razy bóg wiele ile razy, czy teraz to zniszczysz i odkreujesz? Zgoda, Niezgoda, Dobrze, Źle, Wszystkie 9, POD i POC, w Skrócie, Ponad, Nuklearne Sfery.

Uczestniczka Salonu:

Czyli bronię siebie, a nie otrzymywanie?

Gary:

Bronisz sposobu, w który otrzymujesz. Jeśli żyjesz zgodnie z „Mogę otrzymywać tylko w taki sposób" lub „Mogę otrzymać tylko określony typ człowieka", bronisz wyborów, których dokonałaś w przeszłości, które nie działały.

Uczestniczka Salonu:

Czy możemy to odkreować, proszę?

Gary:

Jak wiele ze swojej przeszłości bronisz, żeby się nie mylić albo żeby mieć rację? Wszystko czym to jest, razy bóg wiele ile razy, czy teraz to zniszczysz i odkreujesz? Zgoda, Niezgoda, Dobrze, Źle, Wszystkie 9, POD i POC, w Skrócie, Ponad, Nuklearne Sfery.

Uczestniczka Salonu:

Dziękuję, Gary. Odkreowanie, które właśnie zrobiłeś jest przestrzenią nieograniczonych możliwości.

Uczestniczka Salonu:

Jak wygląda świat nieograniczonego otrzymywania?

Gary:

W świecie nieograniczonego otrzymywania nie odcinasz żadnej świadomości. Bez względu na to, co się pojawia, jesteś świadoma tego, że jest inna możliwość. Zawsze szukasz nieograniczonych możliwości, a każda możliwość to pewna liczba wyborów oraz świadomości, które możesz mieć, które tylko poszerzają, a nie zawężają.

KAŻDA ODPOWIEDŹ JEST WYMYSŁEM

Uczestniczka Salonu:

Odkąd jestem na tej teleklasie, czuję palenie w klatce piersiowej i gardle, i czuję jakbym miała zwymiotować.

Gary:

Jakiego wymysłu używasz, by kreować uczucie, które wybierasz?

Uczestniczka Salonu:

Czyli ja to po prostu tworzę?

Gary:

Nie powiedziałem, że ty to tworzysz. Tworzenie a *wymyślanie*, to różne wszechświaty. Kiedy coś *wymyślasz*, to kreujesz i decydujesz, że to takie jest. Mówisz: „Tak już jest". Z tego punktu widzenia wymyślasz. Kreacja to miejsce, w którym zdajesz sobie sprawę, że istnieje inna możliwość, której jeszcze nie wybrałaś. Właśnie stwierdziłaś: „Mam to, to i tamto." Czy to jest pytanie?

Uczestniczka Salonu:

Pytałam: „Ciało, jaką tu świadomość postrzegam?" i przeszłam do konkluzji.

Gary:

Dlaczego konieczne jest dochodzenie do konkluzji?

Uczestniczka Salonu:

Po to, aby coś naprawić albo zmienić.

Gary:

Dlatego właśnie jest to wymysł.

Jakiego wymysłu używam, żeby kreować beznadziejne uczucie, które wybieram? Wszystko czym to jest, razy bóg wiele ile razy, czy teraz to zniszczysz i odkreujesz?

Zgoda, Niezgoda, Dobrze, Źle, Wszystkie 9, POD i POC, w Skrócie, Ponad, Nuklearne Sfery.

Uczestniczka Salonu:

Wciąż nie rozumiem, czym jest wymysł. Czy wymysł ma miejsce wtedy, gdy coś przeinaczamy, żeby stało się czymś innym?

Gary:

Nie, wymysł ma miejsce wtedy, gdy dochodzisz do konkluzji. Urząd patentowy został zamknięty po tym, jak wynaleziono kolorową telewizję, ponieważ stwierdzono, że już nic innego nie może zostać wynalezione. Dlaczego mieliby tak zrobić?

Uczestniczka Salonu:

Zdecydowali, że to jest już wszystko. To była odpowiedź.

Gary:

Tak, to właśnie dzieje się ze wszystkim co wymyślasz. Mówisz: „To jest odpowiedź. To jest to." Wszędzie tam, gdzie sięgasz po odpowiedź, to jest wymysł. Nic nie jest odpowiedzią, jest po prostu świadomość. Każda odpowiedź jest wymysłem.

Jakiego wymysłu używasz, by kreować zakleszczone życie, które wybierasz? Wszystko czym to jest, razy bóg wiele ile razy, czy teraz to zniszczysz i odkreujesz? Zgoda, Niezgoda, Dobrze, Źle, Wszystkie 9, POD i POC, w Skrócie, Ponad, Nuklearne Sfery.

Wciąż to odkreowujcie.

Uczestniczka Salonu:
Dziękuję.

Gary:
Jak się wszystkie czujecie? Czy chciałybyście zrobić proces o ostatnim facecie, którego miałyście w swoim życiu, o którym myślałyście, że był tego wart?

Jakiego wymysłu używacie, by kreować związek, który wybieracie? Wszystko czym to jest, razy bóg wiele ile razy, czy teraz to zniszczycie i odkreujecie? Zgoda, Niezgoda, Dobrze, Źle, Wszystkie 9, POD i POC, w Skrócie, Ponad, Nuklearne Sfery.

Uczestniczka Salonu:
Z każdą tą teleklasą, coraz bardziej dociera do mnie to, że ja wcale nie jestem taka pochrzaniona oraz to, jak wiele możliwości jest dostępnych w każdej sekundzie. Mogę wciąż wybierać coś nowego i innego. Nawet jeśli tego nie robię, to też jest wybór. Bardzo dziękuję.

Gary:
Podoba mi się, że wreszcie zdajecie sobie sprawę z tego, że nie jesteście tak popieprzone, jak ciągle myślałyście. Podoba mi się też, że dostrzegacie inną możliwość.

Uczestniczka Salonu:
Wszystkie wymysły, z których poziomu ludzie myślą, że muszą funkcjonować, takie jak zdenerwowanie, trauma, dramat i problemy – wszystko to robi się naprawdę śmieszne. Dziękuję.

Gary:

Używaj tego:

Jakiego wymysłu używam, by kreować zdenerwowanie, które wybieram? Wszystko czym to jest, razy bóg wiele ile razy, czy teraz to zniszczysz i odkreujesz? Zgoda, Niezgoda, Dobrze, Źle, Wszystkie 9, POD i POC, w Skrócie, Ponad, Nuklearne Sfery.

Uczestniczka Salonu:

Gary, jeśli cokolwiek mógłbyś nam tymi klasami podarować, to co by to było?

Gary:

Wolność dla was, abyście rozpoznały dar jakim jesteście dla tego świata i abyście tym były, zamiast być tym, kim próbujecie być jako kobiety.

W porządku, miłe panie. Kocham was wszystkie. Pa!

14
Posiadanie wspaniałości siebie

Większość z was spędza swoje życie na patrzeniu na to, co niepoprawne, na oglądaniu się na przeszłość oraz na sprawy, które się nie udają. Rzadko patrzycie w przyszłość i na to, co rzeczywiście będzie działać. Jaką przyszłość chciałybyście wykreować? Dlaczego wasza uwaga nie skupia się na tym?

Gary:

Witajcie, panie. Czy są jakieś pytania?

CZY TY TAK NAPRAWDĘ LUBISZ MĘŻCZYZN?

Uczestniczka Salonu:

Czy możesz, proszę, dać mi jakieś odkreowania i facylitację dotyczącą mojej niechęci do mężczyzn? Kiedy byłam dziwką pozwoliłam sobie na to, by być gwałcona, wykorzystywana i maltretowana przez mężczyzn.

Gary:

Jakiej głupoty używam, by kreować wymysł, sztuczną intensywność oraz demony bycia wykorzystywaną i maltretowaną dziwką, które wybieram? Wszystko czym to jest, razy bóg wiele ile razy, czy teraz to zniszczysz i odkreujesz? Zgoda, Niezgoda, Dobrze, Źle, Wszystkie 9, POD i POC, w Skrócie, Ponad, Nuklearne Sfery.

W tym, czy innym czasie, wszyscy byliśmy wykorzystywani i maltretowani. Musisz mieć świadomość tego, czy ty tak naprawdę lubisz mężczyzn. Zadaj sobie to pytanie: Prawda, czy ja naprawdę lubię mężczyzn?

Jeśli odpowiedź brzmi – nie, czy to oznacza, że masz się zwrócić do kobiet? Nie, to po prostu oznacza, że nie lubisz mężczyzn. Czyli musisz wybierać takich mężczyzn, z którymi nigdy się nie zaangażujesz. To właśnie jest to, co robi osoba, która wybiera bycie dziwką: wybiera takich mężczyzn, w związek z którymi nigdy nie wejdzie. Będąc dziwką lub wabikiem, zawsze dostaniesz mężczyzn z największymi zaletami dlatego, że mężczyźni z największymi zaletami właśnie po to sięgają. To jasne, nie?

Musisz chcieć funkcjonować zgodnie z tym, jak to wszystko działa. Jak sprawiać, żeby wszystko działało? Wybrać inną możliwość.

Jakiej głupoty używam, by unikać wybierania mężczyzn lub kobiet, które mogłabym wybierać? Wszystko czym to jest, razy bóg wiele ile razy, czy teraz to zniszczysz i odkreujesz? Zgoda, Niezgoda, Dobrze, Źle, Wszystkie 9, POD i POC, w Skrócie, Ponad, Nuklearne Sfery.

PRAGMATYCZNE WSKAZÓWKI, ŻEBY WSZYSTKO Z MĘŻCZYZNĄ SIĘ UDAWAŁO

Uczestniczka Salonu:

Czy możesz podać więcej pragmatycznych wskazówek dotyczących tego, żeby wszystko z mężczyzną się udawało?

Gary:

Zamiast wychodzić z punktu widzenia: „Czy ja kocham tego mężczyznę?" albo „Czy on mi się podoba?" lub „Czy on jest dobry?" – musicie wychodzić z punktu widzenia: „Co sprawi, że ten związek będzie funkcjonował?". To są osądy, które służą do przyłączania albo wykluczania. A co, jeśli nie musielibyśmy niczego wykluczać, ani niczego przyłączać? Co, jeśli możemy mieć wszystko? Musimy dotrzeć do punktu, w którym rozpoznajemy możliwość inną niż wybieranie ograniczenia.

Uczestniczka Salonu:

Czy możesz być bardziej konkretny? Kiedy mówisz: „Spraw, by to działało", czy to dotyczy wszystkiego tego, co jest lekkie?

Gary:

To może być lekkie przez cały czas. Przede wszystkim trzeba zapytać: Jaki będzie najlepszy sposób, by coś dobrego się wydarzyło?

Uczestniczka Salonu:

Oh, czy masz na myśli dla ciebie oraz dla wszystkich innych? Królestwo Nas?

Gary:

Tak. Musisz się przyjrzeć temu, co będzie działać dla ciebie i dla wszystkich innych. To co działa dla ciebie, często niszczy tak wielu innych, że w procesie dążenia do tego nie ma miejsca, w którym włączasz siebie do swojej rzeczywistości. Musisz chcieć wybrać siebie oraz swoją rzeczywistość.

Jeśli funkcjonujesz tak, jak by istniał dla ciebie problem, to wykreujesz jeszcze więcej problemów. To jest ważniejsze niż cokolwiek innego. Jeśli masz punkt widzenia, że będziesz miał problem, to wykreujesz problem. Po co miałabyś kreować problem? Dlatego, że on sprawia, że wszyscy czują się prawdziwi. Problemy odzwierciedlają rzeczywistość tu na planecie Ziemia, one nie kreują możliwości. Musisz mieć więcej możliwości niż problemów. Pytaj: „Co wykreuje najwspanialszą możliwość?", a nie „Co wykreuje największy problem?".

„CODZIENNIE CHCĘ SIĘ ROZWIEŚĆ"

Uczestniczka Salonu:

Mam wspaniałą relację z moimi dziećmi. Tańczymy, śpiewamy, a w międzyczasie mój mąż mówi dziwne rzeczy, takie jak: „Dlaczego ja nie mam synów?". Przebudowujemy nasz dom. On wciąż prosi, żebym była w tym jego partnerką i zrezygnowała z Access Consciousness, aby on mógł zainwestować pieniądze w ten projekt. Codziennie chcę się rozwieść. Właśnie dzisiaj byłam złożyć papiery rozwodowe, ale urząd był zamknięty. Czego ja tutaj bronię z taką intensywnością?

Gary:

Czy bronisz racji małżeństwa?

Uczestniczka Salonu:

Zdaje się, że bronię tego wszystkiego – rodziny, małżeństwa, związków.

Gary:

Wszystko czym to jest, razy bóg wiele ile razy, czy teraz to zniszczysz i odkreujesz? Zgoda, Niezgoda, Dobrze, Źle, Wszystkie 9, POD i POC, w Skrócie, Ponad, Nuklearne Sfery.

A co by było, gdybyś powiedziała swojemu mężowi: „To oczywiste, że to małżeństwo jest dla ciebie nieudane. Dlaczego ciągle tkwisz w tym małżeństwie ze mną?".

Uczestniczka Salonu:

Tak zrobiłam. Kiedy go o to zapytałam, on powiedział: „Więcej kosztowałoby mnie, by się z tobą rozwieść."

Gary:

Cóż, oto dobry powód, by tkwić w małżeństwie!

Uczestniczka Salonu:

Wiem. Dlatego kręcę się w kółku.

Gary:

Dlaczego chowasz się ze swoimi emocjami do nory?

Uczestniczka Salonu:
Nie jest to dla mnie jasne.

Gary:
Emocje nie dadzą ci jasności. One cię zakleszczą w tym samym, starym miejscu, do którego zawsze powracasz, tak, jakbyś powracając tam, miała dotrzeć gdzieś indziej. Czy twoje emocje doprowadziły cię kiedykolwiek w miejsce, które było naprawdę dobre?

Uczestniczka Salonu:
Nie.

Gary:
Zatem może powinnaś wziąć pod uwagę to, że twoje emocje nie są sposobem na kreowanie.

Uczestniczka Salonu:
Zgadzam się z tym w pełni.

Gary:
Wszystko czym to jest, razy bóg wiele ile razy, czy teraz to zniszczysz i odkreujesz? Zgoda, Niezgoda, Dobrze, Źle, Wszystkie 9, POD i POC, w Skrócie, Ponad, Nuklearne Sfery.

OBRONA ZA LUB PRZECIW

Uczestniczka Salonu:
Czasami kiedy bardzo mi zależy na jakimś efekcie końcowym, to jestem w interakcji z drugą osobą i jestem

sparaliżowana strachem. Będę się porównywać, osądzać i umniejszać samą siebie, i spieprzę całą moją pracę wykonaną tuż przed spotkaniem. Czy możesz podać mi jakieś odkreowanie, które wesprze mnie w tym, żebym pozostawała poszerzona, bez zakleszczania się i żebym była sobą bez przepraszania za to?

Gary:

Użyj tego:

Czego lub kogo bronię, a gdybym tego nie broniła, pozwoliłoby mi to być całkowicie sobą?

Powtórz to około dziesięć razy, zanim udasz się na jakiekolwiek spotkanie albo wejdziesz w interakcję. Jeśli jesteś z kimś w interakcji i czujesz, że stajesz się mniejsza, zapytaj: Czy nieograniczone istnienie by to naprawdę wybrało?

Jeśli nieograniczone istnienie by tego nie wybrało, to po co ty to robisz? Musisz zacząć funkcjonować z dziesięcioma przykazaniami. Jeśli nie przesłuchałaś jeszcze klas o dziesięciu przykazaniach, to proszę zdobądź je i zrób to teraz.

WYBIERANIE ZGODNIE Z TYM, CO WYBIERAJĄ INNI

Uczestniczka Salonu:

Przez ostatnie parę dni stałam się świadoma tego jak bardzo wybieram zgodnie z tym, co wybierają inni. Czy możesz mi z tym pomóc?

Gary:

Dlaczego wybory innych ludzi są dla ciebie bardziej prawdziwe niż twoje własne?

Uczestniczka Salonu:

Ponieważ pozwalam tym ludziom wpływać na moje życie.

Gary:

Z jakiego powodu?

Uczestniczka Salonu:

Ponieważ są to osoby, które wybrałam w swoim życiu.

Gary:

Oh, chcesz przez to powiedzieć, że wybierasz w swoim życiu *bycie nimi*, zamiast wybierać bycie *z nimi*. Powiedziałaś: „Są to osoby, które wybrałam w moim życiu". Podoba ci się *bycie nimi* kiedy jesteś z nimi, więc zamiast być z nimi, *jesteś nimi*. Nie zachowujesz siebie. Niszczysz siebie, po to, żeby być z nimi.

Bycie nimi oznacza, że musisz się nimi stać, czyli pozwalać żeby to oni wybierali co tobie pasuje. Właśnie wypowiedziałaś to, co dokładnie ma miejsce. Ty *jesteś nimi*, zamiast być *z nimi*. Kiedy jesteś kimś w związku, rezygnujesz z siebie na ich rzecz. Zawsze.

Uczestniczka Salonu:

W porządku, czyli kiedy ktoś coś wybiera, to jak sprawić, by to nie miało wpływu na moje życie? Do tego dążę.

Gary:

Tak, ale skoro ty jesteś nimi, to to musi wpływać na twoje życie.

Uczestniczka Salonu:

Za każdym razem kiedy mówisz „Ty jesteś nimi" przez całe moje ciało przechodzi dreszcz.

Gary:

Jakiego wymysłu używasz, żeby kreować brak ciebie w każdym związku, który wybierasz? Wszystko czym to jest, razy bóg wiele ile razy, czy teraz to zniszczysz i odkreujesz? Zgoda, Niezgoda, Dobrze, Źle, Wszystkie 9, POD i POC, w Skrócie, Ponad, Nuklearne Sfery.

Uczestniczka Salonu:

Czyli *bycie z nimi* zawierałoby w sobie wszystko i nie wpływałoby na moje życie?

Gary:

Bycie z *nimi* nie ograniczałoby ciebie, ani by ciebie nie powstrzymywało.

Uczestniczka Salonu:

Teraz pojawiło się u mnie to, że „To jest jedyny sposób, by mieć związek, Gary."

Gary:

Świetny pomysł. Nie rób tego!

Uczestniczka Salonu:

Do tej pory to był mój jedyny sposób bycia. Czas to zmienić.

Gary:

Jakiego wymysłu używasz, żeby kreować brak ciebie w każdym związku, który wybierasz? Wszystko czym to jest, razy bóg wiele ile razy, czy teraz to zniszczysz i odkreujesz? Zgoda, Niezgoda, Dobrze, Źle, Wszystkie 9, POD i POC, w Skrócie, Ponad, Nuklearne Sfery.

Uczestniczka Salonu:

Zamiast tego możliwe jest coś innego? Poproszę jeszcze raz to odkreowanie!

Gary:

Jakiego wymysłu używasz, żeby kreować brak ciebie w każdym związku, który wybierasz? Wszystko czym to jest, razy bóg wiele ile razy, czy teraz to zniszczysz i odkreujesz? Zgoda, Niezgoda, Dobrze, Źle, Wszystkie 9, POD i POC, w Skrócie, Ponad, Nuklearne Sfery.

UTRZYMYWANIE SIEBIE POZA EGZYSTENCJĄ

Uczestniczka Salonu:

Czy to w ten sposób utrzymuję swoją separację?

Gary:

Nie, w ten sposób ty utrzymujesz samą siebie poza egzystencją.

Uczestniczka Salonu:

Wow, no tak!

Uczestniczka Salonu:

Kiedy K. mówiła o tym jak wybiera pod wpływem wyborów innych ludzi, zdałam sobie sprawę, że ja też tak postępuję.

Gary:

Kiedy decydujesz o tym, że kogoś lubisz, bez względu na to czy jest to mężczyzna, czy kobieta, czy znajomy, to jak bardzo musisz rozwieść się ze sobą, żeby wykreować brak samej siebie.

Uczestniczka Salonu:

A „sama ty" jest tym, co wybierasz?

Gary:

Jest tym, czym jesteś w tych dziesięciu sekundach.

Uczestniczka Salonu:

W jaki sposób rozwodzisz się ze sobą, kiedy ktoś ci się podoba?

Gary:

Ciągle starasz się udowadniać, że nie trzeba nic więcej niż wystarczająco kogoś lubić. Rzeczywistość jest taka, że samą siebie musisz więcej niż lubić. Musisz zrobić coś innego, na przykład pokochać siebie.

Uczestniczka Salonu:

Czy chcesz przez to powiedzieć, że jest prawdą to, co odczuwałam, że nie ma prawdziwej miłości?

Gary:

Tak, bronicie tego, że miłość jest prawdziwa.

Wszystkie wy, które bronicie rzeczywistości miłości, czy wszystko to teraz zniszczycie i odkreujecie? Zgoda, Niezgoda, Dobrze, Źle, Wszystkie 9, POD i POC, w Skrócie, Ponad, Nuklearne Sfery.

To jest właśnie „to coś" co odczuwałaś. Kogo i czego bronicie? Bronicie tego, że musi być coś słusznego w miłości, którą wybieracie, z każdym kogo wybieracie pokochać. Wasz wybór, żeby kogoś pokochać, staje się ważniejszy niż bycie sobą.

Kogo lub czego bronicie, lub przeciwko komu lub czemu się bronicie, a gdybyście się nie broniły, to zmieniłoby to wszystkie rzeczywistości? Czy wszystko to teraz zniszczycie i odkreujecie, razy bóg wie ile razy? Zgoda, Niezgoda, Dobrze, Źle, Wszystkie 9, POD i POC, w Skrócie, Ponad, Nuklearne Sfery.

PRZYZWOLENIE I POSIADANIE WSPANIAŁOŚCI SIEBIE

Uczestniczka Salonu:

Co możesz powiedzieć o przyzwoleniu?

Gary:

Jeśli stajesz w obronie czegoś, to czy tak naprawdę jesteś w przyzwoleniu?

Uczestniczka Salonu:

Nie.

Gary:

Czy jesteś w przyzwoleniu na samą siebie?

Uczestniczka Salonu:

Nie.

Gary:

Z jakiego powodu nie jesteś w przyzwoleniu na samą siebie?

Uczestniczka Salonu:

Dlatego, że nie jestem sobą.

Gary:

Nie, dlatego, że nie posiadasz ani trochę wspaniałości siebie.

Jakiej głupoty używasz, by bronić się przeciwko wspaniałości siebie, którą wybierasz? Wszystko czym to jest, razy bóg wiele ile razy, czy teraz to zniszczysz i odkreujesz?

Zgoda, Niezgoda, Dobrze, Źle, Wszystkie 9, POD i POC, w Skrócie, Ponad, Nuklearne Sfery.

Uczestniczka Salonu:

Powiedziałeś, że nie posiadam żadnego skrawka wspaniałości siebie. Jaka jest różnica pomiędzy *posiadaniem wspaniałości* a *byciem wspaniałością*?

Gary:

Jeśli nie możesz *być* sobą, to nie możesz *mieć wspaniałości*, a jak nie możesz *mieć*, to nie możesz *być*. *Mieć* to gotowość do tego, by wszystko widzieć i niczego nie oceniać. To ty wybierasz w oparciu o to co lub kogo osądzasz. To determinuje to, kim możesz *być*.

Uczestniczka Salonu:

Wow, to wszystko jest tak ograniczające.

Gary:

Tak, jest ograniczające, zamiast być nieograniczone, czyli takie w czym możesz mieć wszystko. Jak raz dotrze do ciebie, że możesz mieć wszystko, to wówczas masz wybór. Kiedy możesz mieć tylko to, co inni są skłonni ci dać, to nie masz wyboru.

Uczestniczka Salonu:

Jak ma się do tego hasło: „Nie jestem potrzebująca."?

Gary:

Większość ludzi stosuje: „mogę to mieć" albo „potrzebuję tego." Kiedy możesz posiadać, to niczego nie potrzebujesz. Możesz wybrać. Kiedy nie podoba ci się mężczyzna i zdajesz sobie z tego sprawę, to nie ma w tym nic złego. Tu chodzi o to: „Co chciałabym wybrać? Czy chciałabym wybrać kobietę? Czy chciałabym wybrać nieuprawianie seksu? Czy chciałabym wybrać coś innego?". Wówczas możesz dochodzić do pytań odnośnie tego, co tak naprawdę chciałabyś wybrać. Jednak jeśli masz punkt widzenia, że musisz posiadać mężczyznę albo związek, czy też pieniądze, by być dopełniona, to ograniczasz wybór do braku. Żeby czegoś nie posiadać, musiałabyś nie istnieć.

Uczestniczka Salonu:
Używasz określenia „nie potrzebować". Nie rozumiem tego.

Gary:
Kiedy nie masz żadnej potrzeby, to czy możesz mieć wszystko?

Uczestniczka Salonu:
Tak.

Gary:
Czy teraz rozumiesz?

Uczestniczka Salonu:
Oh! Tak, a ja uważałam to za coś złego.

Gary:
Wiem. Nie ma w tym nic złego! Nie słuchasz mnie. Czy ja jestem twoim mężem?

Uczestniczka Salonu:
Teraz rozumiem. To wiele zmienia.

INSPIROWANIE FACETA

Uczestniczka Salonu:
Jak nie podłapywać wszystkich spraw mężczyzny, kiedy żyje się z nim na co dzień? Jak my, kobiety humanoid, kreujące naszą przyszłość, mamy inspirować naszych partnerów do kreowania innej rzeczywistości?

Gary:
Mężczyznę inspirujesz doprowadzając do tego, by myślał, że pomysł, z którym wychodzi, zostanie przez niego wprowadzony w życie. Mówisz: „Czuję, że to mogłoby być możliwe. Co ty o tym myślisz, kochanie?". Jeśli on zwróci się z tym do ciebie, mówiąc, że myśli, że to wspaniały pomysł, to on to zrobi.

Musicie być trochę bardziej roztropne w sposobie, w jaki kreujecie. Pytajcie:
- Co ja tutaj chcę wykreować?
- Co naprawdę jest możliwe?
- Do czego jest on rzeczywiście zdolny, czego sobie jeszcze nie uświadamia?
- Co myślę, że powinnam zrobić?
- Co mam zrobić, by inspirować go jeszcze bardziej?

Uczestniczka Salonu:
Zauważyłam, że bronię pewnego negatywnego przekonania o byciu oszustką. Czuję, że ja to udaję.

Gary:

Jesteś oszustką i owszem, udajesz ją. Nie ma w tym nic złego. W ten sposób zaczynasz kreować – udając, że jesteś zdolna do czegoś, do czego wydaje ci się, że nie jesteś... aż w końcu będziesz. Jesteście zdolne do tego, do czego większość ludzi nie jest, a zachowujecie się jakbyście nie były. Dlaczego? To właśnie staram się wam przekazać, jesteście humanoid. To czyni z was mistrzynie wszystkiego, a fachowców z niczego. Wy nie macie żadnych problemów. Dlaczego wciąż próbujecie je kreować?

Wszystko to, razy bóg wiele ile razy, czy teraz to zniszczycie i odkreujecie? Zgoda, Niezgoda, Dobrze, Źle, Wszystkie 9, POD i POC, w Skrócie, Ponad, Nuklearne Sfery.

NIE MOŻECIE WYKREOWAĆ PRZYSZŁOŚCI SKUPIAJĄC SIĘ NA OGRANICZENIACH

Uczestniczka Salonu:

Czy możemy teraz przejść do tematu ciała i kreowania przyszłości, którą chciałybyśmy posiadać? Wiele się zmieniło w moim ciele od klas, w których ostatnio wzięłam udział oraz odkąd żyłam w pytaniu o zdolności jakie mam, by zmieniać wszystkie ograniczenia.

Gary:

Ograniczenia? A dlaczego skupiasz się na ograniczeniach, zamiast na tym, do czego jesteś zdolna?

Uczestniczka Salonu:

Właśnie to powiedziałam. Jakie posiadam zdolności, które cofnęłyby wszystkie ograniczenia?

Gary:

Owszem, jednak ty wciąż poszukujesz ograniczeń. Ty chciałabyś spojrzeć na to od takiej strony: Jakie zdolności posiadam, których jeszcze nie wprowadziłam w życie, nie wykreowałam i nie wygenerowałam?

Mamy tendencję do tego, by skupiać się na ograniczeniach tak, jak by to one miały kreować. Ograniczenia niczego nie wnoszą, oprócz potwierdzania samych siebie. Kreacja zachodzi tylko wtedy, gdy jesteśmy skłonni w nią wejść. Musisz się przyjrzeć temu: Co jestem zdolna generować, kreować, wprowadzać w życie, czego nigdy nie brałam pod uwagę?

Uczestniczka Salonu:

Dziękuję. Tego właśnie szukałam. A czy możesz powiedzieć coś o byciu poza definicją w odniesieniu do ciała?

Gary:

Jeśli do czegoś się ograniczacie myśleniem, że macie jakiś problem z ciałem, albo doszukujecie się problemu, czy też czegoś, co nie działa dla waszego ciała, albo jest z nim nie w porządku, to doszukujecie się ograniczeń. Nie jesteście wówczas poza kontrolą, poza definicją i ograniczeniami, poza formą, strukturą i znaczeniem, poza linearnościami i koncentrycznościami przez całą wieczność.

Jaką energią, przestrzenią i świadomością możemy być ja i moje ciało, co pozwoliłoby nam być poza kontrolą, poza definicją i ograniczeniami, poza formą, strukturą i znaczeniem, poza linearnościami i koncentrycznościami przez całą wieczność? Wszystko czym to jest, razy bóg wiele ile razy, czy teraz to zniszczycie i odkreujecie? Zgoda, Niezgoda, Dobrze, Źle, Wszystkie 9, POD i POC, w Skrócie, Ponad, Nuklearne Sfery.

Stąd dopiero zaczynacie poszukiwania tego, co mogłoby być możliwe, zamiast doszukiwać się tego, o czym myślicie, że możliwe nie jest.

Uczestniczka Salonu:

Mój mąż powtarza: „Chcę żebyś się zmieniła." On chce żebym zarabiała, ja jednak widzę, że wszystko co robię przyczynia się do tego, że posiadamy tyle pieniędzy, ile posiadamy. Czy ja tu czegoś bronię?

Gary:

On chce, żebyś sobie załatwiła posadę.

Uczestniczka Salonu:

Ja się w to bawiłam przez lata. Już poszłam do pracy i on na to też narzekał. Wciąż nie żyję swoim własnym życiem. Czy mam tu zadawać takie pytanie: „Gdybym żyła swoim życiem, to jakich wyborów bym dokonywała?".

Gary:

To dobre pytanie.

Uczestniczka Salonu:

Wiem, że mogę dokonać wszystkiego w moim związku i w mojej pracy, a jednak czasami są takie sprawy, którymi nie chcę się zajmować.

Gary:

Jakie pojawia się tutaj ograniczenie? Sięgasz do przeszłości. Nie zaczęłaś jeszcze kreować przyszłości. Gdybyś udała się na wojnę o posiadanie życia pochodzącego z przyszłości, to co byłoby dla ciebie wartościowe? Co byś wybrała? Czego poszukujesz? Ty chcesz być wojowniczką, która toczy bój o kreowanie przyszłości, takiej która jeszcze nie istniała — to byłby świat zrównoważony, a nie konfliktowy.

Uczestniczka Salonu:

Właśnie teraz, gdy mówiłeś do N. o ciele, dotarło do mnie, że wszystko, co ja rozpoczynam, oparte jest na ograniczeniach. Nie kreuję przyszłości.

Gary:

To się zgadza. Próbujesz kreować przyszłość, kreując z poziomu przeszłości. W ograniczeniu dostrzegasz większą możliwość i sprawiasz, że ograniczenie jest większe niż możliwość.

Uczestniczka Salonu:

Tak właśnie w większości wygląda moje życie. Przechodzenie na dietę, ćwiczenia, prowadzenie biznesu, zajmowanie się synem. Dostrzegam to, że moim punktem wyjścia są ograniczenia. Chcę to poprawić i uleczyć ograniczenie, i jakoś zrobić przeskok w przyszłość, ale tak naprawdę wciąż brnę w ograniczenia.

Gary:

No właśnie, ponieważ sprawiasz, że ograniczenie jest rzeczywiste. Jeszcze nie byłaś chętna i gotowa, by przejść do czegoś wspanialszego.

Uczestniczka Salonu:

Jeśli bym nie zaczynała w oparciu o ograniczenia, to jakie pytanie powinnam zadawać? A skoro wszystko opieram o ograniczenia, to jak mam to robić?

Gary:

Co ty chcesz wykreować?

Uczestniczka Salonu:

Chcę wykreować inną rzeczywistość dla wszystkiego.

Gary:

W takim razie dlaczego właśnie tego nie kreujesz, zamiast próbować pozbyć się ograniczeń?

Uczestniczka Salonu:

Myślałam, że to mam robić.

Gary:

Ty chcesz pozbyć się ograniczenia za każdym razem, gdy przed nim stajesz, jednak musisz zacząć kreować przyszłość, w przeciwnym razie zajmowanie się ograniczeniami będzie wszystkim, co będziesz robić.

Uczestniczka Salonu:

Dziękuję. Tak naprawdę, to nie chodzi o pozbywanie się ograniczeń, a o kreowanie przyszłości i radzenie sobie z ograniczeniem, za każdym razem gdy ono się pojawia.

Gary:

Właśnie tak. Jeśli nie kreujesz przyszłości, to przykładasz wagę do ograniczenia i sprawiasz, że ono jest bardziej cenne i prawdziwsze niż twoje zdolności kreatywne.

Uczestniczka Salonu:

Tak, to jest bardzo fajne. Dziękuję.

Gary:

Nigdy nie miejcie obsesji na punkcie przeszłości. Kreujcie przyszłość. Tak długo, jak będziecie skupiać się na przeszłości, to będziecie próbować rozwiązać problem, który wykreowałyście. Zamiast tego zadajcie pytanie:

Jakiego wymysłu używam do kreowania problemu, który wybieram? Wszystko czym to jest, razy bóg wiele ile razy, czy teraz to zniszczycie i odkreujecie? Zgoda, Niezgoda, Dobrze, Źle, Wszystkie 9, POD i POC, w Skrócie, Ponad, Nuklearne Sfery.

Zawsze bądźcie wojowniczkami o kreowanie przyszłości, która nie istnieje. Tak długo jak zajmujecie się kreowaniem przyszłości, która nie istnieje, tak długo jesteście na kreatywnej krawędzi możliwości. Bądźcie w pytaniu. Pytanie nie brzmi: „Co jest ze mną nie tak?" albo „Jak mam się przestać oceniać?". Pytanie brzmi: „Miałabym siebie oceniać? A po co? Dlaczego miałabym oceniać siebie, zamiast się sobą cieszyć?".

Jeśli jesteście w związku, to musicie zapytać: Prawda, co sprawi, że ta osoba będzie szczęśliwa? Jednak musicie uświadomić sobie, że są ludzie, którzy nie chcą być szczęśliwi. Mają wytworzoną iluzję tego jak ich związek powinien wyglądać. Kiedy tak jest, wówczas ja powiedziałbym do tej osoby po swojemu, czyli: „Wskaż mi przykład związku, który działa tak, jak według ciebie powinien działać związek." Zdziwiłyście się jak niewielu ludzi, których o to zapytacie, będzie mogło dać wam przykład związku, który działa tak, jak według nich powinien. To dlatego, że oni nie stosują tego, co działa, ale to, co w ich mniemaniu powinni wybrać.

Jakiej głupoty używacie, by unikać przyszłości, którą mogłybyście kreować i wybierać? Wszystko czym to jest, razy bóg wiele ile razy, czy teraz to zniszczycie i odkreujecie? Zgoda, Niezgoda, Dobrze, Źle, Wszystkie 9, POD i POC, w Skrócie, Ponad, Nuklearne Sfery.

Jakiej głupoty używacie, by unikać zdolności do kreowania, które mogłybyście wybierać, ale odmawiacie sobie ich wybierania, by upewnić się, że tak naprawdę nie musicie tego robić? Wszystko czym to jest, razy bóg wiele ile razy, czy teraz to zniszczycie i odkreujecie? Zgoda, Niezgoda, Dobrze, Źle, Wszystkie 9, POD i POC, w Skrócie, Ponad, Nuklearne Sfery.

Gary Douglas

UŚWIADAMIANIE SOBIE TEGO, CZEGO PRAGNIESZ

Uczestniczka Salonu:

To, co naprawdę chciałabym wykreować w moim życiu, to mężczyznę. Być może seks. Kiedy znajduję się w otoczeniu mężczyzn, pytam: „Co to wykreowałoby za pięć lat?" i ogólnie rzecz biorąc, nic poszerzającego nie otrzymuję.

Gary:

Czy ty wybierasz mężczyzn, którzy, tak naprawdę, generowaliby i kreowaliby w twoim życiu więcej? Czy wybierałaś to w przeszłości?

Uczestniczka Salonu:

Zdecydowanie nie.

Gary:

W takim razie nie posiadasz klarownego obrazu tego, czego chcesz.

Uczestniczka Salonu:

To się zgadza. Zapytałeś: „A jak by to było, gdybyś wybrała kogoś, kto zapraszałby cię na kolacje, dobrze cię traktował i rozpieszczał biżuterią?". To wydaje się być miłe. To brzmi obco. To jest jakby zamglone. Naprawdę podobają mi się mężczyźni. Zdaję sobie sprawę, że w przeszłości wykreowałam obrzydliwości. Nie miałam wówczas jasności.

Gary:

Jakiej głupoty używasz, by kreować unikanie świadomości dotyczącej mężczyzn, którą mogłabyś wybierać? Wszystko czym to jest, razy bóg wiele ile razy, czy teraz to zniszczysz i odkreujesz? Zgoda, Niezgoda, Dobrze, Źle, Wszystkie 9, POD i POC, w Skrócie, Ponad, Nuklearne Sfery.

Musisz rozpoznać to, że żaden mężczyzna, tak naprawdę, nie kreuje, ani też nie niszczy twojego życia. Mężczyźni są tu po to, by być dodatkiem do twojego życia. Jeśli nie tworzysz związku z mężczyzną, jako dodatkiem do twojego życia, to czy wtedy jesteś sobą?

Uczestniczka Salonu:
Nie.

Gary:
Tak musisz zrobić. Czy to ci pomaga? Rób nieustannie to odkreowanie:

Jakiej głupoty używasz, by kreować unikanie świadomości dotyczącej mężczyzn, którą mogłabyś wybierać? Wszystko czym to jest, razy bóg wiele ile razy, czy teraz to zniszczysz i odkreujesz? Zgoda, Niezgoda, Dobrze, Źle, Wszystkie 9, POD i POC, w Skrócie, Ponad, Nuklearne Sfery.

Dla wszystkich was, jeśli nie przyjrzałyście się jeszcze temu, co dla was jest prawdą odnośnie mężczyzn, to ponad wszystko inne musicie być szczere same z sobą. Znam kobiety, które twierdzą: „Muszę być w związku!"

Pewna kobieta przyszła do Access Consciousness, brała udział w wielu klasach i pewnego dnia odeszła. Zapytałem ją: „Jak możesz od tego odchodzić?".

Powiedziała: „Ponieważ jedną z rzeczy, której pragnęłam, to wiedzieć, że wszystko jest w porządku z tym, że nie mam partnera i że poradzę sobie ze wszystkim, co moi znajomi próbują mi wcisnąć na temat potrzeby posiadania partnera. W Access Consciousness odkryłam, że ani nie potrzebuję, ani nie chcę partnera. Jestem w pełni szczęśliwa sama."

Powiedziałem: „W porządku."

Ona na to: „Dostałam to, po co przyszłam."

Tak powinnyście na to patrzeć. Zapytajcie siebie:

+ Po co tak naprawdę to robię?
+ Czego chcę?

Miejcie jasność odnośnie tego, czego pragniecie. Czego tak naprawdę chcecie od związku? Męskiego towarzystwa? To skąd je wziąć? Znajdźcie sobie przyjaciela. Zróbcie tak, a dostaniecie to, co najlepsze z obu tych światów. Nie musicie z nim uprawiać seksu, a możecie pójść z nim na zakupy. O wszystkim możecie z nim pogadać i co jeszcze jest możliwe? Jak by to było, gdybyście same to sobie dały?

Musicie chcieć patrzeć na to, co jest dla was prawdą. Potem możecie wykreować przyszłość z wielką łatwością. Zobaczycie, że już macie to, co jesteście skłonne mieć albo dowiecie się, że to jest niewystarczające, albo też, że chcecie czegoś jeszcze większego. To również jest wartościowe. Tu chodzi o to: Co ja tak naprawdę chcę tu wykreować?

Uczestniczka Salonu:

Na pierwszej klasie mówiłeś o tym, jak jesteśmy wyuczone do posiadania wizji z księciem na białym rumaku. Mówiłeś wtedy, że nie było dla ciebie jasne to, co wykreowało tę ideę. Czy teraz jest?

Gary:

Nie, to jest mit, który funkcjonuje w naszym społeczeństwie. Jeśli możesz być uzależniona od takiej idei, to nie możesz mieć siebie dla samej siebie. Jeśli ciągle szukasz kogoś, kto cię uratuje, to w takim razie, czy ty musisz siebie ratować?

TWOJE MYŚLI SĄ TYM, CO POJAWIA SIĘ W TWOIM ŻYCIU

Uczestniczka Salonu:

Obecnie czuję, że w moim życiu dzieją się rzeczy dużego kalibru. Czuję, jakbym była magnesem przyciągającym beznadzieję. Stłumiłam przepływ pieniędzy, który zmierzał w moim kierunku. Co ty o tym myślisz?

Gary:

Czy w tym co właśnie powiedziałaś było zawarte jakiekolwiek pytanie? Wszystko co powiedziałaś to konkluzje i wnioski: „Jestem magnesem na beznadzieję. Kreuję beznadzieję. Nic nie działa." Czy to działa?

Uczestniczka Salonu:

Nie, wcale nie. Dziękuję ci.

Gary:

„Dlaczego mam całą tę beznadzieję w swoim życiu?". To nie jest pytanie. To stwierdzenie z dodanym znakiem zapytania. Powinnyście zadać takie pytania:

+ Co sprawiłoby, że to ulegnie zmianie?

- Czym innym mogę być?
- Czym nie wybieram być, a gdybym to wybrała, zmieniłoby to wszystko?

Musicie dojść do tego:
- Co mi pasuje?
- Co mi się podoba?
- Czym jest to, co chciałabym robić, co sprawiłoby, że moje życie będzie zabawne i dobre?

Czy przyjrzałyście się temu?

Uczestniczka Salonu:
Tak, ja owszem.

Gary:
Ale tego nie znalazłaś. Nie możesz tego znaleźć, dopóki myślisz, że jesteś magnesem na beznadzieję. Twoje myśli są tym, co pojawia się w twoim życiu. Musiałaś zdeterminować i zadecydować, że jesteś magnesem na beznadzieję.

Wszędzie tam, gdzie zadecydowałaś, że jesteś magnesem na beznadzieję i wszystkie wy, które jesteście dobre w wybieraniu beznadziejnych mężczyzn i kobiet, czy to teraz zniszczycie i odkreujecie, razy bóg wiele ile razy? Zgoda, Niezgoda, Dobrze, Źle, Wszystkie 9, POD i POC, w Skrócie, Ponad, Nuklearne Sfery.

Gratulacje, drogie panie, w przeciągu chwili zamieniłyście się w kupę beznadziei. Czy jesteście z siebie dumne?

Uczestniczka Salonu:
Dzięki ci, Gary.

PRZESTRZEŃ ISTNIENIA

Uczestniczka Salonu:

Są takie okresy, kiedy moje ciało czuje, że naprawdę żyje i jest podniecone i przez jakiś czas jestem z moim ciałem obecna. Ostatnio jednak wydaje się, jakbym samą siebie stłumiła. Potrzebuję w tym wszystkim więcej jasności.

Gary:

Jaką wartość ma dla ciebie tłumienie siebie?

Uczestniczka Salonu:

Dociera do mnie, że kiedy jestem stłumiona, to nie jestem groźna.

Gary:

Jaką wartość ma dla ciebie powstrzymywanie siebie? Wszystko czym to jest, razy bóg wiele ile razy, czy teraz to zniszczysz i odkreujesz? Zgoda, Niezgoda, Dobrze, Źle, Wszystkie 9, POD i POC, w Skrócie, Ponad, Nuklearne Sfery.

Uczestniczka Salonu:

Odkreowanie o wartości ograniczania siebie, czy to jest właśnie to, co przyblokowałam w moim ciele?

Gary:

Przyblokowałaś siebie, a do tego wszystkiego swoje ciało. Rób na to ten proces odkreowania.

Jakiej głupoty używasz, by kreować wymysł, sztuczną intensywność oraz demony stanu lub miejsca istnienia, zamiast przestrzeni istnienia, którą wybierasz? Wszystko czym to jest, razy bóg wiele ile razy, czy teraz to zniszczysz i odkreujesz? Zgoda, Niezgoda, Dobrze, Źle, Wszystkie 9, POD i POC, w Skrócie, Ponad, Nuklearne Sfery.

Uczestniczka Salonu:
Czy możesz powiedzieć coś więcej o tym odkreowaniu?

Gary:
Istnieją *miejsca*, *stany* oraz okresy istnienia. *Przestrzeń* istnienia zawiera w sobie wszystko i niczego nie ocenia. Przestrzeń istnienia doprowadza was do jedności, którą jesteście i daje wam więcej wyborów. Musicie chcieć być przestrzenią istnienia, co oznacza, że nie macie definicji. Dla przykładu, pewni ludzie mają poczucie samych siebie, poczucie tego, że istnieją, kiedy są w lesie.

M. mówiła, że nie czuje, że ma jakąkolwiek definicję na to kim jest. To dlatego, że kiedy jest się sobą, to bycie sobą nie ma definicji. Jesteś tym kim jesteś i nic poza tym nie jest możliwe, dostępne ani konieczne.

Uczestniczka Salonu:
Zadawałam pytanie: „Co tutaj jest możliwe, czego jeszcze nie jestem świadoma?". Czy jest jeszcze jakieś inne pytanie, które mogę zadać?

Gary:
Zapytaj: Jaką przestrzenią świadomości mogę dzisiaj być, co pozwoli mi być całą sobą i nigdy się od tego nie oddalać?

Uczestniczka Salonu:

Gary, czy ja wchodzę w jedność, czy raczej znikam?

Gary:

Nie mogę ci odpowiedzieć na to pytanie. Powiedz mi coś więcej.

Uczestniczka Salonu:

Wtedy kiedy nie odczuwam i nie czuję niczego....

Gary:

Kiedy jesteś przestrzenią jedności i świadomości, to czujesz wszystko i nic nie jest ani ważne, ani odpowiednie. Jeśli nic nie czujesz, sprawiasz, że nie istniejesz.

Jakiej głupoty używam, by kreować nie-istnienie samej siebie, które wybieram? Wszystko czym to jest, razy bóg wiele ile razy, czy teraz to zniszczysz i odkreujesz? Zgoda, Niezgoda, Dobrze, Źle, Wszystkie 9, POD i POC, w Skrócie, Ponad, Nuklearne Sfery.

SKONFLIKTOWANE WSZECHŚWIATY

Uczestniczka Salonu:

Wydaje mi się, że jakaś walka albo desperacja musi istnieć i doprowadza mnie to do szału, że ja nie mam nawet desperacji.

Gary:

Mam pytanie. Czy jesteś dwubiegunowa?

Uczestniczka Salonu:
Okazuje się, że tak, ale nawet nie wiem co to znaczy.

Gary:
To oznacza, że masz pozytywny wszechświat, który jest negatywny oraz wszechświat negatywny, który jest pozytywny. Pozostajesz w stałym stanie konfliktu ze sobą.

Jakiej głupoty używasz, by kreować skonfliktowane wszechświaty, które wybierasz? Wszystko czym to jest, razy bóg wiele ile razy, czy teraz to zniszczysz i odkreujesz? Zgoda, Niezgoda, Dobrze, Źle, Wszystkie 9, POD i POC, w Skrócie, Ponad, Nuklearne Sfery.

Uczestniczka Salonu:
Próbuję być normalna. Nawet nie wiem, czym ja jestem.

Gary:
A dlaczego miałabyś być normalna?

Uczestniczka Salonu:
To wszystko wydaje się być złe i niewłaściwe. Właśnie mnie zdiagnozowałeś. Nikt mi nie powiedział, że jestem zła i niewłaściwa.

Gary:
Nikt ci tego nie powiedział?

Uczestniczka Salonu:
Nie, nikt mi tego nie powiedział. Czy powinnam zostać oddana do jakiejś instytucji? Dlaczego nie mogę

być szczęśliwa? Kiedy powiedziałeś to, co powiedziałeś, poczułam ulgę, a mimo to...

Gary:

Rób sobie ten proces odkreowania o skonfliktowanych wszechświatach. To właśnie tam zachodzą podziały mężczyzna/kobieta. Istnieje stały stan konfliktu pomiędzy mężczyznami, kobietami, kopulacją a związkami. To są całkowicie skonfliktowane wszechświaty. Każda z was jest w tym dwubiegunowa.

Jakiej głupoty używacie, by kreować skonfliktowane wszechświaty, które wybieracie? Wszystko co się pod tym kryje, razy bóg wiele ile razy, czy teraz to zniszczycie i odkreujecie? Zgoda, Niezgoda, Dobrze, Źle, Wszystkie 9, POD i POC, w Skrócie, Ponad, Nuklearne Sfery.

Uczestniczka Salonu:
Czy to się odnosi również do ciał?

Gary:
Tak, to samo dzieje się kiedy jesteście w konflikcie ze swoim ciałem.

Uczestniczka Salonu:
To bardzo fajnie dowiedzieć się. Dziękuję.

Gary:
Jakiej głupoty używacie, by kreować skonfliktowane wszechświaty, które wybieracie? Wszystko czym to jest, razy bóg wiele ile razy, czy teraz to zniszczycie i odkreujecie?

Zgoda, Niezgoda, Dobrze, Źle, Wszystkie 9, POD i POC, w Skrócie, Ponad, Nuklearne Sfery.

Uczestniczka Salonu:

Czy chcesz przez to powiedzieć, że to wszystko kwestia wyboru i kreacji? Że my to fabrykujemy?

Gary:

Kreujecie konflikt zamiast możliwości, czyż nie? Jeśli jesteście w stałym osądzie samych siebie, to co wy kreujecie? Kreujecie czy niszczycie?

Uczestniczka Salonu:

Niszczymy.

Gary:

Wciągacie się w to i wybieracie konflikt zamiast możliwości. Zamiast tego spójrzcie na pytanie, wybór, możliwość oraz wkład. Musicie zapytać:

- Co tutaj jest możliwe, czego nie brałam pod uwagę?
- Jakie mam tutaj wybory, o których nawet nie pomyślałam?

Kiedy musicie oddać wszystko czego pragniecie, aby ktoś inny miał wszystko czego on/ona pragnie, to jest to właśnie skonfliktowany wszechświat. Jesteście ze sobą w konflikcie, co wyjaśnia dlaczego większość związków jest taka trudna. Przez większość czasu staracie się, aby druga osoba się z wami zgadzała, tak, żeby ona widziała, że ty się z nią zgadzasz, i żeby finalnie mogła dostać to, czego chce. Czy to się sprawdza?

Uczestniczka Salonu:
Nie.

Gary:
Żeby powstał konflikt pomiędzy mężczyznami a kobietami, trzeba odciąć się od świadomości. Żeby mieć w swoim życiu miejsce na konflikt, trzeba odciąć się od świadomości. Wszędzie tam, gdzie istnieje miejsce, w którym próbujecie wykreować coś, co się w waszym życiu nie sprawdza, kreujecie skonfliktowany wszechświat. Jest to wszechświat skonfliktowany, ponieważ nie jesteście w komunii ze wszystkim i nie możecie wszystkiego wybrać. Mogłybyście wybrać cokolwiek, jeśli naprawdę chciałybyście wybrać, jednak musicie sobie uświadomić, że za każdym razem gdy kreujecie skonfliktowany wszechświat, to funkcjonujecie z nieco innego miejsca.

W moim własnym życiu, gdy Dain ma u siebie kogoś, z kim spędza noc, wtedy ja staję się dziwny i skonfliktowany. Nie wiem skąd ten konflikt. Mógłbym powiedzieć: „Oh, nie podoba mi się to, że on tu kogoś zaprasza." Jednak potem powiem: „Przecież to nie ma sensu. To nie może być mój świat. Co ja tutaj kreuję?".

Doszedłem do tego, że kreowałem miejsce, w którym wierzyłem, że gdybym miał z tym problem, to miałbym coś, czym musiałbym się zająć. Konflikt, który miał miejsce, był tak naprawdę związany z ludźmi, z którymi przebywał. To ludzie, z którymi uprawiał seks, mieli konflikty odnośnie tego, co wybierają. To oni byli skonfliktowani z tym, co wybierają. Jak raz zdałem sobie z tego sprawę, to już nie miałem konfliktu. Miałem więcej jasności i wiedziałem co dla mnie jest prawdziwe. Jednak musiałem być ponad ideę, że to ja miałem konflikt, czy też, że to ja miałem problem. Wszędzie tam, gdzie stosujesz „Mam z tym problem", funkcjonujesz z poziomu skonfliktowanego wszechświata.

Jakiej głupoty używacie, by kreować skonfliktowane wszechświaty, które wybieracie? Wszystko, co się pod tym kryje, razy bóg wiele ile razy, czy teraz to zniszczycie i odkreujecie? Zgoda, Niezgoda, Dobrze, Źle, Wszystkie 9, POD i POC, w Skrócie, Ponad, Nuklearne Sfery.

CIAŁA A SKONFLIKTOWANE WSZECHŚWIATY

Uczestniczka Salonu:
Czy możesz powiedzieć coś więcej o ciałach i skonfliktowanych wszechświatach? Jak to się objawia?

Gary:
Jeśli oceniacie swoje ciało, to czy tak naprawdę poszukujecie zmiany? Czy raczej jesteście z nim w konflikcie?

Uczestniczka Salonu:
To wskazuje na konflikt.

Gary:
Tak, za każdym razem gdy oceniacie swoje ciało, jesteście z nim w konflikcie. Nie poszukujecie tego, co jest możliwe, ani tego czym mogłybyście być albo co zrobić, czego jeszcze nie brałyście pod uwagę.

Uczestniczka Salonu:

Czy jest jakiś konkretny proces dla ciała, oprócz tego, który już podałeś?

Gary:

Ten, który ci podałem będzie najlepszy.

Uczestniczka Salonu:

Wspaniale, dziękuję.

Gary:

Podobają mi się wasze pytania.

Uczestniczka Salonu:

Podczas gdy ty robisz odkreowania, odczuwam palenie w klatce piersiowej. Czy to coś po prostu ulega zmianie?

Gary:

Tak, to wskazuje na zmianę. Masz wiele punktów widzenia na temat tego co się dzieje, co ty odczuwasz sercem.

Jakiej głupoty używacie, by kreować skonfliktowane wszechświaty, które wybieracie? Wszystko czym to jest, razy bóg wiele ile razy, czy teraz to zniszczycie i odkreujecie? Zgoda, Niezgoda, Dobrze, Źle, Wszystkie 9, POD i POC, w Skrócie, Ponad, Nuklearne Sfery.

Uczestniczka Salonu:

Co mają ze sobą wspólnego obrona, wymysł a skonfliktowany wszechświat?

Gary:

Skonfliktowany wszechświat jest czymś, co wy kreujecie, myśląc że to jest sposób na życie w tej rzeczywistości. Kreujecie go, żeby utrzymać przy życiu polaryzację. Za każdym razem, gdy macie dwie rzeczy, które są różne i spolaryzowane, takie jak mężczyźni i kobiety, to jest to skonfliktowany wszechświat – a niekoniecznie prawda.

Obrona jest tym, czego dokonujecie, decydując, że to co zadecydowałyście jest słuszne. Podejmujecie decyzję, aby utrzymać przy życiu obronę. Musicie walczyć o nią albo przeciwko niej.

Wymysł ma miejsce wtedy, kiedy kupujecie czyjś punkt widzenia. Powiedzmy, że wasi rodzice mówią, że nie powinnyście x, y, z. Jak tylko to powiedzą, to próbujecie wymyślić to jako swój punkt widzenia. To nie jest wykreowane, dlatego że nie jest oparte na czymś, co wybieracie. To jest oparte o to, co wybieracie przejąć od innych.

Uczestniczka Salonu:

Nie mam jasności w tym, że skonfliktowany wszechświat jest tam, gdzie myślisz, że masz coś wybrać.

Gary:

Nie, jest tam, gdzie starasz się utrzymać polaryzację tej rzeczywistości. Czy nieskończone istnienie by to wybrało?

Uczestniczka Salonu:

Nie.

Gary:

Czy naprawdę wybrałabyś bycie w konflikcie między kobietami a mężczyznami?

Uczestniczka Salonu:

Wcale nie.

Gary:

Jesteś tego pewna?

Uczestniczka Salonu:

Skoro nie jestem w skonfliktowanym wszechświecie, to nie widzę powodu, dla którego miałabym wybrać bycie w konflikcie między kobietami a mężczyznami.

Gary:

Musicie zdać sobie sprawę z tego, że dostępna jest wam możliwość inna niż to, co do tej pory rozważałyście. Co tak naprawdę jest możliwe, czego nie rozważałyście?

Jakiej głupoty używacie, by kreować skonfliktowane wszechświaty, które wybieracie? Wszystko czym to jest, razy bóg wiele ile razy, czy teraz to zniszczycie i odkreujecie? Zgoda, Niezgoda, Dobrze, Źle, Wszystkie 9, POD i POC, w Skrócie, Ponad, Nuklearne Sfery.

To są wszystkie te miejsca, w których pozwoliłyście sobie na bycie w takiej, czy innej formie polaryzacji.

Uczestniczka Salonu:

A kiedy spytałeś, czy jestem tego pewna, to co miałeś na myśli?

KOBIETY, KTÓRE RYWALIZUJĄ Z INNYMI KOBIETAMI

Gary:

Większość kobiet rywalizuje z innymi kobietami. Musicie mieć w tym dużą jasność, jeśli wy nie rywalizujecie z kobietami, ale one z wami tak, to wy tego nie rozumiecie i nawet to do was nie dociera.

Uczestniczka Salonu:

Tak, to brzmi jak prawda.

Gary:

Ważne jest, abyście zdały sobie sprawę z tego, że wy nie tworzycie skonfliktowanego wszechświata z kobietami. Nie tworzycie osądów wobec kobiet, ani rywalizacji z nimi. Jednak musicie być skłonne rozpoznać kobiety, które to robią. Kiedy one rywalizują z innymi kobietami, to próbują udowodnić, że ktoś wybiera niewłaściwie lub postępuje niewłaściwie. One zawsze próbują dostrzec co inne kobiety robią źle.

Uczestniczka Salonu:

Dla mnie jest coś lepkiego w rywalizacji z kobietami. Co możemy w tej sprawie zmienić?

Gary:

Przede wszystkim zdajcie sobie sprawę z tego, że kobiety generalnie są bardzo rywalizujące. Jeśli nie zdacie sobie z tego sprawy, to będziecie próbowały doszukiwać się racji w ich osądach. Będziecie widziały ich rację, kiedy będą wam wytykały, że coś jest z wami nie w porządku lub wtedy kiedy będą mówiły: "ładna sukienka", wcale nie mając tego na myśli. Musicie dostrzegać kiedy kobiety rywalizują i nie kupować tego.

Jeśli wy nie będziecie przystawać na rywalizację, to koniec końców odejdzie ona wraz z ludźmi, którzy są z nią związani. Jednak kobiety są i będą rywalizujące i musicie zdawać sobie z tego sprawę. To ważne.

Jeśli wy nie rywalizujecie z kobietami, to w przypadku, gdy kobieta wybiera przebywanie w waszym towarzystwie ze swoim mężczyzną, to wy nie czujecie konieczności, żeby się jej przypodobać, ani przewyższać. Wiecie, że macie inny wybór.

Kiedy kobiety rywalizują, to one znaczą mężczyznę, z którym uprawiają seks i za każdym razem, gdy wchodzi jakaś inna kobieta, to one kleją się do niego. Obsikują go zaznaczając swój teren. Kobiety i psy mają ze sobą wiele wspólnego.

Uczestniczka Salonu:
Jak to wygląda, kiedy ty nie rywalizujesz, a rozpoznajesz, że inne kobiety tak?

Gary:
Kiedy kobiety rywalizują z innymi kobietami, to nie możesz się z nimi przyjaźnić. One nigdy nie będą twoimi przyjaciółkami. Mogą być tylko znajomymi. Przyjaźnie nie mogą się zawiązać pomiędzy kobietami, które rywalizują z innymi kobietami.

Uczestniczka Salonu:
A tak robi większość kobiet.

Gary:
Jeśli nie chcesz mieć rywalki, to możesz mieć bliską przyjaciółkę. Musisz chcieć rozpoznać, jaki rodzaj kobiet możesz wybrać jako swoje przyjaciółki, a jaki nie.

Uczestniczka Salonu:
A jak to jest pracować z takimi kobietami?

Gary:
Kiedy pracujecie z kobietami, które rywalizują z kobietami, to musicie mężczyzn trzymać od tego z daleka. W przeciwnym razie one zawsze wynajdą sposób, by wykreować problem, który umożliwi im rywalizację.

Uczestniczka Salonu:
Wow, to dla mnie zupełnie obcy temat.

Gary:
Tak, ty nie rywalizujesz z kobietami, więc nie pojmujesz jak to działa.

Uczestniczka Salonu:
Nie, nie pojmuję.

Gary:
Ty myślisz, że one funkcjonują tak jak inni ludzie.

Uczestniczka Salonu:
Dzięki za oświecenie mnie.

Uczestniczka Salonu:

Jestem tak wdzięczna za tę serię teleklas. Nie uświadamiałam sobie jak wiele zmiany jest możliwe. Gdybyś miał nam zostawić trzy główne punkty o byciu kobietą na tej planecie, to co by to było?

JAKĄ PRZYSZŁOŚĆ CHCIAŁABYŚ WYKREOWAĆ?

Gary:

Mówiłem o potrzebie rozpoznania, że jesteście zdolne do bycia wojowniczkami o kreowanie innej rzeczywistości. Jesteście wojowniczkami o przyszłość.

Ile z was patrzy na przyszłość, a ile na przeszłość? Większość z was spędziło swoje życie patrząc na to, co niewłaściwe, na przeszłość i na sprawy, które nie działają. Rzadko patrzycie na przyszłość i na to, co naprawdę się sprawdzi. Jaką przyszłość chciałybyście wykreować? Dlaczego wasza uwaga nie skupia się właśnie na tym? Każdego dnia.

Jestem zainteresowany kreowaniem przyszłości. Najlepiej jak tylko mogę, jestem mężczyzną humanoid z kobiecą domieszką. Jestem w gotowości, by patrzeć na to, co wykreuje przyszłość i jaką przyszłość ja mogę wykreować. Zawsze szukam sposobu kreowania wszystkiego inaczej. Codziennie w moim biznesie przyglądam się temu: Czym mam być albo co zmienić, by sprawić, że będzie lepszy, wspanialszy albo inny? To nie zadziała dopóki ja nie będę zdolny, by wykreować coś innego. Dla mnie wykreowanie czegoś innego jest najwspanialszym prezentem, który mogę sobie dać. Tu zawsze chodzi o kreowanie przyszłości, która jeszcze nie istniała.

Musicie zacząć myśleć o tym, jak wykreować przyszłość, która tutaj jeszcze nie istniała. Jeśli z tym pytaniem funkcjonujecie, to wiele z problemów, które macie w małżeństwie i we wszystkim innym, odejdzie.

Patrzcie z perspektywy:

- Jeśli ja kreowałabym przyszłość, którą chciałabym mieć, to jaka by ona była?
- Jak byłaby odczuwana?

To jest inna możliwość. To musi być coś wspanialszego. A wy musicie być w gotowości, by to wybrać.

Cóż, drogie panie, bądźcie świadome, świadomość jest najwspanialszym prezentem, który możecie sobie dać.

Mam nadzieję, że te klasy cieszyły was wszystkie tak bardzo jak mnie. Dziękuję wam wszystkim za dar, jakim są wasze pytania.

Uczestniczka Salonu:

Dziękujemy ci, Gary.

Uczestniczka Salonu:

Tak wiele wdzięczności. Dziękuję ci!

Oświadczenie Odkreowujące Access Consciousness®

Ty jesteś jedyną osobą, która może odblokować punkty widzenia, które cię trzymają w potrzasku.
Oświadczenie odkreowujące, które tu proponuję, to narzędzie, którego możesz używać by zmienić energię punktów widzenia, które trzymają cię w pułapce niezmiennych sytuacji.

W tej książce zadaję wiele pytań i niektóre z tych pytań mogą ci nieco zamieszać w głowie. Taki właśnie jest mój zamiar. Pytania, które zadaję, są po to, aby twój umysł odsunąć na bok, byś otrzymała *energię* sytuacji.

Po tym jak pytanie zawróci ci w głowie i ujawni energię danej sytuacji, pytam czy chcesz tę energię zniszczyć i odkreować – ponieważ energia, która utknęła jest źródłem barier i ograniczeń. Niszczenie i odkreowywanie tej energii otworzy drzwi do nowych możliwości dla ciebie.

To jest twoja okazja, by powiedzieć: „Tak, chcę to odpuścić, czymkolwiek jest to, co utrzymuje to ograniczenie."

Następnie zostanie wypowiedziana dziwna plątanina słów nazwana oświadczeniem odkreowującym:

Zgoda, Niezgoda, Dobrze, Źle, Wszystkie 9, POD i POC, w Skrócie, Ponad, Nuklearne Sfery.

Dzięki oświadczeniu odkreowującemu powracamy do energii ograniczeń i barier, które zostały utworzone. Przypatrujemy się tym energiom, które nie pozwalają nam pójść naprzód i poszerzyć się na wszystkie przestrzenie, do których chcemy sięgnąć. Oświadczenie odkreowujące jest po prostu krótkim sformułowaniem, które zwraca się do energii, które tworzą ograniczenia i zakleszczenia w twoim życiu.

Im częściej używasz oświadczenia odkreowującego, tym głębiej ono sięga i tym więcej warstw i poziomów może uwolnić. Jeśli wiele energii ujawnia się w odpowiedzi na pytanie, możesz chcieć powtórzyć ten proces wielokrotnie, aż kwestia, którą się zajmujesz nie stanowi już dla ciebie problemu.

Nie musisz rozumieć słów oświadczenia, aby ono zadziałało, ponieważ tu chodzi o energię. Jednak jeśli interesuje cię co poszczególne słowa oznaczają, poniżej znajdziesz ich skrótowe definicje.

Zgoda, Niezgoda, Dobrze, Źle – w skrócie oznacza to: Co jest właściwe, dobre, doskonałe i poprawne w danej sytuacji? oraz: Co jest niewłaściwe, złe, okropne, złośliwe, okrutne i straszne w danej sytuacji? Skróconą wersją tych wszystkich pytań jest: *Z czym tu się zgadzam? Z czym się nie zgadzam? Co jest w tym dobrego? Co jest w tym złego?*. Najbardziej blokują nas rzeczy, które uważamy za właściwe, dobre, doskonałe i/lub poprawne, ponieważ nie chcemy ich stracić, bo kiedyś podjęliśmy decyzję, że są dla nas właściwe.

POD point of destruction – oznacza punkt destrukcji, czyli wszystkie sposoby, poprzez które niszczysz siebie, żeby utrzymać w egzystencji to, co uwalniamy, cokolwiek to jest.

POC point of creation – oznacza punkt tworzenia myśli, uczuć i emocji bezpośrednio poprzedzający podjęcie decyzji o zablokowaniu energii.

Czasem ludzie mówią „POD i POC", co jest skrótem całego oświadczenia odkreowującego. Kiedy robisz czemuś „POD i POC", to jakbyś wyciągała karty z samego spodu domku z kart. Wszystko się rozpada.

Wszystkie 9 – oznacza dziewięć różnych sposobów, na które wykreowałaś to coś, jako ograniczenie w swoim życiu. Są to warstwy myśli, uczuć, emocji, punktów widzenia, które kreują ograniczenie jako konkretne i rzeczywiste.

W Skrócie – to znacznie skrócona wersja długiego ciągu pytań, zawierającego między innymi: jakie to ma znaczenie, a jakiego nie ma znaczenia, jaka jest za to kara i jaka jest nagroda?

Nuklearne Sfery – to energetyczne struktury o takiej właśnie nazwie. Ogólnie rzecz biorąc, oznaczają one sfery życia, w których pomimo ciągłych prób nie uzyskujesz żadnych rezultatów. Istnieje trzynaście takich sfer, nazwanych zbiorczo „nuklearne sfery". Nuklearne sfery są trochę jak bańki mydlane, które dmuchane są przez dziecięce słomki, które mają wiele komórek. To kreuje ogromną ilość baniek, a kiedy próbujesz rozbić jedną, pojawia się kolejna.

Czy kiedykolwiek próbowałeś obierać warstwy cebuli, by dotrzeć do sedna czegoś, a nie doprowadziło cię to do niczego? To dlatego, że to nie było cebulą, a nuklearną sferą.

Ponad – oznacza uczucia i odczucia, które wstrzymują ci serce, oddech, i gotowość patrzenia na możliwości. *Ponad* ma miejsce kiedy jesteś w szoku. Jest wiele dziedzin życia, które nas mrożą. Za każdym razem, gdy coś cię zmroziło, to właśnie *ponad*, które cię więzi. Na tym polega trudność z ponad: to powstrzymuje cię od bycia obecną. *Ponad* zawiera w sobie wszystko co jest *ponad* wiarę, rzeczywistość, wyobraźnię, koncepcję, postrzeganie, racjonalizację, przebaczenie, jak również wszystkie inne ponad. Są to zwykle uczucia i odczucia, rzadko emocje, a nigdy nie są to myśli.

Słowniczek

Barsy

Barsy to proces Access na ciało, który polega na przykładaniu dłoni do głowy. Wykorzystuje się w nim delikatny dotyk tak, aby nastąpiło zetknięcie punktów, które odpowiadają za różne dziedziny naszego życia. Na głowie znajdują się punkty odpowiadające za radość, smutek, ciało, seksualność, życzliwość, wdzięczność, pokój, spokój. Jest nawet jeden odpowiadający za pieniądze. Te punkty zostały nazwane „Barsami" (ang. pręciki), ponieważ przebiegają z jednej strony głowy na drugą.

Bycie

W tej książce wyraz *być* używany jest czasem zamiast *jesteś*, żeby odnieść się do *ciebie* jako nieograniczonego istnienia, którym prawdziwie *jesteś*, w odróżnieniu od wymyślonego punktu widzenia jakim jest to, kim myślisz, że *jesteś*.

CFMW

Pieprzony Certyfikowany Sprawca Cudów.

Cząsteczki

Jest faktem, że każda cząsteczka i każda molekuła ma w sobie świadomość. Kiedy wzywasz lub używasz żywiołów, to odnosisz się do świadomości każdej molekuły i pytasz ją o wkład, jakim może być do twojego życia.

Destruktywne implanty

Destruktywne implanty są klejącymi się negatywnymi emocjami. Tracimy nasz czas tkwiąc w nich, chcąc się z nich wydostać, będąc jednocześnie mocno przekonani, że nie możemy od nich uciec. Destruktywne implanty to: złość, wściekłość, furia, nienawiść, obsesyjne, kompulsywne, uzależniające, wypaczone punkty widzenia, miłość, seks, zazdrość oraz pokój; życie, istnienie, śmierć oraz związki, biznes, strach oraz zwątpienie.

Dziesięć Przykazań
(znane również pod nazwą Dziesięć kluczy do totalnej wolności)

W Access Consciousness mówi się o Dziesięciu Przykazaniach – lub Dziesięciu kluczach do całkowitej wolności. „Bez formy, bez struktury, bez znaczenia" jest jednym z owych Dziesięciu kluczy (czy też przykazań). Więcej informacji o Dziesięciu Przykazaniach – lub Dziesięciu kluczach jest dostępne w książce „Dziesięć kluczy do całkowitej wolności" (*The Ten Keys to Total Freedom*) oraz na płycie CD „Dziesięć Przykazań" (*The Ten Commandments*).

Dziesięć Przykazań
(znane również pod nazwą Dziesięć kluczy do totalnej wolności)

Przeczytaj proszę książkę lub wysłuchaj teleklasy. Potrzebujesz tego.

Energetyczna Synteza Komunii

To proces wykonywany przez dr Daina Heer. Ogólnie rzecz biorąc, energetyczna synteza komunii sprawia, że jesteś na różny sposób połączony z każdą strukturą molekularną wszechświata. Możesz dowiedzieć się o tym więcej na stronie internetowej Daina (www.drdainheer.com). Oferuje on darmowe „wstępy", aby dać ci przedsmak tego, czym to jest.

Generowanie, kreowanie, wprowadzanie w życie oraz ustanawianie

Generowanie to energia, która inicjuje coś do zaistnienia, *kreacja* zachodzi wtedy, gdy coś *wprowadzasz* w życie, a *ustanawianie* jest tym, co robisz, by wykreować platformę do budowy czegoś więcej.

Hołdy i przysięgi

Hołd związany jest z zależnością lenniczą, czyli jest obietnicą składaną za czasów feudalnych, kiedy poddany zobowiązywał się do lojalności wobec króla w zamian za jego protekcję. Przysięga to hołd, który zespoił się z twoją fizyczną strukturą tak, jak przysięga krwi.

Human a humanoid

Na tej planecie istnieją dwa typy człekokształtnych istnień. Nazywamy ich human oraz humanoid. Wyglądają, chodzą, mówią, często nawet jedzą tak samo, ale ich rzeczywistość jest różna.

Human zawsze ci powie co jest z tobą nie tak; że to on ma rację, i że nie powinnaś niczego w życiu zmieniać. Mówi takie rzeczy jak: „Tak się tego nie robi, nawet nie ma po co się trudzić". Human jest tym, który pytają: „Po co to zmieniać? Jest dobrze tak, jak jest."

Humanoid ma inne podejście. On zawsze przygląda się sprawom i pyta: „Jak możemy to zmienić? Co sprawi, że to będzie lepsze? Jak możemy stworzyć coś lepszego?". To są ci ludzie, którzy stworzyli wielkie dzieła sztuki, wspaniałą literaturę i wspaniały postęp na planecie.

Interesujący punkt widzenia

Interesujący punkt widzenia jest jednym z narzędzi Access Consciousness. To wspaniały sposób na neutralizację osądu i przypomnienie samemu sobie, że każdy osąd to tylko punkt widzenia, który ma się w danej chwili. Nie jest on ani słuszny, ani niesłuszny, ani dobry, ani zły.

Za każdym razem, gdy pokaże się jakiś osąd, po prostu powiedz: „Interesujący punkt widzenia." To pozwoli ci zdystansować się od osądu. Wówczas ani się do niego nie dopasowujesz, ani z nim zgadzasz, ani się mu nie opierasz, ani na niego nie reagujesz. Po prostu pozwalasz temu być tym czym jest, niczym więcej jak tylko interesującym punktem widzenia. Kiedy to stosujesz jesteś w przyzwoleniu.

Królestwo mnie

Większość z nas stara się funkcjonować z poziomu królestwa mnie, w którym chodzi o to, by zorientować się czego się chce dla samego siebie, tak jak by istniało to w oddzieleniu od wszystkich innych. A co jeśli możesz wybrać z całkowicie innego miejsca? Co jeśli oddzielenie jest właśnie tym, co trzyma cię z dala od wszystkiego, czego naprawdę pragniesz?

Królestwo nas

Wybieranie z poziomu królestwa nas nie jest wybieraniem dla samego siebie w opozycji do innych. W królestwie nas nie wybierasz dla siebie, wykluczając innych. Wybierasz dla siebie oraz dla wszystkich innych. Wybierasz to, co poszerzy możliwości, również twoje własne. Kiedy tak postępujesz, to ludzie wokół ciebie zdają sobie sprawę, że ich wybór poszerzy się poprzez twój wybór i będą wkładem do twoich wyborów, zamiast się im opierać.

Lżejsze/cięższe

To, co jest lekkie jest zawsze prawdą i odczuwasz w tym lekkość.

To, co jest kłamstwem jest zawsze ciężkie i ty odczuwasz ten ciężar.

MTVSS

Molecular Terminal Valence Sloughing System to głęboko relaksujący proces na ciało Access Consciousness, który dynamicznie wpływa na system immunologiczny i kreuje poczucie rozprzestrzenienia i łatwości w ciele, którego rzadko doświadcza się gdziekolwiek indziej.

Omniseksualni

Omniseksualni czują przyciąganie do ludzi każdej płci oraz orientacji seksualnych. Postrzegają ludzi poprzez ich osobowość, a nie poprzez ich genitalia, czy identyfikację płciową.

Połączenia kwantowe

Połączenia kwantowe to według fizyki i teorii strun fakt, że wszystko jest ze sobą nawzajem połączone. Kiedy patrzysz na wszechświat jest to jasne, że każda rzecz jest połączona z każdą inną. Każdym pytaniem, każdym wyborem oraz każdą możliwością zapraszasz połączenia kwantowe z całego wszechświata, by dołączyły do ciebie w realizacji tego, czego pragniesz. Wszechświat chce nas wspierać, a my zachowujemy się tak, jak byśmy byli w nim sami. To tak, jak byśmy myśleli, że wszechświat jest ekosystemem, który nas wyklucza. Myślimy, że wszystko musimy zrobić sami – a jednak jesteśmy częścią całości. Jak tylko przyjmiemy samych siebie jako część całości, bez osądu, to w sposób absolutny zapraszamy całość, by była częścią nas i otwieramy się na wszechświat, który daje nam wszystko, czego pragniemy.

Ponad linearnością

Ponad linearnością oznacza, że nie jesteś na swoim miejscu wszędzie tam, gdzie próbujesz ustawić się w rzędzie, zgodnie z punktami widzenia innych ludzi.

Poza definicją

Bycie poza definicją to bycie wolnym od definicji i ograniczeń narzucanych na ciebie przez innych ludzi. Ich definicje istnieją, ty masz tego świadomość, ale żyjesz poza nimi.

Poza formą, strukturą i znaczeniem

Bycie poza formą, strukturą i znaczeniem to nie bycie przywiązanym do sztywnych form i struktur, które przez innych są uznane za niezwykle ważne i znaczące. To bycie zwinnym, elastycznym i innowacyjnym.

Poza koncentrycznością

Bycie poza koncentrycznością to bycie poza miejscem, w którym próbujesz wtłoczyć wszystko w dośrodkowe kręgi, aby się ze sobą łączyły i kreowały ciągły stan kurczenia.

Poza kontrolą

Bycie poza kontrolą to bycie całkowicie niekontrolowanym. Tu nie chodzi o upicie się, bycie ponad nakazami, czy też poza prawem. Bycie poza kontrolą oznacza to, że nic cię nie kontroluje i nic cię nie zatrzymuje – a ty nie musisz wstrzymywać ani ograniczać nikogo innego. Kiedy jesteś poza kontrolą, jesteś gotowa funkcjonować poza kontekstualną rzeczywistością i konwencjonalnymi punktami odniesień. Chodzi w tym o niedopuszczanie do tego, aby punkty widzenia, rzeczywistości, osądy, ani decyzje innych ludzi stały się czynnikami kontrolującymi twoje życie.

Bycie poza kontrolą to bycie całkowicie świadomym. Nawet nie próbujesz kontrolować jak rzeczy są generowane. Próbujesz kontrolować to, co się dzieje, co przychodzi i odchodzi, tylko wtedy, gdy jesteś całkowicie nieświadomy. Bycie poza kontrolą oznacza, że nic nie może cię powstrzymać.

Poza kontekstem

Bycie poza kontekstem oznacza, że już nie funkcjonujesz mając cokolwiek lub kogokolwiek za swój punkt odniesienia.

Poza ograniczeniem

Bycie poza ograniczeniem oznacza, że ty nie funkcjonujesz w ramach ograniczeń, które inni dla siebie wykreowali.

Przyzwolenie

Możesz przystać i zgodzić z jakimś punktem widzenia, albo go wyprzeć i mu zaprzeczyć. To właśnie jest polaryzacja tej rzeczywistości. Możesz też być w przyzwoleniu. Kiedy jesteś w przyzwoleniu, to jesteś skałą w wartkim strumieniu. Myśli, wierzenia, postawy czy przekonania napływają i omijają cię, dlatego, że dla ciebie są interesującym punktem widzenia. Jeśli jednak wchodzisz w dostosowywanie się, godzenie, wyparcie lub zaprzeczenie jakiemuś punktowi widzenia, to zostajesz porwany przez strumień szaleństwa i oddajesz się temu. Nie jest to strumień, z którego prądem chciałbyś podążać. Ty chciałbyś być w przyzwoleniu. Całkowite przyzwolenie to: wszystko jest tylko interesującym punktem widzenia.

Robienie POC i POD

POC i POC to skrót na powiedzenie, że robisz zwrot w czasie do punktu, w którym czymkolwiek zniszczyłeś samego siebie, czy też do punktu, w którym nastąpiła kreacja czegoś, co cię blokuje.

Seks i brak seksu

W Access Consciousness mówimy o seksie i braku seksu, i wcale nie chodzi tu o kopulację. Mówimy o otrzymywaniu. Wybraliśmy użycie tych właśnie słów, ponieważ oddają one energię otrzymywania i braku otrzymywania lepiej, niż cokolwiek innego. Ludzie używają punktów widzenia jakie mają na temat seksu i jego braku, jako sposobu na ograniczenie swojego otrzymywania. Seks i brak seksu, to wykluczające się wszechświaty – wszechświaty albo/albo — w których albo oznajmiasz swoją obecność (seks) wykluczając przy tym wszystkich innych, albo ukrywasz swoją obecność (brak seksu), abyś nie był widoczny. W obu przypadkach nie pozwalasz sobie na otrzymywanie wszystkiego i wszystkich.

Systemy i struktury

System to coś, co jest plastyczne i zmienne. Może zostać dopasowane do danego momentu. Struktura to coś, co jest wprowadzane i ma prawa, regulacje i zasady, według których musisz postępować. Armia jest strukturą, a nie systemem. Prawa są strukturą, a nie systemem. System adoptuje się do tego, czego chcesz. W moim życiu system to życie w pytaniu. System w twoim umyśle przedkłada pytanie jako drzwi do opcji i możliwości, których nie rozważałaś.

Rozkwit

Rozkwit to akt rozkwitania. Zawiera w sobie przetrwanie i przechodzi od prostej egzystencji do miejsca kreacji wspanialszych możliwości.

Trójzakładkowy System Sekwencyjny

To wstęga Möbiusa, co oznacza, że wydarzenie, które zaszło dawno temu odtwarzasz wciąż na nowo w swojej głowie, tak, jak by miało miejsce dopiero co dzisiaj. Trójzakładkowy System Sekwencyjny jest w głównej mierze przyczyną zespołu stresu pourazowego.

Wyjście z Etapu Opuszczenia (Exit Stage Left)

Wyjście z Etapu Opuszczenia to proces na ciało Access Consciousness, który może pomóc istnieniu oraz ciału w przypomnieniu sobie, że życie i śmierć są wyborem.

Utopijne idee

Utopijne idee to rzeczywistości konceptualne zaszczepione w naszą egzystencję.

To sztywne idee lub koncepty dotyczące tego, jak sprawy powinny wyglądać. Przejmujemy je, zamiast funkcjonować w danym momencie.

Zabójcza energia

Zabójcza energia to energia, którą mogłabyś coś zabić, gdybyś była skłonna zrobić to bez żadnego osądu. Żeby zjeść krowę, czy renifera albo cokolwiek innego, trzeba go zabić, a to wymaga użycia takiej energii. Jeśli użyjesz jej na kimś w taki sposób, jak użyłabyś jej przy zabijaniu zwierzęcia, to jest właśnie tą energią, która dokona w ludziach zmiany.

Zapętlone nagranie

To opcja na komputerze, dzięki której to samo nagranie możesz odtwarzać wielokrotnie.

Znaki, pieczęcie, emblematy, znaczenia

Wszystko to są odznaki, które sobie przypinamy na piersi, które tak naprawdę nie mają nic wspólnego z tym, kim jesteśmy.

Życie a istnienie

Życie jest ukończeniem; istnienie jest aktem ciągłej kreacji dzień po dniu, chwila po chwili.

Czym jest Access Consciousness?

Access Consciousness to prosty zestaw narzędzi, technik oraz filozofii, które pozwalają ci na tworzenie dynamicznej zmiany w każdej dziedzinie twojego życia. Access zapewnia narzędzia, które krok po kroku pozwalają ci na stawanie się całkowicie świadomym oraz na to, by zacząć funkcjonować jako świadome istnienie, którym naprawdę jesteś. Te narzędzia mogą być używane do zmiany tego, co w twoim życiu nie działa, abyś mogła mieć inne życie i inną rzeczywistość.

Możesz zyskać dostęp do tych narzędzi dzięki klasom, teleklasom, książkom oraz innym produktom, jak również dzięki Certyfikowanym Facylitatorom Access Consciousness albo Bars Facylitatorom Access Consciousness.

Celem Access jest kreowanie świata świadomości oraz jedności. Świadomość to umiejętność bycia obecnym w swoim życiu w każdym momencie bez osądów wobec czegokolwiek lub kogokolwiek. Świadomość zawiera w sobie wszystko i niczego nie ocenia. To umiejętność otrzymywania wszystkiego, nie odrzucania niczego oraz kreowania wszystkiego, czego w swoim życiu pragniesz, wspanialszego niż miałaś do tej pory, czy nawet mogłaś sobie wyobrazić.

Aby dowiedzieć się więcej o Access Consciousness oraz aby wyszukać facylitatorów Access Consciousness, odwiedź:
www.accessconsciousness.com
www.garymdouglas.com

Zeskanuj poniższy kod, aby uzyskać więcej informacji

Inne książki Access Consciousness

Będąc sobą, zmieniając świat
dr Dain Heer

Czy zawsze wiedziałeś, że coś ZUPEŁNIE INNEGO jest możliwe? A co, jeśli mógłbyś mieć podręcznik o nieograniczonych możliwościach, przewodnik dynamicznej zmiany zawierający narzędzia i procesy, które naprawdę działają i zapraszają cię do zupełnie innego sposobu bycia? Podręcznik dla ciebie i dla całego świata.

The Ten Keys to Total Freedom
Gary M. Douglas &dr. Dain Heer

Dziesięć kroków do całkowitej wolności – to sposób na życie, który pomaga poszerzyć świadomość o samym sobie, o życiu, o tej rzeczywistości oraz tym, co istnieje ponad tym. Wraz z posiadaniem większej świadomości możesz zacząć kreować życie, o którym zawsze wiedziałeś, że jest możliwe, ale jeszcze go nie osiągnąłeś. Jeśli byś to praktykował i stał się tym, to będziesz wolny w każdym aspekcie swojego życia.

Beyond the Utopian Ideal
Gary M. Douglas

Większość ludzi funkcjonuje posiadając utrwalony punkt widzenia albo koncepcje na temat tego, jak sprawy powinny wyglądać, zamiast funkcjonować w danej chwili, w której mogą zmienić wszystko oraz osiągnąć i wykreować więcej, zgodnie z tym, co jest potrzebne. Nic nie jest tak naprawdę rzeczywiste; to konceptualne rzeczywistości, które zostały wpuszczone w naszą rzeczywistość. Dzięki tej książce staniesz się świadomy tego, czym są idealne koncepty i konstrukty, które kreują ograniczenia oraz bariery wobec tego, co jest dla ciebie możliwe. Te konstrukty muszą się rozpaść, abyś mógł kreować świat, który tobie pasuje.

Leading from the Edge of Possibility: No More Business as Usual
Chutisa i Steven Bowman

Wyobraź sobie tylko czym mógłby być twój biznes i twoje życie, jeśli przestałbyś funkcjonować na autopilocie, a zaczął generować swój biznes ze świadomością dobrobytu oraz z czymś, co można określić jako strategiczna świadomość. To naprawdę jest możliwe, jednak musisz być gotów to zmienić. Rozpoznawanie innej możliwości wymaga innego sposobu myślenia i niemal zawsze wymaga takiego rodzaju świadomości, która nie jest podparta dotychczasowym doświadczeniem. Dzięki tej książce zyskasz świadomość, której potrzebujesz, by prowadzić swój biznes w każdym środowisku!

Pragmatic Psychology: Practical Tools For Being Crazy Happy
Susanna Mittermaier

Każdy ma w swoim życiu co najmniej jedną „szaloną" osobę (nawet jeśli tą osobą jesteś ty sam!). Istnieje wiele etykiet i diagnoz – depresja, niepokój, ADD, ADHD, dwubiegunowość, schizofrenia... A co, jeśli istnieje również inna możliwość wobec chorób psychicznych – i co, jeśli zmiana i szczęście są całkowicie dostępną rzeczywistością? Susanna jest psychologiem klinicznym z niesamowitą zdolnością do facylitowania tego, co ta rzeczywistość często definiuje za szaleństwo. Autorka facylituje z całkowicie innym punktem widzenia – możliwością i łatwością.

Right Recovery for You
Marilyn Bradford

Bez względu na to, od czego i od kiedy jesteś uzależniony, Right Recovery For You może pomóc ci to zmienić. To zupełnie inne podejście do uzależnienia, którego nie znajdziesz nigdzie indziej. Rozwinięte przez Marilyn Bradford, posługuje się procesami zaczerpniętymi od twórcy Access Consciousness® - Garego Douglasa, dzięki czemu możesz mieć całkowicie inną możliwość zakończenia swojego uzależnienia raz na zawsze lub też, doprowadzenia go do czegoś, co tobie sprzyja.

Would You Teach a Fish to Climb a Tree?
Anne Maxwell, Gary M. Douglas oraz dr Dain Heer

To inna perspektywa na zespoły ADD (przyp. tłum. zespół deficytów w zakresie uwagi), ADHD, OCD (przyp. tłum. zaburzenia obsesyjno-kompulsywne) oraz autyzm u dzieci. Ludzie mają tendencję do funkcjonowania z punktu widzenia, że z takimi dziećmi jest coś nie w porządku, ponieważ nie uczą się one w sposób, w jaki my się uczymy. W rzeczywistości one uczą się inaczej. Ta książka przygląda się temu oraz wielu innym zagadnieniom!

Sex Is Not a Four Letter Word but Relationship Often Times Is
Gary M. Douglas & dr Dain Heer

Zabawna, szczera oraz zachwycająco nieprzystająca do innych książka, oferuje czytelnikom całkowicie świeże spojrzenie na to, jak mogą wykreować wspaniałą intymność i wyjątkowy seks. A co, jeśli mógłbyś przestać się domyślać – a dowiedział się, co tak NAPRAWDĘ działa?

Divorceless Relationships
Gary M. Douglas

Związek bez rozwodu, to związek, w którym nie musisz rozwodzić się sam ze sobą po to, aby trwać w związku z kimś innym. To jest przestrzeń, w której wszystko i wszyscy, z którymi jesteś w związku, mogą stać się wspanialsi jako jego rezultat.

Radość z biznesu
Simone Milasas

Gdybyś kreował swój biznes z pozycji RADOWANIA SIĘ nim – to co byś wybrał? Co byś w nim zmienił? Jakich dokonałbyś wyborów, gdybyś wiedział, że nigdy nie spotka cię porażka? Biznes jest RADOŚCIĄ, jest kreacją, ma w sobie pierwiastek twórczy. Może być przygodą twojego ISTNIENIA.

Aby uzyskać więcej informacji na temat wydawnictw Access Consciousness® Books wejdź na stronę www.accessconsciousnesspublishing.com

O autorze

GARY DOUGLAS

Autor bestsellerów, międzynarodowy mówca oraz rozchwytywany facylitator. Gary Douglas znany jest z intensywności swojej świadomości i niewiarygodnej zdolności do facylitowania ludzi do tego, by sami *wiedzieli, że wiedzą*. Gary wybiera wcielanie świadomości we wszystko co robi, co w rezultacie inspiruje innych do stawania się bardziej świadomymi.

Gary przyszedł na świat z wyjątkowym poziomem świadomości. Pochodzi z rodziny klasy średniej z zachodniego wybrzeża Stanów Zjednoczonych, a amerykański serial *Leave It to Beaver* to obraz jego dzieciństwa. Ma zupełnie inne podejście do życia i w wieku 6 lat zdał sobie sprawę z tego, że bardzo różni się od ludzi, których zna. Stał się tego świadomy obserwując, jak ludzie kreują swoje życie i dostrzegając, że w żadnym z nich nie chodziło o radość, ani o możliwości – a zawsze o nieprawidłowości wszystkiego. Gary wiedział, że musi być czymś więcej niż to, co ta rzeczywistość oferowała, skoro nie było w niej nic magicznego, ani radosnego, ani poszerzającego. We wczesnym wieku zaczął poszukiwać głębszej świadomości tajemnic życia. Po drodze odkrył nową drogę prowadzącą naprzód – taką, która kreuje zmianę w świecie oraz w życiu ludzi. Odkrył magię, która nas otacza, a jest nią coś, co my kreujemy – świadomość. Doszedł do tego, że zdolność bycia bardziej świadomym jest czymś co zostało dane każdemu, jeśli tylko chce to wybrać. Z czasem zdał sobie sprawę, że jego darem jest intensywność świadomości oraz jego umiejętność zapraszania ludzi do świadomości i do poznawania, że wszystko jest możliwe i nic nie jest niemożliwe. Jego darem jest umiejętność patrzenia na życie, na wszechświat, na świadomość, którą wszyscy jesteśmy oraz na możliwości, które są ich nieodłącznymi częściami, z przestrzeni których jeszcze nikt nigdy nie wybrał.

UMACNIANIE LUDZI W DOSTRZEGANIU INNYCH MOŻLIWOŚCI

Gary stał się rozpoznawanym na arenie międzynarodowej liderem i propagatorem idei w transformowaniu życia i kreowaniu innych wyborów – chcącym umacniać ludzi w tym, by dostrzegali inne możliwości oraz rozpoznawali co naprawdę jest dla nich możliwe. Gary został na arenie międzynarodowej uznany za unikalne spojrzenie na osobistą transformację, które nie jest podobne do niczego innego na świecie. Nie ma to nic wspólnego z żadną religią czy tradycją. Poprzez swoje publikacje i warsztaty oferuje procesy i narzędzia, które wnoszą do życia łatwość, radość oraz obfitość, sprawiają, że są one w zasięgu ręki, a magia szczęścia poszerza się aż do świadomości, radości oraz obfitości. Jego proste, a jednocześnie głębokie nauki poprowadziły niezliczone ilości osób do świata, w którym oni sami *wiedzą o tym, że wiedzą* i zdają sobie sprawę z tego, że mogą wybrać to, o czym nawet nie wiedzieli, że mogą wybrać.

SEDNO JEGO NAUK TO TRANSFORMACJA ŚWIADOMOŚCI

Po rozpoznaniu, że większa świadomość w ludziach może zmienić kierunek ich życia oraz przyszłość na tej planecie, kreację i rozwój Access Consciousness prowadziło pytanie: „Co mogę zrobić, by pomóc światu?".

Gary wciąż inspiruje innych, zaprasza świadomość innych możliwości na całym świecie i jest ogromnym wkładem dla planety. Facylituje ludzi, by wiedzieli, że to oni sami są źródłem kreacji zmiany jakiej pragną i kreowania życia, które jest ponad ograniczeniami tego, co reszta tego świata uznaje za ważne. Upatruje w tym istotny aspekt kreacji przyszłości, która ma w sobie większe możliwości dla każdego, jak również dla planety. Stanowi to priorytet nie tylko dla osobistego szczęścia, ale również do tego, by zakończyć brutalne konflikty powszechne na naszej planecie oraz dla kreowania innego świata. Jeśli tylko wystarczająca liczba ludzi zacznie wybierać coraz większą świadomość, to zacznie również dostrzegać możliwości, które są im dostępne, a to zmieni planetę Ziemia.

AUTOR

Gary Douglas jest autorem bestsellerowej noweli *The Place* o ludziach, którzy wiedzą, że wszystko jest możliwe oraz o tym, że to wybór jest źródłem kreacji. Gary jest również współautorem wielu publikacji na temat pieniędzy, związków, magii, zwierząt wraz z dr Dainem Heer – międzynarodowo uznawanym wirtuozem Energetycznej Transformacji.

INSPIROWANIE LUDZI NA SKALĘ ŚWIATOWĄ

Ponad dwadzieścia lat temu Gary wynalazł zestaw odmieniających życie narzędzi i procesów znanych jako Access Consciousness®. Owe pionierskie narzędzia już odmieniły życie tysiącom ludzi na całym świecie. Jego działania rozprzestrzeniają się na czterdzieści siedem krajów wraz z dwoma tysiącami wyszkolonych facylitatorów na całym świecie. Proste i efektywne narzędzia facylitują ludzi bez względu na ich wiek, czy pochodzenie, pomagając im pozbyć się ograniczeń powstrzymujących ich przed życiem pełnią życia.

www.ingramcontent.com/pod-product-compliance
Lightning Source LLC
Chambersburg PA
CBHW011745220426
43667CB00019B/2911